Aiyleen Dardan

TAUSENDUNDEIN SCHMERZ

BASTEI LÜBBE

BASTEI-LÜBBE-TASCHENBUCH
Band 61284

Originalausgabe

Printed in Germany, Dezember 1993
Einbandgestaltung: Manfred Peters
Titelbild: Photo Porst, Bergisch Gladbach
Gesamtherstellung: Ebner Ulm
ISBN 3-404-61284-1

Für meine Tochter Asal, die ich über alles liebe. Ich hoffe, daß sie durch dieses Buch manche meiner Entscheidungen besser verstehen kann.

Für meine allerbeste Freundin Margitta, deren Freundschaft mir in der Fremde ein Zuhause gab.

Für meine Mutter, eine wunderbare Frau, die viel zu früh starb. Du fehlst mir sehr!

Für Helmut – ohne seine Hilfe wäre dieses Buch vielleicht nicht zustandegekommen. Du bist ein wahrer Freund. Danke!

I am Iranian, this means, my heart is broken.
This is a usual state für us Iranians.
If our skin is not burnt, our spirit is,
if our hearts are not cut by knives of hatred,
our veins are closed like Teheran's streets.

No Iranian can say, he survived.
If we didn't loose ourselves,
we certainly lost someone dear,
if our furniture didn't burn,
our hopes did,
if our past didn't explode,
our future did.

No one can say he survived this battle,
nothing in him is broken,
or has been cut,
or he is still mentally healthy.

Es war ein heißer Tag in Teheran im Sommer 1971. Den ganzen Vormittag schon hatten wir auf der Beerdigung meines Großvaters zugebracht. Die Frauen in ihren schwarzen Kleidern und Kopftüchern boten ein bedrükkendes Bild. Auch die Männer trugen dunkle Anzüge und Krawatten. Ich dachte daran, daß die Erwachsenen diese Trauerkleidung von nun an für mindestens ein Jahr tragen mußten. Von uns größeren Kindern wurde erwartet, daß wir uns wenigstens während der nächsten vierzig Tage schwarz kleideten. Wenn wir diese Frist nicht einhielten, gäbe es böses Gerede.

Ein Begräbnis im Iran ist keine stille Feier. Die Frauen klagen laut, loben die guten Taten und hervorragenden Eigenschaften des Verstorbenen. Eine der Frauen übernimmt die Führung bei diesem Ritual, dem die anderen sich anschließen. Mit kurzen Unterbrechungen wiederholt sich das Wehklagen ständig. Man nimmt dazu auch professionelle Klageweiber, die den Chor anführen.

Klagen und Schreien erreichen ihren Höhepunkt, wenn der Sarg ins Grab hinabgelassen wird, und einige der Anwesenden versuchen sogar symbolisch, die Sargträger daran zu hindern. An die Trauernden, die sich daraufhin rings um das Grab niederlassen, wird sodann nach alter Sitte Halva verteilt. Das ist eine aus Sirup, Mehl und Butter hergestellte Süßigkeit, die, in kleine Stücke zerteilt, in hauchdünn geschnittenes Weißbrot eingewickelt wird. Dieser Brauch basiert auf einer sehr vernünftigen Überlegung. Da man davon ausgeht, daß die Hinterbliebenen in den Tagen der größten Trauer oftmals nichts oder wenig essen, gibt ihnen das wertvolle Energien enthaltende Halva die notwendige Kraft.

Das ist bei uns, den dem christlichen Glauben angehörenden Assyrern, der übliche Ablauf eines Begräbnisses. Es unterscheidet sich nicht sehr von den Gebräuchen der Moslems, die jedoch ihre Toten nicht in Särgen, sondern in weiße Laken eingehüllt beisetzen.

Auf dem Friedhof war es drückend heiß. Ich schmiegte mich fest an meine Mutter, die sehr traurig war und bitterlich weinte. Es war erst knapp zwei Jahre her, daß wir aus dem Irak nach Teheran gezogen waren, und sie hatte ihren Vater über fünfundzwanzig Jahre nicht gesehen. Als wir nach Teheran kamen, war er schon über achtzig und sehr krank. Er litt an Hautkrebs. Schon seit langem war er bettlägerig und vollkommen hilflos. Seine Schwiegertochter hatte ihn mit großer Liebe gepflegt.

Auch die anderen Trauergäste weinten. Allerdings konnte man bei vielen davon ausgehen, daß nicht Großvaters Tod für ihren Tränenstrom verantwortlich war. Vielmehr bietet im Iran eine Beerdigung den willkommenen Anlaß, seinen eigenen Kummer oder seine Probleme zu beweinen. Es ist eine gute Gelegenheit, sich ein Ventil für angestaute Depressionen zu schaffen.

Die Ehrung der Toten und das Gedenken an sie beeinflußt das Leben der Hinterbliebenen für lange Zeit. Mit der heutigen Trauerfeier war es nicht getan. Man würde am dritten und am siebenten Tag wieder zusammenkommen und dann nochmals nach vierzig Tagen. Und an jedem Todestag würde sich dieses Ritual wiederholen: Man versammelt sich, schwarz gekleidet, und es wird geweint. Während der ersten vierzig Trauertage oder sogar noch darüber hinaus verlangt es der Anstand, daß im

Haus des Verstorbenen und in der nahen Verwandtschaft weder das Radio noch der Fernseher eingeschaltet werden.

Der Gedanke an die vor uns liegende freudlose Zeit machte mich traurig. Ich habe mich immer gefragt, warum unser Volk zu einer solch selbstzerstörerischen Trauer neigt. Geburtstage werden dagegen nur selten bei uns gefeiert. Dabei gab es in unserer Kultur in früheren Zeiten viel Schönes und auch Heiteres: Musik, Gedichte und Tänze. Wieso hatte sich alles so zum Negativen verändert?

Nach dem Essen im Hause meines Großvaters gab ich meiner Mutter ein verstohlenes Zeichen, daß wir nach Hause müßten. Meine älteste Schwester Nali hatte erst vor zwei Monaten eine neue Arbeitsstelle angetreten und sich deshalb nicht getraut, sich für die Beerdigung beurlauben zu lassen. Außerdem hatte sie an diesem Tag ausländische Gäste zu betreuen. Nali konnte jeden Augenblick nach Hause kommen, und wir wußten, daß sie keinen Schlüssel bei sich hatte. Ich wollte aber auch meine Mutter aus dieser düsteren Atmosphäre von Trauer und Wehklagen herausholen, selbst wenn es nur für kurze Zeit war.

Nichts berührte mich mehr, als wenn ich meine Mutter weinen oder leiden sah. Das machte mich ganz krank. Um meinen Geschwistern nicht zu zeigen, wie ich mit ihr litt, schloß ich mich dann jedesmal zu Hause in einem Dachzimmer ein. Dort konnte ich mich dann ausweinen und habe Gott angefleht, meine Mutter wieder lachen zu lassen.

Auch jetzt konnte ich nicht mehr mit ansehen, wie sie weinte. Meine Schwester, die ohne Schlüssel nicht in unser Haus konnte, bot sich als plausibler Vorwand für unseren Aufbruch an. Glücklicherweise reagierte Mutter auf mein Zeichen. Sie flüsterte ihrem Bruder etwas zu, und danach verließen wir unauffällig die Trauergesellschaft.

Für den Weg nach Hause benötigten wir mit dem Taxi etwa eine Viertelstunde. Wir waren kaum dort, als auch meine Schwester eintraf. Sie machte einen völlig verstörten Eindruck, und ihr sonst so frisches Gesicht war kreideweiß.

»Wie siehst du denn aus! Was ist mit dir? Ist etwas passiert?« fragte ich aufgeregt.

Nali nickte verzweifelt. »Ja, es ist tatsächlich etwas passiert. Aber zuerst muß ich etwas trinken.«

Ich rannte in die Küche und holte ein Glas hausgemachter Limonade. Dann warteten meine Mutter und ich voller Angst auf Nalis Antwort.

»SAVAK hat mich heute im Büro angerufen«, brachte meine Schwester stockend hervor. »Man will sich mit mir treffen.«

SAVAK: Allein die Nennung dieses Namens unserer Geheimpolizei verursacht bei vielen Iranern Angst und Schrecken. Und besonders wir als Christen, eine schwache Minderheit in diesem Land, konnten uns keinen Ärger mit der Geheimpolizei leisten.

Meine Mutter schrie vor Schreck laut auf. »SAVAK! Weshalb, um alle Welt, rufen sie dich an? Nali, was wollen sie von dir?«

Meine Schwester zuckte mit den Schultern. »Ich weiß es nicht.«

Nali war einundzwanzig und seit acht Wochen bei der Bank Melli, der größten iranischen Bank, in der Auslandsabteilung beschäftigt. Da sie sowohl fließend Arabisch als auch Englisch sprach, wurde sie hauptsächlich bei Übersetzungsarbeiten eingesetzt. In diesem Bereich hatte sie auch häufig mit Gästen aus Saudi-Arabien,

Ägypten und anderen arabischen Ländern zu tun. Außerdem hatte unsere Familie private Kontakte zu Ausländern. Mein Vater war mit zwei Deutschen befreundet, die für die Firma Hoechst arbeiteten. Mein Bruder verkehrte mit Freunden aus Großbritannien und den USA. Auch meine drei Schwestern und ich selbst hatten Freundinnen aus dem Irak und Saudi-Arabien, deren Väter bei den jeweiligen Botschaften beschäftigt waren. Sollte der beunruhigende Anruf des SAVAK etwa mit unseren Ausländerkontakten zusammenhängen?

Ich versuchte, meine Mutter zu beruhigen. »Hab keine Angst! Es gibt nichts, was man uns vorwerfen könnte. Es wird vermutlich irgendeine Routinebefragung sein.«

Es war uns klar, daß wir diese Sache für uns behalten mußten. Nicht einmal zu unseren nächsten Verwandten durften wir etwas davon durchsickern lassen, denn sie hätten sonst wahrscheinlich aus Furcht die Verbindung zu uns abgebrochen.

Die Adresse, die man meiner Schwester als Treffpunkt angegeben hatte, lag im Norden Teherans, in Niawaran. Am nächsten Tag sollte sie sich nachmittags um drei Uhr dort einfinden.

»Aiyleen, du wirst Nali morgen begleiten«, bestimmte meine Mutter. Ich war mit meinen vierzehn Jahren zwar die Jüngste, aber Angst kannte ich nicht. Auch ließ ich mich nicht so leicht aus der Fassung bringen und hatte auf alles immer eine schnelle Antwort. Nur zu gerne willigte ich ein, mitzugehen, denn ich war neugierig. Ich brannte darauf zu erfahren, worum es ging und ob alles stimmte, was man sich vom SAVAK hinter vorgehaltener Hand erzählte.

Am nächsten Tag standen wir nachmittags um Punkt drei vor dem angegebenen Haus in Niawaran. Ich war enttäuscht. Es hatte so gar nichts Bedrohliches an sich. Es war ein ganz normales Haus wie tausend andere.

Ein hochgewachsener, schwarzhaariger Mann öffnete uns die Tür und fragte höflich nach unseren Namen, die er sich auf einem Zettel notierte. Er führte uns in ein kleines karg eingerichtetes Vorzimmer und bat uns, Platz zu nehmen. Er setzte sich ebenfalls, ohne ein weiteres Wort zu sagen. Ich ließ meine Blicke in dem tristen Raum umherwandern. Viel gab es nicht zu sehen. Aber ich entdeckte eine nicht sehr gut versteckte Kamera und gab meiner Schwester unauffällig mit einem Blick zu verstehen, daß wir beobachtet wurden. Wir waren beide, wie es sich gehörte, ganz in Schwarz gekleidet. Ich hatte aber, vielleicht aus Trotz, einen superkurzen Minirock angezogen. Für die Augen hinter der Kamera waren ein Paar hübscher Mädchenbeine sicherlich der einzig lohnende Blickpunkt in dieser nüchternen Umgebung.

Einige endlos erscheinende Minuten verstrichen, bis ein sehr gut aussehender, mittelgroßer Mann in einem hellbeigen Anzug eintrat.

»Bitte, folgen Sie mir!« forderte er uns freundlich auf. »Mein Name ist Khazimi.« Und zu meiner Schwester gewandt, fragte er etwas spöttisch: »Ist es notwendig, daß die Kleine dabei ist?«

»Ja«, antwortete ich sofort an ihrer Stelle. »Ich muß dabei sein.«

Nali fügte hastig hinzu: »Sie ist für ihr Alter schon sehr erwachsen.«

In einem anderen Raum setzte Khazimi sich lässig auf einen Schreibtisch, auf dem nur eine kleine iranische Flagge stand. Wir nahmen ihm gegenüber in zwei Sesseln Platz. Außer diesen Sesseln und dem Schreibtisch mit einem Stuhl dahinter war das Zimmer vollkommen leer. An einer Wand hing ein großes Bild von Schah Reza Pahlavi.

Khazimi bot uns Tee an, aber wir lehnten höflich ab. Es war uns ohnehin schon zu warm. Er hatte eine weiche, ruhige Stimme, sprach über die Liebe zur Heimat, zu unserem Volk, das durch Feinde von außen bedroht werde. Obwohl er eine angenehme Art zu sprechen hatte, begannen wir uns langsam zu langweilen. Außerdem war mir dieser elegante Herr unsympathisch. Ich hatte ein unbehagliches Gefühl, dessen Ursache ich mir selbst nicht erklären konnte. Schließlich mußte Khazimi wohl gespürt haben, daß wir ungeduldig wurden. Ich nutzte eine kurze Redepause und warf ein: »Bitte, entschuldigen Sie, aber wir müssen wieder nach Hause. Wie Sie sehen, sind wir in Trauer.«

»Gut«, meinte er, »aber darf ich Sie zum Schluß noch fragen, ob Sie unser Land lieben?«

Nali nickte stumm. Dann sah er mich fragend an. Ich begann zu begreifen, worauf er hinauswollte.

»Bitte, was verstehen sie unter Liebe zur Heimat?« wollte ich wissen.

Khazimi lächelte; natürlich hatte er diese Frage erwartet. »Nun, wie Sie wissen, kann sich die Liebe zum Vaterland auf vielerlei Art äußern. Zum Beispiel, indem man bereit ist, notfalls für das allgemeine Wohl unseres Volkes persönliche Opfer zu bringen oder in irgendeiner Weise einen Beitrag zum Schutz unseres Landes zu leisten. Sei es nur, indem man den dafür verantwortlichen Dienern unseres Staates helfend zur Seite steht. Wie Sie sehen, schließt Heimatliebe auch einen großen Teil Verantwortungsbereitschaft ein. Ich setze voraus, daß wir darin einer Meinung sind.«

Ich ließ meine nächste Frage folgen: »Woran denken

Sie, wenn Sie von ›helfen‹ oder ›persönlichen Opfern‹ sprechen?«

An seinem Gesicht ließ sich ablesen, wie sehr es ihm mißfiel, Gegenfragen gestellt zu bekommen. Es sollte ihm auch nicht gefallen! Ich spürte, wie Wut in mir aufstieg. Ich wollte Khazimi klarmachen, daß er es nicht mit Idioten zu tun hatte. Er merkte, daß er mit diesem Katz-und-Maus-Spiel nicht weiterkam, und wurde nun ganz direkt:

»Ihre Schwester Julia und Sie besuchen doch die irakische Schule hier in Teheran. Ich möchte, daß Sie uns hier und da mit einigen kleinen Informationen behilflich sind.«

Das war es also! Julia, meine fünf Jahre ältere Schwester, und ich sollten in der Schule unsere irakischen Lehrer bespitzeln.

»Wie können Sie das von uns verlangen?« stieß ich hervor. Wie konnte Khazimi nur so skrupellos sein, zwei blutjunge Mädchen zu Spitzeldiensten überreden zu wollen. Wir waren Schülerinnen, die in dieser Schule etwas lernen wollten. Wie froh waren wir, dorthin gehen zu können! Wir waren dankbar, sehr dankbar, daß man uns dort aufgenommen hatte. Sollten wir das Entgegenkommen unserer irakischen Freunde mit Spitzeldiensten danken? Mir wurde ganz übel bei dieser Vorstellung, und ich mußte mich beherrschen, meine Empörung nicht laut herauszuschreien.

Als wir nichts sagten, meinte Khazimi in ruhigem Ton: »Na gut, Sie können uns diese Hilfe natürlich verweigern. Bedenken Sie aber, daß es möglicherweise Probleme geben könnte, wenn Sie die irakische Schule weiterhin besuchen wollen. Wir haben sehr gute eigene Schulen in Teheran. Und Ihre Stelle bei der Bank«, wandte er sich an Nali, »ist Ihnen doch sicher auch etwas wert? Überlegen Sie sich die Sache in Ruhe. Danach möchte ich dann gern noch einmal mit Ihnen allein sprechen.« Damit stand er auf, verabschiedete uns kühl und fügte hinzu, er werde mit uns wieder Kontakt aufnehmen.

Zu Hause erwarteten uns voller Unruhe Mutter, unsere Schwestern Julia und Lida und unser Bruder Ashor. Meine Mutter überfiel uns sofort mit angstvollen Fragen. Nali und ich hatten uns auf dem Rückweg jedoch geeinigt, nicht alles zu sagen. Wir wollten niemanden beunruhigen, und vor allem fürchteten wir die Reaktion unserer Schwester Julia, die eine geradezu fanatische Liebe für alles hegte, was den Irak betraf. Niemals würde sie bereit sein, mit dem SAVAK zusammenzuarbeiten, und auch uns würde sie das keinesfalls erlauben.

Wir sagten deshalb lediglich, man hätte uns nur einmal kennenlernen wollen. Außerdem habe man uns vor gewissen Ausländern gewarnt. Und wir sollten uns in der Schule vorsehen, daß man uns nicht auszunutzen versuchte. Wir bemühten uns, ganz gelassen zu berichten. Trotz unserer inneren Erregung müssen wir wohl überzeugend gewirkt haben, denn alle gaben sich mit diesen Erklärungen zufrieden und waren beruhigt. In mir aber kochte noch immer die Wut. Wie konnte man ein solch unverschämtes Ansinnen an uns stellen, in unserer geliebten Schule zu spionieren!

Schon zwei Tage später rief Khazimi bei uns an. Diesmal wollte er zu uns nach Hause kommen. Ich hatte mir in den vergangenen zwei Tagen das Hirn zermartert, wie wir aus dieser Geschichte herauskommen könnten, ohne uns und unserer Familie zu schaden. Schließlich faßte ich den Entschluß, mich scheinbar kooperativ zu zeigen. Natürlich hatte ich nicht vor, Khazimi die erwarteten Informationen über unsere Schule zu liefern. Ich würde versuchen, das Dummchen zu spielen und ihm den üblichen Schultratsch anbieten. Auf diese Weise müßte er bald einsehen, daß ich wohl zu naiv und daher ungeeignet zum Spionieren war.

Meine Familie gehört dem assyrischen Volk an, einem Volk aus Mesopotamien, das vom 2. Jahrtausend v. Chr. an im Vorderen Orient mehrere Jahrhunderte lang eine führende kulturelle Rolle gespielt hatte. Die Assyrer sind ausnahmslos Christen. Ich bin in einer streng katholischen Familie aufgewachsen und habe sogar eine Zeitlang eine katholische Schule besucht, in der nur Nonnen unterrichteten. Daran habe ich keine guten Erinnerungen. Noch heute überkommt mich ein beklemmendes Gefühl, wenn ich daran zurückdenke. Die Nonnen waren sehr streng. Es herrschte ein fast militärischer Drill. Jeden Morgen zum Unterrichtsbeginn mußten wir unsere Taschentücher vorzeigen, ob sie sauber, gebügelt und ordnungsgemäß gefaltet waren. Danach folgte die Visitation der Hände. Wehe, es wurde auch nur eine Spur von Schmutz unter den Fingernägeln entdeckt! Zur Strafe gab es schmerzhafte Schläge mit einem Holzstab auf die Finger.

Schon als Kind hatte ich ein sehr ausgeprägtes Empfinden für Gerechtigkeit, doch in dieser Schule mußte ich die Erfahrung machen, daß Worte und Taten gar nicht im Einklang zueinander standen. Einerseits lehrte man uns, daß vor Gott alle Menschen gleich seien, doch die Nonnen hielten diese Auffassung offenbar für ein Privileg Gottes. Kinder, deren Eltern wohlhabend und einflußreich waren, wurden von ihnen ganz ungeniert vorgezogen.

Assyrer leben heute über die ganze Welt verstreut und sind ein Volk ohne eigenes Land. Es ist ihr Los, überall eine Minderheit zu bilden und deshalb benachteiligt zu werden. Aber ganz gleich, wo sie leben, bezeugen sie dennoch loyale Treue zu diesem Land und vermeiden es, sich in die Politik einzumischen.

Meine Eltern stammen beide aus Urmia, einer Stadt im Nordwesten des Iran, in der viele Assyrer leben. Geheiratet haben sie jedoch im Irak. In jungen Jahren wanderte mein Vater in den Irak aus, weil die Assyrer unter den Engländern dort weniger benachteiligt waren. So hieß es damals jedenfalls. Er fing einen Handel mit Stoffen und Kleidern an, importierte die Stoffe aus China und England und begann mit der Fertigung von Herren- und Damenbekleidung. Er hatte schnell Erfolg und brachte es schon nach kurzer Zeit zu beträchtlichem Wohlstand. Er wohnte damals in Habania, einer Stadt, in der fast nur Assyrer und britische Armeeangehörige lebten.

Meine Mutter war die Älteste von sieben Geschwistern. Ihr Vater hatte ein hartes Leben geführt. Er war Bauer, aber es war ein ungeliebter Beruf für ihn. Sein eigentlicher Wunsch war, Geistlicher zu werden. Er war Baptist, betätigte sich nebenbei in der Kirche und wurde schließlich sogar als Prediger anerkannt. Meine Mutter blieb jedoch auch nach ihrer Heirat überzeugte Katholikin.

Mein Großvater bemühte sich, seine sechs Töchter möglichst schnell zu verheiraten, um weniger Esser in der Familie zu haben. Als meine Mutter sechzehn Jahre alt war, nahm er sie mit in den Irak, um seinen Bruder zu besuchen. Im stillen hoffte er, bei dieser Gelegenheit auch einen passenden Mann für meine Mutter zu finden. Sie wurde schon bald wegen ihrer außergewöhnlichen Schönheit umschwärmt. Ihre Figur war vollkommen, schlank und hochgewachsen, die Haut bräunlich und hatte einen Schimmer von feinstem Samt. Sie hatte herrliches dunkelbraunes Haar, das in reizvollem Kontrast zu ihren bernsteinfarbenen Augen stand. Diese Augen übten eine geradezu magische Anziehungskraft aus. Viele Männer hielten um ihre Hand an.

Mein Großvater entschied sich dann schließlich für meinen Vater. Er war zwar zwanzig Jahre älter als meine Mutter, aber er war ein reicher Mann und in der Lage, genug für sie zu zahlen. Das allein gab den Ausschlag. Es wurde geheiratet, und so blieb meine Mutter im Irak.

Sie liebte ihren Mann nicht; ja, anfangs fürchtete sie sich sogar vor ihm. Mein Vater allerdings liebte seine junge Frau abgöttisch, doch er hielt sie wie eine Gefangene. Nie durfte sie allein irgendwohin gehen, sie konnte sich nicht frei bewegen. Das ging sogar so weit, daß mein Vater eine Nichte aus dem Iran kommen ließ, die nur die Aufgabe hatte, meine Mutter zu bewachen.

Nachdem in den ersten fünf Ehejahren schon mein Bruder und zwei meiner Schwestern geboren waren, ging es mit dem Geschäft meines Vaters bergab. Der Hauptgrund war wohl seine Großzügigkeit in Gelddingen. Zu irgendeinem Zeitpunkt, den er in seiner Sorglosigkeit nicht genügend beachtet hatte, setzte seine finanzielle Talfahrt ein, und dann war es zu spät, um die Bremsen zu ziehen. Sein Stolz verbot ihm, unter diesen Umständen in Habania zu bleiben. Deshalb zog er mit seiner Familie nach Karkook, einer Stadt im Norden des Irak. Dort kamen meine Schwester Lida und ich zur Welt.

Meine Mutter hat mehrere Male versucht, sich von meinem Vater zu trennen. Im Jahre 1960 – ich war drei Jahre alt – nahm sie mich mit zu ihrer Familie in den Iran. Meine Geschwister wollte sie nachkommen lassen. Ihr Vater machte sich inzwischen schwere Vorwürfe, daß er sie damals mit einem ungeliebten Mann verheiratet hatte. Er wollte, daß meine Mutter bei ihm blieb. Aber ihr katholischer Glaube war letzten Endes stärker als ihr

Wunsch, sich von ihrem Mann scheiden zu lassen. Auch hatte sie Sehnsucht nach meinen Geschwistern und beschloß deshalb nach einigen Monaten, wieder mit mir in den Irak zurückzukehren.

Meine Mutter war bis zu ihrem Tod sehr fromm und hat auch uns Kinder in diesem Sinne erzogen, wofür ich ihr sehr dankbar bin. Wie hätte ich so manche verzweifelte Situation in meinem Leben durchstehen können, wenn mir mein christlicher Glaube nicht als letzter Halt geblieben wäre!

Mein Vater arbeitete inzwischen als Chefkoch in einem Hotel. Sein Geschäft hatte er bereits aufgegeben, als wir Habania verließen. Wir lebten nun wieder mit ihm zusammen in Karkook. Anfangs sah es so aus, als ob sich die Beziehung zwischen meinen Eltern verbesserte. Doch das währte leider nicht lange. Ich kann mich nicht erinnern, daß die beiden jemals zärtlich miteinander umgegangen wären. Es gab Zeiten, in denen sie monatelang kein Wort miteinander sprachen und sich aus dem Weg gingen.

Meine Mutter tat mir unendlich leid. Schon damals konnte ich es nicht ertragen, sie traurig zu sehen. Ich gab meinem Vater daran die Schuld und entfernte mich innerlich immer mehr von ihm. Erst viel später begriff ich, daß er nicht der Alleinschuldige war. Er war ein hochintelligenter Mann und beherrschte sieben Sprachen. Im Alter waren Bücher seine größte Leidenschaft, und die von ihm bevorzugte Literatur englischer und russischer Autoren las er selbstverständlich in den Originalsprachen.

Wir lebten im Irak als Iraner. Es gab zuweilen Probleme mit den Behörden wegen der Aufenthaltsgenehmigung. Das war, nachdem 1968 das Baath-Regime an die Macht gekommen war, eine kommunistisch angehauchte, arabisch-nationalistische Partei, die bis heute die wichtigste panarabische Partei geblieben ist. Wir jedoch betrachteten den Irak als unsere Heimat und fühlten uns dort wohl. Zu Hause sprachen wir Assyrisch, und in der Schule lernten wir Arabisch und Englisch. Zum Iran und zur dortigen Farsi-Sprache hatten wir keine Beziehung. Das wenige, das wir darüber wußten, kannten wir nur vom Erzählen.

Nachdem mein Bruder Ashor 1967 – er war zwanzig Jahre alt – sein Abitur gemacht hatte, spielte er mit dem Gedanken, in den Iran zu gehen. Die Verhältnisse im Irak waren unterdessen schwieriger geworden. Es war ein zunehmender Haß auf alles Fremde zu beobachten, der sich nicht nur auf Ausländer bezog, sondern auch auf Andersgläubige. Ashor sah deshalb für sich als Christ keine guten beruflichen Entwicklungsmöglichkeiten. Im Iran dagegen schienen die Aussichten besser zu sein. Ashor wollte studieren und Ingenieur werden.

Mein Vater allerdings dachte nicht daran, in den Iran überzusiedeln, im Gegensatz zu meiner Mutter, die gern wieder in der Nähe ihrer Familie gelebt hätte. Es gab deswegen lange und hitzige Diskussionen zwischen meinen Eltern, unter denen wir Kinder sehr litten. Einerseits bekamen wir das Gefühl, hier im Irak sei nicht der Platz, wo wir hingehörten, andererseits erschreckte uns der Gedanke an das Ungewisse, das uns bei einem Umzug in den Iran erwartete.

Ashor ergriff schließlich für sich selbst die Initiative. Er packte seine Koffer und machte sich mit dem Bus auf die lange Reise nach Teheran. Schon bald erhielten wir von ihm begeisterte Briefe, und er ermutigte uns, ihm zu folgen. Bei meiner Mutter lief er damit natürlich offene Türen ein. Sie verkaufte alles, was wir nicht mitnehmen konnten oder wollten. Mein Vater mußte es geschehen lassen, aber er selbst ließ sich nicht umstimmen. Er wollte sein Haus in Karkook nicht aufgeben. Wieder einmal sollte die Familie auseinandergerissen werden.

Der Abschied ist mir noch deutlich in Erinnerung. Es flossen viele Tränen, als meine Mutter und wir vier Schwestern unseren Freunden und Bekannten Lebewohl sagten. Es fiel uns schwer, all diese Menschen zurückzulassen.

Auch mein Vater konnte die Tränen nicht zurückhalten. Zum erstenmal in meinem Leben sah ich ihn weinen. Er war sonst immer zu stolz gewesen, solche Gefühle zu zeigen. Aber nun übermannten sie ihn. Ihn so zu sehen, hat mir fast das Herz gebrochen. Immer wieder mußte ich an meinen Vater denken. Er war für mich plötzlich ein anderer Mann geworden, einer der Gefühle hatte und sie auch zeigte, ein Mann, der schwach sein konnte.

Unsere Reise führte uns zuerst nach Baghdad zu Elena, jener Nichte meines Vaters, die er seinerzeit als Aufpasserin für meine Mutter nach Habania hatte kommen lassen. Elena war inzwischen selbst verheiratet und hatte sechs Kinder, drei Söhne und drei Töchter. Ihre Ehe war nicht glücklich, da ihr Mann Alkoholiker war.

Auch Elena hatte sich deshalb entschlossen, in den Iran überzusiedeln, wo ihre gesamte Familie lebte. Wir blieben nur ein paar Wochen in Baghdad, in denen wir Elena behilflich waren, ihren Haushalt aufzulösen. In diesem Zusammenhang erinnere ich mich an eine lustige Episode. Unter dem Hausrat, der verkauft werden sollte, befand sich auch ein Fernsehapparat, ein Objekt, das zur damaligen Zeit noch etwas Besonderes darstellte, und dessen Verkauf dementsprechend etwas einbringen sollte. Leider hatte er einen nicht unbedeutenden Schönheitsfehler: Er funktionierte kaum noch. In kurzen Abständen machte das Bild unschönen Streifen Platz. Wir mußten dann heftig auf den Apparat schlagen, bis das Bild wieder für kurze Zeit erschien. Dieser Sachverhalt ließ natürlich keine lukrativen Verkaufschancen erwarten. Wir beschlossen deshalb, einen Stromausfall vorzutäuschen, um eine Probevorführung zu umgehen, als sich eines Abends Kaufinteressenten angesagt hatten. Als sie eintrafen, saßen wir bei Kerzenlicht im Wohnzimmer. Es schien auch alles wie erhofft abzulaufen, und man war sich schon bald handelseinig. Doch dann nahte das Unheil in Gestalt eines Nachbarn. Sein Name war Kahraman. Der Name bedeutet ›tapferer, großer Mann‹. Er war in der Tat ein großer Mann. Aber es ließ sich nicht übersehen, daß alle Kraft in seinen Körper gegangen und sein Geist dabei etwas zu kurz gekommen war. Kahraman betrat das Zimmer, sah verwundert auf die festliche Kerzenbeleuchtung und fragte: »Warum sitzt ihr denn im Dunkeln?« und drückte auf den Lichtschalter. Mit geheucheltem Erstaunen notierten wir das Ende des Stromausfalls. Der Fernsehapparat gehörte dann allerdings nicht zu den Dingen, die an diesem Abend verkauft werden konnten.

Nachdem Elenas Haushalt aufgelöst war, traten wir mit einem der im Irak und Iran sehr häufigen Minibusse, die etwa zwölf bis fünfzehn Personen Platz bieten, vom Busbahnhof in Baghdad aus die lange, beschwerliche Reise nach Teheran an: Mutter mit uns vier Töchtern und Elena mit ihren drei Töchtern und ihrem jüngsten Sohn. Ihre beiden älteren Söhne kamen erst später in den Iran nach.

Zwei weitere Passagiere kamen noch dazu. Einer dieser Männer, ein älterer Kurde, sollte sich auf der Fahrt als unser Schutzengel erweisen.

Unser Fahrer machte keinen sehr vertrauenerweckenden Eindruck. Schon als wir in Baghdad den Bus bestiegen, musterte er seine fast ausschließlich weibliche Fracht mit unverhohlenem Interesse. Nachdem die Stadt schon eine Weile hinter uns lag, setzte sich der jüngere Passagier nach vorn neben den Fahrer, und die beiden begannen, sich leise, aber sehr angeregt zu unterhalten, wobei sie sich mehrmals zu uns umdrehten und lachten. Sie winkten auch den Kurden heran und redeten eifrig auf ihn ein. An seinen Gesten und seinem Mienenspiel ließ sich erkennen, daß die Männer eine ernsthafte Auseinandersetzung hatten. Nach einer Weile setzte der Kurde sich wieder auf seinen Platz.

Es war bereits dunkel geworden, als wir in einer kleinen Ortschaft in einem an der Straße gelegenen Teehaus eine kurze Rast einlegten. Bei diesen Teehäusern handelt es sich meist um sehr primitive Gaststätten mit billigem Plastikmobiliar, das oftmals nur auf nacktem Lehmboden aufgestellt ist. Wir rückten für uns zwei Tische zusammen und bestellten Tee und Kebab. Die drei Männer hatten sich in einer entfernten Ecke des Gastraumes an einem anderen Tisch niedergelassen. Wir bemerkten, daß der im Bus begonnene Streit hier fortgesetzt wurde. Der Kurde war sehr erregt, und wir fürchteten schon, es könne zu einer Schlägerei kommen. Er packte den jüngeren Mann an den Schultern und schüttelte ihn heftig, worauf dieser unvermittelt den Raum verließ.

Kurz darauf kehrten wir in den Bus zurück und setzten unsere Fahrt fort. Der jüngere Passagier war nicht wieder zugestiegen, was uns wunderte, denn in Baghdad hatten wir mitbekommen, daß sein Reiseziel ebenfalls Teheran war. Wir machten uns aber darüber weiter keine Gedanken. Es war wieder Ruhe im Bus eingekehrt.

Erst als wir am nächsten Tag Teheran erreichten, eröffnete uns der Kurde, in welcher Gefahr wir uns befunden hatten. Der Fahrer und der jüngere Passagier waren sich darin einig gewesen, daß eine Reisegruppe von neun Frauen und Mädchen geradezu eine Herausforderung darstellte, eine Gelegenheit, die sich nicht so schnell wieder bieten würde. Sie hatten geplant, uns in eine einsame Gegend in den Bergen zu entführen, um uns zu vergewaltigen. Auch den Kurden hatten sie für ihren Plan gewinnen wollen. Während der Rast im Teehaus hatte er ihnen schließlich gedroht, sofort die Polizei zu verständigen, und den anderen Passagier gezwungen, seine Reise abzubrechen.

Der Kurde hatte ursprünglich nicht bis Teheran mitfahren wollen, war aber, da er dem Fahrer noch immer nicht traute, bis zum Ende der Fahrt bei uns geblieben. Wir konnten dem Mann nicht genug danken, daß er uns aus dieser Situation gerettet hatte. Ich bin davon überzeugt, daß unsere Schutzengel nicht nur die phantasievoll dargestellten geflügelten Wesen sind, die wir von kitschigen Schlafzimmergemälden her kennen. Ich glaube vielmehr, daß Gott uns seine Schutzengel oft in Gestalt unserer Mitmenschen zur Seite stellt.

In Teheran kamen wir anfangs bei einem Cousin aus Vaters Familie unter. Das erste, was ich tat, war, meinem Vater einen Brief zu schreiben. Ich hatte auf einmal ein schlechtes Gewissen ihm gegenüber. Ganz offensichtlich hatte ich ihn bisher völlig falsch eingeschätzt, das wollte ich wieder gutmachen. Es waren von nun an sehr zärtliche, liebevolle Briefe, die ich ihm in den Irak schickte. Später gestand er mir, daß er beim Lesen jedesmal hatte weinen müssen und daß meine Briefe letztendlich der Grund für seinen Entschluß waren, doch noch in den Iran nachzukommen. Meine Mutter hat mir deshalb diese Briefe sehr übelgenommen.

Wir lebten nun in unserer eigentlichen Heimat, wie man uns sagte. Aber warum konnten wir uns nicht darüber freuen? Kein Tag verging ohne Tränen. Wir Kinder fühlten uns verloren in der neuen Umgebung. Wir beherrschten die Sprache nicht, die ganze Kultur war uns fremd, und wir hatten keine Freunde. Viele Verwandte besuchten uns, aber auch sie waren uns fremd, und es stellte sich kein herzliches Gefühl ein. Wir lebten mehr schlecht als recht von dem Erlös, den uns der Verkauf unseres Hausrats eingebracht hatte. Auch Ashor, der neben seiner Arbeit noch studierte, unterstützte uns.

Meine älteste Schwester, Nali, hatte inzwischen die Schule abgeschlossen und das Abitur gemacht. Lida, die drei Jahre älter ist als ich, war bis zur Mittleren Reife gekommen, und das genügte ihr. Die Schule war ihr ohnehin immer ein Greuel gewesen, und ihre Phantasie kannte keine Grenzen, wenn es darum ging, irgendwelche Gründe zu erfinden, um den Unterricht zu schwänzen.

Es war schon lange Lidas Wunsch, Schneiderin zu werden, ein Beruf, für den sie eine große Begabung besaß. Meine fünf Jahre ältere Schwester Julia brauchte noch zwei Jahre bis zum Abitur, und ich war im achten Schuljahr. Julia und ich kamen zunächst in eine iranische Schule. Es war schrecklich für uns; wir verstanden ja kein Wort Farsi. Wir waren verzweifelt und verloren nach einer Woche vollkommen den Mut. Wir wünschten uns nur noch sehnlichst, in den Irak zurückzukehren.

Nach einigen Wochen fanden wir durch einen glücklichen Zufall heraus, daß in Teheran eine irakische Schule für arabische Diplomatenkinder existierte. Aber da wir Iraner waren, wurde uns zunächst nicht gestattet, diese Schule zu besuchen. Doch wir wollten nicht aufgeben und versuchten alles Erdenkliche, um die Erlaubnis zum Besuch dieser Schule zu bekommen. Nali und ich kämpften uns schließlich sogar bis zur damaligen Erziehungsministerin, Frau Parsa, durch. Als erste Frau im Iran hatte sie einen Ministerposten erhalten. Ich glaube, meine Verzweiflung und meine Tränen rührten diese gute Frau, so daß sie uns eine Genehmigung unterschrieb. Später wurde Frau Parsa unter Khomeinis Regime ohne Gerichtsverhandlung hingerichtet. Ihr einziges »Verbrechen« bestand darin, Ministerin unter dem Schah gewesen zu sein.

Die Zeit in dieser irakischen Schule ist mir als eine der schönsten in meinem Leben in Erinnerung geblieben. Wir fanden dort vor allem sehr schnell neue Freunde. Endlich war es möglich geworden, daß wir uns in dem anfangs so fremden Land heimisch fühlen konnten.

Wir waren inzwischen fast zwei Jahre im Iran, hatten uns eingelebt und fühlten uns wohl. Und nun platzte der SAVAK in unser friedliches Leben. Sollte uns dadurch alles wieder zerstört werden, was wir uns so mühsam aufgebaut hatten?

Als Herr Khazimi diesmal zu uns nach Hause kam, hatten wir vorsichtshalber Julia zu Nachbarn geschickt. Wir wollten eine Konfrontation mit dem SAVAK-Mann vermeiden, denn wir mußten damit rechnen, daß Julia vielleicht die Beherrschung verlor, wenn sie die ganze Wahrheit erfuhr. Mein Bruder befand sich auf einer Reise, und auch mein Vater war an diesem Tag glücklicherweise unterwegs.

Meine Mutter, Nali und ich empfingen Herrn Khazimi und baten ihn ins Gästezimmer. Im Iran ist es üblich, ein besonderes Zimmer für Gäste zur Verfügung zu haben. Es ist dies ein Zeichen der Ehrerbietung, um zu dokumentieren, daß ein Gast jederzeit willkommen und geschätzt ist. Wenn kein Gast im Hause ist, bleibt dieses Zimmer verschlossen. Es wird stets saubergehalten und ist immer für einen – auch unerwarteten – Besucher vorbereitet.

Wir hatten uns abgesprochen, daß ich mit Herrn Khazimi reden sollte. Meine Mutter und Nali ließen mich mit ihm allein.

»Ich habe mir Ihre Bitte durch den Kopf gehen lassen«, begann ich. »Allerdings werden Sie auf die Mitarbeit meiner Schwester Julia verzichten müssen. Sie ist sehr mit ihrem Abitur beschäftigt. Aber ich werde versuchen, Ihnen zu helfen. Ich möchte Sie nur bitten, daß niemand davon erfährt. Auch Julia sollte es nicht wissen.«

»Gut«, antwortete er. »Ich wußte, daß Sie vernünftig sein würden. Ich bin einverstanden; es bleibt alles nur zwischen uns beiden.«

»Und was möchten Sie nun konkret von mir erfahren?«

»Seien Sie ganz beruhigt; es wird nichts sein, worüber Sie ein schlechtes Gewissen haben müßten. Es geht nur darum, daß wir uns ein Bild davon machen möchten, wie der tägliche Ablauf in Ihrer Schule ist. Erzählen Sie mir einfach, wie sich die Lehrer den Schülern gegenüber verhalten. Werden bestimmte Schüler den anderen vorgezogen, oder werden andere wiederum schlecht behandelt? Und wenn ja, von wem? Wie sieht der Urlaubsplan für die Lehrkräfte aus? Gibt es Kontakte zu anderen Schulen? Berichten Sie mir etwas über die Eigenschaften Ihrer Lehrer. Sie sehen, es sind nur ganz alltägliche Dinge, über die ich etwas wissen möchte. Ich werde mich bei Ihnen melden und Ihnen sagen, wann und wo wir uns jeweils zu einer kleinen Unterhaltung treffen können.«

Während unseres Gespräches hatte Khazimi dauernd auf meine Beine gestarrt und mir zwischendurch aufdringlich in die Augen geblickt. Ich hatte ein unbehagliches Gefühl in seiner Gegenwart und war erleichtert, als er sich endlich verabschiedete.

Unsere Treffen fanden fortan einmal in der Woche in seinem Auto statt, und wir fuhren etwa eine Stunde ziellos auf der Autobahn. Ich erzählte ihm allerhand Nichtigkeiten, die mir gerade einfielen, und versuchte dabei, den Eindruck zu erwecken, ich hielte diese Dinge für wichtig. So ganz schien Khazimi damit nicht zufrieden zu sein, denn er gab mir Anweisungen, auf wen und was ich besonders zu achten hätte. Nach einigen Wochen merkte ich, daß er mehr und mehr das Interesse an meinen Informationen und unserer Schule verlor. Statt dessen begann er, Fragen über unsere Familie zu stellen.

Es war seltsam, aber ich hatte mich in gewisser Weise an die regelmäßigen Autofahrten gewöhnt – und auch an Mansur Khazimi. Ja, ich fand ihn sogar jetzt sehr nett. Ganz ohne Frage war er hochintelligent, dazu ein echter Gentleman. Mir gegenüber war er sehr höflich und aufmerksam. Und er war außerdem von seiner äußeren Erscheinung her zweifellos ein attraktiver Mann. Irgendwann fing ich sogar an, regelrecht sehnsüchtig auf unsere Treffen zu warten. Warum das so war – darüber machte ich mir zu diesem Zeitpunkt noch keine Gedanken.

Unsere Fahrten auf der Autobahn waren inzwischen nicht mehr die einzigen Begegnungen, die wir hatten. Mansur Khazimi hatte sich bemüht, unserer Familie näherzukommen, und war bereits ein gerngesehener Gast bei uns. Bei seinen Besuchen saß ich zuerst eine halbe Stunde allein mit ihm zusammen, um ihm von der Schule zu berichten. Danach blieb er gewöhnlich noch im Kreis der Familie und aß mit uns. Meine Mutter ließ es sich nicht nehmen, seine Lieblingsspeisen zuzubereiten, sooft er bei uns war. Er revanchierte sich, indem er ihr stets mit Rat und Tat zur Seite stand, wenn es irgendein Problem gab. Er nannte sie *Mader* (Mutter).

Seine eigene Mutter, so erzählte er, sei schon gestorben, als er noch ein kleiner Junge war.

Unsere gesamte Familie mochte Mansur Khazimi, sogar Julia. Sie diskutierte mit ihm sehr offen und ohne ein Blatt vor den Mund zu nehmen. Er versuchte, Verständnis für seine Arbeit zu wecken, erklärte uns vieles über den SAVAK, den Schah und den Iran. Er hatte eine fesselnde Art zu reden; wir konnten ihm stundenlang zuhören.

Es geschah wenig später, daß mir auf einmal bewußt wurde, daß meine Gefühle für diesen Mann eine seltsame Veränderung erfahren hatten. Ich war krank geworden, litt an einer ernsthaften Blasenentzündung und mußte einige Tage zu Hause bleiben. Als ich eines Nachmittags von einem Arztbesuch zurückkam, empfing mich meine Mutter mit einem kleinen Päckchen.

»Herr Khazimi war hier und hat ein Geschenk für dich abgegeben. Er wünscht dir gute Besserung.«

Es waren zwei Bücher, eins von Stendhal, das andere von André Gide. Fieberhaft suchte ich in den Büchern nach einem Zeichen, einer Nachricht. Ich fand nichts. Am nächsten Tag rief ich Khazimi im Büro unter der Nummer an, die er mir gegeben hatte. Ich bedankte mich für das Geschenk und sagte ihm, daß ich das Buch von André Gide bereits durchgelesen hatte.

»Es freut mich, daß Ihnen die Bücher gefallen«, sagte er. »Ich würde Sie gern noch einmal allein treffen und ungestört mit Ihnen sprechen. Wäre das möglich? Vielleicht schon morgen?«

Nach kurzem Zögern und unter plötzlichem Herzklopfen sagte ich zu. Wir verabredeten uns für den nächsten Tag.

Ich hatte Lida dazu bewegen können, mir ein neues Kleid zu nähen. Ich wollte es zu der Verabredung mit Mansur Khazimi anziehen.

Das Kleid wurde wunderschön – in Rot und Weiß. Natürlich war es nach der damaligen Mini-Mode geschneidert. Von der Familie sollte niemand wissen, wohin ich ging. Ich schwindelte, daß ich eine Freundin treffen wollte. Ich ging aus dem Haus und winkte in sicherer Entfernung ein Taxi heran.

Khazimi wartete am vereinbarten Treffpunkt auf mich. Er hatte eine Rose und ein kleines Geschenk mitgebracht. Es war ein goldener Anhänger für eine Halskette. Ich stieg zu ihm ins Auto. Wie sonst auch, steuerte er den Wagen auf die Autobahn. Nach einer kurzen Weile des Schweigens begann er zu sprechen.

»Aiyleen, ich mußte Sie unbedingt sehen, und ich muß mit Ihnen reden. Es ist mir nicht leichtgefallen, Sie um diese Verabredung zu bitten. Lange habe ich mich zu beherrschen versucht, aber ich kann nichts mehr dagegen tun.«

Er schluckte mehrmals, bevor er weitersprach. »Ich weiß, es ist falsch, und es dürfte nicht sein – aber ich habe mich in Sie verliebt.«

Er stockte und sah mich kurz an. Ich sagte nichts.

»Sie sind für mich kein gewöhnliches Mädchen; glauben Sie mir. Wie soll ich es ausdrücken? Sie sind für mich etwas Heiliges. Ich könnte es nicht ertragen, Ihnen in irgendeiner Weise wehzutun.«

Ich sagte noch immer kein Wort, sondern starrte geradeaus auf die Straße. Meine Mutter hatte uns oft eingeschärft: »Wenn euch ein Mann eine Liebeserklärung machen sollte, zeigt keine Regung und keine Gefühle. Und hütet euch davor, spontan zu antworten. Laßt den Mann zappeln, sonst denkt er womöglich, ihr seid eine leichte Beute. Haltet ihn hin.«

Diese Art von Ratschlägen war wohl in den meisten iranischen Familien üblich.

Als ich nach Hause kam, war ich vollkommen durcheinander. Was sollte ich tun? Wie sollte ich mich verhalten? Ich hatte mich doch auch in Mansur Khazimi verliebt und mir natürlich gewünscht, daß ich ihm nicht gleichgültig wäre. Nun war es geschehen. Aber das konnte doch nur Probleme geben! Das Schlimme dabei war, daß ich unmöglich mit jemandem darüber sprechen durfte. Es blieb mir gar nichts anderes übrig, als ganz allein damit fertig zu werden. Es war mir klar, es war eine verbotene Liebe. Es konnte überhaupt nicht gutgehen.

Ich war Christin – er war Moslem.

Ich war vierzehn Jahre alt, er siebenundzwanzig.

Ich war gebürtige Ausländerin – er gehörte zum SAVAK.

Von welcher Seite auch immer ich die Sache betrachtete: Meine Gedanken stießen in jeder Richtung auf eine Mauer von Unmöglichkeiten.

Wenn in islamischen Ländern wie dem Iran eine Christin einen Moslem heiratet, bedeutet das für das Mädchen nicht viel weniger als den Tod. Selbst wenn der Vater oder die Brüder vor Gewaltmaßnahmen zurückschreckten, so war dieses Mädchen doch für die Familie gestorben; es existierte einfach nicht mehr, sondern wurde von der ganzen Verwandtschaft kurzerhand als Dirne klassifiziert, egal, wie die nächsten Angehörigen darunter leiden mochten.

Das alles waren Gründe, und zwar schwerwiegende, zu Mansur nein zu sagen und die ganze Episode zu vergessen. Es war überhaupt die einzige Möglichkeit, die bei vernünftiger Betrachtung übrig blieb. Wie sollte ich das aber fertigbringen? Ich war rettungslos verliebt, zum ersten Mal in meinem Leben. Wann das geschehen war, wußte ich nicht zu sagen. Aber es war passiert, und es schien unwiderruflich. Das also sollte die Liebe sein, von der in Gedichten und Liedern gerühmt wird, sie sei das Höchste auf Erden und trüge die Seele zu den Sternen? Ich mußte eine andere Erfahrung mit dieser »Himmelsgabe« machen. Ich spürte, wie sie mich zerstörte – körperlich und seelisch.

Meine Erziehung verlangte, daß ich, wenn ich mit einem Mann ging und er auch nur meine Hände berührte, ihn heiraten mußte. Andernfalls würde ich mich vorsätzlich versündigen. Ich war daran gewöhnt, immer kühl zu denken und meine Entscheidungen vom Verstand diktieren zu lassen. In diesem Fall brachte das allerdings keine Lösung. Diesmal, so entschloß ich mich, wollte ich meinem Herzen folgen. Entweder heiratete ich Mansur, oder ich würde Nonne.

Aber kein Mensch durfte erfahren, was in mir vorging. Ich hätte sonst mit der schlimmsten Bestrafung rechnen müssen.

Ich suchte nach Möglichkeiten, Mansur zu treffen. Anfangs sahen wir uns nur für eine halbe oder eine Stunde in seinem Auto. Er wurde niemals aufdringlich, versuchte nicht einmal, auch nur meine Hand zu berühren. Später erklärte er mir, er hätte schreckliche Angst um mich gehabt, denn auch ihm war klar, welche Folgen unsere Beziehung haben könnte.

Manchmal lagen zwischen unseren Treffen eine oder zwei Wochen. Ich mußte sehr vorsichtig sein, damit niemand in der Familie Verdacht schöpfte. Um solche Pausen einigermaßen erträglich zu machen, verabredeten wir telefonisch, daß Mansur zu bestimmten Zeiten mit seinem Wagen an unserem Haus vorbeifuhr. Ich stand auf dem Balkon, und im Vorbeifahren winkten wir uns zu.

Mit mir selbst hatte ich harte Kämpfe auszufechten.

Ich suchte nach Gründen, mit denen ich mein Tun rechtfertigen könnte. Aber ich vermochte nicht einmal mich selbst davon zu überzeugen, daß ich richtig handelte. Es tat mir weh, meine Familie anlügen zu müssen. Dazu kam die furchtbare Angst, doch irgendwann entdeckt zu werden, wenn ich mit Mansur zusammen war. Ein Berg von Furcht und Schuldgefühlen schien mich erdrücken zu wollen. Wenn ich von unseren Verabredungen nach Hause kam, quälte mich mein schlechtes Gewissen, und ich mochte meiner Mutter nicht in die Augen sehen. Dieser Zustand wurde unerträglich, doch ich sah keinen Weg, ihn zu ändern.

Ich sprach mit Mansur darüber. Auch er, so mußte er zugeben, hatte Angst. Nach den Vorschriften des SAVAK war ihm eine Beziehung wie die unsrige verboten.

Wir kannten uns nun schon fast ein Jahr. Noch immer hatte Mansur nicht gewagt, auch nur meine Hand anzufassen. Er fürchtete, mich durch die bloße Berührung vielleicht noch tiefer in Verwirrung zu stürzen. Er litt unter seinem schlechten Gewissen meiner Familie gegenüber und fühlte sich als Verräter.

Wieder einmal hatte Mansur nach einem Treffen versprochen, mit mir telefonisch einen nächsten Termin zu verabreden. Ich wartete ungeduldig auf seinen Anruf, aber vergebens. Auch am nächsten Tag geschah nichts. Am dritten Tag hielt ich es nicht mehr aus; ich hatte ein ungutes Gefühl und rief in seinem Büro an.

»Herr Khazimi ist nicht da«, sagte jemand am Telefon. »Er befindet sich auf einer Dienstreise.«

Ich weinte drei Wochen lang, drei endlose grausame Wochen, in denen ich nichts von ihm hörte. Langsam, aber unaufhaltsam festigte sich in mir der bittere Gedanke, daß alles aus und vorbei war; ich würde Mansur nie mehr wiedersehen.

Viele Stunden verbrachte ich auf dem Balkon, spähte auf die Straße, immer in der Hoffnung, sein Auto würde plötzlich auftauchen.

Natürlich blieb mein Zustand meiner Familie nicht verborgen. Man machte sich ernstliche Sorgen um mich. Alle bedrängten mich mit Fragen, wollten wissen, was mit mir los war. Aber ich konnte mit niemandem darüber reden.

Mein einziger Trost war die Musik. Dann begann ich, Gedichte zu schreiben, versuchte, meine Gefühle in Worte zu fassen. Konnte ich schon mit niemandem reden, so wurden mir Stift und Papier zum stillen Gesprächspartner. Das brachte sogar etwas Erleichterung.

Es war an einem Donnerstag. Ich kam aus der Schule, und kaum war ich im Haus, läutete das Telefon. Es war *seine* Stimme! Fast hätte ich aufgeschrien. Mansur spürte meine Verzweiflung, aber auch, wie wütend ich war.

Er wollte mich in einer Stunde sehen, sagte er. Meiner Mutter erklärte ich, ich wolle zu meiner Freundin Mariyam.

Mansur war wie immer pünktlich am vereinbarten Treffpunkt. Und wie immer brachte er eine Rose mit. Zum ersten Mal umarmten wir uns. Ich fühlte seinen Herzschlag.

»SAVAK hat von unserer Beziehung erfahren«, sagte er. »Man hat von mir verlangt, den Kontakt zu dir abzubrechen. Ich habe es versucht. Es ist unmöglich. Ich habe es nicht mehr aushalten können. Ich bin jetzt ganz sicher, Aiyleen, daß ich dich wirklich liebe. Egal, was geschieht, ich kann dich nicht verlieren.«

Ich hatte das Gefühl, daß sich eine Wolke unter meine Füße schob und mich höher und höher trug. Die drei schrecklichen Wochen waren ausgelöscht; ich war nur noch glücklich.

Im Iran und sicherlich auch in anderen Ländern des Nahen Ostens ist es eine unumstößliche Bedingung, daß ein Mädchen bis zur Heirat unberührt bleibt. Bei uns Christen wurde dieses Gesetz sogar noch strenger als bei den Moslems beachtet. Wir waren eine Minderheit, und wir kannten uns alle untereinander. Wenn ein Mädchen mit einem Mann gesehen wurde, stand es fest, daß sie ihn heiraten mußte. Sonst wären ihre Chancen auf eine Heirat mit einem anderen gleich Null gewesen. Darüber waren Mansur und ich uns vollkommen im klaren. Daß er außerdem noch Moslem war, kam erschwerend hinzu. Wir durften auf keinen Fall zusammen gesehen werden!

Über ein Jahr beschränkten sich unsere Treffen auf Autobahnfahrten, und ab und zu wagten wir es, irgendwo essen zu gehen. Doch das war immer mit großer Angst verbunden.

Allmählich aber veränderte sich unsere Beziehung, wurde intensiver. Wir suchten stille, verlassene Stellen auf, wo wir unbehelligt parken konnten. Trotzdem waren wir immer in Sorge, entdeckt zu werden.

Daß diese Sorge nicht unbegründet war, mußten wir schon sehr bald erfahren. Eines Abends parkten wir wieder einmal auf einem abseits der Straße gelegenen Seitenweg, der von Bäumen und Buschwerk verdeckt war. Wir küßten uns. Das waren ohnehin die einzigen Intimitäten, die wir uns erlaubten.

Plötzlich tauchte hinter uns ein Wagen auf, und wir waren in grelles Scheinwerferlicht getaucht. Wir brauchten einige Sekunden, bis wir, noch halb geblendet, die Umrisse eines Jeeps erkannten. Zwei Gendarmen stiegen aus und näherten sich unserem Auto.

Mansur reagierte blitzschnell. Er startete den Motor, gab Gas, und mit durchdrehenden Reifen rasten wir davon.

Die Gendarmen waren sofort zu ihrem Jeep zurückgerannt und nahmen die Verfolgung auf. Inzwischen hatten wir jedoch schon einen Vorsprung gewonnen, und es dauerte nicht lange, bis sie uns verloren hatten. Kein Wunder, denn Mansur war schließlich ein Profi in solchen Dingen und kannte sich mit entsprechenden Tricks bei Verfolgungsjagden aus.

Ich zitterte am ganzen Körper. Es war noch einmal gut ausgegangen, doch ich mochte nicht daran denken, was sonst geschehen wäre. Man hätte uns zweifellos zur Wache gebracht. Da ich erst sechzehn war, wäre natürlich meine Familie benachrichtigt worden. Und was mich dann erwartet hätte, konnte ich mir ausmalen. Für Mansur hätte es sogar noch schlimmer ausgehen können, wenn sich herausstellte, daß er für den SAVAK arbeitete.

Nach dem Vorfall mit den Gendarmen war es uns zu riskant geworden, noch weiterhin im Wald oder an anderen vermeintlich sicheren Stellen zu parken. Mansur kam auf die Idee, für ein paar Stunden ein Hotelzimmer zu nehmen. Ich wunderte mich darüber und fragte ihn, warum wir nicht einfach in seine Wohnung gehen könnten.

»Das ist nicht möglich«, sagte er. »Ich wohne dort nicht allein; es ist ein Zweifamilienhaus, und in der anderen Wohnung lebt einer meiner Kollegen. Es ist aussichtslos, ungesehen ins Haus zu kommen.«

Das leuchtete mir ein. Wie hätte ich damals ahnen können, daß es sich bei dieser Erklärung um eine Lüge handelte!

Unsere Zusammenkünfte im Hotel waren auch keine gute Lösung; ich fühlte mich gedemütigt, obwohl es zwischen uns über Küsse und Umarmungen auch jetzt noch nicht hinausging. Aber die ganze Prozedur des

Zimmermietens und die unpersönliche Hotelatmosphäre empfand ich als erniedrigend.

Meist suchte ich zuerst allein ein Hotel auf, ließ mir ein Zimmer geben und wartete dann auf Mansur. Er folgte mir nach einer Weile.

Doch auch dabei erlebten wir einmal eine Panne. Mansur war mir ein wenig zu rasch nachgekommen. Kurz darauf wurde an unsere Zimmertür geklopft, ein Angestellter trat ein und forderte uns auf, das Hotel sofort zu verlassen. Danach bevorzugten wir die großen Hotels wie beispielsweise das Sheraton, die viel mehr Anonymität boten.

Drei Jahre dauerte dieses nervenaufreibende, entwürdigende Versteckspiel. Nach dem ersten Jahr wurde mir klar, daß es auf die Dauer immer schwieriger werden würde, meiner Familie gegenüber glaubwürdige Ausreden zu erfinden. Ich vertraute mich meiner besten Freundin Mariyam an. Sie wurde die einzige, die mein Geheimnis kannte. Ich informierte Mariyam jedesmal, wenn ich mit Mansur zusammen war, so daß sie mir bei eventuellen Nachfragen ein Alibi verschaffen konnte.

Wenn man sich vergegenwärtigt, daß im Iran ein Mädchen mit fünfundzwanzig Jahren schon fast zu alt ist, um geheiratet zu werden, ist es nicht verwunderlich, daß dieses Thema in unserer Familie sehr viel Raum einnahm und ständig für Aufregung sorgte. Wir waren immerhin vier Mädchen und inzwischen alle im heiratsfähigen Alter. Nali war vierundzwanzig, Julia zweiundzwanzig, Lida neunzehn und ich siebzehn.

Besonders bei den beiden ältesten Schwestern drängte die Zeit, um einen passenden Ehemann zu finden. Es fehlte uns allen nicht an Verehrern. Aber keiner genügte den eigenen Ansprüchen oder denen der übrigen Familienmitglieder.

Es war für uns immer eine belustigende Angelegenheit, wenn fremde Familien auf Brautschau zu uns kamen. Es ist üblich, daß die Mutter des jungen Mannes mit einer Tante oder der Großmutter als Vorhut erscheint. Entwikkelt sich die Sache positiv, kommt beim nächsten Versuch die gesamte Familie mit. Man plant den Termin für die Verlobungsfeier, die die Familie der Braut übernimmt, während die Hochzeit von der Familie des Bräutigams ausgerichtet wird. Es wird die Mitgift vereinbart, und die organisatorischen Belange der Feiern werden geplant.

Zu derart konkreten Gesprächen kam es bei uns allerdings nie. Aber die Mütter, die erschienen, um zuerst einmal die Lage zu sondieren, nahmen ihre Aufgabe sehr ernst. Meine Schwestern wurden wie eine Auswahl von Waren begutachtet, um die Beste herauszufinden. Der ganze Vorgang erinnerte mich an einen Pferdemarkt.

Beispielsweise wurden den Mädchen Nüsse gereicht, die sie mit den Zähnen aufknacken sollten, um die Qualität des Gebisses zu prüfen. Oder die Frauen ließen wie unbeabsichtigt einen Ring auf den Teppich fallen und baten eine der Schwestern, ihn für sie zu suchen. Das war der Augentest. Aber wenn uns die Besucher gar nicht zusagten, begannen wir, soviel Unsinn zu machen und zu lachen, daß die Brautwerber schließlich das Feld räumten.

Meine Mutter nahm es meinen Schwestern übel, daß sie so wählerisch waren und nicht den erstbesten Arzt oder Bankbeamten heirateten. Es war eine schwierige Zeit, in der eine gespannte Atmosphäre bei uns herrschte. Oft kam es zu heftigen Auseinandersetzungen. Bei einer passenden Gelegenheit fragte ich einmal meinen Vater nach seiner Meinung. »Sollen wir irgendeinen Mann heiraten, nur um verheiratet zu sein?«

»Nein«, sagte er, »das Wichtigste ist und bleibt die Liebe. Sie allein zählt. Wenn ihr sicher seid, daß ihr jemanden wirklich liebt, dann bin auch ich einverstanden. Nur« – und dann kam die einzige Einschränkung – »er darf kein Moslem sein!« Ich mußte an Mansur denken, und es gab mir einen Stich ins Herz. Ich mochte nicht weiter über dieses Thema sprechen.

Und dann kam der Zeitpunkt, an dem ein großer Teil der Sorgen, wann und mit wem man uns Mädchen verheiraten sollte, von der Familie genommen wurde. Ich werde jene Nacht nicht vergessen, in der Nali und Lida gegen zwei Uhr nachts von einer Diplomaten-Party nach Hause kamen. Beide waren schrecklich aufgeregt. Sie hatten zwei junge Männer kennengelernt, die aus Schottland stammten und im Iran für eine Ölfirma arbeiteten. Bei den Schwestern hatte es »gefunkt«. Und bei den Männern offenbar ebenfalls. Gordon war dreiundzwanzig Jahre alt, Philip Anfang dreißig.

Es vergingen kaum drei Monate, und wir feierten eine große Doppelhochzeit. Über vierhundert Gäste waren geladen. Es war ein wahrhaft märchenhaftes Fest.

Nali und Lida bezogen mit ihren Männern möblierte Wohnungen im Norden Teherans. Nun waren zwei meiner Schwestern aus dem Haus. Es war schon ein seltsames Gefühl ohne die beiden. Allerdings muß ich zugeben, daß ich über Nalis Auszug nicht allzu unglücklich war. Zwischen uns hatte es immer einen stillen – und oftmals auch offenen – Machtkampf gegeben. Lida dagegen vermißte ich sehr. Ich besuchte sie oft in ihrer Wohnung. Das brachte mir außerdem auch mehr Freiraum, um mit Mansur auszugehen.

Als einzige Schwester war mir daheim nun noch Julia geblieben, und es entwickelte sich zwischen uns ein sehr viel innigeres Verhältnis als vordem. Julia habe ich schließlich auch mein Geheimnis anvertraut. Wie nicht anders zu erwarten, war sie schockiert. Sie bemühte sich, mich zu überreden, die Beziehung zu Mansur abzubrechen, etwas, das für mich unmöglich war.

Julia hatte inzwischen das Abitur gemacht und bekam durch Vermittlung einer Freundin eine Anstellung bei Saudi-Airlines in Teheran. Sie war zuständig für Reservierungen, Ausstellung von Flugtickets und für »Lost and Found«. Es war eine interessante, abwechslungsreiche Arbeit, die ihr Spaß machte. Ich war jetzt noch die einzige, die zur Schule ging. Ans Heiraten wollte ich noch nicht denken. Mansur hatte studiert, und ich beabsichtigte, es auch zu tun. Er gab mir oft das Gefühl, daß er mir überlegen sei und aus einer besseren Familie stamme – die ich aber nicht kennenlernen durfte.

Zu Hause war ich das »Baby«, und alle Geschwister fühlten sich für mich verantwortlich. Eines Tages wurde ein Familienrat einberufen und beschlossen, mich nach Großbritannien zum Studium zu schicken. Für mich bedeutete das eine Art Revolution. Ich sollte allein in eine neue, mir noch unbekannte Welt reisen. Ich war stolz und glücklich – bis auf einen entscheidenden Wermutstropfen: Ich würde von Mansur getrennt sein.

Lida organisierte für mich eine große Abschiedsparty. Auch Mansur wurde eingeladen; er war ja ein Freund der Familie. Trotz des schönen Festes mußte ich den ganzen Abend weinen. Es war nicht nur wegen des Abschieds von all meinen Freunden; mir wurde klar, daß ein Abschnitt meines Lebens nun endgültig abgeschlossen war.

Schon früh am nächsten Morgen sollte ich mit British Airways nach London fliegen und von dort weiter nach Aberdeen. Ich wünschte mir so sehr, vor meiner Abreise wenigstens noch ein paar Minuten mit Mansur allein sein zu können, um mich von ihm zu verabschieden. Aber wie sollte ich das anstellen? Julia hatte schließlich den rettenden Einfall. Wir würden nach der Party eine Freundin nach Hause fahren, und Mansur müßte sich dann bereit erklären, uns zu begleiten. Das war unverfänglich.

Es war im September 1974, und es war einer jener Abende, an denen schon der nahende Herbst in der Luft liegt, die aber auch noch die Wärme des Sommers spüren lassen. Auf dem Rückweg ließ Julia uns unterwegs allein, und ich ging mit Mansur in den Park. Er nahm mir das Versprechen ab, ihm jeden Tag zu schreiben. Es wäre nicht notwendig gewesen, mich darum zu bitten: Ich hätte es ohnehin getan. Vor Weinen konnte ich kaum ein Wort hervorbringen.

»Ich werde dich sehr oft anrufen«, sagte Mansur, »und in ein paar Monaten werde ich dich besuchen. Das verspreche ich dir.«

Wir baten einen Passanten, ein Foto von uns zu machen. Es war das erste, auf dem wir zusammen waren. Mansur hatte seinen Arm um meine Schultern gelegt. Damals ahnte ich nicht, daß dieses Foto mein Leben einmal zur Hölle machen sollte.

Als ich am nächsten Morgen im Transitraum des Teheraner Flughafens saß, allein, ohne meine Familie, kam ich mir sehr verlassen vor. Ich sah meine Mutter noch vor mir, die bitterlich geweint hatte. Mir ging es nicht anders; ich mußte meine Sonnenbrille aufsetzen, um meine geröteten und geschwollenen Augen zu verdecken. Am liebsten wäre ich wieder umgekehrt.

In Aberdeen sollte ich bei Lidas Schwiegermutter unterkommen. Mein Flug verspätete sich, so daß ich eine Nacht in London bleiben mußte, weil ich dadurch den Anschlußflug nach Aberdeen verpaßt hatte.

Was unternimmt ein siebzehnjähriges Mädchen, allein und mit reichlich Geld in der Tasche, das in einem First Class Hotel in einer Weltstadt wie London absteigt? Heute muß ich in der Erinnerung daran noch lachen: Ich ging zu Bett und weinte, bis ich eingeschlafen war.

Am Mittag des folgenden Tages kam ich in Aberdeen an. Lidas Schwiegermutter erwartete mich schon am Flughafen. Sie war eine magere kleine Frau, und sie war mir unsympathisch. Wir fuhren im Taxi zu ihrer Wohnung – durch eine Landschaft, die mir einfach herrlich vorkam. Es war alles so weit und grün. Mrs. McKagan wohnte in einem Häuserblock nur wenige Meter vom Strand der Nordsee entfernt. Wunderschön war es hier – aber ich war trotzdem tieftraurig. Ich fühlte mich wie ein kleiner Vogel, der aus dem beschützenden Nest gefallen war. Schon jetzt hatte ich unbeschreibliches Heimweh nach meiner Familie und noch mehr Sehnsucht nach Mansur.

In der Wohnung der Familie McKagan fühlte ich mich keineswegs wohl. Von zu Hause war ich es gewöhnt, daß alles vor Sauberkeit blitzte. Hier jedoch war vieles ziemlich schmuddelig, so daß ich nie ein unbehagliches Gefühl los wurde.

Auch mein Zimmer trug nicht dazu bei, meine Stimmung zu verbessern. Es war kalt. Die Miete, die ich Mrs. McKagan für meine keineswegs komfortable Unterkunft zahlte, war reichlich bemessen. War es die sprichwörtliche Sparsamkeit der Schotten, die ich zu spüren bekam? Jedenfalls wachte Mrs. McKagan stets mit Argusaugen darüber, daß meine Heizung abgestellt blieb. Ebenso sparsam verfuhr sie mit der Verpflegung. Nur einmal in der Woche gestand sie mir eine warme Mahlzeit zu, die dann aus einer Suppe bestand. An den übrigen Tagen blieb die Küche kalt. Ich war zutiefst unglücklich, und

dazu kam das immer stärker werdende Heimweh. Es verging kein Tag ohne Tränen.

Im ersten Jahr meines Aufenthaltes sollte ich das Aberdeen College of Commerce besuchen, um zuerst einmal die englische Sprache als Vorbereitung für mein Journalismus-Studium zu erlernen. Der Unterricht begann morgens um neun. Nach einer einstündigen Mittagspause ging es dann bis sechs Uhr abends weiter. Wenn diese ständig wachsende Sehnsucht nach meiner Familie und vor allem nach Mansur nicht gewesen wäre, hätte ich diese Zeit eigentlich genießen können. Aber die Gedanken an zu Hause machten mich untauglich für jede Art von Vergnügungen. Wenn meine Kameraden sich abends in Discos oder im Kino trafen, hockte ich fröstelnd in meinem ungeheizten Zimmer, schrieb Briefe und gab mich meinen wehmütigen Gedanken hin.

Nach drei Monaten wurde mir schließlich der Aufenthalt bei Mrs. McKagan unerträglich. Es war mir zwar unangenehm, aber ich überwand meine Hemmungen und berichtete meiner Schwester Lida über das trostlose Leben bei ihrer Schwiegermutter. Mit Bangen wartete ich auf Lidas Reaktion. Wie erleichtert war ich, als sie Verständnis für meine Situation zeigte und mir selbst den Vorschlag machte, mich nach einer anderen Bleibe umzusehen.

Ich machte mich sofort auf die Suche und hatte schon sehr bald Erfolg. Ich fand ein wunderschönes Zimmer bei einer jüdischen Familie, die eine kleine Pension unterhielt. Eigentlich war dieses Zimmer für zwei Personen vorgesehen. Da ich aber finanziell gut gestellt war und viel Wert auf meine Freiheit legte, mietete ich es für mich allein und zahlte gern den Preis für zwei Personen. Es war ein großer freundlicher Raum, und besonders genoß ich es, daß ich es nun auch behaglich warm hatte.

Mr. Copern, der Pensionsinhaber, mochte mich sehr. Ich wurde nach Strich und Faden verwöhnt und bekam mehr zu essen, als mir guttat. Es dauerte nicht lange, und ich nahm langsam, aber unaufhaltsam die Gestalt einer Kugel an.

Doch auch diese neue liebevolle Umgebung bewirkte nicht, daß ich mein Heimweh und meine Sehnsüchte vergaß. Viele Jungen aus meiner Umgebung versuchten, meine Freundschaft zu gewinnen und mit mir auszugehen – aber meine Liebe gehörte allein Mansur.

Bei unserem Abschied in Teheran hatte er versprochen, mich zu besuchen. Endlich, im Dezember, überraschte er mich mit der frohen Nachricht, daß es ihm gelungen sei, eine Woche Urlaub zu nehmen. Er wollte über Weihnachten nach Schottland kommen. Im College hatten wir dann Ferien.

Vorfreude und Ungeduld ließen mich kaum noch schlafen. Immer wieder malte ich mir unser bevorstehendes Zusammensein aus. Das Warten wurde zu einer wahren Tortur, und die Tage bis zu Mansurs Ankunft schienen sich unerträglich hinzuziehen. Aber schließlich war doch der große Augenblick herangerückt. Ich fuhr nach Edinburgh und mietete in einem romantischen Hotel ein Zimmer.

Mansur hatte mir seine Ankunftszeit und die Flugnummer angegeben. Aufgeregt machte ich mich auf den Weg zum Flughafen. Nach stundenlangem Warten gab es eine herbe Enttäuschung. Der Flug war wegen Nebels annulliert worden.

Niedergeschlagen fuhr ich ins Hotel zurück. Da saß ich nun wieder allein, und die vorherige nervliche Anspannung wich einer tiefen Erschöpfung. Meine Gedanken waren bei Mansur, der sich jetzt irgendwo zwischen Teheran und Edinburgh befand und sicherlich ebenso

enttäuscht war wie ich. Nach einiger Zeit riß mich das Klingeln des Telefons aus meinen Gedanken. Zitternd nahm ich den Hörer ab. Es war Mansur. Er rief aus London an, wo ihn der Nebel festhielt.

»Ich weiß noch nicht, wann der nächste Flug startet«, sagte er. »Aber ich verspreche dir, ich werde morgen bei dir sein. Egal wie.«

Diese Nacht mußte ich also allein im Hotelzimmer verbringen. Es schien mir die längste Nacht meines Lebens. Dann folgte der nächste Tag mit zermürbendem Warten. Ich wagte nicht, das Zimmer zu verlassen. Mansur hätte ja gerade dann anrufen oder eintreffen können. Die Stunden dehnten sich endlos, und nichts geschah. Müdigkeit und Langeweile stellten sich nach der durchwachten Nacht ein, und mich übermannte der Schlaf.

Gegen drei Uhr nachmittags wachte ich durch lautes Klopfen an der Zimmertür auf. Noch schlaftrunken öffnete ich. Er stand vor mir: Mansur! Es war wie ein Traum. Wir fielen uns in die Arme, konnten nichts sagen und klammerten uns nur fest aneinander. Wir weinten beide vor Freude. Es war ein wunderschöner Augenblick. Wunderschön? Nein, das ist bei weitem nicht der passende Ausdruck. Es gibt Augenblicke und Gefühle, die mit Worten nicht zu beschreiben sind, selbst wenn man in allen Wörterbüchern in allen Sprachen der Welt danach suchte. Vielleicht mußte es so im Paradies sein.

Wir verbrachten eine traumhafte Woche. Es war eine Woche, frei von Heimlichtuerei und Angst. Es gab nichts und niemanden, wovor wir uns hätten fürchten müssen. Es gab nur uns beide.

Trotz dieser großen ungewohnten Freiheit haben wir nicht miteinander geschlafen. An mir hätte es nicht gelegen; ich war achtzehn, voller Leben und voller Liebe. Aber Mansur war ein sehr disziplinierter Mann, und er beherrschte sich eisern.

Dann, viel zu schnell, kam der Tag der Abreise. Ich weinte so haltlos, daß ich kaum noch Luft bekam. So schön diese Woche auch gewesen war, so schrecklich war dieser Augenblick der Trennung.

Als Mansur wieder in Teheran war, rief er mich jeden Abend an, und jeden Tag erhielt ich mindestens einen Brief von ihm. Ich habe sie wie Schätze gesammelt und aufbewahrt und sogar beabsichtigt, sie irgendwann einmal für mich als Buch drucken zu lassen. Mansur war ein sehr feinfühliger Romantiker und erkannte jeden meiner unausgesprochenen Wünsche. Es war einfach himmlisch, von einem Mann so geliebt zu werden; nicht nur von irgendeinem Mann, sondern von einem, den ich selbst abgöttisch liebte.

Wie sehr hätte ich mir gewünscht, daß die Woche in Edinburgh für immer eine unzerstörbare, märchenhaft schöne Erinnerung für mich geblieben wäre. Aber diese Illusion wurde später brutal zunichte gemacht.

Mansur und ich hatten in Edinburgh zusammen Einkäufe gemacht. Er wollte Freunden und Verwandten etwas mitbringen. Gemeinsam suchten wir passende Geschenke aus, und ich beriet Mansur bei dem Kauf von Kleidern, die er seiner Tante mitbringen wollte. So sagte er jedenfalls damals. Nach Jahren erst erfuhr ich, daß ich diese Sachen ahnungslos für seine Frau ausgesucht hatte. Ja, es ist wahr: Mansur war bereits verheiratet! Jede liebende Frau wird meinen Schmerz nachvollziehen können, als ich das erfuhr, einen Schmerz, der mir die Erinnerung an diese Woche in Edinburgh verdunkelt hat.

Zu Ostern überraschte Mansur mich mit einem Rückflugticket in den Iran. Er wollte mit mir heimlich, ohne daß meine Familie etwas davon erfuhr, eine Woche in Teheran verbringen. Ein Freund hatte ihm seine Wohnung überlassen.

Wir verbrachten wieder eine wunderbare Zeit miteinander. Aber es war doch anders als in Edinburgh. Mich plagte das schlechte Gewissen, wenn ich an meine Familie dachte. Nur wenige Kilometer trennten mich von ihr, und doch konnte ich sie nicht besuchen. Oft sind wir an unserem Haus vorbeigefahren, immer in der Hoffnung, vielleicht meine Mutter wenigstens von weitem sehen zu können.

In dieser Woche liebten Mansur und ich uns zum ersten Mal. Ich war noch völlig unerfahren, hatte furchtbare Schmerzen und Blutungen, war verstört und weinte. Mansur lachte und tröstete mich. Für ihn war nun besiegelt, daß ich fortan nur noch ihm gehörte. Er würde mich heiraten. Nichts und niemand konnte das jetzt noch verhindern.

Es stand uns wieder eine lange Zeit der Trennung bevor, als ich nach Aberdeen zurückflog. Mansur wollte sich nicht mehr damit abfinden und wurde ungeduldig.

»Ich kann diesen Zustand nicht länger ertragen«, sagte er. »Ich möchte nicht, daß du in Schottland bleibst. Komm zurück nach Teheran, dann werden wir heiraten. Ich will ehrlich sein: Ich habe Angst, dich zu verlieren.«

Aber erst einmal mußte ich wieder nach Aberdeen zurück. Doch die Woche in Teheran hatte mich verändert. Ich war nicht mehr das kleine unschuldige Mädchen, ich war eine Frau geworden, und ich fühlte mich wie eine Frau. Trotzdem bedrückten mich Schuldgefühle. Der Gedanke quälte mich, daß ich gesündigt hatte.

Sex ist in unserer Gesellschaft ein absolutes Tabu, und unsere Erziehung war danach ausgerichtet. Die Mädchen in unserem Lande gehen völlig ahnungslos in eine Ehe.

Es war mir klar, daß ich etwas geradezu Unvorstellbares getan hatte. Diebstahl, Brutalitäten, Kindesmißhandlungen – oder sogar jemanden wegen einer angeblich guten Sache zu töten: Das alles waren irgendwie verzeihliche Verbrechen. Unverzeihlich aber war es, wenn eine Frau außerhalb der Ehe mit einem Mann schlief. Und genau das hatte ich getan.

Einige Wochen nach meiner Rückkehr nach Aberdeen litt ich plötzlich unter Übelkeit und Erbrechen – und meine Periode blieb aus. Ich geriet in Panik, rief Mansur an und schilderte ihm meinen Zustand. Er drängte darauf, daß ich sofort einen Arzt aufsuchen sollte. Voller Angst trat ich diesen Weg an. Was ich befürchtet hatte, bestätigte die Untersuchung: Ich war schwanger. Wie betäubt verließ ich die Praxis, die Worte des Arztes noch immer im Ohr: »Junge Frau, Sie werden ein Baby bekommen.«

Wieder rief ich Mansur an, um ihm die verhängnisvolle Nachricht mitzuteilen. Ich hörte die Nervosität aus seiner Stimme: »Aiyleen, du kannst dieses Kind nicht bekommen! Es wäre eine Katastrophe. Du mußt es abtreiben lassen.«

Hatte ich eine andere Reaktion erwartet? Was war schlimmer? Der Makel, ein uneheliches Kind zu bekommen, oder eine Abtreibung?

»Du redest davon wie über eine Blinddarmoperation«, wandte ich zitternd ein. »Es ist doch unser Kind!«

»Wir haben keine Wahl«, erwiderte er unnachgiebig. »Laß es so schnell wie möglich machen. Es ist jetzt noch früh genug.«

In Aberdeen gab es keine Gelegenheit für einen Schwangerschaftsabbruch. Ich mußte nach London.

Mein Arzt hatte mir eine Adresse gegeben und auch schon einen Termin vereinbart.

Die Zeit bis zu diesem Termin war die Hölle für mich. Verzweiflung, Angst und Selbstvorwürfe erstickten mich fast. Und mit niemandem konnte ich darüber sprechen; wieder einmal mußte ich ganz allein damit fertig werden.

Mansur kam allerdings nach London, um bei mir zu sein. Es war das erste Mal, daß wir uns ernsthaft stritten. Er wollte das Kind um keinen Preis. Hätte er nur ein einziges Mal in seinem Entschluß geschwankt, eine auch noch so aussichtslose Überlegung angestellt, um eine andere Lösung zu finden! Ich wäre bereit gewesen, alle Schwierigkeiten und die Schande auf mich zu nehmen. Aber Mansur wollte unser Baby nicht.

Um sechs Uhr morgens mußte ich mich im Krankenhaus einfinden. Im Warteraum saßen bereits andere Mädchen, sogar vierzehnjährige, die mein Schicksal teilten. Ich war wie benommen. Das alles konnte doch nicht Wirklichkeit sein!

Nach dem Eingriff kam Mansur zu mir ins Zimmer. Er weinte. Aber diesmal vermochte ich nicht, ihn zu trösten. Ich versuchte es nicht einmal.

Am nächsten Tag schon flog Mansur nach Teheran zurück und ich nach Aberdeen. Es ging mir sehr schlecht, körperlich und seelisch. Während des ganzen Fluges saß eine der Stewardessen neben mir und kümmerte sich um mich. Wieder in Aberdeen, vergrub ich mich in meinem Zimmer und versuchte, meine Angst und meine Schuldgefühle zu ersticken. In mir war eine entsetzliche Leere, die ich, wie es mir schien, nie mehr ausfüllen konnte.

Sehnlichst hatte ich auf die Sommerferien im August gewartet. Ich durfte nach Hause kommen. Meiner Familie hatte ich die Ankunftszeit des Flugzeugs verschwiegen, denn Mansur wollte mich vom Flughafen abholen, um mit mir erst ein paar Stunden allein verbringen zu können.

Als ich danach zu Hause eintraf, waren außer meiner Familie auch all meine Freunde zu meinem Empfang versammelt. Jeder staunte, daß aus dem jungen Mädchen, das im vergangenen Jahr nach Schottland abgereist war, eine Frau geworden war.

Ich aber war glücklich wie seit langer Zeit nicht mehr. Dies hier war mein Zuhause, hier hatte ich alle in meiner Nähe, die ich liebte: meine Eltern, Geschwister, Freunde – und Mansur. Ich hatte nur den einen Wunsch: hierzubleiben. Ich wollte weder nach Aberdeen zurück noch irgendwo anders hin. Hierher gehörte ich, und hier wollte ich leben.

Ich saß zwischen meinen Schwestern auf der Couch und zeigte ihnen Fotos, die ich von Aberdeen mitgebracht hatte. Und dann geschah etwas Schreckliches. Mitten in diese heimelige, friedliche Atmosphäre brach das Unheil herein.

Mein Herz schien stillstehen zu wollen, als ich bemerkte, daß Lida plötzlich das Foto in der Hand hielt, das am Abend vor meiner Abreise im vergangenen Jahr im Park aufgenommen worden war. Ich mit Mansur zusammen, der seinen Arm um mich gelegt hatte.

Lida wurde blaß, starrte erst das Foto an, dann mich. Es war ein Blick, den ich fast körperlich zu spüren meinte. Sie sagte nichts, aber ich las die Frage in ihren Augen, eine Frage, die ich nicht fähig war zu beantworten. Ich war wie gelähmt. Wortlos steckte meine Schwester das Foto ein und gab mir den Rest der Bilder zurück.

Als die Gäste gegangen waren, rief Lida meine Mutter und meine Schwestern zusammen und zeigte ihnen das

Foto. Julia kannte ja mein Geheimnis, wagte aber nicht, das zuzugeben. Nun wollte man eine Erklärung von mir hören. Aber ehe ich auch nur ein Wort hervorbringen konnte, schlug meine Mutter wie rasend auf mich ein. Unter Tränen gestand ich, daß ich Mansur liebte.

Vor wenigen Stunden erst war dieses Haus von fröhlichem Lachen erfüllt gewesen – jetzt glich es einem Trauerhaus. Meine Mutter begann hemmungslos zu weinen, schlug sich an den Kopf, und sobald ich in ihre Nähe geriet, trafen auch mich ihre Schläge. In den Augen meiner Schwestern las ich Haß und Verachtung. Man war sich einig, daß ich eine unglaubliche Schande über die ganze Familie gebracht hatte.

In dieser Nacht tat bei uns kaum jemand ein Auge zu. Wer hätte unter dem Eindruck einer solchen Katastrophe auch an Schlaf denken können! Ich war in den Augen meiner Familie nicht mehr wert als ein Stück Dreck, und das ließen mich alle spüren. Sie wiesen mir ein anderes Zimmer zu und schlossen mich ein. Unter sich wollten sie beratschlagen, was nun zu tun sei. Keinesfalls durften mein Vater und mein Bruder etwas erfahren. Meine Mutter war überzeugt davon, daß die beiden mich dann töten würden.

Irgendwann in dieser Nacht schlief ich dann doch vor Erschöpfung ein. Beim Erwachen am nächsten Morgen überfiel mich sofort wieder panische Angst. Ich durfte weder telefonieren noch das Zimmer verlassen, ich war eingeschlossen wie eine Gefangene.

Am Nachmittag erschien meine Mutter. Unter endlosen Beschimpfungen und Beleidigungen befahl sie mir, meine Sachen zusammenzupacken. Man brachte mich in Lidas Haus. Auch dort wurde ich in einem Zimmer eingeschlossen. Nach drei Tagen dann hatten meine Mutter und meine Schwestern ihre Entscheidung getroffen: Ich mußte am nächsten Morgen wieder nach Aberdeen zurückfliegen.

Sobald ich dort angekommen war, rief ich Mansur an. Seit jenem verhängnisvollen Abend in Teheran hatte ich keine Gelegenheit mehr gefunden, Kontakt mit ihm aufzunehmen. Er war außer sich vor Freude und Erleichterung, als er meine Stimme hörte. Er hatte sich gar nicht erklären können, warum ich mich in Teheran nicht mehr bei ihm gemeldet hatte. Voller Sorge hatte er schließlich meine Mutter angerufen. Sie hatte ihm ohne weitere Erklärung in größter Erregung gedroht, sofort den SAVAK zu informieren, falls er sich unterstand, noch einmal mit ihrer Familie Kontakt aufzunehmen. Jetzt wollte Mansur kaum glauben, daß ich wieder in Aberdeen war. Fassungslos ließ er sich von mir berichten, was geschehen war.

Voller Bitterkeit mußte ich erkennen, daß ich in eine Situation geraten war, die nach einer sofortigen Entscheidung verlangte. Es war eine Entscheidung, die, wie immer sie auch ausfiel, mit Schmerzen verbunden sein würde. Auf der einen Seite war Mansur. Konnte ich von einer so großen Liebe Abschied nehmen und sie der Konvention opfern? Tat ich es aber nicht, war mir klar, daß ich auf meine Familie verzichten mußte, vor allem auf meine Mutter, die ich so liebte.

Sie selbst hatte mir einmal geraten, daß ich, wenn ich jemals in einer verzweifelten Lage nach einer Entscheidung suchen müßte, meinem Herzen folgen sollte. Und mein Herz wollte Mansur. Ich konnte ihn nicht aufgeben. Wofür auch? Für einen dieser unsinnigen Zwänge, die sich unsere Gesellschaft selbst auferlegt?

Es gibt so viele dieser von Menschen gezogenen Grenzzäune, und ich habe sie seit jeher gehaßt. Sie gelten immer nur für die anderen; an ihnen blüht die Heuchelei.

Wie oft hatte ich erlebt, wie der einzelne immer wieder Mittel und Wege gefunden hatte, unter diesen Zäunen hindurchzuschlüpfen, und meist waren es gerade jene, die nach außen hin besonders auf die Beachtung solcher Grenzen pochten.

Nach einigen Tagen bekam ich einen überraschenden Anruf aus Teheran. Es war Lida, und sie war sehr kurz angebunden. »Aiyleen, wir werden morgen nachmittag in Aberdeen sein. Bitte, reserviere uns zwei Zimmer im Hotel.«

»Warum zwei Zimmer? Wer kommt mit dir?« fragte ich. Aber meine Schwester ging darauf nicht ein, sondern legte auf. Während ich mir noch den Kopf zerbrach, was dieser Besuch zu bedeuten hatte, klopfte es an meine Hotelzimmertür. Es war meine Freundin Parvin. Mit ihr und ihrem Mann Mahmoud war ich schon seit meiner Anfangszeit in Aberdeen befreundet. Sie wohnten in einem Studentenheim. Mahmoud studierte Chemie. Er war ein hochbegabter junger Mann, der aus einer sehr einfachen Familie stammte. Aber wegen seiner Fähigkeiten hatte er von der Schah-Regierung ein Stipendium erhalten. Ich war gern mit den beiden zusammen. Sie waren gläubige Moslems, doch das beeinträchtigte unsere Freundschaft in keiner Weise.

»Mansur hat bei mir angerufen«, sagte Parvin. »Komm bitte mit. Er wird sich in einer halben Stunde wieder melden.«

Wir brachen sofort auf. Wir hatten bis zum Studentenwohnheim nur etwa fünf Minuten zu gehen, und unterwegs erzählte ich Parvin von Lidas Anruf und daß sie am nächsten Tag kommen wollte.

Mansurs Stimme am Telefon hörte sich sehr nahe an.

»Wo bist du?« fragte ich.

»In London. Aber ich kann nicht lange bleiben. Ich

will dir nur sagen, daß ich nicht ohne dich nach Teheran zurückfliegen werde. Nichts und niemand wird mich zurückhalten. Mach dir keine Sorgen; es wird jetzt alles gut werden.«

Ich wollte und mußte ihm glauben. Und ich glaubte ihm. Mansur hatte so viel riskiert und keine Konsequenzen gescheut, um mich zu bekommen. Es konnte einfach nicht anders sein: Er mußte mich so lieben, wie ich ihn liebte.

Ich wurde ruhiger. Plötzlich sah die Welt nicht mehr so grau aus. Ich versprach Mansur, ihn am nächsten Tag anzurufen, sobald ich wußte, was es mit Lidas Besuch auf sich hatte.

An diesem Abend blieb ich noch lange mit Parvin und Mahmoud zusammen. Dankbar stellte ich fest, wie wertvoll es ist, gute Freunde zu haben. Sie waren zwar beide traurig, daß sie keine Möglichkeit sahen, mir zu helfen, aber es tat mir wohl, mich wenigstens einmal richtig aussprechen zu können.

Lida traf zu meiner Überraschung mit ihrem Ehemann Gordon und Gordon junior, ihrem kleinen Sohn ein – und meine Mutter war mitgekommen. Sie schien offenbar zum Äußersten entschlossen, hatte in Teheran alles stehen- und liegengelassen, um zu verhindern, daß ich in den Iran zurückkehrte und Mansur heiratete. Ich bat sie um ein Gespräch unter vier Augen, und wir gingen ins Nebenzimmer.

Es gibt Momente im Leben, die man nie vergessen wird, die sich wie ein Brandmal in die Erinnerung eingebrannt haben. Dies war solch ein Augenblick, als ich allein meiner Mutter gegenübersaß.

»Ich weiß, was du von mir erwartest«, begann ich das Gespräch, »aber du verlangst etwas Unmögliches von mir.«

»Unmöglich ist das, was du dir in den Kopf gesetzt hast. Du wirst Mansur aufgeben, sonst . . .«

Ich rückte näher zu ihr und nahm ihre Hand. »Mutter, du weißt, wie sehr ich dich liebe; aber ich liebe auch diesen Mann, und ich kann ohne ihn nicht mehr sein. Du kannst dir nicht vorstellen, was ich darum geben würde, wenn ich mit ihm leben könnte, ohne euch alle zu verlieren! Warum sollte das denn nicht möglich sein?«

»Du kennst genau den Grund«, sagte meine Mutter ärgerlich, »und du weißt, welche Schande du schon bis jetzt über uns alle gebracht hast.«

»Ist das, was andere von uns denken, dir wichtiger als unser eigenes Glück und unser Leben?« wandte ich ein. Mutters bei uns übliche Einstellung konnte ich einfach nicht akzeptieren. Es war eine Einstellung, die hauptsächlich die Frauen benachteiligte. Wie viele Frauen litten in ihrer Ehe, aber sie hielten schweigend aus, nur um den »guten Ruf« zu wahren. Die Männer nutzen diesen Umstand aus. Sie mißbrauchen ihre Frauen in jeder erdenklichen Hinsicht; sie können ja sicher sein, daß von ihnen keine Schwierigkeiten zu befürchten sind. So etwas konnte einfach nicht gerecht sein! Und was mich betraf, so war ich nicht bereit, eine solche Unterdrückung hinzunehmen.

»Ich liebe Mansur«, sagte ich, »und ich kann darin nichts Unrechtes sehen. Hat nicht auch Jesus immer wieder Liebe gepredigt? Das schließt für mich auch die Liebe zwischen Mann und Frau ein. In einer Ehe sehe ich das intensivste Zusammenleben von Menschen. Ist dabei die Liebe nicht besonders wichtig?«

»Laß Jesus aus dem Spiel und versündige dich nicht noch mehr! Was maßt du dir überhaupt an, von Liebe wissen zu wollen?«

Ich dachte an die vielen Stunden, in denen wir zu

Hause mit Mansur zusammengewesen waren. »Mutter, du selbst hast Mansur doch sehr gemocht. War er nicht für euch alle ein gerngesehener Gast? Und nun soll das alles keine Bedeutung mehr haben?«

»Ja, er war unser Gast, und wir haben ihn behandelt, wie es sich einem Gast gegenüber gehört. Aber er hat unser Vertrauen mißbraucht.« Ich merkte, wie der Zorn meiner Mutter wuchs, obwohl sie sich beherrschte und äußerlich ruhig blieb. Aber sie ließ sich auf keine weitere Diskussion ein. Sie sah mich mit kalten Augen an und war zu keinem Kompromiß bereit.

»Aiyleen, wenn du mit Mansur gehst, wirst du für mich tot sein. Dann will ich mit dir nichts mehr zu tun haben. Du existierst nicht mehr für mich. Es wird für mich so sein, als hätte es dich niemals gegeben.«

Das waren sehr harte Worte, und sie taten mir unendlich weh. Ich wußte, daß ich mich jetzt endgültig entscheiden mußte, und ich konnte nicht anders: Ich entschied mich für Mansur. Damit waren die Weichen für mein weiteres Leben gestellt. Ich wollte keine Zeit mehr verlieren, packte meine Koffer und buchte für die nächste Maschine einen Flug nach London. Es blieben mir nur noch zwei Stunden, bis ich zum Flughafen mußte.

Ich ging zu meiner Mutter, wollte noch einmal versuchen, ihr meine Entscheidung zu erklären, und sie um Verzeihung zu bitten. Ich nahm ihre Hände und wollte sie zum Abschied küssen. Doch sie stieß mich wortlos von sich.

Auch von Lida konnte ich mich nicht verabschieden; sie hatte sich geweigert, mich noch einmal zu sehen. Meinen kleinen Neffen Gordon, der mir so ans Herz gewachsen war, nahm ich in die Arme und küßte ihn unter Tränen. Als ich mich von meinem Schwager verabschiedete, wagte er einen letzten Versuch, mich zurückzuhalten.

»Aiyleen, tu es nicht! Bleib hier. Sieh mal, du hast dein ganzes Leben noch vor dir, hast so viele Möglichkeiten. Du kannst reisen, kannst studieren. Genieße dein Leben, geh nicht nach Teheran zurück!« Er meinte es gut. Ich umarmte ihn und bat ihn, mich zu verstehen.

Der Abschied fiel mir unendlich schwer.

Ich hatte eine Entscheidung getroffen, die nicht nur mir, sondern auch anderen Schmerz bereitete. Dabei war etwas in mir zerbrochen. Ich hatte mich aus einer geborgenen, behüteten Umgebung selbst herausgerissen, und ich spürte deutlich, daß ein großer Teil von mir bei meiner Mutter zurückgeblieben war.

Ich hatte keine Zeit mehr, Mansur anzurufen. Deshalb bat ich Parvin und Mahmoud, ihm auszurichten, er möge in seinem Londoner Hotel bleiben und dort auf mich warten. Mansur hatte im Holiday Inn am Flughafen ein Zimmer gemietet, und so traf ich schon kurze Zeit nach meiner Ankunft in London bei ihm ein. Als er nach meinem Klopfen die Zimmertür öffnete, fielen wir uns in die Arme, und es war, als ob er mich gar nicht mehr loslassen wollte. »Dieses Mal bin ich gekommen«, sagte ich leise, »um ganz und für immer bei dir zu bleiben.« Dann begann ich zu weinen.

Wir blieben noch zwei Tage in London und flogen dann nach Teheran zurück. Zuerst kamen wir bei Mansurs bestem Freund Bahman unter. Aber schon nach knapp einer Woche fanden wir eine schöne Wohnung in einem nördlichen Stadtteil Teherans. Mansur gab mir Geld und überließ es mir, die Wohnung einzurichten. Ich tat es mit Begeisterung. Es war alles höchst aufregend, und die Beschaffung der Einrichtung nahm mich dermaßen in Anspruch, daß ich das erste Mal den Alptraum, der hinter mir lag, ein wenig aus meinem Bewußtsein verdrängen konnte.

Wir hatten drei Zimmer mit Küche, Diele und Bad. Ich wollte daraus ein richtiges Liebesnest machen. Tagelang fuhr ich kreuz und quer durch die Stadt auf der Suche nach passenden Möbeln, bis ich endlich alles nach meinen Wünschen zusammengestellt hatte. Zum Schluß dekorierte ich die Wohnung mit unzähligen Grünpflanzen. Sie war wirklich ein Liebesnest geworden, so wie es mir vorgeschwebt hatte.

Wir lebten ziemlich isoliert und hatten kaum jemals Besuch. Wer sollte auch zu uns kommen? Meine Familie wollte mit mir nichts mehr zu tun haben. Mein Bruder und mein Vater wohnten inzwischen in Shiraz, im Südwesten des Landes, und wußten nicht einmal, daß ich in Teheran war. Ich hielt es auch für besser, keinen Kontakt zu ihnen aufzunehmen, denn ich hatte große Angst vor den beiden.

Ashor hatte inzwischen geheiratet und bereits eine Tochter. Er arbeitete bei einer schwedischen Firma.

Das war zwei Jahre vor der Revolution, von der wir allerdings damals noch nichts ahnten. Zwar gab es bereits Anzeichen dafür, aber wir übersahen sie. Rückblickend läßt sich allerdings mit Gewißheit sagen, daß die Vorbereitungen zum Sturz des Schah-Regimes zu diesem Zeitpunkt schon im Gange waren, und offenbar war man auch in Europa und Amerika darüber informiert. Die großen amerikanischen und britischen Firmen begannen, ihre Leute aus dem Iran abzuziehen. Auch meinen beiden Schwagern wurde nahegelegt, das Land zu verlassen. Philip und Nali hatten zwar inzwischen ein Haus in Teheran, beschlossen aber, sich zumindest für einige Zeit nach Malta abzusetzen.

Gordon und Lida schlossen sich ihnen an, aber ihnen

gefiel es auf Malta nicht, und so zogen sie schon bald weiter nach Aberdeen, wo sie sich ein Haus kauften.

Auch meine Mutter lebte inzwischen dort; sie hatte es nun endgültig geschafft, meinen Vater zu verlassen. Aber noch lange hat sie mir vorgeworfen, ich sei der Grund gewesen, daß sie damit auch gleichzeitig ihre Heimat, ihr Haus und ihre Verwandten hatte aufgeben müssen.

Es war eine Zeit des Umbruchs in unserer Familie. Auch Julia gab ihre Stellung bei Saudi-Airlines auf und übersiedelte nach Malta, doch bald schon kehrte sie wieder nach Teheran zurück. Sie hatte sich vor ihrer Abreise in einen jungen Mann verliebt und konnte die Trennung nicht ertragen. Er war Iraner, aber ebenfalls Moslem. Später konvertierte er zum Christentum, und sie heirateten.

Julia war die einzige, mit der ich in der nächsten Zeit noch Kontakt hatte. So konnte ich durch sie wenigstens ab und zu etwas über das Ergehen meiner Familie erfahren.

Ich hatte dennoch das Gefühl, alles Glück dieser Welt zu besitzen, weil ich mit Mansur zusammen sein konnte. Ich liebte diesen Mann so sehr, daß ich zu jedem Opfer bereit gewesen wäre. Er hatte mir die Welt verändert. Über allem Alltäglichen schien ein Zauber zu liegen: Ein Tropfen Wasser wurde zum Meer, der Schein der Sonne verwandelte sich in Diamantenschimmer. Wenn Mansur lachte, so kam es mir vor, als ob der ganze Himmel Jasminblüten regnete, und wenn er bedrückt war, erschien mir die Welt wie ein trauriger Vogel. Ich brannte vor Leidenschaft in seinen Armen, und die Zeit wurde bedeutungslos für mich. Das Zusammensein mit Mansur brachte mir den Sommer auch mitten im Winter.

Aber war ich wirklich vollkommen glücklich? Ich vermißte meine Familie, besonders meine Mutter. Es quälte mich, daß ich ihr Kummer bereitet hatte. Auch an das Kind dachte ich oft, das ich so gern gehabt hätte und das nach Mansurs Willen nicht hatte leben dürfen. Vor allem nagten diese zermürbenden Gedanken an mir, wenn ich allein war, was ziemlich oft geschah. Nach einigen Wochen wurde ich krank, verlor an Gewicht, bis ich schließlich nur noch achtzig Pfund wog. Ich bekam unerträgliche Schmerzen in Händen und Beinen, für die die Ärzte keine andere Erklärung fanden, als daß sie nervlich bedingt seien.

Mansur ließ mich jetzt sehr häufig allein. Er war, wie er mir sagte, auf Dienstreisen, die oft mehrere Tage dauerten. Ich konnte dann kaum etwas essen, beschäftigte mich mit Hausarbeiten und hing dabei meinen peinigenden Gedanken nach. Mansur hatte mir untersagt, mit irgend jemandem Kontakt aufzunehmen, nicht einmal mit meiner besten Freundin Mariyam. Er wollte, daß niemand erfuhr, daß ich in Teheran war. Ich war ein Vogel in einem goldenen Käfig.

Die Tage wurden mir sehr lang, und ich dachte oft, daß mein Leben auf die Dauer so nicht weitergehen konnte. Ich wollte mir eine Arbeit suchen und sprach mit Mansur darüber. Anfangs wollte er nichts davon hören, und es gab lange Diskussionen, bis er endlich seine Einwilligung gab. Iran Air, die iranische Fluggesellschaft, suchte Stewardessen, und mir erschien das als eine ideale Möglichkeit. Aber würde Mansur damit einverstanden sein?

Zu meinem großen Erstaunen hatte er keine Einwände, als ich mit ihm darüber sprach. Sofort schickte ich meine Bewerbungsunterlagen ab und wurde kurz darauf zu einem Vorstellungstermin eingeladen. Nach einer gründlichen gesundheitlichen Untersuchung wurden mir unzählige Fragen gestellt; jede kleinste Einzelheit wollte man wissen.

Nach dieser langwierigen Prozedur fragte ich die zuständige Dame nach meinen Aussichten. Sie versicherte mir, daß ich angenommen würde, bat mich jedoch, die endgültige Bestätigung abzuwarten, da der SAVAK, wie bei allen Einstellungen im öffentlichen Dienst, noch seine Zustimmung geben müsse. Wenn der SAVAK auch nur einen einzigen dunklen Punkt im Lebenslauf des Bewerbers fand, hatte dieser keine Chance. Es genügte schon, wenn jemand aus der Familie oder ganz entfernte Verwandte irgendwann einmal mit der kommunistischen Partei oder den Volks-Mudjadehin in Verbindung gebracht werden konnten.

Ich wartete voller Ungeduld auf eine Nachricht von Iran Air, aber es vergingen mehrere Wochen, bis ich endlich einen Brief erhielt. Gespannt öffnete ich den Umschlag.

Das Schreiben war sehr kurz gehalten, und der enttäuschende Satz sprang mir sofort in die Augen: *». . . müssen wir Ihnen leider mitteilen, daß Sie nicht die Voraussetzungen erfüllen.«* Ich war wie vor den Kopf geschlagen. Als ich Mansur die Nachricht zeigte, schien er allerdings eher zufrieden über die Absage zu sein.

»Ich verstehe das nicht«, sagte ich. »Man hat mir bei der Vorstellung versichert, daß ich angenommen würde. Es fehlte nur noch die schriftliche Bestätigung.«

»Nimm es nicht so tragisch«, tröstete Mansur mich, »der erste Versuch muß doch nicht gleich erfolgreich sein. Du wirst schon etwas anderes finden.« Nach Jahren gestand er mir, daß ich die Stelle hätte bekommen können, aber er selbst hatte es über den SAVAK verhindert.

Ich suchte also weiter nach Arbeit, und beim zweiten Anlauf hatte ich Erfolg. Ich wurde bei Saudi-Airlines als Bodenstewardeß angenommen. Es war eine interessante Beschäftigung, bei der ich endlich wieder mit anderen

Menschen in Berührung kam. Wir hatten pro Woche nur zwei Flüge abzuwickeln, und ich war zuständig für das Checking (die Ticket- und Gepäckkontrolle). Wenn wichtige Fluggäste erwartet wurden, erledigte ich für sie alle Formalitäten, ließ das Gepäck holen und begleitete diese Personen bis zu dem Auto, das für sie bereitgestellt war.

An den Tagen, an denen kein Flug abzufertigen war, arbeitete ich im Büro. Es war eine Tätigkeit, wie für mich geschaffen. Ich lernte viele interessante Menschen kennen, aber – und das schärfte mir Mansur immer wieder ein – ich durfte keine engeren Kontakte anknüpfen.

Durch die Zufriedenheit, die mir meine berufliche Arbeit brachte, wurde ich auch innerlich wieder ausgeglichener, und mein gesundheitlicher Zustand besserte sich zusehends. Zwar machte mir immer noch das Heimweh nach meiner Familie zu schaffen, aber die Arbeit lenkte mich doch oft von meinen traurigen Gedanken ab.

Morgens um fünf Uhr stand ich auf, bereitete das Frühstück für uns beide und gleichzeitig das Mittagessen für Mansur vor. Dann machte ich mich für die Arbeit fertig. Außerdem suchte ich mir eine Putzfrau, die einmal in der Woche unsere Wohnung saubermachte. An den Freitagen, dem iranischen Wochenende, nahmen Mansur und ich uns Zeit für uns selbst. Donnerstagsabends stellte ich für Mansur eine eisgekühlte Wodkaflasche bereit und tischte verschiedene kleine Leckerbissen auf. Als »Dessert« führte ich einen Bauchtanz vor. Ich wollte eine perfekte Frau sein; und dies alles gehörte meiner Meinung nach dazu, den Mann, den ich so abgöttisch liebte, in jeder Beziehung glücklich zu machen. Ein halbes Jahr lebten wir nun schon zusammen, waren aber noch nicht verheiratet.

Fast zwei Monate lang arbeitete ich für Saudi-Airlines, als ich ein Angebot von der irakischen Fluggesellschaft bekam. Die Iraker hatten selbst noch kein eigenes Büro in Teheran, sondern hospitierten bei British Airways. Der Leiter der irakischen Gesellschaft bot mir ein höheres Gehalt bei weniger Arbeit an. Ich nahm das Angebot an, ohne vorher mit Mansur darüber zu sprechen. Er bekam einen Wutanfall, als ich ihn vor vollendete Tatsachen stellte.

»Ist dir überhaupt klar, was du da tust?« fuhr er mich an. »Überleg einmal, warum man ausgerechnet dir dieses Angebot macht! Merkst du nicht, was dahintersteckt?«

»Man kennt mich durch meine Arbeit bei den Saudis und hat mitbekommen, daß ich meinen Job gut mache«, widersprach ich.

Er schüttelte bloß den Kopf. »Wie naiv du doch bist! Natürlich hat der irakische Geheimdienst herausbekommen, daß du mit mir zusammenlebst. Dich bei den Irakern einzuschleusen, ist doch eine verlockende Gelegenheit, um Informationen über mich zu sammeln. Du wirst diese Stelle nicht annehmen!«

Sollte Mansur wirklich recht haben mit dieser Vermutung? Ich wurde unsicher und bekam es mit der Angst zu tun. Ich war hell entsetzt bei der Vorstellung, ich könnte ihm geschadet haben. Andererseits, selbst wenn bei den Irakern eine derartige Absicht bestehen sollte, so würde ich doch hellhörig werden, wenn mir irgendwelche verfänglichen Fragen gestellt wurden oder man versuchte, mich in heikle Gespräche zu verwickeln.

Es gelang mir, Mansurs Bedenken ein wenig zu zerstreuen. Nachdem er lange darüber nachgedacht hatte, war er schließlich doch einverstanden, daß ich das Angebot annahm. Es folgten allerdings stundenlange Gespräche, in denen er mir Instruktionen erteilte, wie ich mich verhalten sollte, worüber ich nicht sprechen durfte und bei welchen Situationen ich besonders vorsichtig zu sein hatte.

Da man im Iran keine besondere Kündigungsfrist einhalten muß, hörte ich zum Monatsende bei Saudi-Airlines auf und begann meine neue Tätigkeit bei der irakischen Fluggesellschaft.

Die Arbeit bei den Irakern war tatsächlich nicht sehr umfangreich. Es gab nur einen einzigen Flug pro Woche nach Baghdad. Unmittelbar darauf folgte ein Abflug der israelischen Gesellschaft El Al nach Tel Aviv. Das gegenseitige Mißtrauen zwischen Irakern und Israelis zu beobachten, war schon fast erheiternd. Vor dem Baghdad-Flug wurden umfangreiche Sicherheitsmaßnahmen getroffen, und die Israelis ihrerseits begannen schon Stunden vor dem Abflug, alles peinlichst genau zu durchsuchen.

Da die Iraker gerade dabei waren, ein eigenes Büro in einem Neubau zu beziehen, war unsere Arbeitszeit hauptsächlich mit der Beschaffung der neuen Büroeinrichtung und des übrigen Materials ausgefüllt.

Meine neue Stelle gefiel mir sehr. Ich fühlte mich ausgefüllt und zufrieden. Darüber hinaus fand meine Arbeit sehr viel Anerkennung.

Als ich das Mansur einmal erzählte, reagierte er aufgebracht. »Wenn die Iraker dir Komplimente machen, dann bezieht sich das doch nur auf dein Aussehen.« Plötzlich verdächtigte er jeden Mann, mit dem ich Kontakt hatte, eindeutige Absichten auf mich zu haben. Wenn ich während eines Gesprächs mit einem Mann auch nur lachte, machte Mansur mir anschließend zornige Vorhaltungen. In dieser Beziehung hatte ich es nicht einfach mit ihm. Andererseits sagte ich mir, da er mich wirklich liebte, müsse die Angst, mich zu verlieren, wohl normal sein.

Endlich war unser neues Büro fertig eingerichtet. Es

war das prächtigste in der Villa Avenue, wo alle Fluggesellschaften ihre Niederlassungen hatten. Für die Iraker war es eine Prestige-Angelegenheit; sie wollten den Iranern zeigen, daß Geld für sie keine Rolle spielte. Diese Rivalität zwischen den beiden Völkern hat tiefe Wurzeln.

Sechs Wochen hatte ich bei der irakischen Fluggesellschaft gearbeitet, als der Umzug in die Villa Avenue stattfinden sollte. Ich habe ihn allerdings nicht mehr miterleben können. Der Grund war, daß ich eine Unvorsichtigkeit beging.

Wir hatten an jenem Tag wieder den Baghdad-Flug abzufertigen. Die Maschine hatte Verspätung. Als wir schließlich Feierabend machten, war es bereits dunkel. Walid, unser Geschäftsführer, bot mir an, mich mit seinem Wagen nach Hause zu fahren. Ich hätte mir sonst ein Taxi nehmen müssen.

Im Iran werden Taxis üblicherweise wie Mini-Busse betrieben; sie sammeln gewöhnlich jeden auf, der etwa in die gleiche Richtung fahren möchte. Deshalb sind sie meistens mit fünf Passagieren besetzt. Als Frau muß man darauf gefaßt sein, daß man von den Mitfahrenden und auch vom Fahrer selbst belästigt wird. Man wird von den Männern gedrückt, gestreichelt und an den Beinen betastet. Es gibt kaum eine Möglichkeit, sich dagegen zu wehren, es sei denn, man steigt vorzeitig wieder aus und wartet auf das nächste Taxi, ohne natürlich die Garantie zu haben, damit nicht vom Regen in die Traufe zu kommen.

Ich nahm deshalb Walids Einladung, mich zu fahren, dankbar an. Es war eine angenehme Fahrt, während der wir uns über unser neues Büro unterhielten und Pläne machten, auf welche Weise wir zusätzliche Flüge nach Teheran bekommen könnten. Als wir in die Nähe unserer Straße kamen, bat ich Walid, mich abzusetzen, und erklärte ihm, ich hätte noch etwas zu erledigen. Ich wollte vermeiden, daß er unsere Adresse erfuhr, denn ich hatte Angst wegen Mansur. Ich hatte ihn telefonisch nicht mehr erreichen können, um ihm zu sagen, daß ich später kommen würde. Als ich die Wohnung betrat, wartete er schon auf mich.

»Wo warst du, daß du erst jetzt kommst?« fragte er. »Und wie bist du nach Hause gekommen?« Als er erfuhr, daß Walid mich gefahren hatte, wurde er wütend. Ich hatte das befürchtet, aber der Widerwille, mit einem dieser Taxis fahren zu müssen, war größer gewesen als die Angst vor Mansurs Eifersucht.

»Weißt du, welches Risiko du eingegangen bist?« fuhr er mich an. »Dieser Walid wird Tag und Nacht vom SAVAK beschattet, und das bedeutet, daß man dich mit ihm gesehen hat. Es ist doch klar, daß das in den Berichten erscheint. Und außerdem weiß jetzt auch Walid, wo wir wohnen.« Der eigentliche Grund seines Zornesausbruchs aber war die Tatsache, daß ich mit einem anderen Mann allein in einem Auto gefahren war. Meine Strafe war, daß ich sofort kündigen mußte. Ich war sehr traurig, aber ich akzeptierte Mansurs Befehl. War er nicht das Allerwichtigste in meinem Leben? Welches Opfer wäre zu groß gewesen für diese Liebe? Für mich gab es nur eine Antwort: Keines!

Wie erwartet, war Walid sehr enttäuscht, als ich kündigte. »Sie meinen das doch nicht ernst, Aiyleen«, sagte er. »Nicht wahr, Sie werden Ihre Kündigung rückgängig machen.«

»Es tut mir selbst sehr leid«, erklärte ich ihm, »aber es sind zwingende private Gründe.«

»Wenn die Umstände sich aber ändern sollten, werden Sie doch zurückkommen? Sie werden jederzeit wieder bei uns anfangen können.«

Ich fühlte mich niedergeschlagen und hilflos. Warum

nur mußte ich mich immer wieder gegen Dinge entscheiden, die mir selbst wichtig waren, nur weil sie im Widerspruch zu Mansurs Wünschen und Ansichten standen?

Mein Einsiedlerdasein zu Hause begann von neuem. Auch Mansur blieb es nicht verborgen, daß ich mich einsam fühlte. Eines Tages brachte er mir einen kleinen weißen Hund mit. Es war ein Mischling; es war nicht zu übersehen, daß ein Elternteil ein Pudel gewesen sein mußte. Ich nannte den Kleinen Safedo, was auf Deutsch »Weißling« bedeutet. Mit ihm teilte ich nun meine Einsamkeit, und ich war dankbar, daß ich in Safedo wenigstens ein lebendes Wesen um mich hatte.

Es kam jetzt immer öfter vor, daß Mansur mich allein ließ. Er war auf Dienstreisen, wie er mir erklärte. Ich wußte nie, wo er war und wie lange er fortblieb. »Es ist besser, du hast keine Ahnung, wohin ich fahre«, erklärte er mir. »Gewisse Leute könnten versuchen, dich nach meinen Unternehmungen auszufragen. Du brauchst dann nicht zu lügen, wenn du sagst, du wüßtest nicht, wo ich bin. Glaub mir, es ist besser so.«

Die Tage wurden mir sehr lang. Ich vertrieb mir die Zeit mit Hausarbeit. Die Wohnung war klinisch sauber wie ein Operationssaal, denn ich suchte nach jeder Gelegenheit, etwas sauberzumachen oder aufzuräumen.

Im zweiten Stock unseres Hauses wohnte eine Familie Musadeqzadeh. Es schienen recht nette Leute zu sein. Wenn ich ihnen zuweilen im Treppenhaus begegnete, grüßten sie sehr freundlich. Herr Musadeqzadeh war von Beruf Anwalt; er mußte etwa sechzig Jahre alt sein. Seine Frau war eine ausgesprochene Schönheit, vermutlich um zwanzig Jahre jünger als er. Sie hatten eine reizende Tochter, Firouzeh hieß sie.

Eines Tages, als ich wieder einmal mit Frau Musadeqzadeh auf der Treppe zusammentraf, lud sie mich zum Tee ein. So wie man sich hier in Deutschland zu Kaffee und Kuchen einlädt, so trinkt man im Iran bei derartigen Anlässen schwarzen Tee, der auf besondere Art zubereitet wird. Die meisten Haushalte verfügen dazu über einen elektrischen Samowar. Man bringt das Wasser zum Kochen und gießt nicht allzuviel davon in eine Kanne, in die man zuvor eine entsprechende Menge Tee gegeben hat. Nachdem die Kanne etwa zehn Minuten auf dem Samowar gestanden hat, gießt man etwas von dem starken Tee-Extrakt in kleine Gläser und füllt sie mit kochendem Wasser auf. Der Tee selbst wird nicht gesüßt, sondern man nimmt zum Trinken etwas Süßes in den Mund: Zukkerwürfel, Datteln oder auch Rosinen.

Ich nahm Frau Musadeqzadehs Einladung gern an und kaufte einen Strauß Blumen. Es wäre im Iran unhöflich, zu einem Besuch mit leeren Händen zu erscheinen. Man bringt Blumen, Süßigkeiten oder auch größere Geschenke mit, je nachdem, in welchem Verhältnis man zu den Gastgebern steht.

Die Wohnung unserer Nachbarn war gemütlich eingerichtet und strahlte Wärme und Behaglichkeit aus. Offensichtlich war Frau Musadeqzadeh eine pefekte Hausfrau, wie viele Iranerinnen es sind. Aus den Töchtern gute Hausfrauen zu machen, ist eines der wichtigsten Ziele unserer Erziehung. Aber so sehr ich mich anfangs über die Einladung gefreut hatte, jetzt, wo ich mich in dieser fremden Wohnung befand, erfaßte mich Beklemmung. Es war das erstemal, daß ich ohne Mansur einen Besuch machte. Hatte mich das dauernde Alleinsein schon so verändert, daß ich in Gegenwart fremder Menschen Angst verspürte?

Meine Befangenheit rührte allerdings auch daher, daß mir bewußt war, ich mußte bei allem, was ich sagte, vorsichtig sein. Selbstverständlich würde Frau Musadeqzadeh mir Fragen stellen, und meine Antworten würden nur aus Lügen bestehen. Ich durfte nichts sagen, was Mansur hätte schaden können, weder erwähnen, daß ich Christin war, noch daß ich im Irak geboren war. Über Mansurs Tätigkeit durfte ich ohnehin kein Wort verlieren. Er hatte mir eingeschärft: »Wenn dich irgendwann einmal jemand nach meinem Beruf fragen sollte, dann sag, ich sei im Außenministerium tätig, aber du wüßtest nicht, worin meine Aufgaben bestehen.«

Was ich allerdings nicht verheimlichen konnte, war mein Akzent. Ich war im Irak geboren und aufgewachsen, und ich sprach Farsi mit arabischem Akzent. Es ließ sich nicht vermeiden, das zu erklären. Ich begründete es damit, ich sei im Libanon geboren, denn ihn als Geburtsland zu erwähnen, war unverfänglich. Der Libanon war damals ein offenes, neutrales Land, und nicht umsonst sprach man von Beirut als dem »Paris des Nahen Ostens«.

Es war ganz natürlich, daß mir Frau Musadeqzadeh Fragen stellte und neugierig war, etwas über mich und mein Leben zu erfahren. Ich verhielt mich sehr zurückhaltend und bemühte mich, möglichst wenig zu erzählen. Die Furcht, aus Unachtsamkeit etwas Falsches zu sagen, hat mich noch jahrelang begleitet, nicht nur im Gespräch mit Fremden, sondern später sogar bei meiner Familie. Mansur hatte es geschafft, diese Angst methodisch in mich einzupflanzen.

Trotz meiner inneren Verkrampfung wurde es ein angenehmer Nachmittag bei Frau Musadeqzadeh. Unsere Sympathie beruhte auf Gegenseitigkeit, und ich wünschte mir, Mansur würde mir erlauben, näheren Kontakt zu meiner Mitbewohnerin zu haben. Sie war eine selbstbewußte, erfahrene Frau, von der ich sicherlich viel lernen konnte. Und ich hätte einen Menschen, der mir vielleicht auch in schwierigen Situationen zur Seite stehen würde. Ich dachte daran, was meine Mutter oft gesagt hatte: »Ein guter Nachbar ist besser als ein entfernter Bruder.« Als ich mich von Frau Musadeqzadeh verabschiedete, bat ich sie um einen baldigen Gegenbesuch bei uns.

Nachdem Mansur von seiner Reise zurückgekommen war, brachte ich ihm vorsichtig bei, daß ich unsere Nachbarn besucht hatte. Er wollte sofort alles wissen, was man mich gefragt und was ich geantwortet hätte.

»Die Geschichte, die du erzählt hast, war glaubhaft«, sagte er schließlich, »und Frau Musadeqzadeh dürfte kaum Verdacht geschöpft haben. Aber bevor du weitere Kontakte mit den Leuten hast, werde ich beim SAVAK Informationen über sie einholen. Wir können nicht vorsichtig genug sein.«

Wenige Tage später berichtete er triumphierend: »Ich hatte recht: Frau Musadeqzadeh ist gebürtige Russin. Wir dürfen kein Risiko eingehen. Laß es bei diesem einen Besuch bewenden und geh ihr aus dem Wege.«

»Es wird schon nichts passieren«, wandte ich ein. »Du kannst dich darauf verlassen, daß ich auch in Zukunft nichts Unüberlegtes sagen werde. Ich mag diese Frau, und ich bin froh, einen Menschen in meiner Nähe zu haben, mit dem ich manchmal reden kann, wenn du fort bist.«

Aber Mansur gab nicht nach. Alle meine Einwände und Argumente stießen bei ihm auf taube Ohren. Ich wußte nicht mehr weiter und begann aus Verzweiflung zu weinen. »Bitte, sei nicht böse, Mansur, aber ich muß es einmal aussprechen: Ich komme mir wie in einem Gefängnis vor, und ich weiß, daß es so auf die Dauer nicht weitergehen kann.«

Er nahm mich in die Arme und versuchte mich zu trösten. »Gut, Aiyleen«, begann er nach einer Weile des

Nachdenkens, »ich sehe ein, daß dir die Zeit manchmal lang wird, wenn du allein bist, und daß du zwischendurch Gesellschaft brauchst. Versprich mir aber, daß du niemals über unser Privatleben redest und keinesfalls etwas mit dieser Familie unternimmst, ohne es mir vorher zu sagen.«

An einem der folgenden Abende luden wir die Musadeqzadehs mit ihrer Tochter zum Essen ein. So konnte auch Mansur sie kennenlernen und sich ein Bild von ihnen machen. Er mußte zugeben, daß alle drei sehr liebenswert waren. Dieser harmonisch verlaufene Abend änderte Mansurs Einstellung vollkommen. Er freundete sich sogar mit Herrn Musadeqzade an, und seitdem besuchten wir uns gegenseitig regelmäßig. Ich ging mit Frau Musadeqzadeh zusammen einkaufen, und sie war immer für mich da, wenn ich in irgendeiner Sache ihren Rat brauchte. Sie hatte Mitleid mit mir, weil Mansur mich so oft allein ließ. Wann immer er verreist war, drängte sie mich, zu ihr zu kommen.

Als Mansur wieder einmal für mehrere Tage unterwegs war, kam sie zu mir in die Wohnung, als ich gerade Wäsche wusch.

»Sie sehen blaß aus, Frau Khazimi«, stellte sie besorgt fest. Frau Musadeqzadeh kannte mich nur als Frau Khazimi; meinen Vornamen Aiyleen wußte sie nicht. Er hätte mich als Christin verraten.

Meine Nachbarin sah mich einige Augenblicke lang nachdenklich an. »Ich mußte gerade an eine meiner Freundinnen denken«, sagte sie dann. »Sie erinnern mich so an sie. Auch sie arbeitete ohne Unterbrechung, fast wie unter einem Zwang. Sie mußte sich auf diese Weise beschäftigen, weil auch sie sehr oft allein war. Ihr Mann erzählte ihr jedesmal, er sei auf Geschäftsreise, aber eines Tages hat sich herausgestellt, daß der feine Herr eine Geliebte hatte, bei der er die ganze Zeit war.«

Ich glaubte, nicht recht zu hören. Zorn stieg in mir auf, und ich fuhr meine Nachbarin voller Entrüstung an: »Wenn Sie damit andeuten wollen, auch mein Mann habe eine Geliebte, dann verlassen Sie sofort meine Wohnung! Ich verbitte mir derartige Unterstellungen!«

Frau Musadeqzadeh starrte mich schockiert an und beteuerte eilig, so habe sie das doch nicht gemeint. Trotzdem zog sie es vor, zu gehen.

Als Mansur am nächsten Tag zurückkam, berichtete ich ihm den Vorfall, und er lobte mich, daß ich so reagiert hatte. »Es ist wohl doch der Fall, daß wir uns in diesen Leuten getäuscht haben. Frau Musadeqzadehs Auftritt verrät ihre wahren Absichten: Sie wollen uns bespitzeln.« Er nutzte die Gelegenheit, mich vor weiteren derartigen Überrumpelungen zu warnen. »Es wäre beispielsweise möglich, daß man dir eines Tages ein Foto vorlegt, das mich mit einer Frau zeigt. Das ist eine beliebte Methode der Geheimdienste, Familien zu zerstören oder jemanden mit manipulierten Fotos unter Druck zu setzen. Vergiß dann nicht, daß es sich bei einem solchen Bild nur um eine Fälschung handeln kann. Du weißt, daß ich dich über alles liebe und dich niemals betrügen oder belügen könnte.«

Natürlich glaubte ich ihm. Und von da an mied ich Frau Musadeqzadeh. Es erschien mir völlig absurd, ihre Anspielung auch nur im geringsten ernst zu nehmen.

Seit der Revolution habe ich von unseren damaligen Nachbarn nichts mehr gehört und kann nur hoffen, daß ihnen in den Wirren dieser Zeit nichts passiert ist. Besonders an Frau Musadeqzadeh erinnere ich mich heute voller Dankbarkeit. Was wäre mir möglicherweise in meinem späteren Leben erspart geblieben, wenn ich den Worten dieser netten Frau mehr Bedeutung beigemessen hätte!

Doch damals gab ich nur meinem Herzen und meinen Gefühlen nach. Mansur war mein Gott, und es gab nichts, was mich gegen ihn beeinflussen konnte. Was er tat oder sagte, war richtig. Hätte er mich aufgefordert, mich aus dem Fenster zu stürzen, ich wäre gesprungen, wenn ich ihm damit in irgendeiner Weise hätte nützen können.

An Safedo, meinem kleinen Hündchen, hing ich sehr. Ich liebte und verwöhnte ihn und ließ ihn sogar nachts in meinem Bett schlafen, was Mansur gar nicht gefiel. Seine Eifersucht machte selbst vor dem Hund nicht halt, und manchmal schlug er ihn sogar. Eines Abends sagte Mansur, er müsse noch einen Anruf tätigen, und da es sich um ein wichtiges und geheimes Gespräch handelte, zog er es vor, von einer öffentlichen Telefonzelle aus anzurufen. Er fürchtete, unser privates Telefon könnte überwacht werden. Er nahm Safedo mit.

Es war das letzte Mal, daß ich meinen geliebten Hund gesehen habe. Mansur kam ohne ihn zurück. Er berichtete, Safedo sei fortgelaufen, und in einiger Entfernung habe jemand ihn in einem Auto mitgenommen.

Ich war fassungslos. Ich weinte und konnte tagelang vor Schmerz nichts essen. In mehreren Zeitungen ließ ich Suchanzeigen einsetzen und bot einen sehr hohen Finderlohn. Es meldeten sich auch mehrere Leute, die Hunde gefunden hatten, aber Safedo war nicht darunter, er blieb verschwunden.

Heute bin ich sicher, daß Mansur ihn absichtlich fortlaufen ließ oder sogar davongejagt hat, weil er eifersüchtig auf ihn war. Mansur wollte mich ganz für sich allein haben; selbst ein unschuldiges Hündchen störte seinen Besitzanspruch. Es kommt noch heute vor, daß Safedo, mein kleiner treuer Freund, in meinen Träumen auftaucht.

Wieder war ich nun allein. Kein Safedo, keine Arbeit, kein Kontakt zu Nachbarn und Freunden und meiner Familie, und Mansur war nach wie vor häufig auf Reisen. Fast ein Jahr lebten wir nun schon zusammen in dieser Wohnung, als ich eines Tages einen ungewöhnlichen Anruf von ihm erhielt. »Bitte, besorg ganz schnell eine schwarze Krawatte für mich.«

»Wozu brauchst du sie?« fragte ich erschrocken. »Ist etwas passiert?«

»Später!« sagte er nur und legte auf.

Ich nahm mir sofort ein Taxi und fuhr zu einem Geschäft, in dem ich auch sonst für Mansur Hemden und Krawatten kaufte, suchte schnell etwas Passendes aus, kehrte nach Hause zurück und wartete. Gegen zwei Uhr mittags kam Mansur. Er war sehr blaß und schien traurig zu sein.

»Mein Onkel, den ich sehr geliebt habe, ist heute gestorben«, sagte er mit belegter Stimme. »Ich hatte eine besondere Beziehung zu ihm; er war für mich wie ein Vater.«

Ich wollte Mansur in das Trauerhaus begleiten, aber er wehrte ab. »Du kannst nicht mitkommen, Aiyleen. Alle meine Verwandten werden dort sein, und es wäre nicht gut, wenn sie dich sähen.« Er verabschiedete sich und erklärte, er würde sich später bei mir melden.

Ich wartete bis Mitternacht. Mansur kam und kam nicht, und ich machte mir schließlich Sorgen, wußte aber nicht, wo ich hätte anrufen und nach ihm fragen können.

In meiner Verzweiflung schob ich alles beiseite, was geschehen war, und ging zu Frau Musadeqzadeh, obwohl es bereits so spät war. Sie war freundlich wie immer und zeigte sich sehr verständnisvoll. Trotz der späten Stunde bereitete sie mir einen Tee und versuchte, meine Besorgnis zu zerstreuen.

Bis zwei Uhr blieb ich bei ihr und kehrte, nun doch ein wenig ruhiger, in unsere Wohnung zurück. Ich saß im Dunklen in unserem Wohnzimmer und wartete.

Kurz nach drei Uhr kam Mansur. Seine Augen waren verweint, und er sah traurig und müde aus. Ich nahm ihn in die Arme und streichelte sein Haar. Er hatte wunderschönes kräftiges schwarzes Haar, das ich nie genug bewundern konnte. Ich hatte im Wohnzimmer eine »grüne« Ecke eingerichtet, die nur für Mansur bestimmt war, um sich darin zu entspannen. Inmitten von Pflanzen stand ein großer Ledersessel, in den er sich jetzt setzte. Er bat auch mich, Platz zu nehmen. Ich setzte mich vor ihn auf den Boden und umschlang seine Beine.

»Ich muß dir etwas sehr Wichtiges sagen«, begann er. »Und ich bitte dich im voraus, mir zu verzeihen und zu versuchen, mich zu verstehen.«

Ich versprach es ihm; ich konnte ja gar nicht anders. Ich liebte doch alles an ihm: seine Art zu sprechen, seinen Wortschatz, seine Stimme. Mit banger Erwartung sah ich ihn an. Hatte der SAVAK es vielleicht nun doch geschafft, ihn unter Druck zu setzen, damit er mich verließ?

Da war sie sofort wieder, die Angst! Sie schoß bei diesem Gedanken wie ein brennender Pfeil durch meinen Körper. »Lieber Gott, mach, daß es nicht wahr ist!« betete ich stumm. Wieder einmal erkannte ich schmerzlich, wie zerbrechlich unser Glück in Wirklichkeit war. Wir hatten uns eine Welt in einer Seifenblase aufgebaut. Die geringste Einwirkung von außen konnte sie zerplatzen lassen.

Mansur räusperte sich und begann leise: »Aziz«, sagte er (dieses Wort bedeutet soviel wie »Liebling«. Es ist bei Iranern kein gebräuchlicher Ausdruck, doch wir hatten uns immer so angesprochen), »es ist nicht mein Onkel, der heute gestorben ist, sondern mein Vater.«

Ich versuchte, ruhig zu bleiben. »Dein Vater ist doch schon kurz nach deiner Geburt gestorben. So hast du es mir jedenfalls erzählt.«

»Ich habe dich angelogen. Mein Vater lebte bis heute morgen. Ich konnte es dir nicht sagen, weil du sonst von mir verlangt hättest, daß ich dich mit nach Hause nehme. Das aber wäre unmöglich gewesen. Mein Vater war ein strenggläubiger Moslem und hätte dich als Christin niemals akzeptiert. Ich hatte Angst, du würdest das nicht verkraften. Um dir das zu ersparen, habe ich gelogen.«

Ich war vollkommen verwirrt durch dieses unerwartete Geständnis und bemühte mich, Ordnung in meine Gedanken zu bringen. Ich fragte nichts, sondern wartete geduldig auf das, was Mansur mir noch zu sagen hatte, denn ich spürte, daß es nicht alles war.

»Aiyleen, bevor ich weitererzähle«, fuhr er fort, »muß ich dir auch sagen, daß ich eine Schwester habe. Sie heißt Manejeh und ist siebenundzwanzig Jahre alt. Sie ist krank.«

Es war in all den Jahren, die ich nun mit Mansur zusammen war, das erste Mal, daß er über seine Familie sprach. Ich hatte ihn nie nach Einzelheiten fragen mögen, weil ich das Gefühl hatte, es wäre ihm unangenehm. Jetzt aber schien es, als ob er reinen Tisch machen wolle. Was würde ich noch alles erfahren?

»Was für eine Krankheit hat deine Schwester?« fragte ich.

»Manejeh ist seelisch krank. Vielleicht liegt es daran, daß sie ohne Mutter aufgewachsen ist, die bald nach der Geburt meiner Schwester starb. Als Manejeh sieben Monate alt war, hörte eine Nachbarin das Baby unentwegt schreien. Schließlich, als das Weinen nicht enden wollte, schaute sie nach, weil sie sich Sorgen machte. Sie fand meine Mutter tot im Sessel sitzen; das Kind lag noch in ihren Armen. Es war eine entsetzliche Tragödie. Doch obwohl mein Vater seine Frau sehr geliebt hatte, heiratete er schon nach kurzer Zeit wieder. Er sagte, es sei wegen Manejeh, weil sie eine Mutter brauche. Die Ehe ging aber sehr schnell auseinander. Schon nach ein paar Monaten ließ mein Vater sich scheiden und holte sich eine andere Frau ins Haus. Auch von ihr wurde er nach kurzer Zeit geschieden. Noch viele Frauen folgten, von denen er sich jedesmal nach wenigen Monaten trennte. Er hat diese Frauen nicht mehr offiziell geheiratet, sondern nur einen Ehevertrag mit ihnen geschlossen.«

Nach islamischem Recht sind den Männern diese Art von Verträgen gestattet. Was sie bedeuten, läßt sich im einzelnen in Khomeinis Buch »Tosiholmasael« nachlesen. Es ist eine Auslegung der islamischen Regeln. Es heißt darin, daß der Mann eine Frau nur zum Vergnügen zu sich nehmen kann. Die Frau ist in dieser Verbindung jedoch vollkommen rechtlos. Sie ist auch nicht erbberechtigt. Wird sie schwanger und bekommt ein Kind, hat sie keinerlei Anspruch auf Unterhalt. Dem Mann steht es völlig frei, ob er seinen Pflichten nachkommen will oder nicht. Er kann die Frau ohne alle Formalitäten und ohne Begründung von heute auf morgen auf die Straße setzen. Auch Mansurs Vater hatte also von dieser für Männer sehr bequemen gesetzlichen Regelung regen Gebrauch gemacht.

»Ich konnte diesen Zustand, das dauernde Kommen und Gehen immer wieder neuer Frauen, nicht lange aushalten«, berichtete Mansur weiter. »Als ich neunzehn Jahre alt war, ging ich von zu Hause fort zum Militär. Danach begann ich, Medizin zu studieren. Das war aber nicht das Richtige für mich. Ich mußte das Studium bald aufgeben, weil mir bei den praktischen Kursen dauernd schlecht wurde. Ich entschied mich dann für die Politik. Zwei Monate später setzte sich der SAVAK mit mir in Verbindung. Man hatte mich während der Militärzeit beobachtet und mich für geeignet befunden, für den Geheimdienst zu arbeiten. Man setzte mich damals zuerst in Ahwaz ein.« Das ist eine Stadt im Süden des Iran.

»Was ist in dieser Zeit mit deiner Schwester geschehen?« wollte ich wissen.

»Ich hatte keine Verbindung mehr mit ihr. Wir hatten uns überworfen. Über den Grund möchte ich nicht sprechen; die Sache ist inzwischen beigelegt. Ich muß dir in diesem Zusammenhang gestehen, Aiyleen, daß ich dich manchmal angelogen habe, wenn ich dir sagte, ich sei auf Reisen oder zu einem dienstlichen Essen. In Wirklichkeit habe ich hin und wieder meine Familie besucht. Es tat mir weh, dir die Unwahrheit zu sagen, aber du kennst den Grund. Ich wollte dir das Zusammentreffen mit meiner moslemischen Verwandtschaft ersparen, besonders mit meinem Vater. Ich bitte dich, mir zu verzeihen.«

Ich umarmte ihn und sagte: »Ich verzeihe dir nicht nur. Ich fühle auch mit dir, wie dir zumute war, wenn du mich deswegen belügen mußtest. Wie sollte ich dir das nachtragen? Du hast es doch nur gut gemeint. Wie schwierig muß es für dich gewesen sein, diese Heimlichkeiten vor mir zu haben.«

»Jetzt, Aiyleen, ist meine Schwester ganz allein im Haus, ohne jede Hilfe. Sie kommt allein nicht zurecht, und ich fühle mich für sie verantwortlich. Verstehst du das? Ich habe daran gedacht, daß wir sie zu uns nehmen sollten. Dann könnte ich das Haus meines Vaters verkaufen, weil ich der Haupterbe bin. Von dem Erlös könnten wir ein anderes Haus erwerben. Bitte, gib mir deinen Rat, was wir tun sollen. Wärst du damit einverstanden, daß Manejeh zu uns kommt?«

Was hätte ich sagen sollen? Ich liebte Mansur doch und hätte es nicht ertragen, ihn traurig oder gar verzweifelt zu sehen. Außerdem konnte ich ihm nicht zumuten, daß seine Verwandtschaft ihm Vorwürfe machte, weil er seine alleinstehende Schwester vernachlässigte. Nein, das wollte ich auf keinen Fall. Ich mußte mich nicht dazu zwingen, mich mit dieser Lösung einverstanden zu erklären. Andererseits: Mansur hatte zwar nach meiner Entscheidung gefragt, aber es war mir klar, daß es für ihn ohnehin beschlossene Sache war, seine Schwester aufzunehmen. Letzten Endes hätte ich mich doch fügen und ihm gehorchen müssen.

»Selbstverständlich kann deine Schwester bei uns leben«, sagte ich herzlich. »Wir werden mit ihr eine Familie sein, und ich werde versuchen, ihr ein schönes und liebevolles Zuhause zu bieten.«

»Aziz, was hätte ich anderes von dir erwarten sollen! Ich danke dir«, sagte er glücklich. »Ich werde Manejeh allerdings erst von dir erzählen müssen, denn sie weiß ja noch gar nichts von deiner Existenz. Und natürlich muß ich auch sie noch fragen, ob sie zu uns kommen will.«

Zwar hatte ich mich spontan und mit den besten Vorsätzen bereit erklärt, Manejeh in unsere Wohnung aufzunehmen, aber bei späterer Betrachtung war es mir bei der Vorstellung doch nicht ganz wohl, mit einer mir fremden und dazu kranken Frau unsere drei Zimmer zu teilen. Doch schon sehr bald bahnte sich eine Lösung an, die das Zusammenleben mit Mansurs Schwester leichter machte. Der SAVAK bot Mansur ein Haus in Kharaj an, einem der schönsten Orte außerhalb Teherans. Kharaj liegt etwa vierzig Kilometer westlich, und durch seine Höhenlage hat es auch im Sommer ein sehr angenehmes Klima.

Zudem liegt der Ort inmitten einer wunderschönen Landschaft. Viele der wohlhabenden Iraner verbringen dort die Wochenenden in ihren Ferienhäusern.

Das Angebot des SAVAK hatte zwei Gründe. Zum einen hatte Mansur sich in seiner Arbeit bewährt und war sehr erfolgreich darin. Das angebotene Haus war somit als Anerkennung für seine Leistungen zu verstehen. Außerdem war Mansur für die aus dem Irak geflohenen Kurden zuständig, deren Führungskräfte sich zumeist in Kharaj angesiedelt hatten.

Zu dieser Zeit hatte sich der Schah mit dem irakischen Präsidenten Saddam Hussain endlich in der Kurdenfrage geeinigt. Der Iran hatte die Kurdenbewegung im Irak zuvor intensiv unterstützt und Saddam auf diese Weise unter Druck gesetzt, bis er bereit gewesen war, das Abkommen über den Shat-Al Arab zu unterzeichnen, wodurch der Iran sich zusätzlich drei Inseln einverleiben konnte.

Saddam Hussains Traum war es seit jeher, seine Herrschergewalt im Süden des Iran auszubauen. Die Kurden waren schon immer die Opfer der Verhandlungen zwischen den rivalisierenden Nationen gewesen, ob das nun die Türkei, der Iran, Syrien oder der Irak waren. Die Kurden wurden als Spielball der Politik benutzt und ausgenutzt, um die eigenen Ziele dieser Staaten zu erreichen.

Eine der einflußreichsten Familien im irakischen Kurdistan waren die Barazanis. Der alte Barazani war der eigentliche Führer der Kurdenbewegung und bei seinem Volk hoch geachtet. Er und seine Familie waren Saddam ein Dorn im Auge und die Quelle einer ständigen Gefahr. Es kam ihm deshalb durch die Einigung mit dem Schah sehr gelegen, die Barazanis loszuwerden und in den Iran ziehen zu lassen.

Sie wohnten jetzt ebenfalls in Kharaj, wo ihnen der SAVAK große Häuser mit Personal und Autos zur Verfügung gestellt hatte. Mansur hatte sehr engen Kontakt mit dieser Familie und arbeitete mit ihr zusammen, um die Kurden im Iran zu kontrollieren. Und nun sollten wir ganz in die Nähe der Barazanis ziehen. Mansur war sehr glücklich; er konnte auf diese Würdigung seiner bisherigen Arbeit stolz sein. Nach unserem Umzug wollte er sofort seine Schwester zu uns holen.

Wir besichtigten bald darauf das uns zugewiesene Haus und waren restlos begeistert. Es hatte fünf Schlafräume, vier große Wohnzimmer, ein großes Bad mit Umkleidekabine, ein Gäste-WC, eine sehr geräumige Küche und einen großen ausgebauten Keller, der als Hobbyraum genutzt werden konnte. Was mich besonders entzückte, war der wunderschöne Garten, in dessen Mitte sich ein traumhaftes Schwimmbecken befand.

Es war ein riesiges, palastartiges Haus, das jedoch – und da wurde meine Begeisterung ein wenig gedämpft – auch in Ordnung gehalten werden mußte. Doch Mansur beruhigte mich und sagte, ich solle mir deswegen keine Sorgen machen; für die Hausarbeit würden wir ein kurdisches Hausmädchen bekommen.

Es kam mir alles so unwirklich vor. Und mein Glück wurde noch vervollkommnet durch die Tatsache, daß wir unsere Beziehung nicht mehr länger geheimhalten mußten. Wir waren zwar immer noch nicht verheiratet, doch ich durfte mich nun offiziell als Mansurs Frau ausgeben. Man sprach mich mit »Frau Bassiri« an. Das war nämlich Mansurs richtiger Familienname. Ich hatte ihn erst an jenem Abend von ihm erfahren, als er mir die Wahrheit über seinen Vater und seine Angehörigen beichtete. Khazimi war sein Deckname beim SAVAK.

Ich konnte es immer noch nicht ganz fassen, daß ich

mich nun nicht mehr verstecken mußte. Ich fragte Mansur: »Ist der SAVAK denn jetzt damit einverstanden, daß wir zusammen sind?«

»Mein Chef, General Hishmat, hat mir gesagt: ›Ich weiß von nichts; und solange ich nichts weiß, kann ich auch nichts dagegen haben‹«, erklärte er lächelnd. Das hieß mit anderen Worten, auch wir sollten unsere Beziehung nicht an die große Glocke hängen und sie nicht absichtlich publik machen.

Ich machte mich daran, das Haus wohnlich einzurichten, und ließ meiner Phantasie dabei freien Lauf. Die Möbel, die ich kaufte, waren eine Mischung aus modernem und orientalischem Stil, alles in den Farben Beige, Schwarz und Gold. Zwei Wohnzimmer wurden für Gäste eingerichtet, mit je einer gemütlichen Sitzecke. Das große Eßzimmer war mit einer Bar ausgestattet.

Das gesamte Porzellan für zwölf Personen kaufte ich aus England, und Mansur brachte mir aus der Türkei Kristallgläser mit. Unser Wohn- und Fernsehzimmer wurde orientalisch eingerichtet. Der Boden wurde mit einem riesigen Täbris-Teppich ausgelegt und an den Wänden hingen orientalische Miniaturen.

Mansur bekam natürlich auch ein Arbeitszimmer. Zwei Schlafräume standen für Gäste zur Verfügung. Das größte Zimmer, das auf der Seite zum Garten lag, wurde unser Schlafzimmer. Es war unvergleichlich schön. Durch eine Glastür trat man auf die Terrasse mit Blick auf den Swimmingpool und den Garten.

Für die Gartenarbeit beschäftigten wir einen Gärtner, einen freundlichen älteren Mann, der als Asylant aus dem irakischen Kurdistan hierher gekommen war. Er legte für mich einen großen Gemüsegarten an, der mich mit fast allem versorgte, was ich für die Küche brauchte, angefangen von sämtlichen nur erdenklichen Kräutern bis hin zu Tomaten und Erdbeerpflanzen. Die gesamte übrige Gartenfläche ließ ich mit Rosen der verschiedensten Arten bepflanzen, überall, wo sich auch nur das kleinste freie Fleckchen befand. Es war ein Meer von Blüten. Rosen waren und sind noch heute meine Lieblingsblumen.

Es dauerte zwei Monate, bis Haus und Garten nach unseren Vorstellungen hergerichtet waren. Doch dann war es ein wahres Traumhaus. Jeder, der zu uns kam, bewunderte die Einrichtung. Ich erklärte dazu: »Das hat wenig mit den Möbeln zu tun, sondern mit der Tatsache, daß alles mit viel Liebe eingerichtet wurde, die man überall ›riechen‹ kann.«

Im Dezember 1977 zogen wir in unser neues Haus ein. Wie gern hätte ich hier das Weihnachtsfest gefeiert, aber ich durfte mich in unserer moslemischen Umgebung nicht als Christin zu erkennen geben. Es fiel mir sehr schwer, darauf verzichten zu müssen.

Weihnachten wurde bei uns daheim immer sehr festlich begangen. Um diese Zeit lag in Teheran meistens schon Schnee. Für uns Christen war der erste Weihnachtstag der eigentliche Feiertag. Fast noch schöner als das Fest selbst aber waren die Vorbereitungen, die schon lange vor Weihnachten begannen.

Ich vermißte diese Zeit sehr, über der für mich immer ein besonderer Zauber gelegen hatte, wenn die Frauen aus der Verwandtschaft und die Nachbarinnen am späten Abend reihum in den Häusern zusammenkamen, um das Gebäck vorzubereiten. Bis zum frühen Morgen mußte alles fertig sein, denn um sechs in der Frühe wurden die großen Backbleche zum Bäcker getragen, wo man sich dann so lange aufhielt, bis das Backwerk fertig war. Zu Weihnachten gab es eine ganz spezielle Art von Gebäck, das in unserer Sprache »Kluche« genannt wird. Aus Mehl, Butter, Milch und Backpulver wird ein Teig zubereitet, der danach einige Stunden zugedeckt ruhen muß. In der Zwischenzeit wird die Füllung hergestellt, die entweder aus Walnüssen, Kardamom und Zucker besteht oder aus Datteln, die zuvor in Butter angebraten wurden. Diese Füllmasse gibt man dann in kleine Teigstücke, die mit der Hand geformt werden. Dieses »Kluche« wird in großen Mengen gebacken, und es schmeckt verführerisch gut.

Weihnachten wurde bei uns wochenlang gefeiert. Während der ersten Tage bleiben die Älteren zu Hause und werden von den jüngeren Verwandten und Freunden besucht, die ihre guten Wünsche überbringen. Danach erwidern die älteren Leute die Besuche. Wenn jemand zu uns kam, um »Frohe Weihnachten« zu wünschen, waren auch wir verpflichtet, ihn später zu besuchen. Und selbstverständlich gehörte es sich, Geschenke mitzubringen, meistens etwas aus Gold.

Unsere Geschenke bekamen wir am Abend vor dem ersten Weihnachtstag, aber auspacken durften wir sie erst am nächsten Morgen. Als Kind habe ich sie immer mit ins Bett genommen und konnte vor Aufregung kaum schlafen. Es war auch Tradition, daß Kinder und Erwachsene zu Weihnachten neue Kleider und Schuhe bekamen. In der Regel wurden die neuen Sachen dann beim Kirchgang vorgeführt. Nach dem Festgottesdienst, der um neun Uhr morgens begann und zumeist zwei Stunden dauerte, war es üblich, daß man noch auf dem Vorplatz der Kirche zusammenblieb, um einander zu beglückwünschen. Doch nicht nur das: Es war außerdem eine gute Möglichkeit für Mädchen und Jungen, sich kennenzulernen, und auch die Eltern nutzten gern die

Gelegenheit, ihre Blicke nach möglichen Schwiegersöhnen und -töchtern umherschweifen zu lassen. Mein Vater ist nie mit zum Gottesdienst gegangen; er hatte keine Beziehung zu Gott oder der Kirche. An den Feiertagen hat er für uns gekocht. Seine Kochkünste konnten sich sehen lassen. Es gab Pute und Braten und einen auf besondere Art zubereiteten Reis mit Rosinen, Mandeln, Hähnchenfleisch und Curry. Und natürlich fehlten auch nicht die verschiedensten Salate.

Zur Weihnachtszeit herrschte in der Familie Frieden, und jeder bemühte sich, freundlich und lieb zu sein. Sogar meine Eltern redeten miteinander, wenigstens solange die Feiertage andauerten. Tagsüber hatten wir fast ständig Besuch, und wenn jemand am Abend kam, war es selbstverständlich, daß man ihn zum Essen einlud. Meine Mutter meisterte alles mit viel Geschick und verlor auch bei größtem Besucherandrang nicht die Übersicht. Sie war eine außergewöhnliche Frau mit einer starken Persönlichkeit, aber mit einem zierlichen, zerbrechlichen Körper. Sie genoß großen Respekt bei allen Verwandten und Freunden. Ich bin inzwischen in meinem Leben viel in der Welt herumgekommen, doch niemals ist mir bisher eine Frau mit soviel Ordnungssinn und Geschmack begegnet wie meine Mutter. Wenn ich zuweilen höre, wir Iraner seien alle schmutzig, kann ich über dieses Vorurteil nur verständnislos lächeln, denn ich habe es in meinem Zuhause und bei vielen meiner Landsleute anders erlebt.

Während der Weihnachtszeit in unserem neuen Haus war die Sehnsucht nach meinen Lieben und besonders nach meiner Mutter natürlich besonders groß, und in meinem Herzen wußte ich, daß auch sie mich vermißten. Ich versuchte, meine Mutter anzurufen. Lida meldete sich am Telefon. Ich spürte am Klang ihrer Stimme, daß sie sich beherrschen mußte, nicht zu weinen, als sie mir sagte, daß Mutter nicht mit mir sprechen wollte. Unter Tränen schrieb ich ihr einen Brief und hoffte, daß ich ihr Herz erweichen könnte. Aber der Brief kam ungeöffnet zurück. Mansur sah, wie traurig ich in diesen Tagen war, und versuchte, mich mit Geschenken und viel Liebe zu trösten.

»Es tut mir sehr weh«, sagte er, »daß du Weihnachten hier nicht wirklich feiern kannst, aber wir werden zusammen ausgehen und uns einen schönen Abend machen.«

Gleich nach Silvester wollte er seine Schwester zu uns holen. Das war im Januar 1978. Der Jahreswechsel wurde bei uns immer ganz groß gefeiert. Fast alle großen Hotels veranstalteten Bälle, ganz abgesehen von den vielen privaten Parties. Wir gingen zum Ball ins Sheraton-Hotel und verbrachten einen wunderschönen Abend. Wir tanzten die ganze Nacht hindurch, und als wir nach Hause kamen, überraschte mich Mansur mit einem phantastischen Schmuck.

»Ich habe einen großen Wunsch für das neue Jahr«, sagte er. »Ich möchte ein Kind mit dir haben, Aiyleen.« Ich war inzwischen einundzwanzig, und natürlich wünschte auch ich mir ein Kind von meiner großen Liebe. Allerdings machte mir der Gedanke an die Erziehung angst. Ich war eine überzeugte Christin, und Mansur war Moslem, auch wenn er nicht als sehr gläubig zu bezeichnen war. Ich wollte mein Kind nicht im islamischen Glauben erziehen. Ich konnte, bei allem Respekt, nicht an diese Religion glauben. Wie sollte ich dann ein Kind davon überzeugen können? An diesem Abend war ich nicht in der Stimmung, mit Mansur darüber zu diskutieren, aber ich war entschlossen, diesen Punkt vorher zu klären.

Zwei Tage später berichtete Mansur, er habe jetzt mit seiner Schwester gesprochen und sie auch über meine

Existenz aufgeklärt. Sie sei sehr glücklich über diese Neuigkeit gewesen und freue sich darauf, mich kennenzulernen.

Mansur ließ seine Schwester von seinem Chauffeur abholen, und wenig später stand sie mit ihren Koffern vor dem Haus. Als erstes registrierte ich, daß sie außergewöhnlich hübsch war. Sie war schlank und mit ihrer für iranische Frauen überdurchschnittlichen Größe von 175 cm eine auffallende, attraktive Erscheinung. Sie hatte sehr lange, kräftige schwarze Haare und große schwarze Augen.

Ich umarmte Manejeh zur Begrüßung und versicherte ihr, wie glücklich ich sei, sie nun bei uns zu haben. Ich hatte ihr ein sehr schönes Zimmer eingerichtet und alles so weit vorbereitet, daß sie nur noch einzuziehen brauchte. Sogar Kosmetika und Parfüms waren auf einem Schminktisch bereitgestellt. Es sollte ihr an nichts fehlen.

Inzwischen hatte Mansur auch eine Putzfrau für mich eingestellt, ein erbarmungswürdiges, verhärmtes Geschöpf. Sie hieß Soheile, war erst Anfang Zwanzig, doch sie sah zehn Jahre älter aus. Weil sie kinderlos geblieben war, hatte ihr Mann sie verlassen und sich eine andere Frau genommen. Soheile weinte oft und konnte nicht aufhören zu klagen, wie sehr sie ihren Mann vermißte und wie leidenschaftlich sie diese Frau haßte, die nun ihren Platz eingenommen hatte.

»Wie sollten Sie meine Gefühle nachempfinden können?« schluchzte sie. »Sie haben einen Mann, der Sie liebt, und Sie lieben ihn auch.«

Ich bedauerte sie, bemühte mich, diesem Häuflein Unglück das Leben so angenehm wie möglich zu machen, und behandelte sie wie ein Familienmitglied. Soheile durfte mit uns zusammen in der Küche essen. Wenn wir

Besuch hatten, bekam sie allerdings zuerst ihr Essen. Ich kaufte ihr Kleider und sogar ein Radio, das sie von ihrem Kummer ablenken sollte. Ohne daß ich es selbst richtig bemerkte, steigerte ich mich dermaßen in mein Mitleid hinein, daß ich ihr immer mehr von ihren Pflichten abnahm und schließlich fast alle Arbeiten selbst erledigte.

Mansur verfolgte diese Verschiebung der häuslichen Arbeitsteilung mit Kopfschütteln. »Sag mir, Aiyleen, wozu habe ich dir wohl Soheile ins Haus geholt? Statt daß sie die Hausarbeit macht, pflegst du sie wie eine Kranke. Ich denke, du übertreibst dein soziales Engagement. Du mußt strenger mit ihr sein.«

Sicher hatte er recht, aber ich konnte es nicht. Und nicht genug damit: Von Soheile mußte ich mir auch noch sagen lassen, ich sei möglicherweise nicht ganz normal. Sie hätte noch nie eine Frau erlebt, die es mit dem Saubermachen so genau nähme. Ich muß zugeben, daß ich damals überempfindlich war, was die Sauberkeit anbetraf. Hatten wir Besucher im Haus gehabt, bearbeitete ich jeden Bereich der Wohnung, den sie berührt oder betreten hatten, mit einem Desinfektionsmittel, sogar den Teppichboden. Mansur schimpfte und prophezeite mir, ich würde mich noch vor lauter Arbeit krank machen. Er engagierte noch eine zweite Putzfrau für einen Tag in der Woche. So hielten wir zu dritt das Haus in Ordnung.

Unser Haushalt war nun komplett, und der normale Alltag kehrte wieder ein. Manejeh arbeitete in einem Theaterbüro in Teheran. Wie sie erzählte, war es eine angenehme Arbeit. Mansur mußte schon spätestens morgens um halb sechs das Haus verlassen, um rechtzeitig im Büro zu sein. Während des Winters fuhr er meist noch früher los, weil die Straßen vereist oder verschneit waren.

Um vier Uhr standen wir deshalb auf. Ich legte für Mansur Anzug, Hemd und passende Krawatte zurecht und bereitete das Frühstück zu. Während Mansur und Manejeh frühstückten, startete ich inzwischen den Wagen und ließ den Motor laufen, damit Mansur nicht in ein kaltes Auto steigen mußte. Ich bediente und verwöhnte ihn, wo immer sich die Gelegenheit dazu bot. Ich putzte ihm die Schuhe, kaufte seine Anzüge, packte ihm die Koffer, wenn er verreisen mußte. Da er ein leichtes Magengeschwür hatte, verwendete ich besondere Sorgfalt auf das Essen und kochte nur das, was ihm keine Beschwerden verursachen konnte.

Mit Manejeh hatte ich nun noch jemanden, den ich zu versorgen hatte. Obwohl sie einige Jahre älter war als ich, fühlte ich mich doch für sie verantwortlich. Ich verwöhnte sie beinahe ebenso wie Mansur. Sie war nicht sehr gesellig, und es war mir schon zu Anfang aufgefallen, daß sie nur selten lachte. Oft blieb sie allein in ihrem Zimmer, und wenn sie herauskam, machte sie ein mißmutiges Gesicht. Ich schob das auf ihre Trauer um ihren Vater und wollte sie nicht mit Fragen belästigen.

Manejeh war auch häufig krank. Besonders an den Wochenenden klagte sie über irgendwelche Beschwerden und blieb im Bett. Ihr Verhalten erschien mir manchmal undurchsichtig; sie benahm sich oft so, als hätte sie etwas zu verbergen. Einige Male beobachtete ich, daß sie mit Mansur flüsterte, doch sobald sie mich bemerkte, brach sie das Gespräch ab.

Im März 1978 blieb meine Periode aus. Ich suchte einen Arzt auf, und er bestätigte, daß ich schwanger war. Ich kann mich heute nicht mehr an meine Reaktion erinnern, nur daß mir sogleich der Gedanke kam, mit Mansur über die religiöse Erziehung unseres Kindes sprechen zu müssen.

Am Abend kochte ich ein besonders festliches Essen und bat Manejeh danach, uns allein zu lassen.

Ich blickte den Mann, den ich mehr als mich selbst liebte, voller Zärtlichkeit an. »Mansur, am Neujahrstag hast du dir gewünscht, daß wir ein Kind haben sollten. Aber bevor es einmal soweit ist, möchte ich gern deine Vorstellungen über die Erziehung dieses Kindes kennen, besonders in bezug auf unsere unterschiedlichen Religionen. Es ist mir sehr wichtig, das zu wissen.«

»Sag mir zuerst, wie deine Meinung dazu ist«, bat Mansur.

»Ich will ganz ehrlich sein, auch auf die Gefahr hin, daß du mich nicht verstehst und vielleicht verärgert bist: Ich möchte kein moslemisches Kind erziehen. Falls du darauf bestehen solltest, möchte ich nicht schwanger werden. Ich bin überzeugt, daß ein Kind nicht glücklich sein kann, wenn es in einem solchen Konflikt aufwachsen müßte, und ich könnte es auch nicht sein. Du weißt, ich tue alles für dich, und ich tue es gern, aber in diesem Punkt kann ich keinen Kompromiß eingehen.«

Mansur nahm meine Hand und lächelte. »Aziz, du weißt, ich bin kein besonders gläubiger Moslem. Ich habe nichts dagegen, wenn du unser Kind christlich erziehst. Allerdings sollte das niemand wissen. Deshalb können wir auch für unser Baby keinen christlichen Namen wählen, sondern einen persischen. Könntest du das akzeptieren?«

Mir fiel ein Stein vom Herzen. Ich hatte nicht damit gerechnet, daß Mansur ohne lange Diskussionen so schnell nachgeben würde. Im Augenblick konnte ich mir zwar noch nicht vorstellen, wie man auf Dauer das Geheimnis einer christlichen Erziehung wahren könnte, vor allem, wenn unser Kind später zur Schule ging. Doch jetzt wollte ich mir noch nicht darüber den Kopf zerbrechen.

»Dann habe ich eine gute Nachricht für dich«, sagte

ich strahlend. »Heute war ich beim Arzt. Wir werden ein Kind haben!«

Mansur war überglücklich, und Freudentränen schossen ihm in die Augen. Und sogleich hagelten Verbote und Vorschriften auf mich nieder. »Ab sofort wirst du keine Hausarbeit mehr tun! Du darfst dich auf keinen Fall anstrengen! Denk auch daran, daß du viel Schlaf brauchst, und unbedingt mußt du mehr essen!«

Ich lachte glücklich. »Sei nicht albern, Mansur. Ich bin eine gesunde Frau. Eine Schwangerschaft ist keine Krankheit. Ich werde ganz normal weiterleben wie bisher und denke nicht daran, nur noch zu schlafen und zu essen.«

Wenig später überraschte Manejeh uns mit dem Entschluß, sie wolle ihre Arbeit aufgeben. Es sei zu anstrengend für sie, morgens schon so früh aufzustehen, und außerdem brauche sie ja nun ohnehin kein Geld mehr, da sie bei uns mit allem versorgt würde.

Mansur war damit sofort einverstanden. »Das ist eine gute Lösung«, meinte er zu mir. »Du mußt dich während der Schwangerschaft schonen, und Manejeh kann den ganzen Tag bei dir bleiben und dir helfen.«

Aber sie war keine Hilfe, im Gegenteil. Sie war eine große Belastung für mich. Manejeh litt fortwährend an rätselhaften Krankheiten. Ich suchte mit ihr einen Arzt nach dem anderen auf, und alle bestätigten nur, daß sie körperlich kerngesund sei. Ich war ratlos. Mansurs Schwester machte mir das Leben schwer, besonders dadurch, indem sie sich bemühte, eine permanent bedrükkende Atmosphäre um sich zu verbreiten. Vor allem, wenn sie sah, daß ich glücklich war, verstärkte sie ihre Anstrengungen, mich mit ihren Depressionen anzustekken.

Von Natur aus bin ich ein fröhlicher Mensch, leide

kaum jemals unter schlechter Laune und liebe die Harmonie. Doch jetzt erstickte Manejehs Trübsinn jedes freudige Gefühl im Keim. Sie versuchte sogar, zwischen Mansur und mir Spannungen zu erzeugen, indem sie mir ständig das Gefühl vermittelte, sie habe vor mir etwas zu verheimlichen, und Mansur andeutete, ich behandele sie schlecht. Ich konnte mir Manejehs Verhalten nur damit erklären, daß sie tatsächlich seelisch krank war. Mit ihren vorgetäuschten Krankheiten wollte sie die Aufmerksamkeit auf sich lenken.

Eines Morgens erklärte Manejeh, sie müsse unbedingt ihre Tante anrufen und nahm das Telefon in ihr Zimmer mit. Es wurde ein sehr langes Gespräch.

Als Mansur abends nach Hause kam, erwähnte sie das Telefonat und bat ihn, in ihr Zimmer zu kommen, weil sie ihm etwas erzählen müsse. Ich fühlte mich bei derartigen Heimlichkeiten nicht wohl. Waren es nur Dinge, die ich nicht hören sollte, oder versuchte Manejeh, mich ständig in einem Zustand der Unsicherheit zu halten?

Nach einigen Minuten kam Mansur zurück und wollte ebenfalls mit der Tante telefonieren. Auch das wurde ein langes Gespräch, wobei man allerdings berücksichtigen muß, daß allein schon die im Iran üblichen Begrüßungs- und Höflichkeitsfloskeln einige Zeit beanspruchen. Redewendungen wie »Ich küsse dir die Hände« oder »Mein Leben sei dir geschenkt« gehören allgemein zum guten Ton.

»Wir sind für Donnerstag abend bei der Tante eingeladen«, sagte Mansur, nachdem er den Hörer aufgelegt hatte. »Du wirst sehen, sie ist eine wirklich bewundernswürdige Frau. Ihr Mann ist übrigens mein leiblicher Onkel. Er ist ein erfolgreicher Anwalt. Sie haben drei Kinder, zwei Töchter und einen Sohn. Ich freue mich, daß du sie alle kennenlernen wirst. Meine Tante ist leider seit langer Zeit krank. Vor einigen Jahren verlor sie ihren ältesten Sohn durch einen Autounfall, und seitdem grämt sie sich so sehr, daß sie außer trockenem Brot und Tee nichts anderes zu sich nimmt. Sie trägt auch heute noch Trauerkleidung. Wenn wir bei ihr sind, müssen wir allerdings vorsichtig sein. Alle Familienmitglieder sind gläubige Moslems und dürfen nicht erfahren, daß du Christin bist. Die ganze Familie wird natürlich neugierig auf dich sein und viele Fragen stellen. Es ist besser, wenn du dich möglichst zurückhältst und mir Gelegenheit gibst, an deiner Stelle zu antworten.«

Ich zitterte schon im voraus vor diesem Abend, weil ich Angst hatte, ich könnte etwas falsch machen und Mansur dadurch in eine unangenehme Lage bringen.

Als Geschenk kaufte er eine große Obstschale aus Kristallglas, und ich besorgte einen Strauß Blumen. Als wir am Donnerstag abend vor dem Haus der Tante standen, konnte ich vor Nervosität kaum durchatmen. Der Hausdiener öffnete die Tür, und schon stürzte eine wahre Flut von Männern und Frauen auf uns zu, verteilte Küsse und begann zu weinen. Man hatte Mansur lange nicht mehr gesehen, und die Wiedersehensfreude war geradezu überwältigend.

Mansur beugte sich zu einer zierlichen älteren Frau hinunter und küßte ihre Hände. Wie ich richtig vermutete, war es seine Tante. Danach wurde ich vorgestellt. Ich bebte am ganzen Körper und wußte nicht, wie ich mich verhalten sollte. Wir wurden in ein großes Wohnzimmer mit wertvollen alten französischen Möbeln geführt. Mansur setzte sich neben seine Tante, die seine Hände umfaßt hielt. Ich saß zwischen den beiden Töchtern des Hauses, Pary und Mehry. Ich fühlte, wie ich von allen beobachtet wurde, und kam mir vor wie auf einem Präsentierteller.

Machte ich ein ausreichend freundliches Gesicht? Saß mein Kleid richtig?

Ich kam mir ausgeliefert und allein vor. Und was war mit Mansur? Für ihn existierte ich plötzlich gar nicht mehr. Den ganzen Abend über redete er kein Wort mit mir. Wußte er überhaupt noch, daß er mich hierher mitgenommen hatte?

Ich hatte nicht erwartet, daß Mansur mit mir händchenhalten würde, aber doch, daß er mir wenigstens das Gefühl gab, nicht allein zu sein. Mit mehr hätte ich allerdings auch nicht rechnen können, denn im Iran wäre es höchst unschicklich, in Gegenwart anderer irgendwelche Zärtlichkeiten zu zeigen, besonders nicht bei Verwandten oder älteren Menschen.

Man hatte für diesen Abend ein großes Essen vorbereitet. Ich aber konnte vor Aufregung kaum etwas hinunterbringen. Ich bemerkte, daß Mansur bei allen Anwesenden sehr beliebt war. Mit einiger Verwunderung fiel mir auf, daß sie ihn mit Ali anredeten. Mansur erklärte mir auf der Heimfahrt, seine Mutter habe ihn früher immer so genannt. Manejeh gegenüber verhielten sich alle eher reserviert, bis auf die Tante. Sie war, wie ich später feststellte, eine so gütige Frau, daß sie es wohl nie fertiggebracht hätte, irgend jemandem weh zu tun.

Manejeh hatte auch an diesem Abend gleich zu Beginn ein unbehagliches Gefühl in mir aufsteigen lassen, weil sie die Tante und die beiden Töchter in ein Nebenzimmer bat, um mit ihnen allein zu sprechen. Es war wieder eine dieser Heimlichkeiten, die mich verunsicherten.

Die Tante war mir vom ersten Augenblick an sympathisch. Sie hatte eine Ausstrahlung, der man sich nicht entziehen konnte. Mit der Zeit habe ich sie sehr liebgewonnen, und sie mochte mich ebenfalls. Jede Woche besuchte ich sie und nahm ihr Blumen mit. Sie kam mir in ihrer Milde manchmal wie eine verklärte engelhafte Erscheinung vor. Man mußte sie einfach gernhaben. Auch die beiden Mädchen mochte ich. Pary war damals Ende Zwanzig. Sie war im Gesundheitsministerium als Psychologin angestellt und arbeitete mit behinderten Kindern. Sie war noch unverheiratet, was in ihrem Alter im Iran schon als ungewöhnlich gilt und sie damit bereits als alte Jungfer abstempelte.

Ihre Schwester Mehry war Mitte Zwanzig und hatte bereits eine kleine Tochter. Der Bruder der beiden war ein verwöhnter neunzehnjähriger Junge. Er arbeitete mit seinem Vater zusammen, der neben seiner Anwaltstätigkeit auch in anderen Geschäften aktiv war. Der Onkel war ein kleiner sehr liebenswürdiger Mann, für jeden da, der Hilfe benötigte. In seinem Haus wohnten noch sein Vater, sein Bruder und eine Schwester. Er sorgte für alle, und die Tante unterstützte ihn in allem. Auch als Außenstehender fühlte man sogleich den Frieden und die Liebe in dieser Familie. Onkel und Tante gingen mit so viel Zärtlichkeit miteinander um, wie man es sonst gewöhnlich nur bei jungen Liebespaaren kennt.

Schon an diesem ersten Abend ließen sie mich spüren, daß ich ihnen willkommen war. Als Mansur zudem noch erwähnte, ich sei schwanger, war bei allen die Freude groß. Im Lauf des Abends legte sich auch meine Spannung, nur daß Mansur sich mir gegenüber so distanziert verhielt, machte mich ärgerlich. Er spürte meine Verstimmtheit, als wir nach Hause fuhren.

»Hat dir der Abend nicht gefallen?« fragte er.

»Doch«, sagte ich, »aber du hast mich die ganze Zeit behandelt, als sei ich Luft.«

»So darfst du das nicht sehen«, gab er zurück. »Du weißt, daß meine Verwandten sehr gläubig sind; deshalb mußte ich mich so verhalten, um ihre religiösen Gefühle nicht zu verletzen. Ich muß dir sagen, daß ich sehr stolz auf dich gewesen bin. Ich weiß, daß sie dich alle ins Herz geschlossen haben.«

Zu Hause gelang es Manejeh trotzdem noch, mir einen Stachel ins Herz zu setzen. Sie verriet mir, daß Pary sich früher Hoffnungen auf Mansur gemacht hatte, aber er hatte sie nicht heiraten wollen. Das habe sie bis heute noch nicht verkraften können. Ich mochte Pary sehr, aber unter diesen Umständen, so fürchtete ich, würde unser Verhältnis durch ihre Enttäuschung belastet sein. Daß Manejeh diese Geschichte frei erfunden hatte, kam mir damals noch nicht in den Sinn.

Zwei Tage später rief mich die Tante an (sie wurde von allen nur Khaleh genannt, was ganz einfach Tante bedeutet), um sich nach meinem Befinden zu erkundigen. Sie gab mir Ratschläge, wie ich mich vernünftig ernähren sollte und legte mir ans Herz, keine schwere körperliche Arbeit zu verrichten und Aufregung zu meiden. Ihre Fürsorglichkeit war echt, und das machte mich sehr froh.

Anfangs verlief meine Schwangerschaft problemlos, doch in der zehnten Woche traten plötzlich Blutungen auf. Der Arzt verordnete mir sofort absolute Bettruhe, die einzuhalten mir sehr schwerfiel. Soheile brachte mir das Essen ans Bett, weil ich nicht einmal zu den Mahlzeiten aufstehen durfte.

Mansur machte sich große Sorgen und gab seiner Schwester strengste Anweisung, auf mich zu achten. Auch die Tante erkundigte sich jeden Tag telefonisch nach meinem Ergehen. Das erregte offenbar Manejehs Eifersucht, denn ich ertappte sie eines Tages dabei, wie sie die Tante anrief und ihr berichtete, ich spielte nur Theater, um mich von Mansur verwöhnen zu lassen.

Nachdem sie das Gespräch beendet hatte, rief ich sie zu mir ins Zimmer.

»Manejeh, ich habe mitbekommen, was du der Tante gerade erzählt hast«, sagte ich aufgebracht. »Wie kommst du dazu, derartige Lügen von dir zu geben?« Sie antwortete nichts, sondern fing an zu weinen. Das war stets ihre Waffe, wenn Argumente ihr nichts nützen konnten. Ich ließ mich davon nicht beeindrucken.

»Merk dir bitte ein für allemal, daß ich es nicht mag, wenn Außenstehende, und seien es auch Verwandte, in unser Privatleben hineingezogen werden, ganz gleich, um welche Probleme es sich handelt. Ich hasse es, wenn etwas hinter meinem Rücken weitergetragen wird. Das ist meine letzte Warnung. Diesmal werde ich noch nichts deinem Bruder sagen, aber rechne damit, daß er es erfahren wird, sobald so etwas noch einmal passieren sollte.« Es war mir klar: Manejeh war eifersüchtig, nicht nur allein wegen ihres Bruders, sondern auch wegen der übrigen Verwandtschaft. Das Leben mit ihr wurde immer schwieriger. Die meiste Zeit verbrachte sie im Bett, auch tagsüber, und erwartete, daß ich sie bediente. Mansur sagte ich davon nichts; ich wollte ihn nicht mit diesen Dingen belasten.

Und dann kam ein Tag, der eine tiefe Narbe in mir hinterließ. Als Mansur an jenem Abend nach Hause kam, tuschelte ihm Manejeh wieder einmal etwas zu, etwas, das ihn plötzlich veränderte. Ich fühlte seine Kälte und Gereiztheit. Zwar bemühte er sich, sich zu beherrschen, aber plötzlich brach bei ihm ein Damm. Eine Tirade voller Vorwürfe prasselte auf mich hernieder. Er schrie mich zornig an, und ich verstand die Welt nicht mehr. Was hatte ihn nur derart in Rage bringen können?

Es war Manejehs Werk. Sie hatte Mansur erzählt, ich hätte mich im Bikini auf der Terrasse aufgehalten, wo mich unser kurdischer Nachbar hätte beobachten können.

Manejehs Eifersucht begann, für unsere Beziehung gefährlich zu werden. Mit dieser Geschichte versuchte sie, einen Keil zwischen mich und Mansur zu treiben. Ich war entsetzt, und zum erstenmal verlor auch ich die Beherrschung und schrie Mansur an: »Ich muß es dir endlich einmal sagen, daß das Leben mit deiner Schwester eine Tortur für mich ist. Bisher habe ich sie nur aus Liebe zu dir ertragen.«

Er hob die Hand und schlug mir ins Gesicht. Ich war fassungslos, konnte es einfach nicht glauben: Mein geliebter Mansur schlug mich!

Nur jetzt nicht in Tränen ausbrechen! dachte ich. Dazu war ich zu stolz. Ich rannte ins Schlafzimmer und schloß mich ein.

Mansur machte nicht den Versuch, mir nachzukommen, sondern schlief in dieser Nacht in einem der Gästezimmer. Als ich allein war, ließ ich meinen Tränen freien Lauf. Es waren Tränen der Enttäuschung und Demütigung. Nie hätte ich gedacht, daß Mansur jemals dazu fähig sein könnte, mich zu schlagen. Aber nun war es geschehen. Und warum? Wegen einer aus Eifersucht geborenen Lüge.

Natürlich war ich mit dem Bikini im Swimmingpool gewesen. Seit Beginn meiner Schwangerschaft hatte ich es mir zur Gewohnheit gemacht, jeden Tag zu schwimmen. Das war eine gute gymnastische Übung. Bis zum Pool trug ich aber meinen Bademantel, den ich erst unten am Wasser auszog. Von dort war das Schwimmbecken von keiner Richtung aus einzusehen.

Wie immer, wenn ich Kummer hatte, dachte ich besonders intensiv an meine Mutter. Ich hatte Sehnsucht nach ihr, denn an diesem Abend hatte ich Angst. Ich war allein, und in meinem Bauch wuchs dieses noch unbekannte kleine Wesen heran. Ich redete laut zu meiner Mutter und bat um ihren Trost und Rat, obwohl sie mich nicht hören konnte. Aber das gab mir Kraft.

Manejeh klopfte an die Tür und bat mich, sie hereinzulassen. Sie wollte sich entschuldigen, aber ich schickte sie fort. Es war zu spät; sie hatte ihr Intrigenspiel überzogen, und ich konnte nicht mehr mit ihr leben.

Am nächsten Tag blieb ich im Bett, und Mansur ging zum erstenmal, seit wir zusammen waren, ohne Frühstück aus dem Haus. Soheile hatte unseren Streit mitbekommen und machte sich Sorgen um mich. Sie brachte mir das Frühstück ans Bett und sagte: »Es tut mir so leid für Sie. Ihre Schwägerin ist ein böses Weib, auch bei mir hat sie versucht, schlecht über Sie zu reden.« Soheile meinte es gut, aber ich gab ihr zu verstehen, daß mich das nicht interessierte, und ließ sie gehen. Manejeh machte einen erneuten Versuch, zu mir ins Zimmer zu kommen, doch ich wollte sie auf keinen Fall sehen und blieb den ganzen Vormittag im Bett.

Mansur kam an diesem Tag früher als gewöhnlich nach Hause. Er brachte einen Strauß Rosen mit und sah sehr unglücklich aus. »Aiyleen, ich habe gestern eine große Dummheit begangen. Ich habe mich unmöglich benommen. Kannst du mir verzeihen, wenn ich dir verspreche, daß so etwas nie wieder vorkommen wird?«

Er umarmte mich, und ich weinte. »Du hast mich sehr enttäuscht, aber trotz allem: Ich liebe dich mehr als alles andere auf der Welt. Ich werde dir nichts nachtragen.«

»Ich verstehe mich selbst nicht mehr«, sagte Mansur, »warum ich mich durch Manejehs Geschwätz beeinflussen ließ, zumal ich doch weiß, daß sie psychisch gestört ist. Sie ist krankhaft eifersüchtig und will immer nur Aufmerksamkeit auf sich ziehen. Wenn sie mir üble Dinge über dich erzählte, habe ich mich dagegen gewehrt, sie ernst zu nehmen. Sie hat es jedoch so raffiniert angestellt, mein Vertrauen zu dir zu erschüttern, daß ich gestern einfach die Beherrschung verloren habe. Ich weiß, daß ich dir unrecht getan habe.«

Eines stand für mich fest: Manejeh konnte nicht mehr bei uns bleiben. Sie würde es nicht lassen können, weiterhin ihr Gift zu verspritzen. Auch wenn Mansur auf ihre Lügen nicht mehr hereinfallen sollte, so bliebe sie doch immer ein Störfaktor in unserem Leben.

Später erfuhr ich, daß es in der ganzen Verwandtschaft bekannt war, wie schwierig mit ihr auszukommen war. Auch die Tante gestand mir, sie habe sich immer gewundert, wie ich Manejeh hätte ertragen können. Meine Geduld war jetzt jedenfalls am Ende. Außerdem steckte Manejeh mich allmählich mit ihren Depressionen an, und ich wollte doch ein gesundes, fröhliches Kind zur Welt bringen.

Ich überlegte lange, was zu tun sei, und fand schließlich einen Weg, der zu unser aller Vorteil sein mußte. »Was hältst du davon«, schlug ich Mansur vor, »wenn wir Manejeh nach Großbritannien schicken? Sie ist jetzt ohne Arbeit, und die Chancen für sie hier, noch einmal eine gute Stellung zu finden, stehen schlecht. Sie hat außer ihrem Abitur keinerlei Ausbildung oder verwertbare Sprachkenntnisse. Zum Heiraten ist sie hier im Iran schon zu alt, obwohl sie hübsch ist. Aber du weißt ja selbst, daß kein Verehrer mehr in Sicht ist. In Großbritannien könnte Manejeh zuerst einmal Englisch lernen, um danach irgendein Studium anzufangen.«

»Hast du dir auch überlegt, welche finanzielle Belastung damit auf uns zukommt?« fragte Mansur. »Manejeh wird nicht selbst für ihren Unterhalt aufkommen können; sie hat kein Geld. Also müßten wir einspringen.«

»Aus meiner Zeit in Aberdeen weiß ich sehr genau, wieviel Geld ein Mädchen dort im Monat braucht. Wir können es schaffen, wenn ich im Haushalt systematisch spare.«

Mansur ließ sich überzeugen und akzeptierte meinen Plan. Jetzt mußte nur noch Manejeh damit einverstanden sein. Zu meinem großen Erstaunen nahm sie den Vorschlag sogar voller Begeisterung auf und bedankte sich, daß wir ihr helfen wollten.

Dem nächsten Schritt, den ich zu tun hatte, sah ich mit Bangen entgegen. Ich mußte meine älteste Schwester Nali in Schottland anrufen. Würde sie mich nach der langen Zeit überhaupt anhören? Ich mußte zweimal die Nummer wählen, weil meine Hände vor Nervosität zitterten. Nein, Nali legte nicht auf, als sie meine Stimme erkannte. Ich berichtete ihr von Manejeh und was wir mit ihr vorhatten und erzählte ihr auch, daß ich schwanger war.

Nali reagierte sehr liebevoll: »Schwesterchen, ich vermisse dich sehr. Möchtest du nicht zu uns kommen? Wir haben uns so lange nicht gesehen. Und was Manejeh betrifft, so sind wir gerne bereit, ihr bei der Wohnungssuche und auch bei der Anmeldung im College behilflich zu sein. Bis wir etwas Passendes für sie gefunden haben, kann sie bei uns wohnen. Wir haben ein großes Haus.«

Eine andere Frage brannte mir auf den Lippen. »Nali, was ist mit Mutter? Ist sie noch immer so hart und unversöhnlich?«

»Nein, auch sie vermißt dich sehr und macht sich große Sorgen um dich.«

Ich war überglücklich und mußte sofort die frohe Botschaft an Mansur weitergeben.

Schon nach zwei Tagen rief Nali wieder an. Sie hatte Manejeh bereits im College in Edinburgh angemeldet.

Dann ging alles sehr schnell. Wir besorgten das Flugtikket, und ich kaufte für meine Schwester und ihre Familie Geschenke, die Manejeh mitnehmen sollte. Bevor sie abflog, redete ich ihr nochmals ins Gewissen, keine Unwahrheiten über uns zu verbreiten, überhaupt möglichst wenig über unser Leben in Kharaj zu berichten. Aber meiner Mutter sollte sie sagen, daß ich große Sehnsucht nach ihr hätte. Außerdem bat ich sie, sich zu bemühen, freundlich und hilfsbereit zu sein, während sie bei Nali wohnte. Auch Mansur redete lange mit ihr und gab ihr Ratschläge mit auf den Weg.

Es dauerte nicht lange, bis wir einen Anruf von Nali erhielten. »Aiyleen, ich muß dir etwas Unangenehmes sagen. Versteh mich bitte, aber es ist unmöglich, mit Manejeh unter einem Dach zu leben. Es ist zum Verzweifeln; wir wissen nicht mehr, was wir tun sollen. Sie macht unsere Familie kaputt, indem sie versucht, mich und Philip gegeneinander aufzuhetzen. Ich sehe keine andere Möglichkeit, als sie so schnell wie möglich nach Edinburgh zu bringen, wo ich bei einer Familie ein Zimmer für sie gemietet habe.«

Mansur war wütend. »Meine Schwester ist ein Unglück für die ganze Familie! Wo immer sie ist, zettelt sie Streit an und bringt Unfrieden. Sie ist wirklich nicht normal. Ich habe bisher noch nicht darüber gesprochen, aber sie war der Grund, daß ich zwei Jahre lang keinen Kontakt zu meiner Familie hatte. Ich bin selbst ein Opfer ihrer Lügereien geworden. Sie hat damals behauptet, sie hätte mich mit meiner Cousine im Bett erwischt. Mein Vater hat wie irrsinnig auf mich eingeschlagen, ohne mir Gelegenheit zu geben, mich zu verteidigen.«

Nachdem Manejeh fort war, lebten Mansur und ich

wieder sehr glücklich. Meine Schwangerschaft verlief ohne Schwierigkeiten; die Blutungen waren nicht wieder aufgetreten, und ich fühlte mich wohl. Es war der Sommer 1978. Ich hatte viel Zeit und verbrachte sie meistens mit Lesen und Schwimmen. Hin und wieder fuhr mich Mansurs Chauffeur zum Einkaufen. Der Nestbautrieb ergriff von mir Besitz; ich richtete mit viel Liebe ein Zimmer für unser Kind ein. In einem Antiquitätengeschäft trieb ich eine allerliebste altmodische Wiege auf, zu der ich einen traumhaften Vorhang nähte. Damit war das Kinderzimmer komplett. Nun brauchte ich nur noch Babykleidung.

Zu Nali ließ ich den Kontakt nicht mehr abreißen, sondern rief sie von Zeit zu Zeit an. Aus ihren Bemerkungen hörte ich heraus, daß inzwischen meine Mutter ebenfalls bereit war, mit mir zu sprechen, nachdem sie von meiner Schwangerschaft erfahren hatte. Ich rief Lida an, bei der sie wohnte. Wieder war ich furchtbar aufgeregt, aber auch meine andere Schwester war sehr lieb zu mir. Ich konnte vor Weinen kaum sprechen, und Lida erging es ebenso.

»Bitte, laß mich jetzt mit Mutter reden«, bat ich sie, aber Lida erwiderte:

»Sie möchte es gern, aber sie weint so sehr, daß sie im Augenblick nichts sagen kann. Ihr größter Wunsch ist es, dich zu sehen. Weißt du was, Aiyleen? Setz dich ins Flugzeug und komm zu uns.«

Ich konnte es noch gar nicht fassen: Meine Mutter hatte mir verziehen und wollte mich sogar sehen! Mansur freute sich mit mir, als ich ihm diese gute Nachricht mitteilte. »Erkundige dich bei deinem Arzt, ob es Bedenken gibt, und wenn nicht, dann flieg nach Schottland. Und wenn du schon einmal dort bist, dann kannst du bei dieser Gelegenheit auch alle notwendigen Babysachen einkaufen.«

Am selben Nachmittag rief ich den Arzt an und bat um

einen dringenden Termin. Er untersuchte mich und versicherte mir: »Es gibt keinerlei Anzeichen für irgendwelche Probleme. Sie können die Reise bedenkenlos unternehmen. Aber natürlich sollten Sie sich nicht zuviel zumuten.«

Ich war im fünften Monat, aber man sah mir noch kaum an, daß ich schwanger war. Sofort buchte ich ein Ticket, rief Lida an und teilte ihr meine Ankunftszeit mit.

Mein Leben ist bisher ziemlich unruhig verlaufen, kam es mir in den Sinn, als ich im Flugzeug nach Schottland saß. Ich war durch schmerzliche Tiefen gegangen, die ich vielleicht hätte vermeiden können, wenn ich mich an die übliche Ordnung gehalten hätte. Aber war es wirklich falsch, was ich getan hatte? Wer nicht durch Tiefen gegangen ist, kann auch nicht die Höhen auskosten, wie ich sie immer wieder erleben durfte.

Am Flughafen erwarteten mich Lida und Gordon. Wir fielen uns in die Arme und weinten. Nur eine Viertelstunde später stand ich meiner geliebten Mutter gegenüber. Ich fiel vor ihr auf die Knie und küßte ihre Hände. Sie umarmte mich stumm, und auch sie konnte die Tränen nicht zurückhalten.

Wie oft hatte ich von diesem Augenblick geträumt, ohne zu wissen, ob er jemals kommen würde! Meinen Neffen Gordon hatte ich noch als Baby in Erinnerung, aber er war jetzt zweieinhalb Jahre alt und hatte sich zu einem reizenden kleinen Jungen entwickelt.

Es gab so viel zu erzählen nach der langen Trennung. Lida war ebenfalls schwanger und erwartete ihr Kind im Oktober. Meines sollte im Dezember zur Welt kommen.

Meine Mutter sah mich prüfend an. »Kind, sag mir, bist du auch wirklich glücklich? Behandelt dich Mansur gut?«

»Das einzige, was mir zu einem vollkommenen Glück

gefehlt hat«, gab ich zur Antwort, »warst du, Mutter. Jetzt, nachdem du mir verziehen hast, bin ich mehr als glücklich.«

Lida entpuppte sich als perfekte Hausfrau und Mutter. Sie begleitete mich bei meinen Einkäufen und gab mir viele wertvolle Ratschläge. Mit der Bahn besuchte ich meine Schwester Nali und blieb über Nacht bei ihr. Nali war es schon immer schwergefallen, ihre Gefühle zu zeigen, aber ich spürte, wie glücklich auch sie war, mich wiederzusehen. Besonders für sie als die Älteste von uns Mädchen war ich immer die »kleine« Schwester gewesen. Jetzt aber akzeptierte sie mich als erwachsene Frau. Gern wäre ich länger bei ihr geblieben, aber es zog mich zu meiner Mutter zurück. Auf einen Besuch bei Manejeh verzichtete ich, wollte sie aber nicht ganz übergehen und telefonierte mit ihr.

Mansur rief mich jeden Tag mehrere Male an, um zu hören, wie es mir ging. Nach acht Tagen erhielt ich von ihm zu meiner Überraschung einen Anruf aus London. Er sei dienstlich dort, hätte aber zwei Tage Urlaub angehängt. Er bat mich, zu ihm zu kommen. Es war zwar ein schönes Gefühl, ihn so nahe zu wissen, aber im Augenblick wäre ich lieber bei meiner Mutter und Lida geblieben. Das mochte ich Mansur jedoch nicht so offen sagen, denn ich wußte, es würde ihn kränken. Außerdem vermutete ich, daß er gar nicht aus beruflichen Gründen nach London geflogen war; ihm war die Zeit ohne mich zu lang geworden.

Mansur mochte es ohnehin nicht, wenn ich irgendwo allein war, er wollte mich immer in seiner Nähe haben und mich mit niemandem teilen. Der Umstand, daß ich so lange keinen Kontakt zu meiner Familie haben konnte, war ihm wahrscheinlich ganz recht gewesen, um mich ganz für sich allein zu haben.

Schweren Herzens kürzte ich den Aufenthalt in Schottland ab. Beim Abschied bat ich meine Mutter, mich bald im Iran zu besuchen; ich wollte ihr das Flugticket schikken. Sie sagte nicht zu, räumte aber ein, sie würde es sich noch überlegen, wenn das Baby erst einmal geboren sei.

Mansur empfing mich auf dem Londoner Flughafen Heathrow mit einem wertvollen Schmuck und begrüßte mich, als hätte er mich seit Monaten nicht mehr gesehen. Wir verbrachten ein paar schöne Tage in London. Ich genoß die Zeit mit ihm in dieser Stadt, die ich sehr liebe, in der ich allerdings trotzdem nicht leben möchte. Mansur kaufte mir für mehrere tausend englische Pfund Kleider und Schuhe. Und jeden Tag führte er mich in die exklusivsten Restaurants.

Dann flogen wir nach Teheran zurück und waren glücklich, wieder in unserem Haus in Kharaj zu sein. Ich war mit meinem Leben sehr zufrieden und hatte auch allen Grund dazu. Ich liebte meinen Mann, und er liebte mich. Im Dezember würde ich mein Baby haben, auf das ich mich unbändig freute. Und ich war wieder in meine Familie aufgenommen. Doch Freude und Trauer liegen im Leben sehr nah beieinander. Kahlil Gibran, der berühmte arabische Dichter, drückte das einmal so aus: »Wenn die Freude bei den Menschen zu Gast ist, liegt das Leid bereits auf ihrem Bett; beide gehören zusammen.«

Seit Anfang 1978 konnte man im Iran politische Unruhen beobachten. Irgend etwas braute sich zusammen. Mit Mansur führte ich oft lange Diskussionen über unser Land. Er liebte den Iran und war stolz darauf, Iraner zu sein. Ob es Geschichte, Politik oder Kultur betraf, er wußte über alles Bescheid. Er erklärte mir auch den tieferen Sinn der Königsherrschaft im Iran. Sie war nicht nur einfach übernommene Tradition durch eine über zweitausendfünfhundert Jahre alte Geschichte, sondern ein System, das für den Iran am besten geeignet war. Dort leben verschiedene Völkerstämme mit eigenen Sprachen und Kulturen. Im heißen Süden gibt es die Arabisch sprechenden und in lange weiße Gewänder gekleideten Iraner, im Westen die Kurden und in Aserbaidschan die Türken. Um alle diese Völker in ihrer Verschiedenheit zusammenzuhalten, bedurfte es einer Symbolfigur wie des Schah, die für alle die gleiche Bedeutung hatte. Eine Republik hätte sich nicht lange halten können, da sie über kurz oder lang in viele kleine Republiken zerfallen wäre, von denen keine allein lebensfähig war. Die Folge wäre ein Chaos gewesen.

Mansur verehrte den Schah und glaubte an ihn. Und ich wiederum liebte Mansur, sah alles mit seinen Augen und teilte daher seine Verehrung für den Schah und den Iran. Mansur konnte keine Fehler machen; davon war ich felsenfest überzeugt. Wenn er sagte, der Schah sei gut, dann war er gut. Mansur hatte in mir das Interesse für Politik geweckt, und da ich jetzt viel Zeit hatte, begann ich zu lesen. Er besaß eine umfangreiche Bibliothek. Es war leicht, sich daraus mit ausreichendem, interessantem Lesestoff zu versorgen.

Als erstes vertiefte ich mich in ein Werk über das kommunistische System und das Leben von Karl Marx. Als Mansur mich einmal bei der Lektüre solcher Bücher antraf, warnte er mich: »Daß du aber niemandem davon erzählst, was du da liest! Verliere nie ein Wort über alles, was mit dem Kommunismus in Verbindung steht.«

»Ich werde schon vorsichtig sein«, beruhigte ich ihn, »obwohl ich nicht ganz verstehe, was daran gefährlich sein sollte. Ich lese doch nur und habe deswegen nicht gleich die Absicht, in die Kommunistische Partei einzutreten.«

Wir bekamen nun häufig Besuch. Ich erinnere mich, daß wir an irgendeinem Feiertag plötzlich mehr als sechzig Gäste im Haus hatten, die alle unangemeldet kamen. In unserem Land läßt man keinen Besucher nach Hause gehen, ohne ihn mit Essen und Trinken bewirtet zu haben. Das hieß für mich, immer einen sehr reichhaltigen Vorrat an Lebensmitteln und Getränken im Haus zu haben.

Sehr oft kamen auch Generäle und Abgeordnete zu uns. Ich hatte dabei große Angst, etwas Unvorsichtiges zu sagen. Wenn sie ohne ihre Frauen erschienen, mußte ich mich nicht zu ihnen setzen, sondern sie lediglich bewirten. Kamen jedoch die Frauen mit, mußte ich mich um sie kümmern und mich mit ihnen unterhalten. In diesen Kreisen war ich stets die Jüngste und wußte nie so recht, wie ich mich verhalten sollte. Besonders wenn Mansur dabei war, hatte ich Hemmungen. Ich atmete jedesmal auf, wenn die Gäste gegangen waren und Mansur keinen Grund zur Kritik gefunden hatte.

Jahre später traf ich einige dieser Generäle und Politiker im Exil wieder und mußte im nachhinein über mich selbst lachen, daß sie mir einmal hatten Angst einjagen können. Manche von ihnen waren nicht einmal in der Lage, in einer einfachen Diskussion zu bestehen. Ihre ganze Persönlichkeit hatte offenbar in ihren Sternen und Krawatten gesteckt; ohne diese Staffage waren sie »nackt«. Kein Wunder, daß unser Land zerbrach, denke ich heute manchmal, denn in vielen Bereichen waren verantwortungsvolle Posten mit hirnlosen Protegés besetzt.

Es wurde zunehmend unruhiger im Land. Fast täglich fanden Demonstrationen statt. Die Unzufriedenheit im Volk war leicht zu verstehen. Jeder Iraner mit Gewissen und Gerechtigkeitssinn mußte sich dazu gedrängt fühlen, diese Demonstrationen zu unterstützen. Das Volk verlangte nach Freiheit für alle politischen Gefangenen, neue freie Wahlen, Freiheit für Presse und Rundfunk und höhere Löhne und Gehälter für die Arbeiter, Lehrer, das Krankenpflegepersonal und andere Berufe. Außerdem wünschte man die Verurteilung von Machthabern, die nationale Gelder für eigene Zwecke mißbrauchten und in ihre eigene Tasche wirtschafteten. Die Diskussionen darüber ergriffen das ganze Land und teilten es in Befürworter und Gegner des Schah. Diese Trennungslinie setzte sich sogar bis in die Familien fort.

Wer war der Schah nun wirklich? Ich selbst sah in ihm einen großen Mann, dem jedoch eklatante Fehler unterliefen. Aber wie sollte es anders sein? Große Menschen können eben keine kleinen Fehler begehen. Der Schah hatte als Einundzwanzigjähriger die Macht übernommen. Die damalige Situation im Iran konnte nur als chaotisch bezeichnet werden: Die Wirtschaft war zusammengebrochen, die Russen, Briten und Amerikaner standen im Land. Im Norden brachten die Sowjets die Lebensmittel für ihren eigenen Bedarf aus ihrer Besatzungszone beiseite. Die dadurch verursachte Verknappung ließ die Lebensmittelpreise in astronomische Höhen schnellen. Wer nicht zahlen konnte oder nicht stehlen wollte, mußte hungern. Im Süden bemächtigten sich die Briten in ihrer Zone der Ölquellen. Was sie der iranischen Regierung für die Ausbeutung zahlten, war lächerlich. Es ließ sich nicht übersehen, daß hier Kolonialherren im Stil des 18./19. Jahrhunderts am Werk waren. Der Schah war zur hilflosen Marionette an den Fäden fremder Mächte degradiert.

Im Lauf des Jahres 1942 kristallisierte sich die Vorrangstellung der Amerikaner allmählich heraus. Auch im Iran war das zu spüren. Bei dem Gerangel um Macht und

Einfluß verfolgten die Amerikaner eine kluge Strategie, die auf längere Sicht angelegt war. Sie schleusten Zivilisten als Techniker und Ingenieure ins Land, aber vor allem als Geheimagenten. Nach außen hin stellten die USA sich als Freunde des Iran dar. Sie wollten den jungen Schah beim Aufbau des Landes unterstützen. Der damalige Präsident Harry S. Truman bewilligte dem Schah umfangreiche Kredite. Man hatte in Washington erkannt, daß der Iran ein guter Standort für Investitionen war. Natürlich hatten die Amerikaner dabei in erster Linie ihren eigenen Profit im Auge, aber auch der Iran erlebte dadurch eine Zeit wirtschaftlicher Gesundung und Blüte.

Als Mohammed Mossadegh im Jahre 1951 Premierminister wurde, beging der Schah seinen ersten großen Fehler. Es fehlte ihm an Weitsicht und an Einschätzungsvermögen der Realität, sonst hätte er den Ideen Mossadeghs mehr Beachtung geschenkt. Reza Pahlavi verscherzte sich eine einmalige Chance, indem er es unterließ, die Pläne Mossadeghs zu unterstützen, die darauf hinausliefen, dem Schah eine Rolle als Repräsentant des Volkes zuzuweisen, wogegen die Politik vom Parlament gemacht werden sollte. Einen Premierminister konnte man bei Unfähigkeit austauschen, nicht aber den Schah, der auf Lebenszeit herrschte.

Mossadegh war im wahrsten Sinne des Wortes ein persischer Nationalist, Patriot und Demokrat. Sein wichtigstes Ziel, das er auch erreichte, war die Nationalisierung der Ölquellen. Für den Iran war er der bedeutendste Ministerpräsident nach dem Zweiten Weltkrieg, aber in den Augen der Amerikaner und des Schah ein unbequemer, kritischer Geist.

Am 19. August 1953 ließ der iranische General Zahedi, eine Marionette in den Händen der USA, auf Befehl des damaligen Präsidenten Eisenhower und mit Zustimmung von Churchill und Eden seine Panzer auffahren. In den Straßen Teherans gab es zahllose Tote und Verletzte. Einige Minister des Kabinetts wurden verhaftet. Mossadegh selbst floh zunächst, stellte sich aber dann den neuen Machthabern.

Der Putsch war gelungen. Dank der Schulung durch den CIA und der Gelder der »Anglo Iranian Oil Company« hatten sich wieder einmal fremde Mächte im Land etablieren können. Neben dem wirtschaftlichen Nutzen, den der Iran bot, gab es noch einen zweiten wichtigen Aspekt. Das Land spielte eine nicht unbedeutende Rolle im Rahmen des Ost-West-Konflikts, der zur damaligen Zeit noch ungleich härter die Weltpolitik belastete, als es später der Fall war. Der Iran grenzt an die frühere Sowjetunion, und zwar im besonders heiklen islamisch-asiatischen Abschnitt. Diese Tatsache bedeutete faktisch, daß der Iran nie frei von fremden Einflüssen sein konnte.

Mit dem erfolgreichen Putsch hatten sich die USA zur ausländischen Macht Nummer eins bei uns entwickelt. Die Amerikaner kamen und brachten ihren *way of life* mit. Jetzt machte der Schah seinen nächsten großen Fehler, indem er alle Karten auf die Industrialisierung des Landes setzte. Aber mit aus dem Boden gestampften Fabriken lassen sich weder soziale Gegensätze überbrücken noch das Bildungsniveau eines Staates heben. Der Schah tat den zweiten Schritt vor dem ersten. Er ignorierte einfach die jahrtausendealte Tradition, das religiöse Bewußtsein und das gesamte soziale Gefüge seines Landes, Dinge, die über lange Zeit gewachsen waren. Das konnte so nicht gutgehen; und es ging nicht gut.

Der Schah hatte zwar eine Liste guter Programmpunkte aufgestellt, aber viele wurden zu schleppend oder unvollständig in die Tat umgesetzt – wie beispielsweise die Landreform, die Privatisierung staatseigener Fabriken, die Gewinnbeteiligungen für die Arbeiter, die Reform des Wahlgesetzes mit der Einführung des Wahlrechts für Frauen und der Kampf gegen das Analphabetentum. Als der Vater des Schah die Macht im Iran übernahm, gab es neunzig Prozent Analphabeten im Land; fünfzig Jahre später waren es immer noch über fünfzig Prozent.

Viele sehen in der Gründung des SAVAK einen weiteren Fehler des Schah. Der Name SAVAK bedeutet »Amt für Information und Sicherheit des Landes«. Es war in acht Ressorts aufgegliedert, von denen die Nummern 3 und 8 die wichtigsten darstellten. Nummer 3 war für die innere Sicherheit zuständig und Nummer 8 befaßte sich mit der Absicherung gegen Spionage und mit allem, was sonst noch Ausländer betraf.

Mansur war bei Nummer 8 beschäftigt und jahrelang für die Iraker zuständig, später dann auch für die Kontrolle der Kurden. Auf diesem Gebiet war er inzwischen zu einem Experten geworden. Er widmete sich seinen Aufgaben mit großer Gewissenhaftigkeit, und ich habe miterlebt, wie hart er arbeitete. Hinter allem stand bei ihm die große Liebe zu unserer Heimat. Ich kannte einige seiner Kollegen, die wie er ebenfalls Tag und Nacht arbeiteten, um das Land vor schädlichen Einflüssen von Ausländern zu schützen, doch die, wie sich später herausstellte, sich auf die Falschen konzentriert hatten.

Das Ressort Nummer 3 war berüchtigt wegen der Folterungen von politischen Gefangenen. Ihre Zahl wurde von der ausländischen Presse mit zwanzig- bis hunderttausend angegeben; nach den geheimen Listen der Gegner des Schah handelte es sich jedoch in Wirklichkeit »nur« um dreitausendsiebenhundert.

Jede Art von Unterdrückung und Folter ist mir ein Greuel, andererseits stellte ich mich ebenso gegen jede

Art von Heuchelei, von der zumindest auch die politische Agitation durchsetzt ist. Nicht nur der Iran hielt Oppositionelle gefangen. Andere Länder geben ihnen lediglich andere Namen. Ganz sicher gab es bei uns Folterungen, und sie anzuprangern ist eine unbedingte Notwendigkeit, doch sollte man dabei nicht die Objektivität außer acht lassen. Wie sieht es denn heute aus? In den Gefängnissen Khomeinis und seiner Nachfolger sterben noch immer täglich Menschen, selbst junge Leute, Mädchen und Jungen, Teenager, deren nationalistische oder kommunistische Überzeugung für ein Todesurteil ausreicht. Die Fernsehberichte und Zeitungen sollten überquellen davon – aber kaum jemals hört oder liest man mehr darüber.

Die Lage wurde von Tag zu Tag beängstigender. Auch der Schah erkannte den Ernst dieser Eskalation. Er raffte sich im Rundfunk und Fernsehen zu einer nach meinem Empfinden nicht sehr überzeugenden Rede auf. Bekäme er nochmals eine Chance, sagte er, würde er alles anders machen. Er gab zu, viele Fehler begangen zu haben und Irrtümern erlegen zu sein. Er habe falschen Beratern sein Ohr geliehen, die ihn hintergangen hätten. Fehler einzugestehen, ist zwar ehrenhaft, aber das allein genügt nicht. Gleichzeitig hätte der Schah als Konsequenz jene Maßnahmen durchführen müssen, die vom Volk längst gefordert wurden.

Ein großes Ärgernis stellte der gesamte Familienclan des Schah dar, der seine Macht mißbrauchte und Staatsgelder veruntreute. Hier hätte der Schah ein deutliches Zeichen setzen können, das ihm vom Volk sicherlich honoriert worden wäre, indem er diese Schmarotzer zur Rechenschaft zog. Weitere Forderungen, auf die er hätte eingehen müssen, waren: die Auflösung des SAVAK und Freilassung aller politischen Gefangenen, Auflösung des

Parlaments und Ausschreibung neuer Wahlen sowie die Rücknahme der Pressezensur. Damit hätte man dem Volk eine Basis für die Zukunft geben und die Unruhen stoppen können.

Ich bin keine Politikerin und sicherlich keine Expertin in Sachen Revolution, aber ich spürte den Schmerz des Schah und fühlte, daß er es ernst meinte. In dieser Situation hätte er Unterstützung gebraucht, um seine Pläne in die Tat umzusetzen, doch teilten offenbar zu wenige der Verantwortlichen seine Angst, man müsse eines Tages das Land den Mullahs überlassen.

Auch in Kharaj bekamen wir die politischen Veränderungen immer deutlicher zu spüren. Freunde und Bekannte mieden uns plötzlich. Es zeigte sich, daß sich, wie wohl überall, Menschen ihr Mäntelchen nach dem Wind hängen, aber die Furcht spielte dabei natürlich auch eine wesentliche Rolle. Abends waren wir oft ohne Strom, und das Wasser wurde knapp, weil gestreikt wurde. An unserer Hauswand stand in großen Buchstaben: *Tod für Savaki.* Kinder hatten das geschrieben, die sicherlich nicht wußten, was sie da taten. Shirazi, unser Chauffeur, schäumte vor Wut, als er die Schmiererei entdeckte, und wusch sie ab. Er kam zu mir ins Haus und weinte: »Mir ist in meinem ganzen Leben niemand begegnet, der sein Land so liebt wie Ihr Mann. Es ist einfach ungerecht, ihm den Tod zu wünschen.«

Er wußte, wie korrekt Mansur war. Einmal hatte Shirazi sich in Mansurs Büro zwei Blätter Papier und einen Umschlag genommen, weil er einen privaten Brief schreiben wollte. Mansur bat ihn, die Sachen sofort zurückzulegen und gab ihm Geld, um sich das Schreibmaterial in einem Geschäft zu besorgen.

Es handelte sich nur um eine lächerliche Kleinigkeit, aber gleichzeitig waren Minister oder Generäle so skrupellos, sich an öffentlichen Geldern zu vergreifen, oder mal eben für eine Nacht nach Paris zu fliegen, um sich den Film »Emmanuelle« anzusehen. Unser Botschafter in den USA badete zweimal in der Woche in Milch, während viele Kinder in der Heimat nicht einmal wußten, wie Milch aussieht. Sollte man wirklich den Schah für derartige Mißstände verantwortlich machen? Man mußte es wohl; er hätte rechtzeitig einen Riegel vorschieben müssen, angefangen bei seiner Zwillingsschwester Ashraf, die im ganzen Land verhaßt war, weil sie ungeniert ihre Macht dazu benutzte, immer reicher zu werden. Und was erwartete das Volk nun von einem Mullah wie Khomeini? Wer war dieser Mann eigentlich?

Zur Zeit der britischen Herrschaft in Indien lebte dort sein Urgroßvater in der Stadt Lekhnor als schiitischer Prediger. Sein Sohn, also Khomeinis Großvater, verließ Indien und begab sich in die heilige Stadt Nadjaf im Irak. Wenig später ging er in den Iran und heiratete dort in eine sehr wohlhabende Familie in dem kleinen Dorf Khomein ein. Nach dem Tode seines Schwiegervaters erbte er beträchtliche Ländereien. Khomeinis Vater, Said Mustafa, war dann schon ein reicher Mann, der die Tochter eines bedeutenden Mullahs geheiratet hatte. Er hatte sieben Kinder, davon drei Söhne. Roh Allah Khomeini war der jüngste. Als er fünf Monate alt war, wurde sein Vater bei einem Streit getötet, der im Dorf wegen der Wasserverteilung entbrannt war. Die Mutter versuchte, den Schuldigen der gerechten Strafe zuzuführen, aber es dauerte acht Jahre, bis sie es mit Hilfe ihres Vaters schaffte. Der Täter wurde hingerichtet.

Nach dem Abschluß in der Grundschule ging Khomeini in die heilige Stadt Ghom, besuchte dort eine der Religionsschulen und wurde zum Mullah. Politisch wurde er erst tätig, als der Schah mit der Durchführung eines Programms beginnen wollte, das er die »Weiße Revolution« nannte. Es betraf fast alle Mullahs, weil sie zu den größten Landbesitzern im Iran zählten. Ihnen gehörten mehr als zehn Prozent der Dörfer und riesige Gebiete auf dem Land und an den Küsten. Der Schah wollte das Land an die kleinen Bauern aufteilen. Außerdem plante er, den Frauen das Wahlrecht einzuräumen.

Am 4. Juni 1963 trat Khomeini auf den Plan und appellierte an die Massen, gegen den Schah auf die Straßen zu gehen. Es gelang ihm, eine fanatische Menge zu mobilisieren, die gegen das angekündigte Wahlrecht der Frauen protestierte. Frauen, die sich ohne Tschador, den Schleier, in der Öffentlichkeit zeigten, wurden tätlich angegriffen. Das Militär griff ein und entschied die Konfrontation für sich; die Unruhen wurden niedergeschlagen. Der Anführer, Ayatollah Khomeini, wurde ins Exil geschickt, zuerst in die Türkei, später in den Irak. Der Schah wiegte sich in dem Glauben, er hätte den Widerstand gebrochen. Das war ein Trugschluß. Heute wissen wir, daß es dem Ayatollah Khomeini auch aus dem Exil heraus gelang, die schiitische Geistlichkeit hinter sich zu sammeln und zu einigen.

Es gab politische Kreise, die Khomeini veranlassen wollten, den Irak zu verlassen, was jedoch ein Fehler war, weil man dadurch erst die internationale Aufmerksamkeit auf ihn lenkte.

Khomeini beabsichtigte zunächst, nach Kuwait zu gehen, doch dort wollte man ihn nicht aufnehmen. Frankreich, das großen Wert auf seinen Ruf legte, ein Hort für politisch Verfolgte zu sein, signalisierte, man werde ihm Asyl gewähren.

Khomeini ging nicht ganz freiwillig ins französische Exil, da die westlichen und in seinen Augen ungläubigen Kapitalisten ganz sicher nicht nach seinem Geschmack waren. Es waren die Oppositionellen im Iran, die ihn dazu drängten. Paris besaß den nicht zu unterschätzenden Vorzug, ein zentraler Punkt der internationalen Kommunikation zu sein. Von hier aus konnte es nicht schwierig sein, die Aufmerksamkeit der Weltöffentlichkeit auf sich zu lenken.

Er selbst hat einmal gesagt: »Für eigene Meinungen oder gar Gefühle wird es in einer islamischen Republik keinen Platz geben.« So geschah es dann auch. Zivilisation und Fortschritt wurden auf dem Altar des Fanatismus geopfert. Die westlichen Länder versäumten nicht, dem frommen Herrn in Paris ihre Aufwartung zu machen. Wer wollte wissen, wie die Entwicklung im Iran weiterging? Warum sich in einer Richtung festlegen und dadurch vielleicht Geschäfte aufs Spiel setzen? Die iranischen Ölquellen würden auch in einer islamischen Republik unter Khomeini weitersprudeln.

Jeden Tag gab es neue Demonstrationen im Iran. Nicht mehr das Rufen von Parolen stand im Vordergrund; blinde Zerstörung war jetzt das Ziel der Ausschreitungen. Hotels, Banken und Kinos wurden in Brand gesteckt, für die Täter Symbole der westlichen Welt und der Ungläubigen. Einen bedeutenden Anteil an der Aufheizung zu diesen Exzessen hatte der englische Radiosender BBC in London. Fast täglich sendete er in persischer Sprache die aufrührerischen Appelle des Ayatollah Khomeini in den Iran. Auf diese Weise wurde der Sender zum besten Propagandainstrument Khomeinis.

Der SAVAK wurde als »persische Gestapo« hingestellt, und man prangerte den Schah als Betrüger und Verschwender an, der sein Volk der Verarmung zuführte. Gern hätte ich die Verfasser solcher Anklagen einmal gefragt: »Wie erklärt ihr es dann, daß es so viele Menschen in eurem Land gibt, die unter dem Existenzminimum leben müssen und in Slums dahinvegetieren? Warum erfrieren jährlich viele alte Leute bei euch, weil sie keine Mittel haben, ihre Wohnungen zu heizen? Was ist mit den Obdachlosen, die in euren großen Städten unter Zeitungen und Pappkartons in den Hauseingängen oder auf Parkbänken schlafen? Eure Königin ist die reichste Frau der Welt, und ihr seid auch noch stolz darauf! Wieso schwärmt ihr für die Mitglieder der englischen Königsfamilie, obgleich sie in einem ungeheuren Luxus leben, während ihr unsere Schahbanu Farah Diba als Verschwenderin bezeichnet?« War der Grund hierfür vielleicht, daß die Engländer sich von den Mullahs mehr erhofften als vom Schah? Schon immer hatten die Mullahs einen guten Draht zu ihnen gehabt. Ich persönlich war auf unsere Königin sehr stolz, auf ihre Intelligenz, ihre Sprachkenntnisse, ihre angenehme damenhafte Erscheinung.

Der Winter 1978/79 war bitter kalt in Teheran. Heizöl und Gas waren knapp geworden und nur noch auf dem Schwarzen Markt für den drei- oder vierfachen Preis zu beschaffen. Viele Iraner packten die notwendigsten Sachen zusammen und setzten sich in europäische Länder oder die USA ab. Jeder, der auf irgendeine Art und Weise mit der Schah-Regierung zu tun hatte oder als Anhänger des Schahs bekannt war, mußte jetzt Angst haben. Männer, die Krawatten trugen, wurden als SAVAKI verdächtigt. Meine Mutter rief jeden Tag an und versuchte mich zu überreden, nach Schottland zu kommen, damit ich in Sicherheit sei. Auch Mansur meinte: »Es wäre wirklich vernünftig, du flögest zu deiner Mutter. Ich muß aber hierbleiben; ich kann mein Land in diesen entscheidenden Stunden nicht im Stich lassen.«

»Wenn ich gehe, dann nur mit dir zusammen«, erwiderte ich. »Und wenn du bleibst, bleibe ich auch. Ich will lieber hier mit dir sterben, als ohne dich weiterleben.«

Ich gebe zu, daß ich Angst hatte, aber meine Liebe zu Mansur und mein Glaube an Gott gaben mir Kraft. Nie habe ich über meine Ängste gesprochen und immer versucht, keine Schwäche zu zeigen. Mit meiner ganzen Liebe wollte ich auf Mansurs Seite stehen und ihn unterstützen. Ich bewunderte seine Tapferkeit und seine Loyalität zu seiner Heimat.

Den einzigen privaten Kontakt zu anderen Menschen, den wir noch hatten, war der zur Familie von Mansurs Tante, obwohl ich das Gefühl hatte, daß einige von ihnen ebenfalls bereits Angst hatten. Aus diesem Grund schränkte ich meine Besuche bei ihnen ein, um sie nicht unnötig in Gefahr zu bringen. Mansur war sehr nervös und verbrachte seine Zeit, solange er nicht im Büro war, damit, alle erreichbaren Zeitungen zu lesen und Nachrichten zu hören. Ich beschäftigte mich mit Hausarbeit und den Vorbereitungen für unser Baby. Mansurs Chauffeur Shirazi hatte die Aufgabe übernommen, für Vorräte zu sorgen: Reis, Öl, Zucker, Mehl und alles, was man sonst noch für längere Zeit aufbewahren konnte.

Ich hatte zwei große Kühlschränke und einen übergroßen Gefrierschrank, den wir mit Fleisch und anderen frischen Lebensmitteln vollstopften. Für den Fall eines Putsches waren wir damit für einige Zeit versorgt.

Der Gedanke, Khomeini könne jemals diesen Aufstand für sich entscheiden, kam uns allerdings nicht. Irgendwann, dessen waren wir uns sicher, würde die Armee eingreifen und den Unruhen ein Ende bereiten.

Es war Mitte November, als ich eines Morgens nach dem Aufwachen feststellte, daß Soheile über Nacht verschwunden war. Sie hatte heimlich ihre Sachen gepackt und das Haus verlassen. Zwar hatte ich Verständnis für ihre Angst, im Haus eines SAVAKI zu leben, aber wie sollte ich jetzt allein die Hausarbeit schaffen? Außerdem erwartete ich in wenigen Wochen mein Baby. Mansur reagierte auf Soheiles Verschwinden mit wütenden Verwünschungen und wollte sie ausfindig machen, um sie zurückzuholen. Ich hielt ihn davon ab. Durch ihre Angst wäre sie für uns womöglich noch zu einer zusätzlichen Gefahr geworden.

Es verging kein Abend mehr ohne Stromausfall, und mit der Dunkelheit erreichten die Demonstrationen nun auch unser bisher noch relativ verschont gebliebenes Kharaj. Eines Abends hörten wir schon von weitem das Geschrei. Es kam immer näher. Wir löschten die Kerzen, und mit Schrecken beobachtete ich, wie sich einige junge Männer vor unserem Haus zusammenrotteten. Jetzt ist es soweit, dachte ich. Sie werden uns töten.

Sie schrien immer wieder: »Tod dem Savaki!« Und plötzlich flogen die ersten Steine. Sie prasselten gegen die Hauswand, und einige durchschlugen die Fensterscheiben.

Mansur rannte zu mir. »Leg dich auf den Boden und verhalte dich ganz ruhig!« Er hatte eine Pistole in der Hand. Ich verspürte nackte Angst, nicht einmal für mein eigenes Leben, sondern für Mansur und mein Baby. Wir lagen dicht aneinandergepreßt auf dem Boden an der Wand. Ich fürchtete, die Männer würden versuchen, ins Haus einzudringen, und erwartete jeden Augenblick, daß sie die Tür aufbrachen. Doch nach etwa einer Stunde verzogen sich die Randalierer.

Ich zitterte und spürte kalten Schweiß am ganzen Körper. Mansur ging in sein Arbeitszimmer und kam mit seinem Aktenkoffer zurück. Er öffnete ihn, nahm eine kleine Pistole heraus und reichte sie mir. »Nimm sie, Aiyleen, und behalte sie immer bei dir. Ich werde dir jetzt zeigen, wie man damit umgeht. Wenn irgend etwas passieren sollte, wirst du dich damit verteidigen müssen. Und wenn du keine Chance mehr für dich siehst, wirst du dich selbst töten. Es darf nicht geschehen, daß du in die Hände solcher Männer fällst.«

Die Pistole lag glatt und kühl in meiner Hand. Würde ich sie jemals benutzen müssen? Wäre ich überhaupt fähig, jemanden umzubringen? Oder mich selbst? Ich konnte mir diese Fragen nicht beantworten.

Es brach eine Zeit an, die von Dunkelheit, Kälte und Furcht beherrscht war. Jeden Abend erlebten wir nun diese schrecklichen Demonstrationen, und ich gewöhnte mich irgendwie daran. Das mag sich seltsam anhören, aber ich halte es für eine wunderbare und sogar gnädige Fähigkeit des Menschen, sich bis zu einem gewissen Grad an schreckliche Dinge gewöhnen zu können.

Der Arzt hatte ausgerechnet, daß unser Baby am Weihnachtstag, dem 25. Dezember, zur Welt kommen sollte. Es waren nur noch drei Wochen bis dahin, aber es konnten in dieser Situation drei sehr lange Wochen werden. Was konnte bis dahin alles geschehen! Ich betete zu Gott, daß die Unruhen nicht noch weiter eskalierten. Doch ich hatte Mansur bei mir; ihn in meiner Nähe zu wissen, gab mir Ruhe und ein Gefühl der Sicherheit.

Doch dann geschah etwas, was ich zunächst nicht glauben konnte, nicht glauben wollte. Ohne vorherige Ankündigung bat Mansur mich, seine Koffer zu packen. Ich sah ihn ungläubig an. »Ich muß auf eine Dienstreise«, sagte er nur. Ich war entsetzt. Mansur wollte mich unter diesen Umständen, unter Angst und Gefahren, in dem großen Haus ganz allein lassen? Der errechnete Tag für die Geburt war zwar erst der 25. Dezember, aber ebenso war es möglich, daß das Kind zu einem früheren

Termin kam. Vielleicht schon morgen! Wer sollte mir dann helfen?

Zu unseren Nachbarn hatten wir früher guten Kontakt gehabt, aber inzwischen hatte jeder Angst, auch nur in unsere Richtung zu sehen. Gegenüber wohnte eine Familie, die zur religiösen Gemeinschaft der Bahai gehörte. Die Leute waren sehr nett, und wir hatten bisher sehr freundschaftlich miteinander verkehrt. Als sie jedoch bei der ersten Demonstration erfuhren, daß Mansur beim SAVAK arbeitete, kam die alte Dame zu mir, nahm meine Hände und weinte. »Verzeihen Sie mir«, sagte sie, »aber ich habe Angst. Mein Sohn hat uns bereits verlassen, und meine Tochter hält sich versteckt. Mein Mann weigert sich, fortzugehen, darum müssen wir hierbleiben. Ich kann aber nicht mehr zu Ihnen kommen, und wenn jemand mich fragen sollte, ob ich Sie kenne, muß ich ›nein‹ sagen.«

Ich umarmte sie und versicherte ihr: »Ich verstehe Sie. Machen Sie sich keine Sorgen. Ich werde für Ihre Kinder beten, daß ihnen nichts geschieht. Sie müssen kein schlechtes Gewissen haben.«

Mansurs Tante war noch die einzige, die zuweilen anrief. Und natürlich meine Mutter und meine Schwestern. Ihre Anrufe waren mir ein Trost, aber keine Hilfe in meiner jetzigen Situation, wenn Mansur fort war.

Zum ersten Mal versuchte ich, ihn zurückzuhalten. »Bitte, Mansur, verzichte auf diese Reise!« flehte ich ihn an.

»Ich kann nicht«, sagte er. »Ich muß wegen eines sehr wichtigen Auftrags in die Türkei. Wie lange es dauert, weiß ich noch nicht, aber ich werde so schnell wie möglich zurückkommen.« Er hatte mit solchem Nachdruck gesprochen, daß ich meine Bitte nicht wiederholte. Er war zu dieser Reise fest entschlossen.

»Ich werde sofort zu unserem Gärtner fahren und ihm den Auftrag geben, während meiner Abwesenheit tagsüber hier im Haus zu bleiben«, fuhr Mansur fort. »Nachts brauchst du dich auch nicht zu fürchten, denn du hast ja die Pistole.«

Der alte Kurde, unser Gärtner, an den ich nur mit großer Dankbarkeit denken kann, war so besorgt um mich, daß er nicht nur tagsüber wie ein Wachhund um das Haus strich. Er blieb sogar über Nacht und legte sich draußen in der Kälte auf der Terrasse vor meinem Fenster schlafen. Ich konnte das nicht mit ansehen und bat ihn, ins Haus zu kommen, um im Gästezimmer zu übernachten. Er ließ sich dazu jedoch nicht bewegen. Für ihn als gläubigen Moslem war es undenkbar, sich als fremder Mann mit einer Frau im selben Haus aufzuhalten.

Es vergingen vier schreckliche Tage, an denen ich nichts von Mansur hörte. Ich rief in seinem Büro an, konnte aber niemanden erreichen. Ich wurde fast verrückt vor Angst und versuchte, mich mit Hausarbeit abzulenken. Vor Verzweiflung konnte ich nichts essen, und wenn ich in den Spiegel blickte, bekam ich einen Schreck, so elend sah ich aus. Wo mochte Mansur jetzt sein? War er überhaupt noch am Leben? Und wenn nicht – was sollte ich tun? Vor dem Sterben fürchtete ich mich nicht, aber davor, mit einem Kind und ohne Mansur am Leben zu bleiben.

Ich kam gerade aus dem Garten, als ich das Telefon läuten hörte. Wie von Furien gehetzt, rannte ich ins Haus. Es war Lida. Und ich hatte so sehr gehofft, es wäre Mansur. Vor Aufregung konnte ich kaum ein Wort hervorbringen. Lida beruhigte mich. »Vor ein paar Minuten hat Mansur mich angerufen. Er hat es zuvor dauernd bei dir versucht, kam aber nicht durch.«

Gott sei Dank, dachte ich, er lebt! »Was hat er dir gesagt? Geht es ihm gut?« fragte ich zitternd.

»Ja, er läßt dir ausrichten, es sei alles in Ordnung. In zwei Tagen wird er zu Hause sein. Er bittet dich außerdem, eine Frau Maohamadi anzurufen, um ihr zu sagen, daß es ihrer Tochter ebenfalls gutgeht, und sie sei gesund.«

»Was soll das bedeuten?« fragte ich irritiert. »Wer ist diese Frau Maohamadi, und was ist mit der Tochter? Wieso weiß Mansur, daß es ihr gutgeht?«

»Mansur sagte, es sei eine Kollegin, die ihn begleitet. Sie hätte auch keine telefonische Verbindung zu ihrer Mutter bekommen können. Deshalb sollst du ihr die Nachricht durchgeben.«

Als ich den Hörer auflegte, merkte ich, daß mein Herz wie verrückt hämmerte. Zwar war ich glücklich zu wissen, daß Mansur gesund war und bald zu Hause sein würde, aber gleichzeitig war da ein anderes Gefühl in mir, das einen bohrenden Schmerz verursachte. Wer mochte diese Frau sein, mit der Mansur unterwegs war? Er hatte nie eine Kollegin erwähnt, geschweige denn, daß eine mit ihm reiste. Warum hatte er darüber nicht gesprochen? Die Sache kam mir mehr als seltsam vor. Ich wählte die Nummer, die Lida mir genannt hatte. Frau Maohamadi meldete sich, und ich gab ihr kurz die Nachricht durch. Mit Gewalt mußte ich mich zurückhalten, ihr Fragen nach ihrer Tochter zu stellen. Aber ich beherrschte mich, weil ich Angst hatte. Angst vor Mansur, wenn er erfuhr, daß ich die Frau ausgefragt hatte. Wenn er das Gefühl bekam, ich könnte ihn in irgendeiner Weise verdächtigen, würde er sicher sehr wütend reagieren. Darauf wollte ich es nicht ankommen lassen.

Doch die rätselhafte Mitteilung beschäftigte mich sehr, und meine Gedanken kehrten immer wieder dorthin zurück. Ich fühlte mich elend. In den letzten Tagen hatte ich nur sehr wenig geschlafen und kaum etwas essen können.

Ich wollte aber, bevor ich ins Krankenhaus mußte, das ganze Haus in Ordnung bringen.

Die nächsten Tage bis zu Mansurs Rückkehr wusch, schrubbte und putzte ich in der kalten Wohnung, dick in Mantel und Schal eingepackt. Bei Einbruch der Dunkelheit versteckte ich mich im Schlafzimmer und wagte nicht, mich zu rühren, bis die allabendlichen Demonstranten sich verzogen hatten.

Mansur war außergewöhnlich gut gelaunt, als er heimkam. Mein Aussehen erschreckte ihn jedoch sehr, und er meinte, ich müsse sofort einen Arzt aufsuchen. »Das ist nicht notwendig«, sagte ich, »körperlich fehlt mir nichts. Es war der seelische Druck, der mir zu schaffen gemacht hat. Erzähl mir von deiner Reise. Ist alles gut verlaufen?«

»Ja, ich bin sehr zufrieden«, war seine kurze Antwort, und ich merkte, daß er nicht weiter darüber sprechen wollte. Für mich aber stand noch eine Antwort auf eine andere Frage offen.

In einem möglichst gleichgültigen Ton erkundigte ich mich: »Wer ist diese Frau, deren Mutter ich die Nachricht von dir durchgeben sollte?«

»Sie ist eine Kollegin. Ich hatte sie als Dolmetscherin mitgenommen. Ich habe ihr von dir erzählt, weil sie mir Komplimente wegen meiner Anzüge machte. Ich sagte ihr, daß du den guten Geschmack hast, für mich alles einkaufst und auch für die Reisen alles passend in meine Koffer packst, so daß ich mir wegen meiner Garderobe nie selbst den Kopf zerbrechen muß.«

Irgendwo in meinem Herzen verursachte seine Antwort ein wehes Gefühl, aber ich verdrängte diesen Schmerz, weil ich um keinen Preis wollte, daß er sich zu einem Verdacht formte.

Die Lage im Iran war inzwischen zu einem Chaos geworden. Jeden Tag hofften wir auf ein Wunder, das alles verändern würde. Aber dieses Wunder blieb aus!

Es war der 12. Dezember, das Ende des zehntägigen Moharram-Festes und der Todestag des Imam Husain, dem Enkel des Propheten Mohammed. An diesem Tag sollte eine der größten Demonstrationen in Teheran stattfinden, ein alljährliches Ritual an diesem Tag, bei dem die Männer mit nacktem Oberkörper stöhnend und unter lauten Klagerufen durch die Straßen ziehen. Sie schlagen mit den Fäusten auf ihre Brust und geißeln Schultern und Rücken mit eisernen Ketten. Es ist ein blutiges, widerlich anzusehendes Schauspiel. Heute sollte es sich nun wieder abspielen, aber es stand zu befürchten, daß es diesmal den religiösen Rahmen sprengen würde.

Ich wachte an diesem Morgen mit einem unerklärlichen Gefühl auf, der Ahnung, daß heute etwas passieren würde. Mansur schlief noch; aber in der nächsten Minute mußte der Wecker rasseln.

Ich beobachtete Mansurs Gesicht im Schlaf, und Unruhe befiel mich. Plötzlich erfüllte mich das starke Bedürfnis, ihn heute bei mir zu behalten. Ich durfte ihn auf gar keinen Fall zum Dienst fahren lassen.

Er wachte auf und sah mich besorgt an. »Hast du Schmerzen?« fragte er.

»Nein, nein, das ist es nicht«, beruhigte ich ihn. »Aber laß mich trotzdem bitte heute nicht allein. Heute ist in Teheran dieser schreckliche, blutige Umzug, die Straßen werden verstopft sein, und wer weiß, wann du dann nach Hause kommen kannst.«

»Ich kann auf keinen Fall daheim bleiben. Du sagst doch selbst, daß es dir gutgeht.«

»Bitte, Mansur, ich brauche dich. Ich habe Angst.«

Er ließ sich nicht umstimmen. Je mehr ich ihn bat, um

so härter und entschiedener wurden seine Antworten. Schließlich gab ich niedergeschlagen auf. Mansur machte sich für den Weg ins Büro fertig. Es war bitterkalt in der Wohnung. Mit Mantel und Handschuhen ging ich in die Küche, um das Frühstück zu richten. Ich spürte Schmerzen im Rücken. Mansur trank seinen Tee, stand auf und schickte sich an zu gehen.

»Aziz, bitte, bleib«, flehte ich ihn da noch einmal an. »Ich habe Angst; mein Rücken schmerzt.« Er schüttelte nur den Kopf. Ich folgte ihm bis zur Tür, fiel vor ihm auf die Knie und bettelte ihn an, nicht zu gehen. Wortlos schob er mich zur Seite, ließ mich auf dem Boden liegen und verschwand.

Später in Deutschland erzählte ich meiner besten Freundin Gitta von diesem furchtbaren Morgen. Ihre Augen waren voller Tränen, als sie mich fragte, ob mir denn nie, und erst recht an jenem Tag, Zweifel an Mansurs Liebe gekommen wären. »Nein«, sagte ich, »im Gegenteil: Im stillen bewunderte ich damals sogar seine Liebe zur Heimat.« War ich eigentlich noch normal!?

Gegen zehn Uhr vormittags wurden meine Schmerzen unerträglich. Ich rief Mansur im Büro an. »Ich glaube, es ist soweit«, sagte ich.

»Bleib ruhig, reg dich nicht auf! Ich werde sofort nach Hause kommen. Die Straßen sind zwar voller Menschen, aber ich hoffe, daß ich trotzdem schnell durchkommen werde. Für alle Fälle werde ich aber meinen Fahrer mit einem anderen Wagen zu dir schicken.«

Ich ging sofort unter die Dusche, wusch meine Haare und machte mich fertig. Mein Koffer mit den notwendigen Sachen für das Krankenhaus stand bereit; ich hatte ihn schon vor Wochen gepackt. Ich wartete. Inzwischen hatten Blutungen bei mir eingesetzt, und die Schmerzen machten mich fast verrückt. Ich rief meine Mutter an und sagte ihr, daß ich jetzt ins Krankenhaus ginge. Mansur würde ihr Bescheid geben, sobald das Baby da sei. Sie weinte laut. »Kind, wer wird bei dir sein, wenn du mit dem Baby nach Hause kommst?«

»Mach dir keine Sorgen«, schwindelte ich. »Mansur hat mir eine Frau besorgt, und er selbst wird auch hier sein.« Ich wollte sie nicht beunruhigen. Niemand würde bei mir sein; ich wußte, daß ich alles ganz allein durchstehen mußte. Mir wurde angst bei diesem Gedanken.

Es war halb eins, als Mansur endlich eintraf. »Die Lage in Teheran ist katastrophal«, berichtete er. »Es ist fraglich, ob wir überhaupt bis zum Krankenhaus durchkommen.« Er telefonierte herum und fand heraus, daß es in Kharaj auch eine kleine Klinik gab. Dorthin fuhr er mich. Es waren keine Ärzte da, nur eine Krankenschwester. Sie untersuchte mich und meinte lakonisch, es wäre schon möglich, daß das Baby in ein paar Stunden käme, aber ebensogut könnte es auch erst in ein paar Tagen soweit sein. Mansur war verzweifelt. Was sollten wir tun? Er brachte mich wieder zum Auto, und wir fuhren nun doch nach Teheran.

Im Iran kannte man keine Krankenversicherung. Man konnte sich nur privat behandeln lassen, und das Honorar mußte in den privaten Kliniken und auch bei den Ärzten im voraus gezahlt werden. Für arme Leute gab es Krankenhäuser, wo die Behandlung kostenlos war; aber sie war natürlich nicht die beste.

Bis in die Randbezirke Teherans kamen wir noch gut durch. Dann aber wurde es chaotisch. Mansur kämpfte sich mit dem Wagen durch dichtes Menschengewühl. Die Stadt war ein Hexenkessel, die Luft erfüllt von Lärm und Geschrei.

Für die Strecke zum Krankenhaus, die man normalerweise in einer halben Stunde schafft, benötigten wir über zwei Stunden. Wenn ich mir heute diese entsetzliche Fahrt vergegenwärtige, muß ich mich wundern, daß ich sie unter solchen Umständen und unter diesen Schmerzen, ohne einen Laut der Klage von mir zu geben, durchhalten konnte. Woher nimmt man in solchen Augenblikken die Kraft?

Endlich hatten wir die private Klinik erreicht. Wir telefonierten mit meinem Arzt, der mich auch während der Schwangerschaft behandelt hatte. Er war zu Hause, sagte aber, es sei ihm unmöglich zu kommen. Alle Straßen auf der Strecke von seinem Haus zur Klinik waren gesperrt. Er ließ sich einen Arztkollegen aus dem Krankenhaus ans Telefon holen und bat ihn, sich um mich zu kümmern. Bis man mich in ein Zimmer brachte, mußte Mansur inzwischen schon das Finanzielle regeln.

Der Arzt, ein sehr gut aussehender, sympathischer Mann, kam zu mir und stellte sich vor. Er hatte in Deutschland studiert und war ein guter Freund meines Arztes. Nach der Untersuchung wartete ich gespannt auf seine Diagnose. Er zuckte mit den Schultern und meinte: »Ich denke kaum, daß Ihr Baby heute schon kommt. Trotzdem möchte ich Ihnen vorschlagen, hierzubleiben. Das Risiko, Sie jetzt wieder nach Kharaj fahren zu lassen, ist im Augenblick zu groß. Man weiß nicht, wie sich die Lage in der Stadt entwickelt, und dann ist es vielleicht nicht mehr möglich, hierher zurückzukommen.«

Mansur mußte für einige Stunden ins Büro zurück, versprach aber, bald wiederzukommen. »Ich habe Shirazi angerufen. Er ist schon unterwegs zum Krankenhaus und wird draußen warten.«

»Wozu läßt du ihn kommen?« fragte ich verwirrt. »Er kann mir doch nicht helfen.«

»Natürlich nicht«, sagte er, »aber ich möchte ihn zu meiner eigenen Beruhigung in deiner Nähe wissen.«

Dann war ich allein im Zimmer. Große Traurigkeit und Furcht überkamen mich. Ich betete zu Gott, daß ich nicht mehr so lange auf die Geburt warten mußte. Die Schmerzen steigerten sich, und ich rief nach der Schwester. Sie informierte den Arzt, der mich sofort in den Kreißsaal bringen ließ. Dort lagen bereits drei Frauen. Eine von ihnen schaffte es tatsächlich, mich zum Lachen zu bringen. Sie schrie ohne Unterbrechung und stieß die unflätigsten Verwünschungen gegen ihren Ehemann aus: »Du Hurensohn, du Bastard, habe ich dir nicht hundertmal gesagt, du sollst mich in Ruhe lassen! Nichts anderes hast du Idiot in deinem verfaulten Kopf, als Kinder zu machen! Warte, bis ich nach Hause komme, du stinkender Ziegenbock, dann werde ich dir alles abschneiden!«

Für ein paar Minuten vergaß ich darüber fast meine Schmerzen. Auch die Krankenschwester und der Arzt schüttelten sich vor Lachen. Der Mann der werdenden Mutter hatte sich draußen irgendwo versteckt. Ich schaute zu der anderen Frau hinüber und sagte kopfschüttelnd: »Wie kann eine Frau nur derart schreien und sich gehenlassen! Ich glaube, dazu wäre ich nie fähig; es wäre unter meiner Würde.«

Sie lächelte: »Warten Sie es ab, wenn erst einmal die richtigen Wehen kommen.«

Der Arzt entschied, bei mir die Fruchtblase zu öffnen, um die Geburt zu beschleunigen, und gab mir ein Mittel, das die Wehen unterstützen sollte. Die Schmerzen wurden danach noch stärker; die Tränen liefen mir übers Gesicht, aber ich riß mich zusammen und gab keinen Laut von mir. Der Arzt beobachtete mich die ganze Zeit, und da das Baby immer noch auf sich warten ließ, entschloß er sich, mir ein Schmerzmittel zu geben. Danach war es für einige Zeit erträglicher, doch dann kehrten die abscheulichen Schmerzen zurück.

Inzwischen war es fünf Uhr nachmittags geworden, und nichts hatte sich geändert. Ich versuchte zu pressen, aber ohne Erfolg. Wieder bekam ich etwas gegen die Schmerzen, vor Erschöpfung schlief ich sogar ein. Als ich aufwachte, sagte mir der Arzt, mein Mann sei wieder zurückgekommen. Er konnte aber nicht zu mir. Im Iran ist es Ehemännern grundsätzlich nicht gestattet, den Kreißsaal zu betreten. Während ich geschlafen hatte, waren die drei anderen Frauen bereits entbunden worden, und ich lag jetzt allein. Wie ich erfuhr, hatte die Frau, die sich so furchtbar aufgeführt hatte, einen Sohn bekommen, die beiden anderen Frauen Töchter, und Mansur berichtete mir später, daß es deswegen bei einer der beiden Familien einen lautstarken und handgreiflichen Streit gegeben habe, wobei die junge Mutter sogar Kopfverletzungen davontrug. Und das alles nur deshalb, weil sie keinen Sohn zur Welt gebracht hatte. In vielen islamischen Familien werden die Frauen verachtet und bestraft, wenn sie ein Mädchen bekommen.

Der Arzt hatte versucht, den Streit zu schlichten, und erklärt, daß eine Frau keinen Einfluß darauf hat, ob sie einen Jungen oder ein Mädchen bekommt. Aber er predigte tauben Ohren. Der Schwiegervater der Frau drohte schließlich sogar dem Arzt an, ihn zu verprügeln, woraufhin der es vorzog, den Familienkriegsschauplatz zu verlassen.

Mansur hatte sich immer eine Tochter gewünscht. Seiner Meinung nach war es besser, wenn das erste Kind ein Mädchen war. Mädchen würden später mit ihrem jüngeren Bruder sehr viel herzlicher umgehen, wogegen ein Junge sich seiner jüngeren Schwester gegenüber eher aggressiv zeigte. Ich muß zugeben: Ich habe von Anfang an auf einen Sohn gehofft. Es war schon immer mein Wunsch gewesen, so einen kleinen Knirps zu haben, den ich zu einem liebevollen Mann erziehen wollte, um es meiner zukünftigen Schwiegertochter einmal leichter zu machen. Bis jetzt hatte ich verbissen versucht, mich zu beherrschen, wenn die Wehen kamen, doch schließlich ließ mein Kraft nach, und ich mußte an die Worte der einen Frau denken: »Warten Sie es ab . . .«

Draußen war es mittlerweile dunkel geworden, und der Arzt war immer noch bei mir. Ich fragte ihn: »Warum gehen Sie nicht nach Hause? Ihr Dienst muß doch schon längst zu Ende sein.«

»Ich kann nicht gehen«, sagte er. »Erstens hat das Militär eine Ausgangssperre verhängt; jeder, der sich auf der Straße zeigt, wird erschossen. Und zweitens werde ich Sie jetzt auf keinen Fall allein lassen.« Für mich stand es fest, daß Gott mir diesen verantwortungsbewußten und mitfühlenden Arzt geschickt hatte und mir damit zeigen wollte, daß er bei mir war.

Die Schmerzen ließen die ganze Nacht über nicht nach. Der Arzt saß neben meinem Bett. Zwischendurch besorgte er Mansur einen Arztkittel und ließ ihn eine Weile zu mir. In regelmäßigen Abständen wurde mir etwas gegen die Schmerzen injiziert, wonach ich für ganz kurze Zeit einschlief. Doch sobald ich aufwachte, waren sie wieder da, und ich schrie nach Gott und meiner Mutter. Eigentlich, so sagte der Arzt zu Mansur, sei dies ein Fall für einen Kaiserschnitt, doch er wollte noch etwas warten und, wenn irgend möglich, den Eingriff vermeiden.

Um fünf Uhr morgens endlich hatte ich es überstanden. Ich hatte ein Mädchen geboren. Und von einer Sekunde zur anderen waren die Schmerzen wie weggeblasen. Die Schwester legte mir das winzige Wesen auf den Bauch: *Meine* Tochter! Sie schrie. Was ich als erstes sah, waren Haare, viele schwarze Haare. Mansur wartete währenddessen draußen. Die Schwester nahm das Baby, so blutig, wie es war, und zeigte es ihm. Er weinte vor Glück. Alles, was er sagen konnte, war nur: »O Gott, wie schmutzig es ist!«

Es ist im Iran üblich, daß die Krankenschwester, die dem Vater die Nachricht der glücklichen Geburt überbringt, ein ›Bakschisch‹, also ein Trinkgeld erhält. Handelt es sich bei dem Baby um einen Jungen, ist das Bakschisch wesentlich höher als bei einem Mädchen. Mansur hatte der Schwester aber einen Betrag gegeben, der dem für einen Jungen entsprach.

Ich gab meinem Töchterchen den Namen *Asal.* Das heißt auf persisch und arabisch ›Honig‹. Es ist auch für persische Begriffe ein ungewöhnlicher Name, aber ich finde ihn immer noch sehr schön.

Während ich noch im Kreißsaal lag, mußte ich plötzlich an das Kind denken, das ich vor Asal erwartet hatte. Auch während der Schwangerschaft hatte ich mich oft daran erinnert. Mein armes Baby, das nicht hatte leben dürfen! Mir schossen Tränen in die Augen. Aber dann sagte ich mir: Laß es gut sein. Du hast jetzt ein Kind, und du kannst ihm alle Liebe geben, die es braucht. Dieser Gedanke tröstete mich und ließ mich innerlich ruhig werden.

Als ich in mein Zimmer zurückkam, lag neben meinem Bett ein großer Strauß roter Rosen von Mansur. Er selbst konnte kaum noch die Augen offen halten. Er hatte die ganze Nacht nicht geschlafen. Mir jedoch ging es so gut, daß ich gar nicht ins Bett wollte. Ich zog meinen Hausmantel über und ging auf den Korridor. Dort wartete noch immer Shirazi.

Ich berichtete ihm glücklich, daß alles vorbei sei. Er beugte sich zu mir und küßte mir die Hände. »Ich habe die ganze Zeit gebetet, daß Ihnen und dem Baby nichts passieren möge.« Er war ein wirklich guter Mensch.

Nein, nach Hause wollte er jetzt noch nicht – nicht, bevor er meine Tochter gesehen hatte. Seine Frau konnte keine Kinder bekommen und war deswegen sehr unglücklich. Er hatte oft mit mir darüber gesprochen. Jetzt versprach ich ihm, daß er Asal in Zukunft zu sich nach Hause nehmen und, wenn er es wünschte, auch spazierenfahren dürfte.

Ich nahm Shirazi in mein Zimmer mit und bat die Schwester, meine Tochter noch einmal zu holen. Sie war jetzt sauber und in ein weißes Tuch gewickelt. Shirazi bat, ihre Füße sehen zu dürfen. Die Schwester öffnete das Tuch, und die kleinen Beinchen kamen zum Vorschein. An einem entdeckte ich ein großes Muttermal.

Shirazi war gerührt. Und was tat dieser liebe, verrückte Mann? Er nahm Asals Fuß in den Mund. »Ich werde mich später bei ihr immer damit brüsten können«, stammelte er, »daß ich der erste war, der ihren ganzen Fuß in den Mund bekommen hat.« Er hatte vor Freude Tränen in den Augen.

Ich selbst konnte es immer noch nicht recht fassen: Ich kleines Persönchen mit meinen hundertsechzig Zentimetern Größe und sechsundneunzig Pfund Gewicht hatte es geschafft, ein gesundes Baby zur Welt zu bringen, das 3150 Gramm wog und fünfzig Zentimeter groß war – und das unter den augenblicklichen schwierigen Umständen. Ich war sehr stolz auf mich, kam mir dabei nicht einmal überheblich vor; sicherlich fühlt jede Mutter diesen Stolz.

Es war mein Kind, für dessen Zukunft ich nun aber auch wieder verantwortlich war. Und die sah nicht rosig aus. Was sollte aus Asal werden, was aus unserem Land? Es war alles vollkommen ungewiß.

Mansur fuhr nach Hause, um meine Mutter telefonisch zu benachrichtigen. Ich rief Mansurs Tante an, obwohl sie und ihre ganze Familie sich in letzter Zeit nicht mehr bei uns gemeldet hatten. Ich hatte das Bedürfnis, ihr meine Freude mitzuteilen. Aus ihrer Stimme konnte ich heraushören, daß die Tante enttäuscht war, weil es kein Junge geworden war. Aber mir erschien das inzwischen vollkommen unwichtig.

Meine Nachbarin aus dem Kreißsaal kam mich besuchen, und sie konnte sich ein – wenn auch verständnisvolles – Lächeln nicht verkneifen, als sie mir sagte, sie hätte wegen meiner Schreie nicht schlafen können. Ich erklärte ihr vehement: »Eins steht für mich fest: Ich will keine Kinder mehr haben!«

Sie lachte. »Das sage ich auch nach jeder Geburt. Aber ich habe schon vier Kinder, und mein Mann plant bereits das fünfte.«

Ich fühlte mich so gut, daß ich schon am nächsten Tag nach Hause wollte. Der Arzt hatte nichts dagegen einzuwenden. Ich verabschiedete mich und dankte ihm aus vollem Herzen. Er war wirklich ein großartiger Arzt und Mensch.

Mansur holte uns ab. Wir fuhren durch die immer noch mit Demonstranten überfüllten Straßen Teherans, vorbei an Trümmern und ausgebrannten Autos. Aber die Welt, die an unseren Wagenfenstern vorbeiglitt, hatte im Augenblick keine Macht, in unser Glück einzubrechen. Es war ein Gefühl, das sich nicht mit Worten beschreiben läßt, als wir uns auf dem Weg nach Hause befanden. Wir waren eine richtige, kleine Familie!

Von dem deutschen Humoristen Wilhelm Busch stammt der Spruch: »Vater werden ist nicht schwer, Vater sein dagegen sehr.« Für mich konnte ich ihn abwandeln in: »Mutter werden ist schon schwer, Mutter sein jedoch viel mehr.«

Als wir zu Hause angekommen waren, wollte ich als erstes Asal baden. Aber das war bei weitem nicht so einfach, wie ich es mir vorgestellt hatte. Sie rutschte mir dauernd aus den Händen, und ich war zu ängstlich, sie fester anzufassen, weil ich fürchtete, ihr weh zu tun. Mansur kam mir zu Hilfe, wußte aber auch nicht recht, wie man es anstellen mußte, ein Neugeborenes fachgerecht zu baden. Danach cremte ich Asal ein und wollte sie anschließend stillen. Aber sie wollte die Brust nicht nehmen, sondern fing an zu schreien. Ich versuchte alles mögliche – mit dem Ergebnis, daß sie nur noch lauter schrie. Ganz sicher mußte sie Hunger haben. Meine Brüste taten mir schon weh von der vielen Milch, und so begann ich, sie in eine Flasche abzupressen. Aus der Flasche trank Asal, und ich hoffte, daß sie danach beim nächsten Mal doch die Brust nehmen würde.

Endlich war Asal eingeschlafen. Diese Atempause nutzte ich, um unter die Dusche zu gehen und uns etwas zu essen zu machen. Ich hatte nun doch ziemliche Schmerzen; bei der Geburt hatte ich einen Dammschnitt bekommen, der genäht worden war. Aber das würde sicherlich bald besser werden.

Nach dem Essen telefonierte ich mit meiner Mutter und erzählte ihr, wie alles verlaufen war. Sie war vor allem sehr beunruhigt über die augenblickliche explosive politische Lage bei uns und beschwor mich: »Nimm das Kind und komm nach Schottland. Durch das Fernsehen wissen wir hier vermutlich sehr viel mehr über die Situation im Iran als ihr selbst. Es sieht sehr ernst aus. Du mußt dich und das Baby in Sicherheit bringen.«

»Das geht nicht, Mutter. Mansur würde nicht mitkommen, weil er es nicht fertigbringt, sein Land jetzt wie ein Feigling zu verlassen. Und ohne ihn werde ich auf keinen Fall gehen.« Ich schilderte ihr dann meine Schwierigkeiten, Asal zu stillen, und bat sie um ihren Rat. Meine Mutter schlug vor, ich sollte ein wenig Honig auf die Brustwarzen streichen. Ich versuchte es, aber auch das brachte keinen Erfolg. Es blieb mir also nichts anderes übrig, als Asal weiterhin die Flasche zu geben. Ich hatte auch niemanden, der mir Ratschläge erteilen konnte, wußte nicht einmal, daß es zum Abpumpen der Milch kleine Saugpumpen gab. Ob ich eine in der Apotheke bekommen hätte, war allerdings fraglich, denn es gab kaum noch etwas zu kaufen. Meine Tochter schrie und schrie, und ich wußte nicht, warum und was ich dagegen tun sollte. Ich war ratlos. Wir hatten kaum noch Heizöl, so daß wir nur noch das Kinderzimmer mit einem kleinen mobilen Ölofen heizen konnten. Ich schlief bei Asal und Mansur in unserem Schlafzimmer.

Die Schmerzen an dem genähten Dammschnitt wurden immer ärger. Nach zwei Tagen war es mir nicht mehr möglich, zu stehen oder normal zu gehen, und ich erledigte alles kniend. Wenn ich in einem anderen Zimmer oder der Küche etwas zu tun hatte, zog ich mir den Mantel an und rutschte auf den Knien durch die kalte Wohnung. Mansur bekam von alledem kaum etwas mit. Tagsüber war er im Büro, und nachts schlief er allein in unserem Schlafzimmer, während ich mich Tag und Nacht bemühte, das schreiende Baby zu beruhigen.

Ich rief den Arzt im Krankenhaus an und erzählte ihm von meinen Schmerzen an der Naht. Er sagte, im Augenblick könne er nichts tun; meine Beschwerden kämen vermutlich daher, daß er zu eng genäht hätte. Fünf Tage müßte ich die Schmerzen noch aushalten, bis er die Fäden ziehen könne. Danach würde es besser werden. Wieder rief ich meine Mutter an. Vielleicht wußte sie Rat, wie ich das Kind still bekommen konnte.

»Sie wird sicher von deiner Milch nicht satt«, meinte sie. »Du mußt für sie andere Milch besorgen.«

Ich war langsam am Ende meiner Kräfte und konnte nur noch weinen. Woher sollte ich Milch bekommen? Unsere Frischmilch war für Säuglinge nicht geeignet, und Trockenmilch, die man hätte verwenden können, gab es nicht mehr. Ich hatte noch etwas deutsche gezuckerte Kondensmilch im Haus, die ich mit Wasser verdünnte und Asal zu trinken gab. Zum erstenmal schlief sie in dieser Nacht für ein paar Stunden. Allerdings fürchtete ich, es könnte falsch sein, ein Baby mit verdünnter Kondensmilch zu füttern. Aber was sollte ich tun?

Ich rief schließlich Shirazi an und bat ihn, alle Apotheken abzufahren, um nach Trockenmilch zu fragen. Der Preis sollte keine Rolle spielen. Er spürte, wie niedergeschlagen ich war, und versprach, sich sofort auf den Weg zu machen. Noch am gleichen Tag kam er zu mir und stellte stolz über zwanzig große Dosen Trockenmilch auf den Küchentisch. Nach langem Suchen hatte er diese Milchquelle entdeckt und dem Mann ›Bakschisch‹ gegeben. In der nächsten Woche würde er wieder zwanzig Dosen bekommen. Glücklicherweise vertrug Asal diese Milch, und ich hatte endlich ein Problem weniger.

Noch heute beginne ich zu zittern, wenn ich an jene Zeit denke. Wenn sich abends die Demonstranten vor dem Haus versammelten, mußten wir rechtzeitig alle Lichter löschen, kauerten uns in eine Ecke und hielten die Pistole bereit.

Eines Abends wollte Asal nicht aufhören zu schreien. Draußen vor dem Haus brüllten die Demonstranten wieder in Sprechchören ihre Parolen. Mansur zischte mich an, ich solle das Kind sofort zum Schweigen bringen. Wie sollte ich das tun? Ich durfte weder Licht machen noch mich bewegen. Plötzlich riß er Asal an sich, hob sie hoch und wollte sie auf den Boden werfen. Ich weiß nicht, wie ich es schaffte, aber es gelang mir, meine Tochter im Fallen noch aufzufangen. Ich konnte einfach nicht fassen, wie Mansur so etwas tun konnte. Was war mit ihm? War seine Angst so groß, daß er nicht einmal davor zurückschreckte, sein Kind umzubringen?

Die ganze Nacht konnte ich nicht schlafen und hielt mein Baby fest in den Armen. Mansur entschuldigte sich, daß er sich nicht in der Gewalt gehabt hatte, aber er konnte damit meine plötzliche Angst vor ihm nicht zerstreuen.

Wegen der Kälte blieb ich meistens tagsüber mit Asal im Bett, fütterte sie zwischendurch und preßte mir aus der Brust die restliche Milch, die ich ihr auch noch gab. Ich hatte keine Ahnung, daß es Tabletten zum Abstillen gab. Erst Lida machte mich darauf aufmerksam, als ich ihr am Telefon von meinen Schwierigkeiten berichtete. Sie riet mir, meinen Arzt danach zu fragen; außerdem wollte sie mir sofort solche Tabletten mit der Post schicken.

Abgesehen vom Telefon, durch das ich die Verbindung zu meiner Mutter und meinen Schwestern aufrechterhielt, war ich vollkommen von der Außenwelt abgeschnitten. Niemand besuchte uns oder rief uns an. Alle hatten Angst. Neben der Versorgung des Babys und der notwendigen Hausarbeit beschäftigte ich mich in dieser Zeit viel mit Schreiben. Was sollte ich sonst tun? Ich war sehr traurig, daß mein Kind in dieser freudlosen Atmosphäre seine ersten Lebenstage zubringen mußte, in einer Welt voller Haß und Gewalt. Seit Beginn meiner Schwangerschaft hatte ich mich bemüht, alles so für mein Kind vorzubereiten, daß es in einer hellen und fröhlichen Umgebung aufwachsen sollte. Wie hätte ich ahnen können, daß das Schicksal es anders mit uns vorhatte! Stundenlang hielt ich Asal in den Armen und sprach mit ihr. Ich bat sie um Verzeihung, daß die Umstände so schrecklich waren und daß sie statt einer fröhlichen, lachenden Mutter nur immer ein tränennasses Gesicht sehen mußte.

Nach sieben Tagen fuhr Mansur mich zum Arzt, um die Fäden ziehen zu lassen. Als ich die Praxis verließ, waren meine Schmerzen größer als vorher. Dem Arzt war die Schere ausgerutscht und hatte an einer sehr empfindlichen Stelle eine große Wunde gerissen. Es wollte nicht aufhören zu bluten. Der Arzt schämte sich sehr wegen seines Mißgeschicks. Nach einer Weile betretenen Schweigens bereitete er mich darauf vor, daß ich wahrscheinlich noch einige Tage lang diese Schmerzen haben würde. Schmerzstillende Mittel durfte ich Asals wegen nicht nehmen, da ich sie ja noch immer mit meiner Milch ernährte.

Mansur bekam offenbar Mitleid mit mir, als er sah, wie ich mich quälte. Als wir zu Hause waren, sagte er: »Aziz, ich muß dir ein Geständnis machen.« Aha, dachte ich, wieder ein Geständnis! Jetzt wird er mir wahrscheinlich von der Frau erzählen wollen, mit der er in der Türkei war. Derartige Eröffnungen hatten mir gerade noch in meiner augenblicklichen Verfassung gefehlt.

»Bitte, Mansur, verschone mich jetzt mit weiteren Geständnissen«, sagte ich deshalb. »Ich habe genügend andere Sorgen, und irgendwann sind auch meine Kräfte erschöpft. In meinem jetzigen Zustand kann ich auf keinen Fall einen neuen Schock vertragen.«

»Nein, so ist das doch gar nicht; es ist kein Schock. Ich hoffe, meine Neuigkeit wird dir sogar helfen. Vielleicht wirst du jetzt überrascht sein, aber ich habe noch eine Schwester und auch drei Brüder, allerdings Stiefgeschwister.«

Ich dachte, nicht richtig zu hören.

»Sind das jetzt alle, oder wirst du noch weitere Familienmitglieder aus der Versenkung holen?« fragte ich gereizt. »Warum hast du mir davon nicht schon früher etwas gesagt, zum Beispiel, als du mir von Manejeh und deinem Vater erzähltest?«

»Ich habe nie gedacht, daß es notwendig wäre, zumal es ja auch nur Halbgeschwister sind. Aber ich komme jetzt darauf, weil meine Schwester von Beruf Krankenschwester ist. Sie lebt in Arak. Vielleicht kann sie zu uns kommen und dir helfen. Wenn du einverstanden bist, rufe ich sie sofort an.«

In meiner verzweifelten Situation war mir alles recht, was nach Hilfe aussehen konnte, und so stimmte ich zu.

Zwei Tage später traf Ayscha ein, ein Mädchen von vierundzwanzig Jahren, sehr klein und zierlich. Sie war zwar älter als ich, aber ihr Verstand war der einer Vierzehnjährigen. Außerdem hatte sie zwei linke Hände. Was sie anfaßte, ging zu Bruch oder riß in Fetzen. Nach einigen Tagen konnte ich mir ausrechnen, wie lange es dauern würde, bis unser gesamter Hausrat in Trümmern lag. Und sobald Ayscha sich irgendwo hinsetzte, schlief sie ein.

Mansur amüsierte sich darüber und entschuldigte sich damit, er hätte sie seit Jahren nicht mehr gesehen, das letztemal nur kurz bei der Beerdigung seines Vaters, und er hätte nicht gewußt, daß sie sich in dieser Richtung entwickelt hatte. Abgesehen von ihrer Hilflosigkeit und Ungeschicklichkeit war Ayscha jedoch ein sehr liebes Mädchen und hatte keinerlei Ähnlichkeit mit Manejehs intriganter Art. Ich hielt es trotzdem für besser, Ayscha nach einigen Tagen wieder fortzuschicken. Als ich Mansur nach seinen drei Halbbrüdern fragte, winkte er verdrossen ab.

»Über sie zu reden, ist kein angenehmes Thema«, meinte er. »Ich habe immer nur Ärger mit ihnen gehabt. Einer von ihnen ist ein fanatischer Moslem, der mich wegen meiner Arbeit beim SAVAK fortwährend angegriffen hat. Er ist jetzt vermutlich sehr glücklich über das, was in unserem Land geschieht.«

Lida schickte mir ein Päckchen mit Tabletten zum Abstillen und für Asal ein Medikament gegen Blähungen. Das Mittel wirkte Wunder. Sie wurde tatsächlich ruhiger, und ich fand nachts endlich wieder für einige Stunden Schlaf. Für jede noch so kleine Besserung meines Lebens war ich inzwischen dankbar. Alles in allem war es eine grausame Zeit, die ich wohl kaum ohne meinen Glauben an Gott auf diese Weise durchgestanden hätte. Ich habe mich immer auf die Hoffnung gestützt, daß Gott mich nie ganz allein lassen würde, und in meinen Gebeten habe ich mir von ihm gewünscht, mich zusammen mit Mansur und Asal sterben zu lassen, wenn es sonst keine Rettung gäbe. Es war für mich eine der schrecklichsten Vorstellungen, daß mein Kind einmal allein zurückbleiben müßte.

Weihnachten 1978 wurde ein trauriges Fest. Nicht nur für mich, sondern für alle Christen im Iran. Wir hatten Angst vor der ungewissen Zukunft. Was sollte aus uns werden, wenn die Mullahs tatsächlich an die Macht kämen? Mansur war allerdings immer noch davon überzeugt, daß es nicht soweit kommen würde. Ich hätte seinen Optimismus gern geteilt, aber es ließ sich nicht mehr übersehen, daß Khomeini mit seiner einfachen Sprache das Volk zu begeistern verstand und es seine Worte kritiklos einsog wie Honig. Ich konnte nicht begreifen, daß diese Menschen derart naiv waren – wie Hammel, die sich ihren eigenen Weg zur Schlachtbank freitrampelten. Es gibt in der Geschichte anderer Länder nicht wenige Parallelen für dieses Verhalten, die an der Vorrangstellung des Menschen erhebliche Zweifel aufkommen lassen. Es ist erschreckend, welche Macht Worte haben, wenn sie doch Hunderttausende dazu bringen können, ihr Denken auszuschalten und sich ihr eigenes Grab zu schaufeln. Und um nichts anderes ging es inzwischen im

Iran. In meinen Augen würde eine islamische Regierung der Totengräber unseres Landes und unseres Volkes sein.

Shirazi entwickelte ungeahnte Fähigkeiten, um sich dem herrschenden Chaos anzupassen. Irgendwie war es ihm sogar gelungen, Heizöl zu beschaffen. Natürlich war es vom schwarzen Markt. Wir waren jedenfalls überglücklich und hatten endlich wieder ein warmes Zuhause, obwohl wir mit dem kostbaren Öl sehr sparsam umgehen mußten. Mein gesundheitlicher Zustand hatte sich inzwischen gebessert; ich hatte mich in meine Mutterrolle eingelebt und kam auch alleine ganz gut zurecht.

Im Januar 1979 wurde Schapur Bachtiar Ministerpräsident, der letzte Kapitän auf dem sinkenden Schiff der Schah-Regierung. (Es ist noch nicht lange her, daß er in seinem Pariser Exil ermordet wurde.) Er hob sofort das Kriegsrecht auf und kündigte Pressefreiheit, Versammlungsfreiheit und neue Wahlen an, löste den SAVAK auf und entließ alle politischen Gefangenen. Als nächstes nahm er sich die Auswüchse der Bürokratie und die allgegenwärtige Korruption vor. Seine kurze Amtszeit ließ einen Silberstreif am politischen Horizont sichtbar werden und war überaus segensreich, doch sie währte nicht lange. Von keiner Seite erhielt Bachtiar Unterstützung, weder von der Nationalen Front noch von den USA. Beide fielen ihm in den Rücken. Aber nicht er hatte versagt, sondern seine Bemühungen waren von Anfang an zum Scheitern verurteilt gewesen, denn die Entscheidung der westlichen Welt war bereits Ende Dezember 1978 gefallen.

Die Staats- und Regierungschefs der westlichen Industrieländer trafen sich zu einer Konferenz auf Guadeloupe, einer Insel der Kleinen Antillen in der Karibik, um zu beraten, wie sich ihre Interessen im Iran trotz der Krise am besten wahren ließen. Jimmy Carter, Giscard d'Estaing, James Callaghan und Helmut Schmidt fanden eine ›Lösung‹, die der amerikanische Außenminister Cyrus Vance nach Ende der Konferenz kurz und bündig mitteilte: Der Schah werde den Iran verlassen.

Dieser befand sich zu diesem Zeitpunkt in Teheran und hegte absolut keine Exilgedanken. Doch er war klug genug, zu begreifen, wie das Konferenzergebnis zu interpretieren und daß eine Auflehnung gegen diese Entscheidung nutzlos war. Der Westen war fest entschlossen, mit den Gegnern des Schah Kompromisse zu schließen, um seine eigenen politischen und wirtschaftlichen Interessen abzusichern.

Am 16. Januar 1979 verließ ein gebrochener Schah den Iran. Er selbst steuerte die Boeing, die ihn nach Ägypten bringen sollte. Mit ihm reisten seine Frau Farah Diba, seine Kinder und meine Hoffnung.

Das endgültige Urteil über den Schah wird einmal die Geschichte fällen. Mein Urteil ist subjektiv, und ich maße mir nicht an, es als allgemeingültig zu deklarieren. Doch es ist nicht zu leugnen, daß der Iran unter der Herrschaft des Schah einen Aufstieg erlebte, der anderen Entwicklungsländern gegenüber ohnegleichen war. Er besaß großes diplomatisches Geschick, und es war ihm gelungen, gleichzeitig mit den USA, der Sowjetunion und den arabischen Staaten gute Beziehungen zu unterhalten.

Mansur und ich waren mutlos; all unsere Hoffnungen und Erwartungen hatten sich in ein Nichts aufgelöst. Dunkler als je zuvor lag die Zukunft unseres Landes vor uns, eines Landes mit zweieinhalbtausendjähriger Geschichte und heiligen Traditionen. Ein Land der Rosen und Nachtigallen; ein Land, dessen König Kyros 540 v. Chr. Babylon eroberte und die Juden aus der über vierzigjährigen Gefangenschaft erlöste. Er gab ihnen die aus dem Tempel zu Jerusalem geraubten Gold- und Silberschätze zurück und entließ die vierzigtausend Gefangenen in ihre Heimat. In der biblischen Geschichte ist Kyros daher als der »Gesalbte des Herrn« eingegangen.

Der Iran ist auch das Land der großen Dichter wie beispielsweise Firdausi, dessen »Schahname« (Buch der Könige) kürzlich tausend Jahre alt wurde – oder Omar Chajjam und Hafis. Von Sa'di stammen die folgenden Verse, die noch heute brennende Aktualität besitzen:

»Die Kinder Adams sind aus *einem* Stoff gemacht,
als Glieder *eines* Leibs von Gott, dem Herrn, erdacht.
Sobald ein Leid geschieht nur einem dieser Glieder,
dann klingt sein Schmerz sogleich in ihnen allen wider.
Ein Mensch, den nicht die Not der Menschenbrüder rührt,
verdient nicht, daß er noch des Menschen Namen führt.«

Alle diese Schätze der Poesie und der ganzen Kultur waren nun den Mullahs überlassen, denen nationale Gefühle vollkommen fremd waren.

Es war der 1. Februar 1979 – Asal war sechs Wochen alt – als die Teheraner Bevölkerung die Ankunft Khomeinis feierte. Die Menschen ahnten noch nicht, was da auf sie zukommen sollte. Khomeini hielt eine Ansprache, bei der sich zeigte, daß er nicht einmal unsere Sprache richtig beherrschte. Und dieser Mullah sollte die Führung eines Landes mit einer so alten Kultur übernehmen! Diese Vorstellung war für mich ein Alptraum.

Ich wußte nie, wieviel Mansur verdiente oder was er möglicherweise an Vermögen besaß, und habe auch nie danach gefragt. Wir hatten keine finanziellen Sorgen und unser gutes Auskommen, ohne uns einschränken zu müssen. Was darüber hinaus noch an Geldmitteln vorhanden sein mochte, interessierte mich nicht.

Aber Anfang Februar, kurz nach Khomeinis Ankunft, übergab Mansur mir, als er eines Abends vom Büro nach Hause kam, ein großes Bündel US-Dollar mit der Erklärung: »Aziz, wir wissen nicht, wie sich die Lage entwikkelt, aber wir müssen auf alle Eventualitäten vorbereitet sein. Dazu gehört auch, daß du auf jeden Fall mit ausreichendem Bargeld versorgt bist. Außerdem habe ich heute mit einem Mullah gesprochen und einen Termin vereinbart. Ich will, daß wir jetzt schnellstens heiraten.«

»Warum jetzt und warum bei einem Mullah?« fragte ich verwundert.

»Es gibt einen sehr triftigen Grund, den du bestimmt verstehen wirst. Wenn die Mullahs jetzt die Macht übernehmen sollten, und wir leben ohne Trauschein zusammen, werde ich die größten Schwierigkeiten bekommen. Aber das ist nicht das Schlimmste: Dich wird man umbringen, zumal du auch noch Christin bist. Und noch etwas: Bisher habe ich noch nicht Asals Geburt gemeldet, weil ich dafür eine Heiratsurkunde brauche.«

»Aber wenn wir jetzt heiraten, wird man doch feststellen, daß Asal schon früher geboren wurde«, wandte ich ein.

»Ich weiß«, erwiderte Mansur, »aber ich habe diesen Mullah gefunden, der uns für einige Tuman eine Urkunde mit gefälschtem Datum geben wird.«

Ich fühlte mich irgendwie überrumpelt und zögerte. »Mansur, das gefällt mir nicht. Wenn wir bei einem Mullah heiraten, müßte ich doch vorher Moslime werden.«

»Nimm das doch nicht so wichtig«, winkte er ab. »Du weißt, ich bin selbst nicht gläubig, und du brauchst deshalb ebenso wenig daran zu glauben. Du mußt nur die vorgeschriebene Formel sprechen und kannst es getrost ohne innere Überzeugung tun.« Diese Formel enthielt die Versicherung, daß ich an Allah und seinen Propheten Mohammed glaubte. Ich hatte keine andere Wahl und mußte das akzeptieren.

Am selben Tag suchten wir den Mullah auf. Die Zeremonie dauerte ganze fünfzehn Minuten; danach waren wir verheiratet. Mansurs Freund Bahman begleitete uns und behielt Asal während der Trauung bei sich. Der Mullah sollte nicht wissen, daß wir bereits ein Kind hatten.

Der Mullah fragte nach der Höhe meiner ›Mehrie‹. Das ist eine Geldsumme, die bei der Eheschließung vereinbart wird und bei einer Scheidung der Frau ausgezahlt werden soll. Der Betrag hängt ab vom sozialen Stand der Familie des Ehemannes und deren Vermögensverhältnissen, sowie vom Verhandlungsgeschick der Familie der Braut. Das Geld ist als finanzielle Absicherung für die Frau gedacht, falls sie nach einer Scheidung wieder allein dasteht.

Nach islamischem Recht besteht für den Ehemann nach der Scheidung nämlich keine weitere Unterhaltspflicht. Die Mehrie-Regelung hat jedoch in der Praxis keinerlei Bedeutung; in den wenigsten Fällen erhalten die geschiedenen Ehefrauen die abgesprochene Summe. Wenn auch sie die Scheidung wollen, brauchen sie lediglich den Satz zu sprechen: »Ich verzichte auf Mehrie und möchte frei sein.« Die Entscheidung über die Trennung steht allerdings allein dem Mann zu.

Als der Mullah mich jetzt nach meiner Mehrie fragte, sagte ich: »Eine Goldmünze. Das ist alles.«

Der Mullah sah mich ungläubig an und begann, mit Mansur zu verhandeln. Mit einem taxierenden Blick auf mich sagte er zu ihm: »Für eine solche Frau muß gerechterweise eine große Summe Geldes vereinbart werden.« Wir lachten, und ich versicherte ihm noch einmal, daß ich nicht mehr verlange. Da es Vorschrift ist, unbedingt irgendeine Summe festzusetzen, hatte ich symbolisch die Goldmünze genannt.

Am 11. Februar formierten sich ab zehn Uhr morgens im ganzen Land wieder große Demonstrationszüge. Mansur fuhr nicht ins Büro und wollte sich statt dessen auf den Straßen umsehen. Nach zwei Stunden kam er zurück, blaß und traurig. Ohne weitere Erklärung sagte er nur kurz: »Aziz, pack das Wichtigste für das Kind zusammen, wie müssen fort. Beeil dich, es bleiben uns nur zehn Minuten.« Ich merkte an seiner Entschlossenheit, daß jetzt nicht die Gelegenheit war, lange darüber zu diskutieren oder Fragen zu stellen. Hastig stopfte ich Windeln, Milchdosen, Cremes und andere Babysachen in eine kleine Tasche. Es blieb keine Zeit, für mich selbst mehr als zwei Kleider und ein paar Kleinigkeiten einzupacken. Selbst meinen Schmuck mußte ich auf einem Tisch im Schlafzimmer zurücklassen.

Ich kam nicht einmal auf den Gedanken zu fragen, wohin wir gingen. Mansurs Gesicht drückte tiefe Verzweiflung aus. Ganz offensichtlich war die Lage sehr ernst, sonst hätte er sich nicht in solcher Eile zu diesem Schritt entschlossen. Ich vertraute wie immer darauf, daß er das einzig Richtige tat.

Wir hasteten zum Auto und fuhren los in Richtung Teheran-Nord. Unser Haus mit allem, was wir besaßen, verschwand hinter den großen Bäumen. Würden wir jemals zurückkommen, oder sollten wir es nie mehr wiedersehen? Erst jetzt im Wagen wurde mir die Tragweite unseres überstürzten Aufbruchs richtig bewußt.

Unterwegs hörten wir im Radio die Durchsage, daß die Armeeführung ihre Neutralität bekanntgab. Das hieß nichts anderes, als daß sie sich damit vom Schah und Premierminister Bachtiar distanzierte. Bei dieser Nachricht schluchzte Mansur laut auf und brach in Tränen aus. Immer wieder schrie er: »Warum? Warum?« Ich versuchte vergeblich, ihn zu beruhigen. Seine Trauer saß zu tief, als daß man sie mit ein paar Worten hätte dämpfen können. Mansur war klar, was dieses Land jetzt zu erwarten hatte. Die Mullahs hatten gesiegt, und das bedeutete den Weg in eine Diktatur, den Weg zurück ins düstere Mittelalter.

Nach einer langen Fahrt, vorbei an Menschenmassen, die auf den Straßen tanzten und vor Begeisterung und Freude laut schrien, erreichten wir einen vornehmen Vorort im Norden Teherans. Mansur steuerte den Wagen in eine Garage. »Aziz«, sagte er, »das hier ist eine kleine möblierte Wohnung, in der wir uns für eine Weile verstecken müssen, bis wir weitersehen, wie sich alles entwickelt.«

Es war eine Parterrewohnung, in die er mich führte, mit hellen Möbeln und einer nach amerikanischer Art eingerichteten Küche mit einer Bar und hohen Stühlen davor. Außerdem gab es ein Wohnzimmer mit Eßecke, ein Schlafzimmer und ein kleines Bad. Unsere Fluchtburg lag in einem großen Gebäude mit vielen Wohnungen und verfügte über einen Swimmingpool und eine Sauna. Es war also ein sehr modernes Haus.

Mansur rief Shirazi an und bat ihn, für uns Lebensmittel einzukaufen und so bald wie möglich zu kommen. »Shirazi hat geweint«, murmelte er hinterher tonlos.

»Weiß Shirazi denn, wo wir uns befinden?« fragte ich. Mansur nickte. Asal fing wieder an zu schreien. Mechanisch machte ich ihr die Flasche zurecht und gab sie ihr. Sie beruhigte sich wieder. Mansur und ich saßen uns in der fremden Wohnung gegenüber. Wir waren beide wie gelähmt, unsere Gedanken drehten sich in rasender Geschwindigkeit im Kreis. Es war nicht möglich, sich auch nur auf einen einzigen zu konzentrieren. Wir standen regelrecht unter Schock.

Mansur brach schließlich das Schweigen: »Ich muß euch in Sicherheit bringen, Aziz. Du mußt so schnell wie möglich mit Asal nach Schottland fliegen.«

Ich schüttelte entschieden den Kopf. »Nicht ohne dich. Allein werden wir nirgendwo hingehen.«

»Ich werde bei der erstbesten Gelegenheit nachkommen. Versteh doch, mit meinen Papieren ist es augenblicklich unmöglich, das Land zu verlassen.«

»Ich fliege nicht ohne dich«, beharrte ich auf meinem Entschluß.

Shirazi traf ein, und wir brachen unsere Diskussion ab.

»Waren Sie auch wirklich vorsichtig, so daß Ihnen niemand gefolgt ist?« fragte Mansur ihn.

»Ich bin nicht auf direktem Weg hierhergekommen«, beteuerte Shirazi. »Ich habe einen großen Umweg gemacht, bis ich ganz sicher war, daß niemand mich verfolgt hat.«

Der Gute hatte an alles gedacht; für die nächsten Tage waren wir jedenfalls mit allem Notwendigen versorgt. Ich machte uns etwas zu essen zurecht. Es war inzwischen Abend geworden, und ich sagte zu Mansur: »Als wir heute morgen so überraschend fort mußten, hatte ich keine Gelegenheit mehr, außer einigen Babysachen etwas einzupacken. Wenn wir für längere Zeit hierbleiben müssen, brauche ich noch mehr für Asal, auch Milch. Und für mich habe ich außer den zwei Kleidern nichts zum Anziehen mitgenommen.«

Mansur bat Shirazi, bei Asal zu bleiben. »Binde dir ein Kopftuch um«, sagte er zu mir. »Wir werden noch einmal nach Kharaj fahren.«

Ich bereitete noch die Milch vor, die Shirazi dem Kind später geben sollte, und erklärte ihm, was sonst noch zu tun war. Gegen acht Uhr abends fuhren wir los. Wie waren kaum aus Teheran heraus, als wir von einigen Pasdaran angehalten wurden. Das waren die Handlanger der Mullahs, ihre zivile Streitmacht, zumeist fanatische junge Männer, die nur an Zerstörung und Gewalt dachten.

Mansur kurbelte das Seitenfenster hinunter. »Wohin fahren Sie?« wurde er angeherrscht. »Steigen Sie aus und öffnen Sie den Kofferraum!«

Mansur drückte mir blitzschnell unauffällig eine kleine Pistole in die Hand, die ich sofort unter meinem Kleid versteckte. »Wir wollen nach Kharaj«, erklärte er den Männern. »Der Bruder meiner Frau ist bei der Revolution gefallen, und wir wollen seine Familie aus Kharaj zu uns holen. Seine Frau weiß noch nichts von seinem Tod.«

Sie glaubten die Geschichte, besonders wohl deshalb, weil ich plötzlich vor lauter Streß und Angst laut zu weinen anfing.

Einer der Pasdaran erklärte uns: »Wenn Sie zur nächsten Straßensperre kommen, sagen Sie dort nur das Wort ›Rosa‹. Das ist ein Geheimwort, und man wird Sie weiterfahren lassen.«

Nur ein paar Kilometer weiter wurden wir wieder durch Pasdaran gestoppt.

»Rosa«, sagte Mansur nur.

»Was soll das?« fragte ein Pasdar ungehalten. »Wollen Sie mich veralbern?«

Mansur klärte ihn über die Anweisung auf, die wir an der vorherigen Kontrolle bekommen hatten, aber der Mann wollte davon nichts wissen und uns beide untersuchen.

»Nehmen Sie Rücksicht auf meine Frau«, bat Mansur. »Sie ist in Trauer, und außerdem ist sie eine Frau. Sie dürfen sie nicht berühren!«

Der Pasdar ging zurück, kontrollierte den Kofferraum und ließ uns weiterfahren. Bis Kharaj wurden wir noch mehrmals angehalten, aber wir kamen durch. Wir waren schon in der Nähe unseres Hauses, nur noch wenige Meter von unserem Ziel entfernt, da sahen wir, daß uns der Weg abgeschnitten war. Einige hundert aufgebrachte, wütende Moslems, dazwischen mehrere Mullahs, hatten sich zusammengerottet. Ich zitterte am ganzen Körper. Unbemerkt umkehren konnten wir auch nicht mehr.

Ich hatte noch immer die Pistole unter meinem Kleid und sagte zu Mansur: »Im Falle, daß sie in meine Nähe kommen, werde ich mich erschießen.« Er nickte stumm. Die Männer forderten ihn auf, auszusteigen. Er wiederholte die Geschichte von meinem gefallenen Bruder. Einer der Männer näherte sich meiner Tür und wollte sie öffnen, aber ich hielt sie geschlossen. Er sah mich an und ging zur Seite. Dadurch gab er den Blick frei auf die Leiche eines Polizisten, der nur wenige Meter neben unserem Auto auf der Straße lag, geköpft. Seinen Kopf sah ich ein paar Schritte weiter liegen in einer großen Blutlache. Mir wurde schlecht, und ich hatte das Gefühl, mich übergeben zu müssen. Plötzlich schob sich ein junger Mann durch das Getümmel auf Mansur zu und schrie laut: »Den Mann kenne ich. Er ist ein Savaki!«

Ich zog die Pistole unter meinem Kleid hervor. Mein Kopf war auf einmal kalt und leer. Die Waffe lag so leicht in meiner Hand wie ein Spielzeug. Ich entsicherte sie und wußte: Dies ist der Augenblick, Gebrauch von ihr zu machen. Lieber Gott, dachte ich nur noch, warum läßt du das zu?

Plötzlich tauchte aus der Menge ein älterer Mann auf, drängte mit seinen Armen die anderen zurück und rief: »Auch wenn er ein Savaki ist, er will doch mit seiner Frau nur weiterfahren. Laßt ihn in Ruhe!« Die Umstehenden waren für einen Augenblick irritiert, den Mansur nutzte, um in den Wagen zu springen. Er startete den Motor, wendete mit durchdrehenden Reifen und wir fuhren zurück. Ich bekam einen Weinkrampf – nicht nur wegen der ausgestandenen Angst, sondern auch aus Dankbarkeit. Wäre dieser alte Mann nicht erschienen, wäre ich in diesem Augenblick schon tot gewesen. »Lieber Gott, ich danke dir«, betete ich still. »Du hast mir gezeigt, daß du doch bei uns warst.«

Es war zwei Uhr morgens, als wir wieder in Teheran waren.

Mansur telefonierte mit einem unserer kurdischen Nachbarn in Kharaj. Von ihm erfuhr er, daß wir großes Glück gehabt hatten, weil wir nicht in unser Haus gegangen sind, denn schon seit dem Nachmittag hätten einige Pasdaran direkt davor gestanden und nur darauf gewartet, daß wir zurückkehrten.

Shirazi blieb in dieser Nacht bei uns und schlief auf der Couch. Wir gingen ebenfalls zu Bett. Aber am kommenden Morgen mußten wir eine Lösung finden, wie es weitergehen sollte. Ich konnte nicht schlafen. Ich dachte nur immer daran, wie nahe ich dem Tod gewesen war. Und meine Tochter war erst sieben Wochen alt! Was wäre aus ihr geworden? Vor meinen Augen hatte ich immer noch das furchtbare Bild des geköpften Polizisten. Ich werde es mein Leben lang nicht vergessen. Die Menschen, die das auf ihr Gewissen geladen hatten, sollten meine Landsleute sein? Ich wollte es nicht glauben! Was würden die nächsten Tage bringen? Neue Schrecken? Vielleicht doch den Tod? Was wäre gewesen, wenn die wütenden Menschen Mansur gelyncht hätten?

Wie hätte ich bei solchen Gedanken einschlafen können! Die ganze Nacht lag ich wach und weinte. Nicht nur die grauenhaften Bilder des Tages waren daran schuld, es war auch die Trauer über das, was unserem Land jetzt bevorstand. Nichts würde mehr so sein wie vorher. Ich legte Asal auf meine Brust. Ich wollte sie ganz nahe bei mir haben, sie spüren. Sie schlief friedlich, und ich wagte nicht, mich zu rühren.

Shirazi mußte schon sehr früh aus dem Haus und versprach, am nächsten Tag wiederzukommen.

»Bevor Sie kommen, rufen Sie bitte von einer Telefonzelle aus an, damit wir wissen, wann Sie hier sein werden«, instruierte ihn Mansur. »Sie müssen sehr vorsichtig sein. Bitten Sie Ihre Frau, uns zu benachrichtigen, falls Sie verhaftet werden. Wenn man Sie nach uns fragt, sagen Sie, Sie hätten uns seit Tagen nicht mehr gesehen und wüßten auch nicht, wo wir uns befinden.«

»Sie dürfen nie denken«, versicherte Shirazi, »daß ich Sie verraten könnte, auch wenn es mein Leben kostet.«

Ihm konnte man jedes Wort glauben; von seiner Seite war nichts für uns zu befürchten. Ich umarmte diesen liebenswerten kleinen, kahlköpfigen Mann dankbar. »Shirazi, Sie sind immer für mich mehr als ein Bruder gewesen, und ich bin stolz auf Ihre Freundschaft, aber ich bitte Sie, sich selbst nicht unseretwegen in Gefahr zu bringen.« Tränen liefen ihm über das Gesicht. Er machte von seinem Äußeren her einen kräftigen und zähen Eindruck, aber er hatte einen weichen Kern; bei jedem kleinen Anlaß mußte er weinen. Als er die Tür hinter sich schloß, mußte ich daran denken, daß von nun an jeder Abschied für immer sein konnte.

Mansur und ich saßen uns gegenüber und überlegten, was zu tun sei. Es gab eigentlich keine andere Alternative, als daß wir uns versteckt hielten und erst einmal abwarteten. Noch nie hatte ich meinen Mann derart traurig und hilflos erlebt. Das Herz tat mir weh, ihn so leiden zu sehen.

Den ganzen Tag über hatten wir das Radio eingeschaltet. Was wir hörten, konnte uns keineswegs beruhigen. Die Erfolgsmeldungen der Revolutionskräfte nahmen kein Ende. Natürlich würde sich meine Familie Sorgen um uns machen, und ich versuchte deshalb, meine Mutter oder eine meiner Schwestern telefonisch zu erreichen, aber es war nicht möglich. Das Telefonnetz war überlastet oder völlig zusammengebrochen.

Wir saßen untätig in der Wohnung herum und warteten. Worauf, das wußten wir selbst nicht. Am Nachmittag hielt es Mansur nicht mehr in unserem Versteck aus. Irgendwo in der Nähe mußte es doch einen Kiosk geben, wo man eine Zeitung bekommen könnte, meinte er. Ich wollte ihn zurückhalten, aber er ließ sich nicht davon abbringen. Er versprach, vorsichtig zu sein und zu Fuß zu gehen.

Mansur mußte doch wissen, wie groß meine Angst war. Warum verstärkte er sie nun noch durch solch ein Risiko? Ich saß wie auf einem Pulverfaß. Es dauerte über eine Stunde, die mir länger als ein Tag vorkam, bis mein Mann endlich zurückkehrte. Aber in welcher Verfassung! Schon an der Tür hörte ich ihn schluchzen. Er warf sich auf die Knie, trommeltc mit den Fäusten auf den Boden und weinte wie ein Kind. Ich lief zu ihm, nahm ihn in die Arme und bemühte mich, ihn zu beruhigen. Noch nie hatte ich ihn so außer sich erlebt.

»Was ist passiert, Aziz?« fragte ich stockend. Statt einer Antwort reichte er mir die erste Seite der Zeitung, die er mitgebracht hatte. Sie war voller Fotos vom Schah und hingerichteter Offiziere. Vor meinen Augen drehte sich alles. Die Leichen sahen fürchterlich aus. Was waren das nur für Menschen, die so bestialisch Rache übten?

Aber das war nur der schreckliche Anfang einer nicht endenwollenden Welle von Hinrichtungen. Und sie beschränkten sich bald keineswegs auf schahtreue Offiziere. Khomeinis Henker wüteten in allen Schichten der Bevölkerung, wo immer sie jemanden entdeckten, der nicht mit der islamischen Republik sympathisierte. Man schleppte sie vor ein Tribunal; das schnelle Urteil war immer das gleiche: Tod – oder bestenfalls Gefängnis. Und immer waren einige dabei, die Mansur persönlich kannte. Ich fürchtete manchmal, er würde darüber den Verstand verlieren.

Shirazi, die treue Seele, kam Tag für Tag und brachte Lebensmittel, die er zum doppelten Preis auf dem schwarzen Markt ergatterte. Auch Zeitungen besorgte er und überbrachte Nachrichten von anderen SAVAK-Mitarbeitern, die er und Mansur kannten. Viele von ihnen saßen schon im Gefängnis. Mansur gab Shirazi ein Bündel Banknoten, die er an die Familien der Inhaftierten verteilen sollte. Sie würden jetzt Hilfe nötig haben, und die Frauen und Kinder sollten nicht hungern. Selbstverständlich war es auch in meinem Sinne, daß Mansur seinen Freunden in dieser Notzeit half, aber ich fragte mich auch ein wenig beklommen, ob er genügend Geld zur Verfügung hatte und für wie lange.

An einem jener Tage entdeckten wir in einer Zeitung ein Foto, das uns tief ins Herz schnitt. Es war das Bild von Salars Leiche. Salar gehörte zur Familie Jaff, einer sehr angesehenen kurdischen Familie, die mit uns befreundet war. Salar war Abgeordneter im Parlament gewesen. Das war sein Todesurteil. Wir kannten ihn und seine Angehörigen als äußerst gütige Menschen. Unsere Trauer über seinen Tod war unbeschreiblich. Mansur schrie außer sich: »Wo bleibt die Gerechtigkeit! Im Koran steht geschrieben: ›Ein Königreich behält seine Macht im Falle von Gottlosigkeit, aber im Fall von Ungerechtigkeit wird Gott es vernichten.‹ Wie konnte Gott diesen blutgierigen Wölfen die Macht in die Hände geben!« Er beruhigte sich nur langsam. Dann sagte er entschlossen: »Ich muß Salars Familie ein Zeichen geben, daß ich zu ihr stehe. Ich muß versuchen, sie irgendwie zu erreichen.« Er sah mich an. »Aziz, du könntest mit Shirazi zu ihnen fahren, um ihnen unser Beileid und Mitgefühl auszudrücken.« Die Familie Jaff lebte in Kharaj nur zwei Straßen von unserem Haus entfernt. »Wenn du dort bist«, fügte Mansur hinzu, »gehst du in unseren Garten. An einer Stelle, die ich dir noch genau erklären werde, habe ich vor einiger Zeit eine Pistole vergraben. Grab sie aus und überbring sie dem Sohn der Barazanis.«

Daß dieser Auftrag nicht ungefährlich sein würde, war mir klar. Bestimmt würde das Haus der Jaffs überwacht, und wenn mich zudem noch jemand erkannte, wußte ich, was mich erwartete. Ins Gefängnis zu kommen, war das mindeste, womit ich rechnen mußte, aber wer konnte voraussagen, wie die Revolutionäre in ihrer Rachsucht sonst noch reagierten. Die Sache konnte auch tödlich für mich ausgehen.

Trotzdem wäre mir nie in den Sinn gekommen, Mansurs Bitte abzulehnen. Ich kann es niemandem verdenken, wenn er mir heute meine damalige Einstellung als unglaublich einfältig vorhält. Es war wohl eine Art von Hörigkeit, die meine Beziehung zu Mansur prägte; was er sagte, war mir heilig. Oder war es doch »nur« eine übergroße Liebe, die mir mein eigenes Leben unwichtig erscheinen ließ?

Es war mir nur nicht recht, daß Shirazi mich begleitete; er sollte unseretwegen nicht seine Freiheit oder gar sein Leben aufs Spiel setzen. Doch er selbst bestand hartnäkkig darauf, mich zu fahren.

Am nächsten Morgen um neun Uhr stand Shirazi bereit. Ich wählte für diesen Tag von meinen beiden Kleidern das blaue mit weißen Punkten, in dem ich sehr weiblich wirkte. Mansur hatte mich darauf aufmerksam gemacht, daß die Kurden bei Trauerfällen nie schwarze Kleidung tragen.

Falls Khomeinis Leute mich abfingen, sollten sie auch nicht denken, ich sei ängstlich, und deshalb schminkte ich mich, wenn auch nur ganz dezent.

»Wenn mir etwas passieren sollte«, sagte ich zu Mansur beim Abschied, »dann versprich mir, daß du Asal zu meiner Mutter oder meiner Schwester Lida bringen wirst.«

Er versprach es. »Ich werde die ganze Zeit über in Gedanken bei dir sein, Aziz. Du bist sehr mutig; ich werde nicht aufhören, dich zu lieben.«

Ich küßte seine traurigen dunklen Augen und ging hinaus zu Shirazi, der schon den Wagen vorgefahren hatte.

Wir brauchten eine Stunde bis Kharaj. Die Fahrt durch Teheran war deprimierend. Was war innerhalb kürzester Zeit aus dieser Stadt geworden, die einst als Perle des Nahen Ostens gegolten hatte! Sie war schwarz und desolat. Früher war ich oft im Ausland gewesen und hatte mich von vielen europäischen Städten begeistern lassen, doch jedesmal, wenn ich nach Hause zurückkehrte, erschien mir Teheran als die Königin aller Städte. Sie vereinte auf wundersame Weise den Orient und die westliche Welt in sich, es war eine Stadt voller Lebensfreude. Städte, so habe ich es immer wieder empfunden, haben – wie die Menschen – einen eigenen Charakter. Es gibt ernste Städte, manche sind unauffällig, andere hinterlassen Spuren, die sich in der Erinnerung nie verwischen lassen; wieder andere sind traurig, oberflächlich, unpersönlich oder nervös. Teheran war eine besondere Stadt. Sie hatte Charme und Schönheit; sie war wie eine Verführerin, eine kokette Geliebte. Jetzt aber hatte man sie geschlagen, verletzt, gedemütigt und verbrannt.

Wir fuhren nach Kharaj hinein, und Shirazi wollte den Wagen vor dem Haus der Familie Jaff parken. Ich riet ihm, ein Stück weiterzufahren und im Auto auf mich zu warten. »Wenn jemand Sie fragen sollte, wer Sie sind, so sagen Sie, Sie seien ein Verwandter von mir, ein Onkel.«

Als ich das Haus betrat, kam mir die gesamte Familie entgegen. Einer nach dem anderen umarmte mich, und alle weinten laut. Dann bildeten sie einen Kreis um mich und begannen – immer noch weinend – zu tanzen. Ich stand etwas verlegen inmitten dieses Kreises, und es dauerte eine ganze Weile, bis sie das Begrüßungszeremoniell beendeten und sich setzten. Immer wieder beteuerten sie, wie glücklich sie seien, mich heil wiederzusehen, und fragten nach Mansur, ob er auch gesund sei. Ich sagte ihnen, daß er gern selbst gekommen wäre, aber leider verhindert sei. Sie waren voll aufrichtiger Dankbarkeit, daß wir sie nicht vergessen hatten. Salars jüngerer Bruder, der in unserer unmittelbaren Nachbarschaft wohnte, befand sich ebenfalls im Haus. Er war verbittert und schwor, für seinen Bruder Rache zu nehmen. Ich konnte seinen Schmerz und seine Wut nachempfinden. Nach einer Stunde verabschiedete ich mich und ging zu Shirazi.

»Wir müssen sehr vorsichtig sein«, sagte ich. »Fahren Sie bitte ganz langsam auf unser Haus zu, und wenn niemand zu sehen ist, halten Sie an. Ich werde schnell zum Haus gehen, und Sie fahren ein kurzes Stück weiter und warten auf mich. Ich werde mich beeilen. Wenn jemand kommt und Ihnen Fragen stellt, denken Sie daran, daß Sie auf keinen Fall etwas sagen dürfen, das Sie als SAVAK-Mitarbeiter verraten könnte. Geben Sie sich als mein Onkel aus und daß Sie mir lediglich helfen wollen.«

Ich verließ das Auto und sah mich nach allen Seiten um. Es war niemand in der Nähe. Schnell lief ich in unseren Garten und fand sofort die Stelle, die Mansur mir beschrieben hatte. Ich grub mit den Händen in dem lockeren Boden und stieß schon bald auf die in Ölpapier eingepackte Pistole. Ich nahm das Paket hastig an mich und rannte zu Shirazi zurück. »Beeilen Sie sich bitte, und bringen Sie die Pistole dem Sohn der Barazanis«, bat ich ihn. Bis zu ihrem Haus waren es knapp fünf Minuten.

»Was haben Sie inzwischen vor?« fragte Shirazi mißtrauisch.

»Solange Sie fort sind, werde ich noch einmal in unser Haus gehen. Vielleicht kann ich noch einige Sachen für Asal mitnehmen und auch für Mansur und mich.« Er hob beschwörend die Hände. »Es ist zu gefährlich; tun Sie es nicht!«

»Es ist niemand zu sehen; es wird schon nichts passieren«, beruhigte ich ihn. Shirazi fuhr los, und ich rannte, so schnell ich konnte, zu unserem Haus. Mit zitternden Händen schob ich den Schlüssel ins Türschloß; er paßte noch.

Was ich drinnen erblickte, möchte ich meinem ärgsten Feind nicht wünschen. Alles starrte vor Schmutz; überall lagen verdorbene Essensreste herum, Gestank schlug mir entgegen. Alle Teppiche und Bilder waren verschwunden und fast alle Möbel.

Wie betäubt rannte ich ins Schlafzimmer. Es war leer bis auf eine Matratze auf dem Boden, die kreuz und quer mit Messern tief zerschnitten war. Daneben lagen zerrissene Kleider. Von meinem Schmuck war natürlich auch nichts mehr da. Nicht einmal den Teppichboden hatten sie verschont; auch er war zerschnitten.

Unser Vorratsraum war vollkommen ausgeräumt. Zerrissene Bücher lagen überall in der Wohnung auf dem Boden. Im Schlafzimmer hatte ein Bild von mir gehangen, das mich im Bikini zeigte. Auch das war fort. Ich suchte nach unseren persönlichen Unterlagen, wie Zeugnissen und anderen Papieren, aber nichts war mehr da. Verstört stand ich inmitten dieses Chaos und hörte mich immer wieder fragen: »Warum? Warum?«

Ich war sicher schon länger als fünf Minuten im Haus, als ich plötzlich draußen Stimmen hörte. Und dann hämmerte jemand wild gegen die Eingangstüre. Ich lief hin und öffnete. Vor mir standen fünf Pasdaran mit Maschinenpistolen. Einer von ihnen griff nach meinem Arm und zog mich nach draußen, während er seine Kalaschnikow gegen meine Brust drückte.

Ich nahm meinen ganzen Mut zusammen, schob die Waffe zur Seite und sagte: »Junger Mann, sehen Sie nicht, daß mich schon ein Luftzug umblasen könnte? Wozu die russische Nachhilfe?«

Er sah mich böse an. Er war wohl noch nicht einmal achtzehn, und auch die anderen mochten zwischen fünfzehn und zwanzig Jahren alt sein. Der Bursche schrie mich an, sie wollten mich zum Komitee bringen. Diese Komitees tagten in öffentlichen Gebäuden und auch in den von Schahanhängern verlassenen Privathäusern. Sie setzten sich aus Mullahs zusammen, die alle verdächtigen Personen festnehmen ließen und ohne Gerichtsverhandlung verurteilten. Den Gefangenen wurde nicht einmal eine Anklage vorgelesen; sie wußten nicht, wessen man sie beschuldigte.

Jetzt brachte man mich dorthin. Was man mir zur Last legen würde, wußte ich allerdings: Ich war mit einem Savaki verheiratet. Die Pasdaran forderten mich auf, in einen Jeep zu steigen, der mit einem Fahrer vor dem Haus stand. Ich dankte Gott, daß Shirazi nicht da war. Aber kaum hatte ich den Jeep bestiegen, als er auftauchte. Er rannte auf den Jeep zu und forderte die Männer auf, mich gehen zu lassen. Der neben mir sitzende Pasdar brüllte ihn an: »Wer sind Sie? Was erlauben Sie sich überhaupt, so mit uns zu reden?«

Bevor Shirazi antworten konnte, sagte ich: »Er ist mein Onkel. Er hat mich hierhergebracht, weil ich hoffte, ein paar Sachen für mein Baby mitnehmen zu können.«

»Er kommt auch mit uns«, befahl der Pasdar.

Ich flehte ihn an: »Er ist nur ein einfacher, harmloser Mann, der von alledem gar keine Ahnung hat. Lassen Sie ihn nach Hause fahren, sonst macht seine Frau sich Sorgen um ihn.«

Der Mann lachte höhnisch. »Sie verkennen Ihre Lage, junge Frau. Ihnen steht es nicht zu, Forderungen zu stellen.«

Sie schoben Shirazi in den Jeep und fuhren mit uns zu einer nahegelegenen Schule, die jetzt geschlossen und zu einer Stätte von Mord und Folterungen umfunktioniert worden war.

Wir wurden aus dem Jeep gestoßen; ich spürte die Kalaschnikow in meinem Rücken. Man führte uns in einen großen Raum, in dem sich mindestens zwanzig Männer befanden. Blutunterlaufene Augen starrten mich aus bärtigen Gesichtern haßerfüllt an. Ich hatte keinen Schleier und trug dazu noch das figurbetonende Kleid. Ich mußte für sie ein provozierender Anblick sein. Ein überdimensionales Bild von Khomeini hing an der Wand. An einem Schreibtisch saß ein kleiner schmächtiger Mullah, der jetzt zu mir aufblickte; er mochte vielleicht fünfunddreißig Jahre alt sein.

»Wie ist Ihr Name?«

»Welchen Namen möchten Sie hören? Den jetzigen oder meinen früheren?« fragte ich so kalt, wie ich es nur vermochte.

Er sah mich erstaunt an: »Was soll das heißen?«

»Ich war Christin, und mein Name war Aiyleen. Da ich aber einen Moslem heiraten wollte, bin auch ich Moslime geworden und heiße jetzt Fatehmeh. Ich muß Ihnen aber sagen, daß ich es heute bedaure, diesen Schritt getan zu haben. Ich wünschte, ich hätte diesen Fehler nicht begangen. Bisher habe ich angenommen, der Islam sei eine perfekte Religion, deren Bestreben es ist, Gerechtigkeit zu üben. Doch jetzt muß ich erleben, daß ich mich geirrt habe.« Ich hatte mit diesen Worten genau den richtigen Punkt bei ihm getroffen.

Der Mullah sah mich eine Weile amüsiert an, dann fragte er: »Woher haben Sie Ihren seltsamen Akzent?«

»Ich bin im Irak geboren. Außerdem habe ich Arabisch gelernt und kann deshalb den Koran viel besser verstehen. Ich habe ihn von Anfang bis Ende gelesen.«

Sie waren auf einmal alle sehr erstaunt. Meine Antworten hatten ihre Wirkung nicht verfehlt, besonders wohl die Lüge über meinen Übertritt zum Islam. Ich merkte, daß sich die anfängliche Spannung etwas lockerte. Ganz naiv fragte ich: »Warum hat man mich eigentlich hierhergebracht?«

Der Mullah lachte. »Soll ich Ihnen wirklich abnehmen, Sie wüßten das nicht?«

»Nein, ich habe keine Ahnung. Ich kann mich nicht entsinnen, irgend jemandem in meinem Leben weh oder unrecht getan zu haben.«

Er schmunzelte und sagte süffisant: »Ach, wissen Sie, um Sie geht es uns doch gar nicht. Ihren Mann wollen wir haben.«

»Warum ihn?« tat ich erstaunt.

»Sind Sie wirklich so dumm, oder tun Sie nur so? Ihr Mann war doch beim SAVAK.«

»Und wenn er beim SAVAK war: Was soll das schon heißen? Es ist bekannt, daß viele dort beschäftigt waren. Manche arbeiteten in den Personalabteilungen, andere hatten die Aufgabe, nur Tee zu kochen. Sind das Gründe, eine Verhaftung zu rechtfertigen?«

»Sie wollen damit doch wohl nicht andeuten, Ihr Mann sei zum Teekochen abgestellt worden«, sagte der Mullah ärgerlich.

»Nein, im Gegenteil: Ich weiß, daß mein Mann sogar sehr hart gearbeitet hat, nicht nur am Tag, sondern auch oft ganze Nächte hindurch. Nicht umsonst hat er schon seit seinem fünfundzwanzigsten Lebensjahr mit Magengeschwüren zu tun. Er hat seine Arbeit mit großem Verantwortungsbewußtsein getan, und darum verstehe ich noch weniger, weshalb er verhaftet werden soll.« Lautes Hohngelächter erscholl aus der ganzen Runde. Ich aber blieb vollkommen ernst.

In schneidendem Ton forderte der Mullah mich nun auf: »Gnädige Frau, sagen Sie uns, wo Ihr Mann ist, und Sie können sofort nach Hause gehen!«

»Es tut mir leid, aber das werden Sie von mir nicht erfahren«, entgegnete ich fest. Er sah mich überrascht an und meinte spöttisch: »Es ist sehr ungewöhnlich, daß die Frau eines Savaki unter diesen Umständen noch zu ihrem Mann hält, aber auch sehr dumm, denn Sie müßten wissen, welche Folgen das für Sie haben kann.«

»Wissen Sie«, antwortete ich, »das kann ich Ihnen leicht erklären. An erster Stelle steht mein Glaube zu Allah; er wird es nicht zulassen, daß mir unschuldigerweise etwas zustößt. Allah ist Zeuge, daß mein Mann hart gearbeitet und sich immer korrekt verhalten hat.«

Einer der Männer lachte laut auf. »Geben Sie doch endlich zu, daß Ihr Mann ein Mörder ist!«

Ich warf ihm einen zornigen Blick zu. »Wissen Sie, was Johannes der Täufer zur Antwort gab, als man ihn fragte, ob er Jesus, der verheißene Messias, sei? Er gab zur Antwort, daß er nicht würdig sei, seinen Schuhriemen zu lösen. Dasselbe könnte ich Ihnen sagen: Sie sind es ebenfalls nicht wert, meinem Mann solch einen niederen

Dienst zu erweisen. Als viele andere, zu denen Sie vermutlich auch gehören, ihr Leben in vollen Zügen genossen haben, verbrachte mein Mann Tag und Nacht seine Zeit damit, unser Land zu schützen.«

Mit einem Ruck erhob sich der Mann und wollte sich auf mich stürzen. »Setz dich wieder hin!« schrie der Mullah ihn an. Dann sah er mich an, obwohl auch ihn meine Antwort wütend gemacht haben mußte. Er beugte sich zu mir vor und sagte, indem er jedes einzelne Wort betonte: »Ich glaube, es muß Ihnen langsam klar sein, daß Sie nicht eher hier herauskommen, als bis Sie uns verraten haben, wo wir Ihren Mann finden.« Das war mir tatsächlich klar, und ich nickte. Er rief einem Pasdar zu, mich mitzunehmen.

Als wir den Raum verließen, hörte ich Shirazi schreien. Ich lief zurück und sagte dem Mullah: »Beweisen Sie mir, daß Sie ein Moslem sind, indem Sie meinen Onkel freilassen! Er hat nichts mit dieser Sache zu tun. Es ist unmenschlich, ihn zu quälen.«

»Von einem Onkel liegt mir nichts vor«, sagte er und befahl dem Pasdar, Shirazi freizulassen. Dann forderte er mich auf, wieder zu gehen. Blitzschnell setzte ich mich auf den Boden und erklärte: »Ich werde nicht eher hier hinausgehen, bis ich gesehen habe, daß mein Onkel wirklich frei ist.« Ich hatte so spontan reagiert, daß mir erst danach zu Bewußtsein kam, eine ziemlich gewagte Äußerung getan zu haben. Andererseits hatte ich das Gefühl, dem Mullah nicht unsympathisch zu sein. Zumindest war er durch meinen plötzlichen Sitzstreik irritiert. Darum sagte er, wobei er sich ein Schmunzeln kaum verkneifen konnte: »Mir ist in meinem ganzen Leben noch keine Frau begegnet, die dermaßen dickköpfig und dumm ist.« Dann schrie er einen der Pasdaran an: »Bring den Onkel her!« Damit sah ich meine Vermutung bestätigt, daß sein erster Befehl, Shirazi freizulassen, nicht ernst gemeint gewesen war.

Man brachte Shirazi herein. Ich sah ihm an, daß er Schmerzen hatte; er war geschlagen worden.

»Du kannst jetzt gehen«, sagte ich zu ihm.

»Nein!« antwortete er störrisch.

Ich wurde böse. »Onkel, tu, was ich dir sage. Du gehst jetzt nach Hause. Ich werde nachkommen; es wird nicht lange dauern.«

»Nein«, wiederholte er und rührte sich nicht, »nichts kann mich dazu bewegen, ohne dich zu gehen.« Da gab ich es auf. Man brachte Shirazi in den Raum zurück, aus dem man ihn geholt hatte. Ich hörte den Mullah jedoch Anweisungen geben, man solle ihn in Ruhe lassen, war mir aber nicht sicher, ob er mich damit nur beruhigen wollte. Dann forderte er einen Pasdar auf, auch mich fortzubringen.

Wir gingen ein Stück den Korridor entlang, der Pasdar schloß eine Tür auf und schob mich in ein dunkles Gelaß. Es muß eine Art Besenkammer gewesen sein, kaum größer als einen Quadratmeter. Der Platz reichte gerade aus, um darin stehen zu können oder auf dem Boden mit angezogenen Beinen zu sitzen.

»Wenn Sie Ihre Meinung ändern und uns sagen wollen, wo Ihr Mann ist, dann können Sie laut klopfen.« Der Pasdar ließ mich allein und verschloß die Tür. Ich kauerte mich auf den Boden und überdachte meine aussichtslose Lage. Ich hatte Angst und wußte nicht, wie es weitergehen sollte. Sie würden mich nicht eher hier fortlassen, als bis ich ihnen das Versteck meines Mannes preisgab. Aber eins stand für mich fest: Nie würde ich verraten, wo Mansur sich aufhielt, und wenn sie mich umbrachten. Um Shirazi machte ich mir ebenfalls Sorgen. War er stark genug, bei weiteren Folterungen schweigen zu können?

Ich hockte in meinem dunklen Verlies auf der Erde und begann zu grübeln. War dies der Anfang vom Ende? Ich überdachte mein bisheriges Leben. Die Jahre rollten wie ein Film vor meinem inneren Auge ab. Ich dachte an meine Kindheit. Schon immer hatte ich mich vor der Dunkelheit gefürchtet. Bis zu meinem neunten Lebensjahr schlief ich immer bei meiner Mutter, und auch später fand ich leicht einen Grund, zu ihr ins Bett zu kriechen. Der Wunsch, wieder ein Kind zu sein, wurde übermächtig in mir. Dann glitten meine Gedanken zu Mansur, der auf mich wartete und zu diesem Zeitpunkt vermuten mußte, daß etwas passiert war. Wir hätten sonst schon wieder zu Hause sein müssen. Was würde Mansur ohne mich anfangen? Konnte er selbst sich retten? Was sollte aus meinem Kind werden, diesem unschuldigen kleinen Wesen? Ich fragte mich immer wieder: »Warum, warum, warum muß das alles nur geschehen?«

Als ich mich aus Liebe für Mansur entschied, habe ich mir keine Illusionen gemacht, es könnte ein leichter Weg werden. Es war eine verbotene Liebe, und damit gab es keine Gewähr für eine ruhige Zukunft. Ich hatte es nicht anders gewollt und hätte es auch jetzt nicht ändern wollen, selbst wenn ich gekonnt hätte.

Ja, ich hatte bisher viele Schmerzen ertragen müssen, aber ist es nicht manchmal so, daß ein Mensch erst das Bewußtsein bekommt, wirklich ein Mensch zu sein, wenn er das Leid kennengelernt hat? Fröhlichkeit ist ein eher oberflächliches Gefühl, dessen Urheber ich in der Regel selbst bin. Schmerz dagegen ist der Lehrer, der den Menschen zu schöpferischer Leistung hinführen kann. Haben oftmals nicht gerade schmerzgeplagte und verzweifelte Künstler die höchsten Höhen erreicht? Viele der schönsten Kunstwerke, Symphonien, Gemälde, Gedichte: Waren sie nicht Kinder, die aus Schmerzen geboren wurden?

Auch ich mußte nun leiden für eine für mich heilige Sache, für meine Liebe. Mit diesen Gedanken versuchte ich mich zu trösten.

Ich betete auch zu Gott, man sollte mich umbringen, wenn er es zulassen würde, aber nicht auch noch vergewaltigen. Dagegen gab es keine Möglichkeit, mich zu verteidigen, auch keine, mir selbst das Leben zu nehmen. Wie und womit hätte ich es tun können?

Inzwischen war es vollkommen dunkel geworden, und ich saß immer noch in diesem Loch. Wie spät mochte es sein? Ich wußte nicht, was mich erwartete, aber ich wurde allmählich ruhiger. Es war eine Ruhe, die sich darauf gründete, daß ich nichts mehr zu verlieren hatte. Ich hatte mich damit abgefunden, mit dem Schlimmsten rechnen zu müssen. Mit dieser Gewißheit stirbt auch jede Angst vor einem Risiko. Ich war soweit, den Tod zu akzeptieren. Dann dachte ich wieder: Gibt es wirklich nichts mehr, was ich tun könnte? Ich war doch keine Frau, die einfach aufgab. Und plötzlich hatte ich das Gefühl, daß ich irgendwie wieder hier herauskommen würde.

Diese Art von Gefühl, ja, eigentlich eine innere Gewißheit, hatte ich früher schon bei einigen Gelegenheiten verspürt und war nie davon getäuscht worden. Es kam mir ein Gedanke, der mir einen Versuch wert schien.

Ich klopfte laut gegen die Tür. Ein Pasdar öffnete. »Was wollen Sie?«

»Ich muß mit dem Mullah sprechen.«

Der Mann schloß mich wieder ein und ging. Nach ein paar Minuten kam er zurück und brachte mich in den Raum, in dem ich am Vormittag verhört worden war. Wieder starrten mich mindestens zwanzig Augenpaare an, als ich hereingeführt wurde. Auch der Mullah war da. Ich fragte nach der Uhrzeit. Es war eine Stunde vor Mitternacht. Der Mullah sagte: »Na, sind Sie jetzt vernünftig geworden?«

»Ich habe nachgedacht, und meine mütterlichen Gefühle haben gesiegt. Ich habe ein Baby, das mich braucht, deshalb muß ich nach Hause und werde Ihnen sagen, wo Sie meinen Mann finden.«

Ein Siegerlächeln überzog sein Gesicht. »Dann fangen Sie mal an!«

»Es tut mir leid, aber hier werde ich es nicht sagen, wo alle zuhören können. Wenn ich diese Männer ansehe, weiß ich, wie blutrünstig sie sind. Sie warten darauf, meinen Mann zu töten. Aber Ihnen vertraue ich; Sie sind ein geistlicher Mann. Ich möchte mit Ihnen unter vier Augen sprechen.«

Er stand auf und reckte sich; meine Worte hatten ihm geschmeichelt. Genau das hatte ich gehofft.

Er bat mich, ihm zu folgen, und wir gingen in ein Nebenzimmer. Ich versuchte, einen verschwörerischen Ton anzuschlagen und begann fast flüsternd: »Wissen Sie, Sie scheinen ein gebildeter und vernünftiger Mann zu sein, der mich wirklich beeindruckt hat. Ich habe das Gefühl, mit Ihnen offen sprechen zu können, aber verstehen Sie bitte, daß ich es nicht im Beisein der anderen konnte.« Es war offensichtlich, wie er mein Süßholz voller Genugtuung genoß. »Sie sind unvoreingenommen, und deshalb kann ich Ihnen etwas sagen, das auch für Sie vorteilhaft sein kann«, fuhr ich fort. »Mein Mann könnte für die neue Regierung sehr wertvoll sein. Er ist, was die Kurdenfrage betrifft, ein exzellenter Experte, wie Sie ihn nicht noch einmal in unserem Land finden werden. Sie wissen so gut wie ich, daß das Problem der Unabhängigkeitsbestrebungen der Kurden auf uns zukommen wird. Niemand wäre besser in der Lage, es zu bewältigen, als mein

Mann. Das ist eine Tatsache, die Sie gern nachprüfen können. Ich an Ihrer Stelle würde mir zweimal überlegen, ob ich einen Mann mit solchen Fähigkeiten, Erfahrungen und so viel Wissen liquidiere. Ehe Sie etwas Voreiliges tun, sollten Sie mit anderen zuständigen Männern der Regierung darüber sprechen. Das Kurdenproblem wird der neuen Regierung – da werden Sie mir recht geben – noch viel Kopfzerbrechen bereiten. Bedenken Sie auch die Chance für Sie selbst, wenn Sie eine Lösung präsentieren können.«

Er hatte sehr aufmerksam zugehört, und ich betete, daß mein Plan gelang. Bevor er antworten konnte, fügte ich noch hinzu: »Ich meine, es war meine Pflicht, Ihnen das zu sagen, weil ich mein Land liebe. Und wenn Sie mir jetzt versprechen, meinen Mann nicht zu töten, bevor Sie ihm eine Chance gegeben haben, Ihnen selbst detailliert zu erklären, was ich Ihnen nur kurz andeuten konnte, werde ich Ihnen seine Adresse angeben.«

Gott, ich spürte es: Es war angekommen bei ihm. Mit etwas Phantasie konnte ich es fast knistern hören hinter seiner Stirn. Ich hatte es geschafft, glaubwürdig zu erscheinen. Der Mullah sah mich fast bittend an: »Werden Sie mir denn vertrauen, wenn ich es verspreche?«

»Ja«, sagte ich, »weil ich gespürt habe, daß Sie ein Ehrenmann sind.«

»Wissen Sie, daß ich noch niemals eine solche Frau wie Sie kennengelernt habe? Bisher war ich der Meinung, alle Savaki-Frauen wären Huren, alle von der gleichen Sorte. Der Mann, der Sie zur Frau hat, kann gar nicht schlecht sein.«

Ich bedankte mich und gab ihm nun die Adresse, unter der ich mit meiner Familie früher gewohnt hatte. Es war die Rooseveltstraße in einem der vornehmen Vororte Teherans. Der Mullah sagte sehr verbindlich: »Wenn Sie wollen, können Sie jetzt gehen. Es ist aber schon sehr spät, und Sie können, falls Sie es wünschen, auch über Nacht hierblieben und morgen früh nach Hause.«

»Haben Sie vielen Dank«, sagte ich, »aber Sie wissen, daß ich ein Kind von sieben Wochen habe, deshalb möchte ich doch so schnell wie möglich zurück. Es wäre sehr nett, wenn Sie meinen Onkel holen ließen, damit wir nach Hause fahren können.«

Nach ein paar Minuten kam Shirazi. Er sah erschöpft aus. Ich bedankte mich nochmals bei dem Mullah, der inzwischen einen Pasdar herbeigerufen hatte, der uns zu unserem Haus in Kharaj fahren sollte, wo unser Auto noch parkte.

Als ich mit Shirazi endlich in unserem Wagen saß, fragte ich ihn, ob man ihn geschlagen habe. »Ja«, antwortete er. »Sie wollten unbedingt wissen, wo sie Mansur finden können, aber ich habe immer nur gesagt, ich wüßte es nicht, ich hätte auch nie engeren Kontakt zu ihm gehabt. Aber was ist mit Ihnen?« fragte er besorgt. »Hat man Ihnen etwas angetan?« Ich verneinte und erzählte ihm, was ich erlebt hatte.

Ich fürchtete, daß wir möglicherweise verfolgt würden, und schlug Shirazi vor, nicht auf direktem Wege nach Hause zu fahren, sondern in Richtung der Rooseveltstraße. »Das ist eine gute Idee«, meinte er. »Ich bewundere Sie, daß Sie bei allem einen so kühlen Kopf bewahrt haben und den Mut hatten, so mit den Männern zu sprechen.«

»Ach, wissen Sie, ich bin mir nicht sicher, ob man das als Mut bezeichnen kann. Vielleicht ist es nur ein Überlebensmechanismus.«

Wir fuhren zur Rooseveltstraße, und obwohl wir auf der letzten Strecke keine Scheinwerferlichter mehr hinter uns entdeckten, machte Shirazi noch viele Umwege, bis wir endlich gegen drei Uhr morgens zu Hause ankamen.

Mansur war nur noch ein Nervenbündel. Er nahm mich in die Arme und fragte ängstlich und ganz leise: »Aziz, sag, hat man dir etwas angetan?«

»Nein«, erwiderte ich. »Mach dir keine Sorgen, mir ist nichts passiert.«

Shirazi fiel plötzlich auf die Knie vor mir und küßte mir die Hände. Zu Mansur sagte er: »Oh, Sie sind ein glücklicher, beneidenswerter Mann, eine solche Frau zu haben. Sie war heute eine Heldin. Ich bin stolz auf sie.«

Ich bat ihn aufzustehen und ging ins Kinderzimmer, um nach Asal zu sehen. Als ich ihr schönes Kindergesicht betrachtete, wie sie so friedlich in ihrem Bettchen schlief, konnte ich mich auf einmal nicht mehr beherrschen und mußte nach all der Anspannung und Erschöpfung weinen.

Mansur holte Shirazi und mir ein Glas Brandy und machte uns eine Kleinigkeit zu essen. Währenddessen berichtete ich ihm, was geschen war, angefangen von meinem Besuch bei der Familie Jaff bis hin zu den schrecklichen Stunden in der Gewalt des Komitees.

Mansur weinte und bat mich um Verzeihung, daß er mir das zugemutet hatte. »Ich habe die ganze Zeit daran denken müssen, was ich tun würde, wenn dir etwas passiert wäre«, sagte er. »Wie unverantwortlich war es von mir, dich in eine solche Gefahr zu bringen! Und du hast dich so klug verhalten! Du bist wirklich meine Traumfrau geworden. Seit du vierzehn warst, wußte ich, daß einmal der Tag kommt, an dem ich sagen würde: ›Dieses ist meine Traumfrau.‹«

Es war schon fast Morgen, als wir zu Bett gingen; Shirazi blieb noch bei uns und schlief wieder auf der Couch im Wohnzimmer. Als ich mich hingelegt hatte, dachte ich daran, daß wir schnellstens überlegen mußten, wie es nun weitergehen sollte. Unser Leben war zweifellos in Gefahr. Dann schlief ich vor Erschöpfung ein.

Bevor Shirazi uns am folgenden Vormittag verließ, drückte Mansur ihm ein Bündel US-Dollar in die Hand. »Nehmen Sie es«, sagte er, »man weiß nicht, was noch auf uns zukommen wird, und ich möchte sicher sein, daß Sie und Ihre Frau zumindest für eine Weile versorgt sind.« Shirazi wollte das Geld nicht annehmen, doch Mansur gab nicht nach. »Wenn sich die Lage wieder zum Guten wenden sollte, und Sie brauchen das Geld nicht, können Sie es mir ja zurückgeben.« Shirazi war gerührt und dankte – wie üblich – mit Tränen.

Die Tage schlichen dahin; wir konnten nichts anderes tun, als uns mit Asal zu beschäftigen, zu schlafen, zu essen und zu lesen. In der Wohnung befanden sich viele Bücher, und ich wußte nicht, wem sie gehörten. Später erfuhr ich von Mansur, daß es seine eigenen waren – und nicht nur das: Auch die Wohnung selbst war unser Eigentum.

Die einzigen Menschen, die uns jetzt noch besuchten, waren Shirazi und Mansurs Freund Bahman. Er war noch unverheiratet und führte ein recht wildes Leben als Junggeselle. Bahman war ein gutaussehender Mann und der einzige, der die ganze Wahrheit über mich wußte. Trotz aller bedauerlichen Umstände verbrachten wir viele angenehme Abende zu dritt. Wir diskutierten bis spät in die Nacht hinein über Politik und schmiedeten Zukunftspläne. Bahman wollte mit uns fliehen und dann irgendwo ein Restaurant eröffnen. Er war ein sehr guter Koch, und er meinte, mit meiner Unterstützung könnte es ein Restaurant von allerfeinster Klasse werden. Es waren

Träume, die sich niemals erfüllen lassen würden. Aber mit solchen Phantasien konnten wir wenigstens dann und wann, zumindest in Gedanken, unser Versteck verlassen. Asal war Bahmans liebstes Spielzeug; er fotografierte gern und gut, und meine Tochter war sein bevorzugtes Modell. Wenn er bei uns war, brauchte ich mich nicht um sie zu kümmern. Bahman fütterte sie und wurde es nicht müde, mit ihr zu spielen, bis sie erschöpft war und er sie auch ins Bett brachte.

Der Sommer 1979 kam, und es wurde warm in Teheran. Wir verbrachten viel Zeit draußen am Swimmingpool. Die meisten unserer Nachbarn in diesem Wohnblock waren Ausländer, Deutsche, Franzosen und Amerikaner, aber es gab auch einige iranische Familien. Kontakt hatten wir nicht zu ihnen; wir beschränkten uns auf einen freundlichen Gruß, wenn wir sie trafen.

Asal war eine kleine Wasserratte; sie liebte das kühle Naß. Sie war jetzt sechs Monate alt und ein bezauberndes Baby. Wenn ich Einkäufe machte, nahm ich Asal mit. Ich besorgte Kleidung für sie und Mansur. Wir versuchten, das Beste aus unserem Leben im Versteck zu machen. Mansur fiel es nicht leicht, seine Tage ohne Arbeit zu verbringen, aber es ließ sich nicht ändern.

Mit meiner Familie hielt ich telefonischen Kontakt. Es verging kein Gespräch, ohne daß sie mich bestürmten, zu ihnen zu kommen.

Es war mir ein herzliches Anliegen, Asal taufen zu lassen. Im Iran war das nicht möglich; es war zu gefährlich. Abgesehen davon hatten wir Assyrer in Teheran nur zwei Kirchen, und beide Priester kannten mich und meine Familie sehr gut. Sie hätten nicht ohne weiteres die Taufe vorgenommen, weil ihnen ja inzwischen bekannt war, daß Asals Vater Moslem war. Aber weil meine Schwester Nali inzwischen mit ihrer Familie auf der Insel Malta wohnte, spielte ich mit dem Gedanken, zu ihr zu fliegen, um Asal dort taufen zu lassen. Ein weiterer Anreiz dafür war, daß meine Mutter Nali gerade besuchte. Ich sprach mit Mansur darüber, und er war auch sofort einverstanden. Nicht nur das: Er schlug mir sogar vor, auf Malta zu bleiben: er würde nachkommen, sobald sich die Gelegenheit dazu böte.

»Nein«, sagte ich. »Ich habe vor, nur zwei oder drei Wochen zu bleiben, vorausgesetzt, daß ich überhaupt erst einmal aus Teheran herauskomme.« Glücklicherweise hatte ich noch einen gültigen Reisepaß. Mansur war so vorausschauend gewesen, unsere Pässe hier in dieser Wohnung zu deponieren, als die Unruhen begannen. In meinem Paß stand noch mein Mädchenname. Das war auch ganz legal, denn im Iran kann eine Frau nach der Heirat ihren bisherigen Namen weiterführen.

In diesem Falle gab es jedoch ein Problem, weil ich eine Auslandsreise vorhatte. Eine Ehefrau darf nicht ohne die Einwilligung ihres Mannes das Land verlassen, und zudem mußte auch Asal in den Paß eingetragen werden. Bahman sagte, als wir in seinem Beisein dieses Thema besprachen: »Nichts leichter als das. Ich habe einen Freund auf dem zuständigen Amt, der das erledigen kann.«

Nach einer Woche hatte ich tatsächlich alle notwendigen Papiere und buchte einen Flug über Rom nach Malta. Bahman versprach, während der Zeit bei Mansur zu bleiben; ich sollte mir keine Gedanken um ihn machen, er würde schon auf ihn aufpassen.

Die Trennung fiel mir schwer; dazu kam die Sorge, daß ich vielleicht auf dem Teheraner Flughafen verhaftet werden könnte. Und würde man mich überhaupt mit Asal reisen lassen? Als ich mich von Mansur verabschiedete, sagte ich: »Vielleicht sehen wir uns schon in ein paar Stunden wieder – oder in etwa drei Wochen – oder aber auch nie mehr.« Das war die Wahrheit, denn ich konnte nicht wissen, wie die Sache ausgehen würde. Ich mußte diese Reise einfach wagen, um es herauszufinden.

Früh um fünf Uhr mußte ich am Flughafen sein. Zwar startete die Maschine erst um neun, aber die Formalitäten waren langwierig und kompliziert, und die Beamten durchsuchten alles bis ins kleinste. Ich nahm mir ein Taxi und bat auf dem Flughafen einen Gepäckträger, meinen Koffer zu tragen. Zuerst mußte ich durch die Gepäckkontrolle. Der Koffer wurde peinlich genau durchgewühlt, doch da ich nur das Allernotwendigste eingepackt hatte, passierte ich diese erste Hürde problemlos. Ich machte mich auf den Weg zur Ticketkontrolle, als ich plötzlich eine männliche Stimme »Frau Dardan!« rufen hörte. Ich blickte mich um und erkannte einen früheren Kollegen aus der Zeit, als ich auf dem Flughafen beschäftigt war. Er arbeitete bei Iran Air. Ich war froh, ihn zu sehen; dieses Zusammentreffen konnte mir vielleicht von Nutzen sein. Er warf einen erstaunten Blick auf Asal, und ich erzählte ihm: »Ja, ich bin inzwischen Mutter geworden, wie Sie sehen. Meine Mutter kennt ihre Enkelin noch gar nicht. Ich bin auf dem Weg zu ihr.«

»Sie brauchen sich nicht in die Schlange zu stellen«, sagte er. »Geben Sie mir Ihr Ticket und den Paß; ich werde alles für Sie erledigen.« Er nahm mich mit in sein Büro und servierte mir Tee. Als ich allein dort saß, dachte ich dankbar: Da hat sich wieder einmal mein Schutzengel gemeldet.

Schon kurz darauf kam mein ehemaliger Kollege zurück. Es war alles geregelt. Er hatte bereits meine Bordkarte mitgebracht, und ein Stempel war ebenfalls im Paß. Ich hatte nun noch viel Zeit bis zum Abflug, und ich unterhielt mich mit ihm und seinen Mitarbeitern, von denen ich auch noch einige von früher kannte. Sie alle waren sehr enttäuscht von der politischen Entwicklung und fragten mich, ob ich für immer im Ausland bleiben wollte. Nein, ich würde in zwei oder drei Wochen zurückkommen, sagte ich. Das konnten sie gar nicht verstehen. Sie erzählten mir, auf welche Einfälle iranische Fluggäste schon gekommen waren, um Geld aus dem Land zu schmuggeln, was strengstens verboten war. Eine dieser Ideen fand ich besonders originell.

Ein Iraner, der einen Flug nach England gebucht hatte, beabsichtigte ebenfalls, eine große Summe Bargeld mitzunehmen. Mit Hilfe eines befreundeten Arztes wurde sein Bein leicht angebrochen und mit einem dicken Gipsverband versehen. Der Mann rief dann selbst beim Flughafen an und sagte den Kontrollbeamten: »Morgen wird jemand versuchen, einige tausend US-Dollars ins Ausland zu schmuggeln, die er in seinem Gipsbein versteckt hat. Aber das Bein ist gar nicht gebrochen.« Dazu gab er auch noch die Flugnummer an.

Natürlich wurde er am nächsten Tag schon von den Pasdaran erwartet. Unter Beschimpfungen begannen sie, den Gipsverband aufzubrechen, während der Mann fortwährend vor Schmerzen schrie. Aber niemand glaubte ihm. Als der Gips endlich beseitigt war, fanden sie tatsächlich ein gebrochenes Bein vor – aber keine Spur von einem Dollar. Der Fluggast fing an, laut zu lamentieren, er habe große Schmerzen durch diese rüde Behandlung bekommen und könne unter diesen Umständen heute keinesfalls mehr abfliegen.

Den Pasdaran war dieser Irrtum sehr peinlich, sie beschwichtigten den Mann und versprachen, ihm für den folgenden Tag und den gleichen Flug einen Platz zu reservieren. Er suchte nun seinen Arzt wieder auf und ließ sich einen neuen Gipsverband anlegen, der diesmal aber mit Dollarscheinen ausgefüllt wurde. Am nächsten Tag ließen die Pasdaran den Mann ohne jegliche Durchsuchung passieren. Von England aus schickte er ihnen einen Brief, worin er sie genüßlich lächerlich machte, indem er die ganze Geschichte enthüllte.

Mein Flug wurde aufgerufen, und ich begab mich in die kleine Kabine der Sicherheitskontrolle. Die Kontrolleurin trug den üblichen Schleier, aber ich erkannte in ihr trotzdem eine frühere Kollegin wieder. Sie freute sich sehr, mich zu sehen, und statt einer Untersuchung nahm sie meine Tochter auf den Arm und küßte sie.

Ich war sehr erleichtert, daß alle Formalitäten und Kontrollen so reibungslos verlaufen waren. Aber der Start in Teheran verzögerte sich; wir mußten lange auf dem Rollfeld warten. Durch diese Verspätung verpaßte ich in Rom den Anschlußflug nach Malta und mußte in der italienischen Hauptstadt übernachten. Ich rief Mansur an, der sehr glücklich war, als ich ihm berichtete, wie problemlos die Reise bisher verlaufen war. Auch jetzt redete er mir wieder zu, auf Malta zu bleiben, doch ich wollte darüber nicht mehr mit ihm diskutieren und versprach ihm, mich nach meiner Ankunft auf Malta wieder zu melden. Meine Schwester informierte ich, daß ich am nächsten Tag ankommen würde.

Auf dem maltesischen Flughafen Luqa erwarteten mich meine Mutter und Nali. Die Wiedersehensfreude auf beiden Seiten war überwältigend. Meine Mutter nahm Asal auf den Arm und war so entzückt von ihrer kleinen Enkelin, daß sie sie gar nicht wieder loslassen wollte. Über mein Aussehen jedoch war sie erschrocken. »Kind, bist du krank? Du bist so abgemagert und blaß!«

»Es ist nichts«, entgegnete ich. »Ich bin nur sehr müde, weil ich in der vergangenen Nacht nicht schlafen konnte.«

Wir nahmen uns ein Taxi und fuhren nach Sliema, wo Nali ein großes möbliertes Haus mit sechs Zimmern gemietet hatte, nur fünf Minuten Fußweg vom Meer entfernt. Malta ist eine wunderschöne Insel; ich genoß die frische Seeluft, und nach der langen Zeit des Versteckthaltens in Teheran kam ich mir wie im Paradies vor. Ich konnte mich frei bewegen, ein herrliches Gefühl!

Leider wurde ich am nächsten Tag krank. Ich fiel plötzlich in Ohnmacht, und Nali rief sofort einen Arzt. »Ihre Schwester hatte einen Schwächeanfall«, sagte er nach der Untersuchung. »Ihr Blutdruck ist extrem niedrig. Sie braucht viel Ruhe, und wir werden sie mit Vitaminspritzen aufpäppeln. Sie befindet sich in einem tiefen Erschöpfungszustand.« Offenbar hatte mein Körper nach der langen Zeit voller Anstrengungen, Ängste und Aufregungen von selbst gespürt, daß er jetzt abschalten konnte, um neue Reserven zu speichern. Drei Tage lang hütete ich das Bett, und jeden Tag kam eine Krankenschwester, die mir Spritzen verabreichte.

Nali hatte inzwischen mit einem Priester gesprochen und einen Termin für Asals Taufe vereinbart. Mit großer Freude beobachtete ich, wie glücklich meine Mutter war, zum einen, weil sie mich wieder bei sich hatte, und zum anderen, die Taufe ihrer Enkelin miterleben zu dürfen. Da wir niemanden als Taufeltern angeben konnten, wollte der Priester mich vorher gern kennenlernen, um auch über diesen Punkt zu sprechen.

Pater Alfredo, der dem Franziskanerorden angehörte, war ein wunderbarer Mensch. Noch heute habe ich Kontakt mit ihm. Er schlug mir ein sehr nettes Ehepaar aus seinem Freundeskreis als Taufeltern vor und bat sie persönlich, diese Pflicht zu übernehmen.

Zu einer kleinen Feier nach der Taufzeremonie hatten wir einige Gäste eingeladen. Nali hatte sich mit ein paar

Nachbarn angefreundet, eine ältere Dame aus England, ein ebenfalls englisches Ehepaar und eine maltesische Familie. Dazu kamen noch die Krankenschwester, natürlich die Taufeltern und Pater Alfredo. Mutter hatte ein wahres Festessen gezaubert, von dem alle begeistert waren.

In den nächsten Tagen versuchte ich, mich zu entspannen und neue Kraft zu sammeln. Wenn morgens noch alles schlief, stand ich schon sehr früh auf und ging am Meer spazieren. Die friedliche Ruhe tat mir gut. Der Name dieser Stadt bekam für mich eine besondere Bedeutung. »Sliema« (Frieden) – das war der Ave-Maria-Gruß der maltesischen Fischer, mit dem sie ihren Dank ausdrückten, wenn sie nach unbeschadeter Rückkehr von der oft stürmischen See wieder an Land gingen. Auch ich fühlte mich hier nach den angstvollen Zeiten der Teheraner Stürme wie in einem sicheren Hafen. Ich dachte über mein Leben und unsere Zukunft nach, aber es lag alles im ungewissen.

Mehrmals hatte ich mit Mansur telefoniert. Es ginge ihm gut, sagte er, aber er betonte immer wieder, wie sehr er mich vermißte. Mir erging es ebenso. Immer, wenn ich ohne Mansur war, verspürte ich eine große Leere in meinem Herzen, die nur er ausfüllen konnte. Meine Liebe zu ihm war so tief, so groß, daß es jenseits meiner Vorstellungskraft lag, sie könnte sich jemals verbrauchen.

Nach drei Wochen zog es mich nach Hause, obwohl mir von allen Seiten zugeredet wurde, zu bleiben. Meine Mutter drängte mir einige hundert englische Pfund auf, die ich mitnehmen sollte. Ich wollte das Geld nicht; außerdem, so sagte ich ihr, würde man mich bei der Ankunft in Teheran durchsuchen und es mir abnehmen, denn man durfte weder Geld außer Landes bringen noch einführen. Mutter bestand jedoch darauf, daß ich es mitnahm, und mir kam eine Idee, wie ich es durch die Kontrollen schmuggeln könnte. Ich würde Asal kurz vor der Landung frisch wickeln und das Geld in den Windeln verstecken. Für Mansur und Bahman wollte ich je eine Flasche Whisky und Brandy mitnehmen. Alkohol, in welcher Form auch immer, war seit der Revolution im Iran verboten und auf legale Weise nicht mehr zu bekommen. Auf krummen Wegen konnte man zwar immer noch etwas auftreiben, aber inzwischen zum Fünfundzwanzigfachen des früheren Preises.

Dann kam die traurige Stunde des Abschieds. Meine Mutter konnte ihre Angst um mich nicht verbergen. Auch wir war es schwer ums Herz, aber andererseits freute ich mich auch auf das Wiedersehen mit Mansur. Die Whiskyflasche versteckte ich im Koffer und den Brandy in meiner Tasche. Bevor wir in Teheran landeten, wechselte ich Asals Windeln und verstaute darin das Geld.

Als ich die Ankunftshalle des Flughafens betrat, stellte ich voller Unbehagen fest, daß es Stunden dauern konnte, bis ich hier herauskam. Vor der Paßkontrolle stand eine endlose Schlange. Es war zu befürchten, daß die Geldscheine die Wartezeit nicht unbeschadet überstanden. Ich wußte, daß Shirazi mich draußen erwartete. Jetzt mußte Asal mir helfen. Darum kniff ich das arme Kind und brachte es damit zum Schreien. Und, weiß Gott, das Geschrei war unvergleichlich und kaum zu ertragen.

Ich bat die Leute in der Schlange um Verständnis, meine Tochter sei sehr krank – man könne ja kaum überhören, wie sehr – und drängte mich nach vorn. Es waren auch alle einverstanden. Ich gab meinen Paß ab, und der Beamte beeilte sich sehr, mir den Stempel hineinzudrükken, damit ich das fürchterlich schreiende Kind möglichst schnell außerhalb seiner Hörweite brachte.

Jetzt mußte ich noch durch die Gepäckkontrolle. Ich wandte mich mit verzweifelter Miene an einen Pasdar und sagte: »Mein Kind ist krank; es will nicht aufhören zu schreien. Würden Sie mir bitte erlauben, es meinem Vater zu übergeben, der draußen wartet?« Er erlaubte es – bemerkenswert bereitwillig. Ich eilte hinaus, entdeckte Shirazi auch sehr schnell, drückte ihm hastig Asal in den Arm und sagte dabei, sie habe etwas sehr Wertvolles in den Windeln – mochte er denken, was er wollte. Dann lief ich zurück zur Kontrolle. Die Durchsuchung des Gepäcks dauerte nicht lange; der verbotene Inhalt wurde nicht entdeckt. Aber am Hauptausgang hielt mich ein anderer Pasdar an und fragte: »Haben Sie Alkohol oder andere unerlaubte Dinge bei sich?«

Ich sagte entrüstet: »Um Himmels willen, wie können Sie mich so etwas fragen?«

»Dann lassen Sie mich einmal ihre Tasche sehen.« Er griff hinein und hielt triumphierend die Flasche Brandy hoch. »Und was ist das, bitte?«

»O Mutter!« rief ich empört. »Wie oft habe ich ihr gesagt, sie solle das nicht tun, aber sie meinte, das wäre eine ausgezeichnete Medizin gegen meine Bauchschmerzen. Ohne mir etwas zu sagen, hat sie mir die Flasche in meine Tasche gesteckt. Na ja, Sie wissen wohl selbst, wie Mütter sind.«

Er verstand Spaß und lachte. »Gut, Schwesterchen, lassen wir die Medizin mal hier. Ich leide auch sehr oft unter Bauchschmerzen.« Damit ließ er mich gehen. Ich war erleichtert – immerhin war mir ja noch die Flasche mit dem Whisky geblieben.

Mansur war außer sich vor Freude, uns wieder bei sich zu haben. Überall in der Wohnung hatte er rote Rosen verteilt und an die Wände, Türen und Möbel viele kleine Zettel mit Liebeserklärungen und selbstverfaßten Gedichten geklebt. Er sagte zu Shirazi, er solle seine Frau anrufen und ihr ausrichten, er käme heute nicht nach Hause. Dann bat er Bahman telefonisch, sofort zu kommen. Wir feierten ein fröhliches Wiedersehen und leerten gemeinsam die gerettete Flasche Whisky.

Mansur überraschte mich mit einigen Neuigkeiten, die mich sehr beunruhigten. Sein Onkel hatte Shirazi angerufen, um unsere Adresse zu erfahren. Shirazi hatte sich unwissend gestellt, aber der Onkel bestand mit Nachdruck darauf, er solle, sobald er Kontakt mit Mansur bekäme, diesen bitten, sofort bei ihm anzutelefonieren; es sei äußerst wichtig.

»Warum hast du es noch nicht getan?« fragte ich Mansur.

»Ich wollte warten bis du hier warst. Ich möchte dich bitten, daß du anrufst, um zu erfahren, worum es geht.«

Am nächsten Tag telefonierte ich mit der Tante. Sie freute sich, daß wir noch am Leben waren. Ich ließ sie glauben, daß mein Anruf aus eigenem Antrieb erfolgte und ich mich nur erkundigen wollte, wie es ihnen ergangen war.

Dann sagte sie, daß der Onkel unbedingt Mansur sprechen müßte. Ich versprach ihr, sie wieder anzurufen. Ich hatte Bedenken, ihr unsere Adresse zu geben, denn der Bruder des Onkels war ein Khomeini-Anhänger. Aus diesem Grund erhielt er auch später den Posten eines Botschafters in einem europäischen Land. Unter dem neuen Regime wurden solche Positionen nicht nach Fähigkeiten oder Ausbildung verteilt; entscheidend war nur der Grad des Fanatismus.

Ich besprach die Angelegenheit mit Mansur, und wir überlegten, wie wir am besten vorgehen sollten. Wir entschieden uns dafür, Shirazi zu ihnen zu schicken, um Tante und Onkel zu uns zu holen. Er sollte seine Fahrtroute so wählen, daß sie unterwegs die Orientierung verloren. Außerdem machten wir einen Termin in den späten Abendstunden aus, so daß die beiden wegen der Dunkelheit zusätzliche Schwierigkeiten hatten, die Lage unseres Verstecks auszumachen.

Am folgenden Abend waren sie bei uns. Ich freute mich, die liebe Tante wiederzusehen, obwohl sich doch ein kleiner Mißton in meine Beziehung zu ihr eingeschlichen hatte, weil sie sich aus Angst von uns ferngehalten hatte.

Der Onkel bat sogleich, mit Mansur allein sprechen zu dürfen. Sie gingen auf die Terrasse. Ich blieb im Wohnzimmer mit Shirazi und der Tante, die Asal heute zum ersten Mal sah und sie die ganze Zeit auf den Armen hielt. Nach einer halben Stunde kamen die beiden Männer zurück. Mansur machte einen sehr nervösen und verstörten Eindruck. Ich fühlte, es lag etwas Unangenehmes in der Luft.

Nachdem Onkel und Tante uns verlassen hatten – Shirazi fuhr sie nach Hause – fragte ich Mansur, worum es im Gespräch gegangen war, das ihn offenbar so aus der Fassung gebracht hatte. »Aziz«, sagte er zögernd, »du würdest nie erraten, was passiert ist. Dr. Chamran, der Verteidigungsminister, hat nach mir geschickt. Er bittet mich um eine Unterredung. Er hat mir ausrichten lassen, es ginge um die Sicherheit des Landes, und es wäre wichtig, schnellstens bei ihm zu erscheinen.«

Ich wollte meinen Ohren nicht trauen. »Hat dir dein Onkel diese Nachricht überbracht?«

»Ja, ein Mullah, mit dem mein Onkel eng befreundet ist, hat sie übermittelt.« Dieser Mullah, der auch heute noch eine bedeutende Rolle im Iran spielt, war Mansur recht gut bekannt. Früher schmückte sein Wohnzimmer ein großes Bild des Schahs mit der Schahbanu, das er jedoch gleich zu Anfang der Unruhen entfernte und unmittelbar danach durch ein Bild Khomeinis ersetzte.

Mansur war ratlos. »Ich kann doch nicht mit einem Regime zusammenarbeiten, das meine Freunde getötet und unser Land zerstört hat. Andererseits geht es eben um dieses Land und nicht um seine jetzigen Machthaber.«

Ich hatte ein ungutes Gefühl.

»Hältst du es nicht für möglich, daß es sich um eine Falle handelt? Daß man dich damit nur aus deinem Versteck herauslocken will?«

Die ganze Nacht lief Mansur ruhelos in der Wohnung hin und her. An Schlaf war nicht zu denken. Ich fühlte, welch verzweifelte Kämpfe mein Mann mit sich ausfocht, und hätte ihm gern geholfen, aber diese schwierige Entscheidung konnte nur er allein treffen.

Am nächsten Morgen rief er Bahman an und bat ihn zu kommen. Er berichtete dem Freund, was vorgefallen war, und fragte nach seiner Meinung. Bahman war ein lieber, netter Junge, aber im Gegensatz zu Mansur nahm er manche Dinge sehr viel leichter. Er wäre beispielsweise nie bereit gewesen, für unser Land sein Leben in Gefahr zu bringen. Die Aussicht auf einen guten Verdienst und einen gesicherten Arbeitsplatz hatten ihn bewogen, für den SAVAK zu arbeiten. Ehrgeiz war Bahman fremd, weshalb er in der Organisation auch nicht viel weitergekommen war.

Lange diskutierten die beiden und beleuchteten die Angelegenheit von allen Seiten. Bahman war schließlich der Meinung, Mansur solle sich zu einer Zusammenarbeit mit dem Khomeini-Regime entschließen. Vielleicht ergab sich dadurch sogar eine Möglichkeit, das Land irgendwann zu verlassen. Mansur versuchte, Bahman für den Aufbau einer Widerstandsgruppe zu gewinnen, aber dazu fehlte diesem der nötige Idealismus.

Mansur traf schließlich seine Entscheidung: Er wollte Dr. Chamran aufsuchen. Mir war dieser Mann unsympathisch; er hatte lange Jahre im Südlibanon mit der Hezbolah (Partei Gottes) und den Palästinensern verbracht. Nach seinen Aussagen in Interviews zu urteilen kannte er – wie auch Khomeini – keine Nationalgefühle; der Iran als Land hatte für ihn keine Bedeutung, nur der Islam.

Allzuoft, das weiß ich, schildere ich in meinen Aufzeichnungen die Angst, aber wie sonst soll ich die Hölle beschreiben, durch die ich gegangen bin! Tagtäglich mit neuen Schrecken konfrontiert zu sein, zu bangen, zu zittern, zu warten! Auch jetzt ging es mir wieder so, als Mansur auf dem Weg zum Verteidigungsminister war. War diese Audienz vielleicht doch eine Falle? Wenn ja, würde ich meinen Mann dann jemals wiedersehen?

Ich stürzte mich in die Hausarbeit, aber das war kein Mittel, meine qualvollen Gedanken zu vertreiben. Ich fieberte den ganzen Tag Mansurs Rückkehr entgegen. Endlich, spät abends war er da. Er lebte! Gespannt wartete ich auf seinen Bericht.

Mansur machte einen nachdenklichen Eindruck. »Man hat mich mit großem Respekt behandelt«, sagte er. »Es ging um das Kurdenproblem, und sie rechnen dabei auf meine Hilfe. In den Reihen der Kurden gärt es bereits; sie wollen ihre Unabhängigkeit. Dr. Chamran stellt sich vor, daß ich in der ersten Zeit sehr eng mit ihm zusammenarbeite. Sie sind dabei, den Geheimdienst wieder aufzubauen, sicherlich unter einem anderen Namen, aber es wird der alte SAVAK sein. Man sucht nach all meinen früheren Kollegen, um sie zur Mitarbeit zu zwingen. Die Verfolgung wird sich jetzt praktisch nur noch auf alle die konzentrieren, die vom Kurs des Regimes offen abweichen: Schah-Sympathisanten, Kommunisten, Volks-Mudjahedin und Minderheiten wie beispielsweise die Bahai. Bei dieser Gelegenheit habe ich auch erfahren, daß einer meiner früheren Vorgesetzten im Gefängnis sitzt. Ich habe dem Minister klarzumachen versucht, daß es absolut unsinnig wäre, auf die Erfahrungen dieses fähigen Mannes zu verzichten. Ich hoffe, sie lassen ihn jetzt frei.«

Es war kaum zu glauben, was da bereits hinter den Kulissen wieder im Gange war. Der SAVAK – oder wie auch immer der Geheimdienst jetzt genannt wurde – war also wiedererstanden, präziser ausgedrückt: Er hatte im Grunde nie aufgehört zu existieren. Wie würde das Volk darauf reagieren?

»Was wirst du nun tun?« fragte ich.

Mansur seufzte schwer. »Wenn ich frei entscheiden könnte, wäre ich noch nicht ganz sicher, wie ich mich verhalten soll. Du weißt, wie sehr ich dieses Regime verabscheue, und von daher sträubt sich alles in mir gegen eine solche Zusammenarbeit. Aber welche Alternativen gibt es? Der Minister hat mir unmißverständlich angedeutet, ich werde sterben, falls ich mich weigern sollte.«

»Wäre es nicht denkbar«, schlug ich vor, »daß du eine Zeitlang kooperierst, um bei der erstbesten Gelegenheit zu fliehen?«

»Mir schwebt etwas anderes vor. Ich muß gegen Khomeini und seine schwarze Herrschaft kämpfen, aber allein kann ich das nicht. Angenommen, ich erklärte mich zur Mitarbeit bereit, dann könnte ich auf subtilere Weise unserem Land von Nutzen sein. Ich hätte die Chance, an Informationen heranzukommen, die ich gegen das Regime verwenden könnte.«

Mir war nicht ganz klar, was Mansur damit meinte,

und beschwor ihn: »Was du auch planst, bring dich bitte nicht in neue Gefahr! Wenn du mich überzeugst, daß du durch deine Absichten etwas ändern kannst, werde ich dich mit all meinen Kräften unterstützen. Wenn deine Pläne aber nichts bewirken, wäre es vollkommen unsinnig, dafür dein Leben zu opfern. Es ist sicher, daß wir dann alle sterben werden.«

Mansur schwieg auf meine Worte.

Es gab noch eine weitere Neuigkeit, der ich wahrhaftig nichts Positives abgewinnen konnte: Manejeh kündigte ihre Rückkehr aus Schottland an. Wie sollten wir sie in unserer jetzigen kleinen Wohnung unterbringen? Aber Mansur hatte bereits vorgesorgt. »In einer Woche werden wir umziehen«, erklärte er. »Wir werden zwar hier in diesem Block bleiben, aber es wird eine größere Wohnung sein, in der Manejeh ihr eigenes Zimmer bekommt.« Trotzdem, aus gutem Grund hatte ich ein ungutes Gefühl und ahnte Schlimmes.

Ich irrte mich nicht. Manejeh hatte weder Englisch gelernt, noch konnte sie irgendein Zeugnis vorweisen. Später erfuhr ich von ihrem Zimmervermieter, sie sei fast nie zum College gegangen und hätte statt dessen die meisten Vormittage verschlafen. Manejeh war kaum wiederzuerkennen. Mit Schrecken stellte ich fest, daß sie mit den Mudjahedin sympathisierte und Khomeini als neuen Machthaber voll akzeptierte; sie war voller Fanatismus und trug als äußeres Zeichen ihrer Gesinnung ein Kopftuch, als sie bei uns eintraf. Ich ergab mich in mein Schicksal, weil ich keine Möglichkeit sah, dieser Heimsuchung zu entgehen.

Wir waren in die neue Wohnung umgezogen, die mir bei weitem nicht so gut gefiel wie die alte, obwohl sie, bis auf ein zusätzliches Zimmer, fast identisch mit der anderen Wohnung war. Aber sie lag auf der entgegengesetzten

Seite des Gebäudes, und wir hatten nicht mehr den schönen Ausblick auf den Swimmingpool. Die vorherige kleine Wohnung war für mich nach der Flucht aus Kharaj zu einem Zufluchtsort geworden, wo Mansur und ich uns so viel nähergekommen waren, und obwohl wir Tag für Tag zusammen waren, hatte es keine Probleme gegeben. Im Gegenteil: Trotz aller Angst und der schrecklichen Zustände im Land genoß ich jede Minute, in der ich Mansur für mich allein hatte.

Inzwischen hatte er das Angebot von Dr. Chamran notgedrungen angenommen und arbeitete im Verteidigungsministerium. Allerdings war er fast den ganzen Tag in dem früheren SAVAK-Gebäude beschäftigt, um Dokumente zu sichten und zu ordnen. Der neue SAVAK, der sich jetzt SAWAMA nannte, hatte sein Domizil in einem kleineren, sehr versteckt gelegenen Gebäude. Bei der Umzugsaktion fielen Mansur einige Blankopässe in die Hände, die er zu Hause versteckte. Der Kontakt zu Bahman, der mittlerweile auch bei SAWAMA arbeitete, war noch enger geworden. Er und Mansur saßen regelmäßig bis spät in die Nacht beisammen und schmiedeten Pläne.

Fortan brauchten wir uns nicht mehr zu verstecken; ich konnte ohne Angst, verfolgt zu werden, meine Einkäufe erledigen, zu denen ich meistens meine Tochter mitnahm. Manejeh lag, wie ich es schon von früher gewohnt war, fast den ganzen Tag im Bett und ließ sich von mir bedienen. Eines Tages, als ich wieder einmal zum Einkaufen unterwegs war, traf ich unerwartet meinen früheren Chef von Saudi Airlines. Er war sehr erfreut über die Begegnung, verschwand sofort im nächsten Geschäft und kaufte für Asal einen großen Teddybären. »Was tun Sie jetzt? Arbeiten Sie noch?« fragte er. »Ja, Arbeit habe ich allerdings«, erwiderte ich lächelnd, »aber als Hausfrau und Mutter.«

»Hätten Sie nicht Lust, wieder bei uns anzufangen? Ich suche jemanden, auf den ich mich hundertprozentig verlassen kann. Es ist nicht so einfach, eine Kraft für eine Vertrauensstelle zu finden. Könnte Sie das nicht reizen?«

»Das ist sehr freundlich von Ihnen«, gab ich zurück, »aber Sie werden verstehen, daß ich Asal nicht allein lassen kann. Sonst wäre Ihr Angebot schon sehr attraktiv, muß ich zugeben.«

»Was hielten Sie denn davon, halbe Tage zu arbeiten? Wir könnten das sehr flexibel halten: Wenn einmal irgend etwas Besonderes mit dem Kind ist, rufen Sie mich einfach an und bleiben an diesem Tag eben zu Hause.« Zudem bot er mir auch noch ein verlockendes Gehalt.

Ich bedankte mich herzlich und sagte ihm, ich werde mit meinem Mann darüber sprechen und mich telefonisch melden. Der Gedanke reizte mich, wieder beruflich tätig zu sein, vor allem in einem Bereich, wo mir die Arbeit viel Spaß gemacht hatte. Ich hoffte nur, daß ich bei Mansur nicht auf Ablehnung stieß. Unser Leben hatte sich ja jetzt wieder verändert; mein Mann war viel unterwegs und kam abends immer sehr erschöpft nach Hause. Den ganzen Tag Manejeh um mich zu haben, war auch keine reine Freude. Es täte mir sicher gut, aus dieser Umgebung herauszukommen, und wenn es auch nur für ein paar Stunden war.

Ich trug mein Anliegen Mansur vor, und wie erwartet war seine Antwort ein entschiedenes Nein. So schnell wollte ich aber nicht aufgeben und führte alle möglichen Argumente ins Feld, um ihn umzustimmen, bis er wenigstens einräumte, er wolle die Sache erst einmal überschlafen.

Am nächsten Morgen erlebte ich eine Überraschung.

In aufgeräumter Stimmung begann Mansur am Frühstückstisch: »Weißt du, Aziz, es ist eigentlich eine vorzügliche Idee, daß du wieder bei der Fluggesellschaft arbeiten möchtest. Ich habe darüber nachgedacht und bin einverstanden. Nicht nur das, sondern ich bin sogar glücklich darüber.« Ich fand damals keine Erklärung für seinen totalen Sinneswandel. Der Grund war mir auch nicht wichtig; die Hauptsache war, daß mein Mann seine Einwilligung erteilt hatte. Erst später fand ich heraus, daß er sie nicht ohne Hintergedanken gegeben hatte. Er sah sehr wohl die Vorteile, die dabei heraussprangen. Als Angestellte der Fluggesellschaft konnte ich kostenlos fliegen, mit meiner Ausweiskarte von Saudi Airlines hatte ich Zugang zu vielen Büros im Flughafen, und ich würde vielleicht eine Menge nützlicher Kontakte knüpfen können.

Manejeh war von der Neuigkeit gar nicht begeistert, weil sie nun ebenfalls ihre Pflichten zugeteilt bekam und früher aufstehen mußte, um sich um Asal zu kümmern. Aber sehr viel gab es für meine Schwägerin nicht zu tun. Asal mußte lediglich morgens angezogen und gefüttert werden, und nach einer Spielstunde wurde sie schon wieder schlafengelegt. Darüber hinaus erwartete ich von Manejeh keinerlei zusätzliche Anstrengungen. Die gesamte Hausarbeit und das Kochen übernahm wie immer ich, nicht nur, weil ich es gern tat, sondern auch, weil mir zu Manejehs Arbeitsweise das Vertrauen fehlte. Was Asals Versorgung betraf, so war ich auch darin nicht ganz frei von Mißtrauen, und ich legte Manejeh eindringlich ans Herz, sie solle mich sofort anrufen, wenn es irgendwelche Probleme gäbe.

Ich fühlte mich sehr wohl bei meiner neuen Arbeit. An zwei Tagen in der Woche mußte ich am Flughafen sein, in der übrigen Zeit war ich im Stadtbüro beschäftigt. Unser jetzt wieder ruhiges, geregeltes Leben ließ mich fast vergessen, wo wir uns befanden und was um uns herum geschah.

Am 4. November 1979 besetzte eine Handvoll Jugendlicher, die sich als Studenten ausgaben, die US-Botschaft in Teheran, nahmen zweiundfünfzig US-Bürger als Geiseln und gaben vor, im Auftrag Khomeinis zu handeln.

Die iranische Regierung distanzierte sich nicht von diesem Akt, der alle diplomatischen Gepflogenheiten und das Völkerrecht mißachtete.

Khomeini selbst verteidigte die Geiselnahme mit fanatischer Überzeugung. Läßt man einmal die Ängste der betroffenen Geiseln aus dem Spiel, so muß man zu dem Schluß kommen, daß den Amerikanern kaum etwas Besseres als diese irrationale Aktion widerfahren konnte. Die Analyse der Resultate ergibt in der Tat ein interessantes Bild.

Der Iran forderte seine bei amerikanischen Banken angelegten Gelder zurück. Die Amerikaner verweigerten das nicht nur, sie gingen sogar noch einen Schritt weiter, indem sie die iranischen Gelder einfroren. Teheran erhielt nur einen geringen Teil zurück.

Die USA aber brauchten meiner Meinung nach für ihr Vorgehen eine Rechtfertigung vor der Weltöffentlichkeit. Sie fanden sie durch die Geiselnahme. International begrüßte man sogar den Versuch der Amerikaner, die Geiseln mit Gewalt zu befreien. Man war der Auffassung, Staaten wie den Iran könne man nur durch Gewaltanwendung in ihre Schranken verweisen. Die öffentliche Meinung bestätigte somit die Rolle der USA als Weltpolizei, obwohl man vor der Besetzung der US-Botschaft noch bereit gewesen war, die Amerikaner wegen ihres Engagements im Iran zu verurteilen.

Was nur wenige wußten: Nichts hinderte die USA daran, mit den Mullahs schon wieder prächtige Geschäfte mit Öl und Waffen zu machen. Der Handelsaustausch der beiden Länder hatte bereits das Niveau der Schah-Zeit erreicht.

Für die Islamische Revolution erwies die Geiselnahme sich allerdings als Schlappe. Der moderate US- Präsident Jimmy Carter wurde durch den härteren Ronald Reagan abgelöst. Carter hatte das Vertrauen seiner Wähler verloren, weil er nicht in der Lage gewesen war, den Konflikt im Iran beizulegen. Als Reagan im November 1980 die Amtsgeschäfte in Washington übernahm, wurden noch am selben Tag die amerikanischen Geiseln in Teheran auf freien Fuß gesetzt. Hatte Khomeini vor Ronald Reagan Angst bekommen?

Wir wußten es nicht. Wir verfolgten nur, zur Tatenlosigkeit verdammt, all diese Vorgänge und empfanden Empörung darüber, auf welche Weise dem Ansehen des Iran Schaden zugefügt wurde.

Im Dezember 1979 bekam ich von meiner Mutter Nachricht, daß sie beabsichtige, uns zu besuchen. Es war ihr Wunsch, Asals ersten Geburtstag mitzuerleben. Bei dieser Gelegenheit wollte sie auch meinen Bruder Ashor und seine Familie besuchen. Ich war voller Vorfreude. Unsere Wohnung bot zwar für einen Besuch kaum Platz, aber irgendwie würde ich Mutter schon unterbringen.

Sie mußte dem Zusammentreffen mit Mansur nach all diesen Jahren wahrscheinlich mit gemischten Gefühlen entgegensehen, und ich vermutete, daß sie aus diesem Grund nicht sehr lange bleiben würde.

Meine Mutter traf einen Tag vor Asals Geburtstag ein. Für diesen glücklichen Tag, an dem ich sie in meinem Heim in Teheran begrüßen durfte, nahm ich mir frei. Wieviel schöner wäre es noch gewesen, wenn ich sie in unserem wunderschönen Haus in Kharaj hätte empfangen können!

Zur Feier des Tages hatte ich ein großartiges Essen vorbereitet und Shirazi, Bahman und meinen Chef eingeladen. Als Bahman eintraf und läutete, lief Asal zu unserem großem Erstaunen zur Tür. Es war das erste Mal, daß wir sie allein laufen sahen, was die Freude an diesem schönen Tag noch abrundete.

Der nächste Tag war ein Freitag, unser Wochenende. Mutter war in der Küche beschäftigt, und Manejeh stand neben ihr und flüsterte ihr etwas zu. Plötzlich kam meine Mutter aufgebracht aus der Küche gerannt und rief mir zu: »Aiyleen, ich muß mit dir reden!« Ich wußte sofort, daß meine Schwägerin wieder einmal Unheil angerichtet hatte. Sie hatte nicht nur mich schlechtzumachen versucht, sondern auch über meine Schwester Nali übel geredet, die ihr so viel Gutes erwiesen hatte.

»Es ist nicht das erstemal, daß sie solche bösartigen Reden führt; sie ist ein kranker Mensch«, sagte ich kurz zu meiner Mutter. Doch dann konnte ich mich doch nicht mehr beherrschen und schrie Manejeh an. Mansur stürzte aus dem Nebenzimmer und schlug mir, ohne nach dem Grund meines Wutausbruches zu fragen, hart ins Gesicht. Mir wurde schwindlig.

Meiner Mutter verschlug es für einen Moment die Sprache, dann fuhr sie mit sich überschlagender Stimme auf Mansur los: »Wenn du es noch einmal wagen solltest, meine Tochter zu schlagen, werde ich mich vergessen!«

Ich rannte ins Schlafzimmer, zutiefst gedemütigt und verzweifelt. Immer wieder versuchte Mansurs Schwester, unser Leben zu vergiften, und mein Mann war so ungerecht – zudem in Gegenwart meiner Mutter – die Hand gegen mich zu erheben. Mein Stolz war zutiefst verletzt. Krampfhaft hielt ich die Tränen zurück, packte hastig für mich und Asal einen Koffer und rief meiner Mutter zu: »Such deine Sachen zusammen; wir werden in ein Hotel gehen.«

Ich war entschlossen, Mansur zu verlassen. Als Manejeh sah, was sie angerichtet hatte, bekam sie es mit der Angst zu tun, fing an zu weinen, stammelte Entschuldigungen und flehte mich an, nicht zu gehen. Ich würdigte sie keines Blickes. Als Mutter und ich die Wohnung verlassen wollten, stand Mansur auf und sagte scharf: »Du wirst nirgendwo hingehen!«

»Doch, ich werde gehen«, erwiderte ich fest. »Nach meiner Auffassung sind wir nicht einmal richtig verheiratet, so daß du gar nicht das Recht hast, mich daran zu hindern.«

Er blickte mich an und mußte wohl feststellen, daß ich es ernst meinte. In meinem Gesicht sah er keine Tränen, sondern nur den Ausdruck einer starken Entschlossenheit. Was konnte mir denn passieren? Ich hatte meinen Beruf, meine Mutter war hier, und ich war überzeugt, sie würde unter diesen Umständen bei mir bleiben und für Asal sorgen, während ich das Geld verdiente.

Mansur erkannte, daß ich unerbittlich war. Er bekam Angst und fiel plötzlich auf die Knie. »Bitte, Aziz, verzeih mir. Es tut mir so leid; ich weiß nicht, was mit mir los ist.«

Ich schaute ihn kalt an. »Du hast mich heute zum zweitenmal wegen dieser Hexe enttäuscht. Beim erstenmal hast du mir fast wörtlich das gleiche gesagt: Du wüßtest nicht, wie es passieren konnte, und es würde nie wieder vorkommen. Ich kann dir nicht mehr glauben! Wenn dir deine Schwester wichtiger ist als ich, dann bleib mit ihr zusammen. Ich verlange nichts weiter von dir, als daß du mich für immer in Ruhe läßt.« Damit wandte ich mich zum Gehen.

Doch da taumelte plötzlich Manejeh aus ihrem Zimmer, ließ sich auf den Boden fallen und schrie hysterisch. »Ich werde gleich sterben; ich habe Tabletten geschluckt.« Ich wußte selbst nicht, warum ich nun doch blieb. Nach allem, was sie mir angetan hatte, hätte es mir egal sein müssen, was mit ihr geschah. Sie hatte keine Skrupel gehabt, mein Leben zu zerstören. Sollte ich mir um sie Sorgen machen? Leider war ich immer zu weichherzig, was ich in meinem Leben so manches Mal bedauert habe. Ich hätte mir oftmals mehr Härte gewünscht.

Mansur wurde wütend und wollte jetzt seine Schwester schlagen. Doch ich ging dazwischen, indem ich mich über sie stellte, und befahl ihm: »Ruf einen Krankenwagen!«

»Das werde ich nicht tun!« widersprach er heftig.

»Gut, dann fahr das Auto vor! Wir werden sie selbst ins Krankenhaus bringen.«

Er weigerte sich wieder. Nun mischte Mutter sich ein und schrie ihn an: »Du wirst gefälligst sofort tun, was sie sagt!« Das zeigte Wirkung: Mansur nahm wortlos die Autoschlüssel und ging.

Ich bat Mutter, bei Asal zu bleiben aud auf mich zu warten. »Sobald Manejeh außer Lebensgefahr ist, komme ich zurück, und wir werden in ein Hotel fahren.« Ich half Manejeh ins Auto und setzte mich zu ihr auf den Rücksitz. Mansur sah starr nach vorn und sagte kein Wort. Nach ein paar Minuten erreichten wir das Krankenhaus.

Mansur war es zu peinlich, mit hineinzugehen, und blieb im Wagen. Ich legte Manejehs Arm über meine Schultern und versuchte, sie zum Eingang zu schleppen. Eine Krankenschwester hatte uns vorfahren sehen und kam mir glücklicherweise zu Hilfe. Ich klärte sie auf, meine Schwägerin habe Tabletten geschluckt, um sich das Leben zu nehmen. Zusammen brachten wir Manejeh zur Intensivstation.

Ein Arzt war inzwischen alarmiert worden. Er fragte

mich: »Welche Art von Tabletten hat sie genommen und wieviele?« Ich wußte es nicht. Er richtete dann die gleiche Frage an Manejeh. Sie aber tat so, als könne sie nicht mehr sprechen, und murmelte nur unverständliche Laute. Er untersuchte sie und stellte fest, daß Puls und Blutdruck so gut wie normal waren.

»Machen sie endlich den Mund auf und sagen Sie, was und wieviel Sie geschluckt haben!« herrschte er Manejeh an. »Wie sehr ich solche Menschen verachte, die auf diese Weise auf sich aufmerksam machen wollen!« sagte er dann kopfschüttelnd zu mir. »Ich mag gar nicht daran denken, wie viele unserer Landsleute täglich wegen ihres Einsatzes für Freiheit und Rettung unseres Landes sterben müssen, und da kommt so ein verwöhntes Mädchen und hat nichts Besseres zu tun, als meine Zeit für ihre lächerlichen Flausen in Anspruch zu nehmen?« Er war sehr hart zu ihr, aber im stillen mußte ich ihm recht geben.

Ich ging nach draußen, um Mansur zu informieren, daß keinerlei Gefahr für Manejeh bestand, konnte ihn jedoch nicht entdecken und kehrte zur Intensivstation zurück. Manejeh lag wach auf dem Bett. Der Arzt nahm mich zur Seite und sagte: »Es war nur ein Bluff. Sie kann nur ganz wenig Tabletten genommen haben. Es ist vollkommen klar, daß sie Ihnen nur Angst machen wollte. Sie brauchen aber keine Befürchtungen zu haben. Diese Sorte Mensch wird sich nie selbst umbringen.«

Zum Glück hatte ich genügend Geld bei mir, so daß ich das Honorar zahlen konnte. Dann nahm ich Manejeh an die Hand und verließ mit ihr das Krankenhaus. Mansur wartete jetzt neben dem Wagen. Er sah mich fragend an. Ich sagte kurzangebunden: »Was sie geschluckt hat, hätte nicht einmal gereicht, einen Säugling umzubringen.«

Mansur begann, Manejeh zu beschimpfen und warf

ihr vor: »Du bist auf dem besten Wege, mein Leben methodisch zu zerstören. Lange genug habe ich mich jetzt von dir tyrannisieren lassen und dir viel zuviel nachgesehen. Jetzt willst du mir auch noch das Liebste nehmen, das ich besitze. Ich liebe Aiyleen mehr als alles andere auf der Welt, und du hast es geschafft, daß sie sich von mir trennen will!«

Ich konnte das nicht mehr mit anhören, obwohl seine Worte meinem verletzten Stolz gut taten. »Hör auf und laß sie in Ruhe!« sagte ich. Manejeh nahm meine Hand fest in ihre. Ich hatte keine Sympathien für sie, aber in gewisser Weise tat sie mir dennoch leid. Trotzdem – bei mir war eine Grenze erreicht, wo jeder Tropfen das Faß wieder zum Überlaufen bringen würde.

Mutter erwartete uns besorgt. Asal war inzwischen eingeschlafen. Mit kurzen Worten berichtete ich über unseren Krankenhausbesuch, und meine Mutter konnte nur immer wieder verständnislos den Kopf schütteln. Ich brachte Manejeh in ihr Zimmer und rief ein Taxi. Mansur stand wie erstarrt und konnte es einfach nicht glauben, daß ich nach wie vor entschlossen war, ihn zu verlassen. Er gab seine Versuche nicht auf, mich zurückzuhalten, aber ich wollte mich auf keine Diskussion mehr einlassen. Da wandte er sich an meine Mutter. »Auch dich bitte ich um Verzeihung, aber bitte, rede du ihr zu, nicht zu gehen!«

Sie lachte spöttisch. »Ausgerechnet von mir erwartest du, sie zu überreden? Mansur, du weißt, ich habe nie einen Hehl daraus gemacht, daß du meiner Meinung nach meine Tochter gar nicht verdienst. Du selbst hast dazu den Beweis geliefert. In all den Jahren warst du nicht fähig, sie wirklich glücklich zu machen. Auf ihre Gefühle hast du nie Rücksicht genommen. Das beste Beispiel ist deine Schwester. Wie kann man einer jungen

Frau wie Aiyleen zumuten, mit solch einem Menschen unter einem Dach zu leben! Und du willst mir weismachen, du liebtest meine Tochter? Nicht nur seelisch hast du ihr wehgetan; du bist nicht einmal davor zurückgeschreckt, sie zu schlagen. Verstehst du das unter Liebe? Ich werde es dir nie verzeihen, daß du das Leben meiner Lieblingstochter kaputtgemacht und auch unserer ganzen Familie Leid zugefügt hast. Und jetzt bittest du mich, sie zu überreden! Ja, ich werde sie überreden, aber nicht in deinem Sinne. Ich werde sie nach besten Kräften darin unterstützen, von dir loszukommen.«

Mansur stand mit hängenden Schultern in der Mitte des Zimmers. Nie zuvor hatte ich ihn so klein und elend gesehen. Er kam auf mich zu. »Aiyleen, wenn du mich verläßt, werde ich sterben. Ich kann und will ohne dich nicht leben. Bitte, Aziz, ich liebe dich doch. Glaube mir, ich liebe dich wirklich.«

Es war ihm tatsächlich gelungen, mich zu erweichen. Oder hatte ich in Wirklichkeit nur darauf gehofft, daß er das schaffte? Ich mußte mich beherrschen, Mansur nicht zu umarmen und ihm zu sagen, daß ich ihn doch auch über alles liebte und daß für mich eine Trennung von ihm einem Todesurteil gleichkam.

Ich hielt mich jedoch zurück und sagte statt dessen: »Gut, wenn es wirklich so ist, dann stelle ich eine Bedingung: Ich werde auf keinen Fall mehr mit deiner Schwester zusammenleben. Entscheide dich: sie oder ich!« Er bat mich, ihm einige Tage Zeit zu geben; er würde ganz sicher eine Lösung finden.

Meine Mutter verstand mich nicht. Wie sollte sie auch? »Aiyleen, du wirst mit diesem Mann nie glücklich werden«, versuchte sie, mich umzustimmen. »Du hast etwas Besseres verdient. Komm mit mir nach Schottland. Ich verspreche dir, für deine Tochter zu sorgen, und du kannst dir deinen Traum erfüllen, Journalismus zu studieren. Du bist noch so jung, alles steht dir offen. Verpaß nicht diese Chance, noch einmal ganz neu anfangen zu können! Bitte!«

Ich fuhr mir müde über die Stirn. »Ich weiß, du meinst es gut, Mutter, und ich kann dir auch keinen Vorwurf machen, daß du mich nicht verstehst. Aber ich liebe Mansur, was für dich ganz sicher schwer zu begreifen ist. Doch es ist nun einmal so.«

Schneller als ich erwartet hatte, gab meine Mutter auf. Sie hatte mit mir ja schon etwas Ähnliches erlebt und wollte wohl nicht noch einmal die gleiche Erfahrung machen. Sie wollte nun aber noch an diesem Tag von uns fort, um meinen Bruder Ashor zu besuchen. Ich vertröstete Mutter auf morgen, weil ich so schnell keinen Flug für sie buchen konnte. Am nächsten Tag kaufte ich ihr ein Ticket nach Shiraz. Bevor sie dann wieder nach Schottland zurückkehrte, würde ich noch einmal Gelegenheit haben, sie kurz zu sehen, da alle Auslandsflüge über Teheran abgewickelt wurden.

Mutter rief mich gleich am folgenden Tag an und schlug mir vor, ebenfalls nach Shiraz zu kommen. Das überraschte mich, denn es hieß wohl, daß sie Ashor und meinen Vater darüber informiert hatte, daß ich im Iran und verheiratet war. Davon hatten die beiden bisher ja noch nichts gewußt. Meine Mutter fügte noch hinzu, ich solle mir keine Sorgen machen, es sei alles geklärt.

Die Atmosphäre zu Hause war noch frostig, und ich sah darum nicht ein, daß ich Mansur – wie sonst üblich – um Erlaubnis für die Reise bitten sollte. Ich stellte ihn einfach vor vollendete Tatsachen und teilte ihm kurz und bündig mit, ich würde in den nächsten Tagen mit Asal nach Shiraz fliegen. »Und wenn ich zurückkomme«, setzte ich hinzu, »dann möchte ich Manejeh nicht mehr hier vorfinden.« Mansur war über diese neue Art, die er bei mir bisher nicht kannte, keineswegs glücklich; aber er schluckte es.

Ich hatte im Büro bereits meinen Flug gebucht. Für meinen Bruder und seine Kinder besorgte ich nach Dienstschluß noch einige Geschenke und wollte am nächsten Tag reisen. Zu Hause packte ich sogleich meinen Koffer. Mansur beobachtete mich stumm, und nach einer Weile versuchte er, aus mir herauszubekommen, was ich für die nächste Zeit plante. Er vermutete, ich wolle so lange in Shiraz bleiben, bis er einen Platz für Manejeh gefunden hatte. Ich ließ ihn darüber im ungewissen, verspürte auch kein Verlangen, über dieses Thema nochmals mit ihm zu diskutieren.

Mansur war bereits zum Dienst gefahren, als ich mir ein Taxi bestellte. Schon in einer Stunde würde ich in Shiraz sein und meinen Vater, meinen Bruder und seine Familie sehen. Ich war sehr aufgeregt.

Ich verlebte drei schöne Tage in Shiraz. Meine Mutter hatte über mich die ganze Wahrheit berichtet. Ashor machte mir Vorwürfe, aber er tat es auf eine liebe und fürsorgliche Art. Seine Tochter war inzwischen vier Jahre alt; sie hatte blonde Haare und blaue Augen. Der Sohn war einige Monate älter als Asal.

Mein Vater war glücklich, uns zu sehen. Er war sehr alt geworden, dünn und klein. Ich nahm ihn in die Arme, und es kam mir erst jetzt so richtig zu Bewußtsein, daß ich auch ihn vermißt hatte, ohne es mir selbst gegenüber zuzugeben. Zu meiner Schwägerin fand ich schnell Kontakt. Ich mochte sie, und auch ich war ihr sympathisch. Sie zeigte es, indem sie mich wie eine Königin behandelte. Ich genoß das Gefühl der Geborgenheit im Kreise der Familie.

Ashor hatte sich beruflich erfolgreich etabliert; er war

Geschäftsführer einer schwedischen Firma, die im Atomgeschäft tätig war. Über die Revolution und die ganze politische Entwicklung war auch er sehr unglücklich. Die erst fünfzehnjährige Tochter seiner Sekretärin war hingerichtet worden, nur weil sie Kontakte zu den Volks-Mudjahedin gehabt hatte.

Nach islamischem Recht dürfen Mädchen oder Frauen nicht hingerichtet werden, wenn sie noch jungfräulich sind. So hatten die Pasdaran sie zuerst vergewaltigt, bevor sie das bedauernswerte Mädchen töteten. Der Vater, so berichtete Ashor, sei kurze Zeit später vor Kummer gestorben. Die Mutter, Ashors Mitarbeiterin, war vor Verzweiflung dem Wahnsinn nahe.

Mein Bruder machte sich auch große Sorgen um seine Kinder. Wie sollten sie in einer solchen Gesellschaft groß werden?

Viel zu schnell vergingen diese drei Tage. Beim Abschied hielten Vater und ich uns lange in den Armen, und er sagte traurig: »Meine Tochter, ich weiß, ich bin dir nie ein guter Vater gewesen. Bitte, sag mir, daß du mir verzeihst!«

Ich küßte seine Hände. »Nein, Vater, nicht ich habe dir zu verzeihen, sondern du mir. Ich habe dir als Kind sehr unrecht getan.«

Ich hätte ihm noch manches sagen mögen, aber die Zeit drängte. Ich wußte nicht, daß es ein Abschied für immer sein sollte; es war das letzte Mal, daß ich meinen Vater gesehen habe. Er starb, als ich Tausende von Kilometern von ihm entfernt war, und ich konnte nicht einmal bei seiner Beerdigung sein.

Zu Hause erwartete mich eine gute Nachricht: Mansur hatte für Manejeh ein Zimmer in einer Mädchenpension bekommen. In zwei Tagen sollte sie umziehen. Ein wenig hatte ich nun doch ein schlechtes Gewissen. Andererseits hegte ich keinen Zweifel daran, daß Manejeh unsere Ehe endgültig zerstörte, wenn sie noch länger bei uns blieb.

Über seine Arbeit sprach Mansur fast gar nicht mehr. Er saß oft mit Bahman zusammen, und ich spürte, daß sie irgend etwas planten. Eines Tages bat er mich, eine große Platte Süßigkeiten zu besorgen. Wir sollten seinen ehemaligen Vorgesetzten besuchen, für den Mansur sich damals beim Verteidigungsminister verwendet hatte. Er war inzwischen freigekommen.

Wir fuhren noch am gleichen Tag zu ihm. Wäre er mir irgendwo auf der Straße begegnet, ich hätte diesen Mann nicht wiedererkannt. Er sah mager und alt aus, hatte Schwierigkeiten zu sprechen, und seine Hände zitterten. Man hatte ihn gefoltert und sogar vergewaltigt. Er zeigte seine Füße, in die Löcher von Zigaretten gebrannt waren. Bei der Schilderung seiner ausgestandenen Qualen wurde mir übel. Das Schlimmste jedoch war für ihn, daß er nur unter der Bedingung entlassen worden war, mit dem neuen Regime zusammenzuarbeiten. Er war voller Haß. Soweit mir bekannt ist, arbeitet er noch heute für SAWAMA, und ich bin sicher, daß von einem Mann, der – wie er – gegen seine innere Überzeugung zu handeln gezwungen ist, tagtäglich ein Stück mehr stirbt.

In diesem Jahr gingen Weihnachten und Silvester ohne jede Freude an uns vorüber. Unsere Heimat war zu einem Land der Trauer geworden. Nach meiner Vorstellung konnte Trauer bestenfalls ein zeitweiliger Freund sein, nicht aber ein ständiger Begleiter, mit dem man leben muß: In diesem Fall ein Land, dessen Paß wir besaßen und dessen Sprache wir sprachen.

Ich war erstaunt, als Mansur eines Tages den Vorschlag machte, er könne demnächst vormittags bei Asal bleiben und ebensogut zu Hause arbeiten, während ich zum Dienst ging. Er wollte dann nachmittags ins Büro fahren, wenn ich zurückkam. Mansur war in der vergangenen Zeit mehrmals mit Dr. Chamran nach Kurdistan geflogen und hatte darüber viele Berichte zu schreiben. Das konnte er auch zu Hause tun. Mir sollte diese Regelung recht sein. Ich mußte anerkennen, daß Mansur sich redliche Mühe gab, den Riß, den unsere Beziehung bekommen hatte, wieder zu kitten.

Manejeh besuchte uns hin und wieder. Ich bemühte mich, die unliebsamen Erinnerungen zu verdrängen, und ging ebenfalls manchmal zu ihr. Sie konnte wirklich mit ihrem Zimmer zufrieden sein, und ihre Mitbewohnerinnen in der Pension waren sehr nette Mädchen. Ich hoffte, daß Manejeh in diesem freundlichen Umfeld auch etwas für ihre eigene Lebenseinstellung lernen würde.

Eines Tages im Mai 1980, als Mansur von der Arbeit zurückkehrte, brachte er mir Blumen und eine teure Christian-Dior-Uhr mit und sagte: »Aziz, wir haben Grund zum Feiern. Wir werden in eine Traumwohnung umziehen, die du ganz nach deinem Geschmack einrichten kannst. Sie liegt in einer sehr schönen, ruhigen Umgebung und wird dir bestimmt gefallen.«

Ich war neugierig, aber er wollte mir keine weiteren Einzelheiten verraten. Außerdem wunderte ich mich über diesen neuen Umzug und fragte: »Wozu jetzt noch dieser Wechsel? Ich dachte, wir wollten, sobald sich eine günstige Gelegenheit ergibt, ganz fort von hier.«

»Das schließe ich damit nicht aus. Wir werden es selbstverständlich im Auge behalten, doch zuerst müssen wir noch einmal umziehen.«

»Aber weshalb?« bohrte ich weiter.

Sein Gesicht verschloß sich. »Ich kann dir das jetzt nicht sagen.«

So war es immer mit Mansur: Es schien mir, er wolle mich mit Vorbedacht dauernd im Zweifel und im ungewissen lassen. Aber es blieb mir auch diesmal nichts anderes übrig, als ja zu sagen.

Tags darauf besichtigten wir die Wohnung, und sie gefiel mir wirklich. Es gab vier große Schlafzimmer, ein Wohnzimmer und einen fast saalartigen Raum, den man als Eßzimmer und für den Empfang von Gästen einrichten konnte.

Ich wollte diese Wohnung ganz anders gestalten als unser Haus in Kharaj, weil ich eine vollkommen andere Umgebung wünschte, die mich nicht mit Wehmut an Kharaj erinnern sollte. Diesmal wählte ich Pastellfarben, zum Beispiel ein helles Grün, kaufte antike Schränke und stellte eine Eßecke zusammen. Die Küche war ebenfalls in Grün gehalten. Mansurs Zimmer richtete ich so ein, daß man auf dem Boden sitzen konnte, den ich mit einem Täbristeppich auslegte. Auch ein Samowar durfte nicht fehlen. Für die Bücher schaffte ich ein großes Regal an.

Nach sechs Wochen war die Wohnung komplett eingerichtet. Es war wieder ein gemütliches und stilvolles Zuhause geworden, in dem wir uns wohlfühlten. Asal hatte ihr eigenes Zimmer, und ein anderes hatte ich als Gästezimmer vorgesehen, das hauptsächlich von Manejeh oder Bahman benutzt wurde. Bahman war sehr oft zu Gast bei uns, und die beiden Männer unterhielten sich leise bis manchmal früh in den Morgen.

Wir lebten nun seit vier Wochen hier, als wir am 26. Juli 1980 aus dem Radio erfuhren, daß der Schah gestorben war. Es war für uns ein Schock, und ich brach bei der Nachricht in Tränen aus. Mansur schlug sich vor Verzweiflung gegen den Kopf, und auch Bahman, der gerade bei uns war, weinte vor sich hin. Wir trauerten um einen Mann, dessen Leben unter so schmerzlichen Umständen ein Ende gefunden hatte, die er nicht verdient hatte.

Nur wenige Minuten später faßte Mansur den Entschluß, der Familie des Schah, – genauer gesagt, der Schahbanu Farah Diba – über die ägyptische Botschaft in Paris eine Nachricht zukommen zu lassen, die ich in den nächsten achtundvierzig Stunden überbringen sollte. Meinem Chef sagte ich, ich müsse wegen dringender familiärer Angelegenheiten nach Paris.

Er besorgte sofort ein Ticket Erster Klasse für mich und Asal und bot mir an, ich könne auf den Namen von Saudi Airlines in einem Luxushotel ein Zimmer reservieren lassen, das ich dadurch um vierzig Prozent billiger bekam. Bahman ließ über seinen Freund meine Ausreisepapiere ausfertigen, und Mansur stellte innerhalb von zwei Tagen die geheimen Unterlagen zusammen.

Natürlich war diese Aktion nicht ungefährlich, und wir entwickelten einen Plan, wie ich die Papiere durch die Kontrolle schleusen konnte. Zwar kannte ich von früher noch einige der Kontrolleure, aber inzwischen waren die Untersuchungen derart verschärft worden, daß ich auf ihre Hilfe nicht rechnen konnte. Die Gepäckkontrolle lief so ab, daß zuerst die Koffer durchsucht wurden, die man danach zurückbekam, um sie dann, nur wenige Schritte entfernt, am Schalter aufzugeben. Nur auf diesen wenigen Metern hatte man also das bereits kontrollierte Gepäck wieder in Besitz, das nun nicht mehr bis zum Einchecken untersucht wurde.

Auf dieser kurzen Distanz bot sich für Mansur demnach die einzige Möglichkeit, die Unterlagen in den Koffer zu schmuggeln. Zweifellos war es ein Vabanquespiel. Entweder funktionierte unser Plan, oder, falls man uns dabei ertappte, war es sicher, daß wir wegen Landesverrats hingerichtet würden.

Wir fuhren zum Flughafen. Gerade hatte ich den kontrollierten Koffer wieder ausgehändigt bekommen. Jetzt kam der entscheidende Augenblick. Ich hatte Asal auf dem Arm und stellte mich so hinter Mansur, daß ich das Blickfeld zu den Kontrolleuren abdeckte. Mit fliegender Hast öffnete Mansur den Koffer und warf die Papiere hinein. Obwohl es nur Sekunden dauerte, kam es mir wie eine Ewigkeit vor. Jetzt nur noch den Koffer schließen! Und da geschah es: Der Reißverschluß verklemmte sich. Mansur mühte sich verzweifelt, ihn zuzukriegen, Schweißperlen glänzten auf seiner Stirn. Es war ein Moment, der über unser Leben entscheiden konnte. Es dauerte zu lange, und schon wurde ein Pasdar auf uns aufmerksam. Er kam auf uns zu und fragte: »Was tun Sie da?«

Ohne zu zögern antwortete ich: »Meine Füße schmerzen, weil mich die neuen Schuhe drücken. Mein Mann versucht gerade, mir ein anderes Paar aus dem Koffer zu holen, aber er bekommt ihn nicht auf. Es gibt ein Problem mit dem Reißverschluß. Dann muß es eben so gehen; wenn ich gleich im Flugzeug sitze, kann ich die Schuhe ja ausziehen.«

»Lassen Sie mich einmal sehen«, sagte der Pasdar, »vielleicht habe ich mehr Erfolg.«

Jetzt ist alles verloren, ging es mir durch den Kopf. Nun hat auch mein Schutzengel die Lust und die Geduld verloren. Aber es kam anders. Mit einem Ruck zog der Pasdar den Reißverschluß auf, warf sich stolz in die Brust und lachte: »Sehen Sie, ich bin doch stärker!«

Wir bedankten uns für seine freundliche Hilfe, und ich mußte nun auch wohl oder übel andere Schuhe anziehen. Die Gefahr war jedenfalls vorüber, es konnte jetzt nichts mehr passieren.

Wir hatten einen angenehmen Flug. Asal erhielt von den Stewardessen eine Menge Spielzeug, mit dem sie sich brav beschäftigte. Gegen Mittag kamen wir in Paris an. Ich fuhr ins Hotel und nahm erst einmal eine Dusche. Nachdem wir im Hotelrestaurant etwas gegessen hatten, fuhren wir mit einem Taxi zur ägyptischen Botschaft. Am Eingang wurde ich nach dem Zweck meines Besuches gefragt. »Ich muß den Botschafter oder seinen Ersten Sekretär in einer streng geheimen Sache sprechen«, erklärte ich. Das Sicherheitspersonal wollte Einzelheiten wissen, doch ich gab zu verstehen, daß ich wirklich nicht mehr sagen könne. Mansur hatte mich gelehrt, niemandem zu vertrauen, besonders nicht in Botschaften. Die Sicherheitsbeamten durchsuchten mich und Asal und forderten mich auf zu warten. Nach einer halben Stunde führte man mich zum Ersten Sekretär des Botschafters. Ich stellte mich mit meinem richtigen Namen vor und sagte: »Ich habe eine Nachricht für unsere Schahbanu.«

»Worum handelt es sich?« fragte er.

»Mein Mann hat mit anderen Anhängern des Schah eine Widerstandsgruppe gegründet, und ich habe wichtige Informationen mitgebracht, die unserer Opposition sehr viel nützen können.«

»Er machte eine wegwerfende Handbewegung: »Das kann jeder behaupten!«

Bis hierher hatten wir englisch miteinander gesprochen; jetzt antwortete ich auf Arabisch: »Heute morgen bin ich aus Teheran eingetroffen und fliege übermorgen zurück.« Ich zeigte ihm mein Flugticket. »Der einzige Zweck meiner Reise ist, diese Papiere zu überbringen. Alles, um was ich Sie bitte, ist, die Unterlagen an die Schahbanu weiterzuleiten. Sie wird dann schon das Richtige tun.«

»Wie kommt es, daß Sie Arabisch sprechen?« fragte er erstaunt.

Ich lachte. »Ach, das ist eine lange Geschichte; vielleicht erzähle ich Sie Ihnen einmal bei meinem nächsten Besuch.«

Zwei Tage später erhielt ich im Hotel einen Anruf von ihm. »Ich und ein weiterer Herr möchten uns mit Ihnen treffen. Wir werden Sie abholen.«

Ich bekam Angst und sagte: »Ich würde es vorziehen, wenn wir uns hier im Hotel treffen könnten.«

»Bitte, verstehen Sie«, antwortete er, »aber für meinen Begleiter ist dieser Ort nicht sicher genug.« Ich hatte auf dieser Reise schon so viel riskiert, daß es mir jetzt auch nicht mehr darauf ankam, ein Wagnis einzugehen. Darum erklärte ich mich einverstanden.

Nachmittags um Punkt drei Uhr fuhr vor dem Hotel eine große Limousine vor. Vorn neben dem Fahrer saß der mir schon bekannte Erste Sekretär und auf dem Rücksitz ein Unbekannter. Ich setzte mich neben ihn. Es war unschwer zu erraten, daß er vom ägyptischen Geheimdienst kam. Mir war bekannt, daß in allen Botschaften – ganz gleich, von welchem Land – immer auch einige Geheimdienstleute tätig sind.

»Ich möchte Sie um einige nähere Informationen bezüglich Ihrer Mission bitten«, begann er.

»Sie sind doch vom Geheimdienst«, sagte ich amüsiert. »Da erzähle ich Ihnen wohl nichts Neues, daß Diskretion das oberste und wichtigste Gebot jeder Widerstandsorganisation ist. Sie erwarten doch nicht im Ernst von mir, Sie in Einzelheiten einzuweihen und mich und meinen Mann damit in Gefahr zu bringen. Es mag Ihnen vielleicht seltsam erscheinen, aber auch bei uns gibt es Menschen, die ihr Land lieben.«

Er machte keine weiteren Versuche, mehr von mir zu

erfahren, sondern öffnete einen Aktenkoffer und entnahm ihm einige Papiere. »Ihre Unterlagen hat die Schahbanu inzwischen erhalten. Diese hier nehmen Sie bitte für ihren Mann mit, aber seien Sie äußerst vorsichtig, daß sie nicht Khomeini in die Hände fallen.«

Das Treffen hatte etwa eine halbe Stunde gedauert, wonach man mich zum Hotel zurückbrachte. Ich suchte mein Zimmer auf und deponierte die Akten in meinem Koffer. Für den Rest des Nachmittags hatte ich nun noch Zeit für einige Einkäufe und ging mit Asal auf die Straße, um ein Taxi herbeizurufen. Es war Feierabendzeit, und alle Taxis waren besetzt oder fuhren vorbei.

Plötzlich machte Asal ein paar Schritte auf den Straßenrand zu und hob ihr Kleidchen. Ich mußte laut lachen, denn ich begriff sofort, was mein aufgewecktes Töchterchen bezweckte. Am Abend vorher hatten wir uns im Hotelzimmer im Fernsehen einen Film angeschaut, in dem eine Frau per Anhalter fahren wollte und ihr Kleid hochzog, um ihre Beine zu zeigen. Und wie die Männer nun einmal sind: Der erste hielt auch sofort an.

Asal hatte schnell gelernt. Ich war sehr stolz auf sie; das süße Püppchen machte mir so viel Freude!

Für den Heimflug hatte ich die Papiere absichtlich nicht im Koffer versteckt, sondern zuoberst auf meine Kleider gelegt. Es sollte ganz natürlich erscheinen, wenn die Pasdaran kontrollierten. Und dann mußte ich abwarten, was geschah. Es war ein ebenso großes Risiko wie bei der Ausreise vor drei Tagen. Der Pasdar, der meinen Koffer durchsuchte, war jedoch nur daran interessiert, Alkohol oder Geld zu finden, doch von beidem hatte ich diesmal nichts bei mir. Die Kontrolle lag schnell hinter mir; ich hatte es geschafft!

Mansur holte mich ab und war glücklich, uns gesund in die Arme schließen zu können. Sobald wir zu Hause waren, berichtete ich ihm in aller Ausführlichkeit über den Verlauf der Aktion und übergab ihm die Unterlagen. Noch am selben Abend rief er Bahman zu sich, und die beiden saßen bis in die Morgenstunden zusammen. Ich verspürte kein Verlangen, ihr Gespräch mit anzuhören; ich war zu müde und legte mich schlafen.

Nur zwei Tage nach meiner Parisreise, als ich Asal abends zu Bett gebracht hatte, rief Mansur mich in sein Zimmer. »Aziz, bitte, setz dich zu mir, ich muß mit dir etwas sehr Wichtiges besprechen. Bahman wird ebenfalls in einer Stunde hier sein.« Ich setzte mich zu ihm auf den Boden und wartete gespannt darauf, was hinter seiner geheimnisvollen Andeutung steckte.

Was ich an diesem Abend zu hören bekam, sollte mich in der nächsten Zeit nicht mehr ruhig schlafen lassen. Mit ernster Miene begann Mansur: »Du hast bemerkt, daß ich mit Bahman in den letzten Wochen lange Gespräche geführt habe. Wir haben mit einigen gleichgesinnten Freunden eine Widerstandsgruppe gebildet, weil wir nicht mehr mit ansehen können, wie das islamische Regime unser Land zerstört. Jeder Iraner, der noch ein Gewissen hat, muß das verhindern wollen. Mit deiner Hilfe haben wir jetzt den ersten Schritt getan und Kontakt mit der Familie des Schah hergestellt. Das war der Anfang. Aber wir werden deine Unterstützung weiterhin in Anspruch nehmen müssen. Ich bin mir sicher, du wirst sie uns nicht verweigern; nicht nur aus Liebe zu mir, sondern auch aus Liebe zu unserem Land und deinem Sinn für Gerechtigkeit.«

Ich unterbrach ihn. »Mansur, du weißt selbst, was ich bisher getan habe, wobei ich in Kauf genommen habe, daß ich mich und Asal in Gefahr brachte. Das kann aber auf die Dauer unmöglich so weitergehen. Du vergißt, daß wir ein Kind haben, das ein Recht darauf hat, ein normales Leben zu führen. Es war zwischen dir und mir ausgemacht, daß wir sobald wie möglich ins Ausland gehen. Ich möchte auf keinen Fall, daß Asal in dieser frauenfeindlichen Umgebung aufwachsen muß.«

»Da bin ich ganz deiner Meinung«, stimmte er zu, »aber um das zu verhindern, gibt es nicht nur die Möglichkeit einer Flucht, sondern auch die Pflicht, zu versuchen, die Verhältnisse hier zu ändern. Du darfst nicht vergessen: An erster Stelle steht für mich unser Land, dann das Wohl unseres Volkes, und erst danach kommen du und Asal. Ich sage es dir ganz offen: Ich wäre bereit, euch beide für mein Land zu opfern.«

An diesem Bekenntnis hatte ich einige Sekunden zu würgen. Dann fragte ich zaghaft: »Sag mir ehrlich: Liebst du uns?«

»Ja, natürlich«, antwortete er, »aber die Liebe zu meinem Land ist noch größer.«

Als Bahman eintraf, machten die beiden mich mit ihrem Plan bekannt, der für mich ein Himmelfahrtskommando bedeutete. In der kommenden Woche sollte ich nach London fliegen. Die erste Schwierigkeit dabei war die Tatsache, daß ich hier in Teheran kein Visum für Großbritannien beantragen konnte. Aus diesem Grunde sollte mich die erste Etappe nach Frankfurt führen, wo ich mir ein Visum besorgen mußte, mit dem ich dann weiter nach London fliegen konnte. Was ich dort zu tun hatte, würde Mansur mir später noch genau erklären. Fürs erste brachte er mir eine Geheimsprache bei, in der ausgesuchte, wichtige Wörter und Begriffe durch Zahlen ersetzt wurden. Dieser Code war für eine spätere telefonische Kommunikation gedacht.

Schließlich erklärten mir beide, welche Rolle ich bei

diesem Vorhaben übernehmen sollte. »Es ist eine Aktion, die unserer Gruppe mindestens eine Million Dollar einbringen wird, doch ob es klappt, wird ganz allein von deinem Geschick abhängen. Wir werden dir ein Tonband mit gewissen Aufzeichnungen mitgeben und eine verschlüsselte Liste mit Namen. Du mußt in London Kontakt mit dem irakischen Botschafter aufnehmen – unbedingt nur mit ihm persönlich und auf keinen Fall mit irgendwelchen subalternen Leuten. Du mußt erreichen, daß er sich das Band anhört, und erst dann, wenn er seine Zusage zur Zahlung des Geldes gegeben hat, darfst du ihm die Namensliste aushändigen. Außerdem soll er sich gleichzeitig zu einer Vorauszahlung bereiterklären.«

Dann instruierten mich Mansur und Bahman, wie ich mich verhalten sollte und wie ich einer möglichen Verfolgung durch die Iraker entgehen könnte.

»Ich will dir nichts vormachen, Aziz«, sagte Mansur, »es ist der gefährlichste Auftrag, den ich dir bisher gegeben habe, weil ich nicht annähernd abschätzen kann, wie die Iraker reagieren werden. Die Möglichkeit besteht, daß wir ihr Interesse für größer halten, als es ist, und sie Angst bekommen. Dann sind wir alle verloren – und du als erste.«

Warum war ich nicht in der Lage, nein zu sagen? Warum mußte ich diesen Mann so grenzenlos lieben, obwohl er mir zu verstehen gegeben hatte, daß er sein Land und Volk noch über die Liebe zu mir stellte? Rückblikkend frage ich mich oft, ob sich das wirklich alles mit Liebe erklären ließ. Aber was sonst hätte es sein sollen?

Um mich für ihren Plan vollständig zu erwärmen, brachten die beiden Männer an diesem Abend die Stellung der Frau im Islam ins Gespräch, weil sie wußten, daß ich diese islamischen Regeln niemals akzeptieren konnte. Keine vernünftige Frau konnte das! Aber sollte ich deswegen mein Leben aufs Spiel setzen? Um dem islamischen Alptraum zu entgehen, konnte ich mich ebensogut ohne Schwierigkeiten nach Schottland absetzen und dort mit meiner Tochter in Freiheit und ohne Angst leben. »Es geht nicht nur um dich und Asal; es geht um Millionen von Frauen«, erwiderte Mansur, als ich meine Gedanken aussprach.

Um die für die Frauen zu erwartenden Schrecknisse noch deutlicher zu machen, begannen sie, mir Passagen aus Khomeinis Buch »Tosieholmasael« vorzulesen.

Nach islamisch-schiitischen Regeln dürfen Männer vier Frauen heiraten und eine unbegrenzte Zahl von »Siegheh« (Zeitehen) eingehen. Während der Schah-Zeit wurde die Polygamie der Männer gesetzlich eingeschränkt. Sie durften nur noch unter bestimmten Umständen und mit Einverständnis der ersten Frau eine weitere Ehe schließen.

Dieses einschränkende Gesetz wurde vom Khomeini-Regime wieder aufgehoben. Unter dem Schah wurde das Mindestalter zur Heirat für Mädchen auf achtzehn Jahre festgesetzt. Die islamische Regierung reduzierte es auf dreizehn Jahre. Außerdem war es verheirateten Frauen – egal, welchen Alters – durch Weisung von Khomeinis Schulministerium verwehrt, Schulen zu besuchen. Der Ayatollah schreibt in seinem Buch:

»Es ist empfehlenswert, daß man ein Mädchen, das reif ist (d. h. ihre Periode schon bekommen hat), schnell verheiratet. Glücklich der Mann, dessen Tochter nicht in seinem eigenen Haus die erste Blutung bekommt.«

Er schreibt ferner, daß eine Frau zwar grundsätzlich ohne Erlaubnis ihres Mannes ihr Kind stillen kann, es aber nicht darf, wenn sie dadurch für ihren Mann »ungenießbar« wird. Im Koran steht geschrieben: »Wenn jemand ein unreifes Mädchen zu seiner Frau macht und, bevor sie neun Jahre alt ist, mit ihr Geschlechtsverkehr aufnimmt und dadurch eine Verletzung und Einreißen des Gewebes zwischen Vagina und After verursacht, ist es besser, daß er sich von ihr scheiden läßt.«

Ein Verbot der Kindesmißhandlung kennt der Islam nicht. Im Falle einer Mißhandlung wird lediglich eine unverbindliche Empfehlung ausgesprochen, die Folter nicht weiter durchzuführen.

Wenn ein Ehemann seine Frau mit einem fremden Mann im Bett überrascht und er seine Frau oder auch beide tötet, wird er vor Gericht freigesprochen. Seine Tat wird nicht als Mord oder Totschlag gewertet. Dieses Gesetz gilt jedoch nur für den Mann; bei einer Frau wird die gleiche Tat als vorsätzliche Tötung ausgelegt. Nach islamischen Regeln können Männer sich ohne Angabe von Gründen von ihrer Frau scheiden lassen. Innerhalb einer Frist von hundert Tagen haben sie jedoch das Recht, ihre geschiedene Frau zurückzuverlangen. Dafür reichen ein Wort oder auch nur eine Handbewegung des Mannes, mit der er anzeigt, daß er sie wieder zu sich nehmen möchte. Die Frau hat dabei keinerlei Mitspracherecht.

Ein vorsätzlicher Mord kann nur durch die Zeugenaussage von mindestens zwei »gerechten« Männern bewiesen werden. Das heißt mit anderen Worten: Wenn ein Mann eine Frau vorsätzlich tötet, kann er das im Beisein beliebig vieler Frauen tun, ohne Gefahr zu laufen, dafür belangt zu werden. Seine Untat könnte gar nicht bewiesen werden, es sei denn, er gesteht sie selbst.

Jahja Nouri, ein anerkannter Gelehrter, untermauert in wissenschaftlich verbrämter Weise die Auffassung, daß die Frau dem Mann schon allein vom biologischen Standpunkt gesehen unterlegen ist. »Das Herz des Mannes wiegt durchschnittlich 300 Gramm, das der Frau nur 240 Gramm. Das Gehirn des Mannes ist durchschnittlich

1200 bis 1400 Gramm schwer, das einer Frau lediglich 1070 bis 1300 Gramm. Der männliche Schädel ist im Durchschnitt um fünfzehn Prozent größer als der weibliche. Die fünf Sinne der Frau sind schwächer ausgebildet als beim Mann.«

Interessant ist auch eine Überlieferung des Propheten Mohammed, die ein Gelehrter in einem Buch folgendermaßen zitiert: »Es wird berichtet, daß eine Frau den heiligen Mohammed besucht und ihn fragt: ›Gesandter Gottes, sage, welche Rechte hat der Mann gegenüber einer Frau?‹ Er sagt: ›Sie muß ihm gehorchen und darf alles nur mit seiner Erlaubnis tun; sie darf nicht ohne sein Einverständnis das Haus verlassen. Wann immer der Ehemann den Beischlaf wünscht, hat sie sich ihm zur Verfügung zu stellen, und sei es auf dem Sattel eines Kamels, wenn er es so verlangt.‹ Die Frau fragt weiter: ›Wer hat die meisten Rechte über den Mann?‹ Mohammed sagt: ›Der Vater.‹ ›Wer hat die meisten Rechte über die Frau?‹ ›Der Ehemann‹, antwortet Mohammed. ›Habe ich nicht so viele Rechte meinem Mann gegenüber, wie er über mich hat?‹ ›Nein, nicht eins zu hundert‹, ist die Antwort des Propheten.«

Das ist nur eine kleine Kostprobe von der Rolle der Frau, wie sie ihr von der heutigen islamischen Regierung zugeteilt wird. Die Aufzählung ließe sich beliebig weiterführen. Ich wünschte, jeder Leser in der westlichen Welt hätte die Möglichkeit, Khomeinis Buch zu lesen. Jede Kritik würde sich danach erübrigen, es spräche für sich selbst. Vielleicht werde ich das Buch irgendwann einmal ins Deutsche übersetzen.

Nach genau einer Woche informierte ich meinen Chef, ich müsse dringend nach Schottland fliegen, da meine Mutter erkrankt sei. Wie immer beurlaubte er mich sofort, ohne weitere Fragen zu stellen, und gab mir ein

Rückflugticket für die Strecke Teheran – Frankfurt – London – Aberdeen. Er hatte mit einem Kollegen von IRAN AIR gesprochen, und so durfte ich wieder Erster Klasse fliegen.

Mansur hatte einige Meter Tonband um ein Stück Metall gewickelt, da es zu auffällig gewesen wäre, eine ganze Cassette mitzunehmen, die den Pasdaran bei der Kontrolle natürlich sofort aufgefallen wäre. Er kaufte einen kleinen Teddybären aus Plastikmaterial, der Kopf und Arme bewegen konnte. Das Band steckte er in den Bauch des Bären, den er Asal als Spielzeug mitgab. Als ich die Kontrollschleuse im Flughafen passierte, meldete sich die Apparatur mit einem Pfeifton. Mir war sofort klar, daß dieses kleine Metallstück im Bauch des Bären den Alarm ausgelöst hatte. Ich zeigte sofort den Teddy vor und machte darauf aufmerksam, daß seine beweglichen Arme und Beine an Metallhaken aufgehängt waren. Mit dieser Erklärung gab man sich zufrieden.

Die Namen aus der Liste, die ich den Irakern anbieten sollte, hatte ich alle in Ziffern umgesetzt. In London mußte ich sie dann noch dechiffrieren.

Diesmal fiel mir der Abschied ungleich schwerer; ich verspürte ein nicht genau zu definierendes dumpfes Gefühl in mir. Nach der Ankunft in Frankfurt nahm ich mir ein Hotelzimmer im »Frankfurter Hof« und telefonierte mit Mansur, um ihm zu sagen, daß ich gut angekommen war. Als nächstes rief ich meine Schwester in Schottland an und sagte ihr, ich benötigte schnellstens an die Adresse des Britischen Konsulats eine dringende Einladung von ihr, um ein Visum für Großbritannien zu bekommen.

Als ich am nächsten Morgen aufstand, bemerkte ich, daß Asal hohes Fieber hatte; sie glühte geradezu. Ich bekam schreckliche Angst und bat sofort an der Rezeption, nach einem Arzt zu schicken. Er traf nach einer halben

Stunde ein und brauchte nicht lange, um festzustellen, daß Asal die Windpocken hatte. Ich war mir nicht im klaren, was das bedeutete, weil der Arzt nur sehr dürftig englisch spach, und ich konnte kein einziges Wort Deutsch. Ich fragte ihn, was ich tun könnte. Er gab mir ein Rezept für ein fiebersenkendes Medikament, und ich bat in der Rezeption, jemanden damit in eine Apotheke zu schikken. Währenddessen machte ich mich für den Konsulatsbesuch fertig.

Der Arzt hatte mir für Asal Zäpfchen gegen das Fieber verschrieben, wodurch es ihr glücklicherweise nach einer Weile besser ging. Ich versuchte einen Babysitter zu bekommen, aber so kurzfristig konnte man mir keinen besorgen. Mir blieb keine andere Wahl, als Asal zur Botschaft mitzunehmen, und ich hoffte nur, es würde nicht lange dauern. Ich war entsetzt, als ich die Menschenmenge im Warteraum des Konsulats sah. Viele von ihnen waren Iraner, die nach England auswandern wollten. Es war wegen Asals Zustand unmöglich, so lange zu warten. Deshalb wandte ich mich an einen Beamten und sagte: »Entschuldigen Sie bitte, aber ich muß den Konsul in einer sehr wichtigen Angelegenheit sprechen.«

»Haben Sie einen Termin vereinbart?« fragte er zurück.

»Nein, leider konnte ich das noch nicht; ich bin erst gestern abend aus dem Iran gekommen und muß schon morgen früh weiter nach Großbritannien. Aber es ist unbedingt notwendig, noch vorher den Konsul zu sprechen.« Ich war schon immer sehr hartnäckig, wenn mir etwas wichtig war, und es lag mir nicht, schnell aufzugeben. Das zahlte sich auch jetzt wieder aus: Der Konsul war bereit, mich zu empfangen.

»Bitte, haben Sie Verständnis für mein Vordrängeln«, sagte ich, »aber meine Tochter ist krank, und ich konnte mit ihr nicht stundenlang warten. Ich muß dringend nach Aberdeen.«

Er sah mich etwas unwillig an und bemerkte: »Das alles ist aber doch kein Grund, mich sprechen zu wollen.«

»Sie haben recht«, sagte ich verlegen, »ich habe Ihnen noch nicht alles erzählt. Es besteht der Verdacht, daß ich Krebs habe, und ich möchte mich deshalb in Schottland untersuchen lassen. Ich kenne in Aberdeen einen Arzt von früher, zu dem ich Vertrauen habe.« Ich merkte, daß er weicher wurde. Er fragte nach dem Namen des Arztes, den ich ihm sofort nannte. Auch wollte er sich vergewissern, daß ich finanziell in der Lage war, die Kosten für die ärztliche Behandlung aufzubringen. Ich legte ihm das Sparbuch meines Kontos vor, das ich noch bei einer Bank in Aberdeen unterhielt und das noch ein Guthaben von mehreren Tausend Pfund aufwies. Zudem zeigte ich ihm meine Ausweiskarte von Saudi Airlines.

»Außerdem«, fügte ich hinzu, »müßte bereits eine Einladung meiner Schwester vorliegen, worin sie bestätigt, falls notwendig, persönlich die Kosten für mich zu übernehmen.«

Der Konsul war jetzt sehr freundlich und bat mich, draußen zu warten, bis er meine Angaben überprüft habe. Nach nicht einmal einer halben Stunde bekam ich meinen Paß mit einem gültigen Visum ausgehändigt. Vom Hotel aus buchte ich einen Flug über London nach Aberdeen. Ich hatte mich – nicht zuletzt wegen Asals Erkrankung – entschieden, meine Tochter zuerst zu Mutter nach Aberdeen zu bringen und danach allein nach London zurückzufliegen, um meinen Auftrag zu erfüllen.

Bei der Ankuft in Aberdeen hatte Asals Zustand sich verschlechtert, und es zeigten sich in ihrem Gesicht die ersten roten Flecken. Meine Schwester Lida ließ sofort ihren Hausarzt kommen, der die weitere Behandlung übernahm. Natürlich war es nicht mehr abzuwenden, daß ihre beiden Kinder sich bei Asal ansteckten. Sobald ich sicher sein konnte, daß für Asal keine ernsthafte Gefahr mehr bestand, buchte ich einen Flug nach London und ließ mir im Hilton ein Zimmer reservieren. Die Neugier meiner Mutter, warum ich nach London mußte, war verständlich, aber ich hätte ihr unmöglich den wahren Grund nennen können. Ich sagte lediglich, es sei geschäftlich. Wenn sie die Wahrheit erfahren hätte, hätte sie zweifellos mit allen Mitteln versucht, diese Reise zu verhindern. Aber damals habe ich selbst nicht ganz erkannt, in welche Gefahr ich mich begab und daß ich auch meine Familie in die Sache mit hineinziehen konnte.

In London fuhr ich mit einem Taxi zum Hotel, ließ meinen kleinen Koffer auf dem Zimmer und verließ das Hotel sofort wieder. Ich bat einen Taxifahrer, mich zu dem größten Phono-Laden zu fahren, der ihm bekannt war. Er brachte mich in eine Straße, in der sich fast ausschließlich Elektrogeschäfte befanden. Ich stieg aus und suchte mir den größten Laden heraus. Dort wandte ich mich an einen jungen Verkäufer und bat ihn, mir bei einem etwas ausgefallenen Problem behilflich zu sein. Dabei drückte ich ihm zehn Pfund in die Hand und sagte:

»Die nächsten zehn bekommen Sie, wenn Sie mir dieses kleine Stück eines Tonbands auf eine Kassette überspielt haben. Außerdem brauche ich noch einen sehr kleinen Kassettenrecorder, der in meine Tasche paßt. Er muß auch Aufnahmefunktion haben, und er soll über einen eigenen Lautsprecher abzuhören sein, nicht nur über Kopfhörer.«

Der junge Mann war offensichtlich erfreut, auf so schnelle Weise an ein zusätzliches Taschengeld zu kommen und dazu auch noch auf einen guten Verkauf zu hoffen. »Zuerst werden wir den Recorder aussuchen«, meinte er, »damit wir die geeignete Kassette für das Überspielen auswählen können.« Er legte mir ein sehr kleines Gerät vor mit einer wirklich überaus hervorragenden Qualität. Es arbeitete mit winzigen Kassetten und kostete zweihundert Pfund. Ich nahm es; es war genau das, was ich brauchte. Nachdem der Verkäufer mir das Stück Tonband auf eine dieser Kassetten überspielt hatte, ließ ich mich ins Zentrum fahren und kaufte mir ein sehr damenhaftes Kostüm. Gegen sechs Uhr abends war ich wieder im Hotel und bat den Portier, für mich den Namen des irakischen Botschafters herauszufinden, da ich ihm einen Brief schreiben müsse, und wenn es möglich wäre, hätte ich gern auch seine private Telefonnummer.

Ich drückte dem Portier einen Geldschein in die Hand und sagte: »Ich werde jetzt essen gehen. Hinterlegen Sie die Nachricht für mich bitte in meinem Schlüsselfach an der Rezeption.« Ich fand dann dort sowohl den Namen des Botschafters als auch seine Telefonnummer vor, als ich nach etwa zwei Stunden vom Essen zurückkehrte. Ich ging auf mein Zimmer, nahm ein Bad, und gegen zweiundzwanzig Uhr wählte ich die Nummer des Botschafters. Er war nicht selbst am Apparat, und der Mann am anderen Ende der Leitung sagte etwas gereizt: »Es ist schon sehr spät! Worum geht es?«

»Für Angelegenheiten, die Ihr Land betreffen, kann es nie zu spät sein. Verbinden Sie mich bitte mit dem Botschafter. Ich muß ihn unbedingt sprechen und würde nicht zu dieser Stunde anrufen, wenn es nicht wichtig wäre, um nicht zu sagen, lebenswichtig.«

Sekunden später meldete sich der Botschafter. Ich stellte mich mit dem arabischen Namen »Waffa« (Treue) vor und sprach mit ihm abwechselnd arabisch und englisch. Die erste Hürde, die ich zu nehmen hatte, war, Interesse oder Neugier zu wecken, um eine Terminvereinbarung zu erreichen. Ich sprach ganz ruhig, aber bestimmt. »Herr Botschafter, ich bin heute aus Teheran nach London gekommen, nur um mit Ihnen zu sprechen. Ich habe sehr wichtige Informationen und Unterlagen für Sie. Wenn ich Sie nicht gleich morgen früh aufsuchen kann, müßte ich unverrichteter Dinge wieder abreisen, da ich meinen Aufenthalt in London nicht verlängern kann.«

»Dann erlauben Sie mir aber bitte zu fragen, worum es sich handelt«, erwiderte er reserviert.

»Als Botschafter müssen Sie doch wissen, daß man der Telefonleitung nicht vertrauen kann«, sagte ich knapp. Ich hatte keineswegs den Eindruck, er könnte »anbeißen«, als er antwortete: »Es tut mir sehr leid, aber ich habe morgen wirklich keine Zeit.«

Ich fühlte, daß ich dieses Hin und Her nicht unbegrenzt lange durchhalten durfte, ohne ihn zu verärgern und mir damit jede Aussicht auf eine Unterredung zu verscherzen. Also raffte ich mich zu einem letzten Anlauf auf. »Wissen Sie, was von Lenin berichtet wird, als er während seiner Studienzeit in Paris den amerikanischen Botschafter um eine Audienz bat? Der Botschafter verweigerte das, weil er es offenbar als unter seiner Würde empfand, sich mit einem Studenten abzugeben. Lenin schrieb später: ›Hätte er mir für nur fünf Minuten einen Termin bewilligt, vielleicht hätte die Weltgeschichte einen anderen Verlauf genommen.‹ Und Sie, Herr Botschafter«, setzte ich nach, »Sie könnten die Geschichte Ihres Landes lenken, wenn Sie mir die Möglichkeit gäben, nicht fünf, aber fünfzehn Minuten mit Ihnen zu sprechen.«

»Morgen früh um neun Uhr«, sagte er nur und legte auf.

Der wichtigste Schritt war mir damit gelungen. Ich war

sicher, wenn ich dem Botschafter morgen früh gegenüberstand, konnte ich ihn endgültig überzeugen.

Am nächsten Morgen stand ich sehr zeitig auf und zog das neue Kostüm an, in dem ich einige Jahre älter und nicht so mädchenhaft wirkte. Ich steckte den kleinen Kassettenrecorder ein, dazu die verschlüsselte Namensliste. Alle anderen Papiere wie Paß und Flugschein, die auf meine wahre Identität hinweisen konnten, deponierte ich im Hotel-Safe.

Im Taxi zur irakischen Botschaft unterwegs fühlte ich mein Herz bis zum Hals schlagen. Es erwartete mich keine einfache Aufgabe. Ich läutete an der Tür, die von einem jungen, gutaussehenden Mann geöffnet wurde. Ich sagte ihm, daß mich der Botschafter erwarte. Er bat mich, ihm zu folgen, führte mich in einen kleinen Raum und durchsuchte dort meine Handtasche. Er entdeckte den Kassettenrecorder und wollte ihn mir abnehmen.

»Den muß ich behalten«, sagte ich.»Er enthält Informationen, die für den Herrn Botschafter bestimmt sind.«

Er untersuchte auch das Gerät sorgfältig und reichte mich an eine Frau zur Leibesvisitation weiter. Nachdem sie sich vergewissert hatte, daß ich keine Waffe oder andere verdächtige Gegenstände bei mir trug, bat sie mich, einige Minuten zu warten.

Ich musterte den Raum; er war nur mit einem Tisch und einigen Stühlen ausgestattet. Auf dem Boden lag ein kleiner Teppich, vermutlich ein persischer. An einer Wand hing ein Bild von Saddam Hussain. Als ich es ansah, tauchten Erinnerungen an die Zeit in der irakischen Schule in Teheran in mir auf. Ich war damals fünfzehn; das Schreiben von Aufsätzen war meine besondere Stärke, überhaupt alles, was Sprachgestaltung und Formulierung betraf. Ich hatte sogar eine Rede für unseren Schuldirektor geschrieben und arbeitete an der Schulzeitung mit. Saddam Hussain war zu dieser Zeit Erster Sekretär des irakischen Präsidenten Abu Albakr gewesen. Während seines Aufenthaltes in Teheran stattete Hussain auch unserer Schule einen Besuch ab. Er war damals ein schlanker, wirklich attraktiver Mann mit einem verführerischen Lächeln. Man hatte mich dazu ausersehen, ein Gedicht vorzutragen, was Saddam derart begeisterte, daß er mir einen Pokal mit seinem Namenszug überreichte. Voller Stolz bewahrte ich ihn lange Zeit hindurch auf, aber Mansur hatte diesen Pokal gehaßt, schon bevor wir zusammenlebten. Als ich später nach Schottland ging, um das College zu besuchen, gab ich ihn meinem Bruder Ashor, der ihn für mich aufheben sollte. Ich habe keine Ahnung, wo der Pokal geblieben ist.

Der junge Mann trat wieder ein und holte mich aus meinen Gedanken in die Gegenwart zurück. Ich folgte ihm in ein großes, luxuriös eingerichtetes Büro, und auch hier fehlte selbstverständlich nicht ein goldgerahmtes Bild von Saddam Hussain. Der Botschafter, ein mittelgroßer, sympathisch wirkender Mann mit grauen Schläfen, saß an einem wunderschönen Schreibtisch. Vor ihm standen ein ebenfalls mittelgroßer Mann von kräftiger Statur und hinter dem Botschafter ein großer schlanker Mann von sehr dunkler Hautfarbe.

Der Botschafter erhob sich und begrüßte mich. Ich stellte mich wieder mit meinem falschen Namen vor und sprach arabisch. »Ich danke Ihnen, daß Sie mir einen Teil Ihrer kostbaren Zeit opfern.« Dann blickte ich auf die beiden Männer und sagte: »Es tut mir leid, Herr Botschafter, aber was ich Ihnen zu sagen habe, ist sehr wichtig und geheim. Müssen diese beiden Herren anwesend sein?«

Er nickte. »Das ist schon in Ordnung; Sie brauchen sich keine Sorgen zu machen.«

Jetzt holte ich den Kassettenrecorder aus meiner Handtasche und mußte mich zusammenreißen, damit man nicht sah, wie meine Hände zitterten. Ich schaltete das Gerät ein und ließ die Aufnahme ablaufen. Es handelte sich um die Aufzeichnung eines Telefongesprächs zwischen dem irakischen Botschafter in Teheran und Baghdad, der irakischen Hauptstadt. Der Inhalt des Gespräches bestand aus der Schilderung der augenblicklichen Verhältnisse in Teheran und enthielt besorgte Kommentare über Aktivitäten fundamentalistischer islamischer Gruppen im Irak. Außer den Stimmen aus dem Recorder war im Raum kein Geräusch zu hören. Ich beobachtete aus den Augenwinkeln den Botschafter und den hinter ihm stehenden Dunkelhäutigen, der ganz sicher ein Geheimdienstagent war.

Die Aufnahme auf dem Band war abgelaufen. Der Botschafter räusperte sich einige Male und fragte: »Kann ich diese Kassette bekommen?«

»Ich schenke sie Ihnen«, antwortete ich großzügig. Ich wußte, sie hatten den Köder angenommen und würden mir jetzt aufmerksam zuhören. Mit dem aufgezeichneten Gespräch ihrer Teheraner Botschaft hatte ich ihnen beweisen können, daß sie es mit einer professionell untermauerten Sache zu tun hatten. Ich nutzte den Augenblick, in dem sie noch unter dem frischen Eindruck des gerade Gehörten standen. »Meine Herren, ich habe mit dieser Angelegenheit selbst sehr wenig zu tun; ich vermittle nur. Und zwar deshalb, weil ich mein Land liebe.«

»Sie sind doch nicht Iranerin«, unterbrach mich der Botschafter, »sonst sprächen Sie nicht so ausgezeichnet Arabisch.«

»Es ist nicht die einzige Fremdsprache, die ich beherrsche«, winkte ich ab. »Ich habe zeitweise im Irak gelebt und dort auch Arabisch gelernt. Ich finde Ihr Land wunderbar. Aber lassen Sie mich jetzt über den eigentlichen Zweck meines Besuches sprechen. Es gibt eine Gruppe von Männern im Iran, die sich um die Zukunft Ihres Landes, Exzellenz, Sorgen macht. Deren Arbeit muß jedoch finanziell abgesichert sein, und die Männer brauchen Ihre Unterstützung. Ich kann Ihnen Namenslisten von irakischen Organisationen anbieten, die in Zusammenarbeit mit dem Khomeini-Regime das Ziel verfolgen, im Irak einem ebenso fanatischen Regime zur Macht zu verhelfen. Ich gehe davon aus, daß sie diese Pläne nicht auf die leichte Schulter nehmen, sondern Interesse daran haben, solchen Bestrebungen einen Riegel vorzuschieben. Sie wissen so gut wie ich, daß ein großer Teil Ihres Volkes schiitisch ist, und bei entsprechender Unterstützung aus dem Iran könnte daraus eine echte, ernst zu nehmende Gefahr erwachsen. Wir wollen Ihnen helfen, diese Leute zu verhaften, aber dafür erwarten wir andererseits Ihre Hilfe, um unser Land von den jetzigen Machthabern zu befreien.«

»An welche Art von Hilfe denken Sie?« fragte der Botschafter mit unbewegter Miene.

»Zu Anfang brauchen wir eine Million US-Dollar; danach Waffen und für später Ihre Zusicherung, den Irak als Asyl für gefährdete Mitglieder unserer Organisation benutzen zu dürfen.«

»Sie fangen aber gar nicht klein an«, sagte er amüsiert. Seine Heiterkeit ließ mich unbeeindruckt, und ich erklärte ihm:

»Mein Herr, was Sie von mir bekommen können, würden Sie von anderen Partnern nicht für viele Millionen erhalten. Wir sind nicht darauf aus, Geschäfte zu machen; wir streben lediglich eine gegenseitige Unterstützung an, weil wir das gleiche Ziel verfolgen. In zwei Tagen werde ich mich wieder bei Ihnen melden, um nachzuhören, ob Sie Interesse an einer Zusammenarbeit haben.« Ich erhob mich und wandte mich zum Gehen.

»Hinterlassen Sie bitte Ihre Telefonnummer«, bat der Botschafter. »Nein«, sagte ich, »ich bin telefonisch nicht zu erreichen. Ich werde Sie anrufen.«

Ich verabschiedete mich und verließ das Büro. Vermutlich würde man mich jetzt beschatten, deshalb rekapitulierte ich in Gedanken, welche Verhaltensmaßregeln mir Mansur für diesen Fall eingeschärft hatte. Den jungen Mann, der mir die Tür geöffnet hatte, bat ich, ein Taxi zu rufen. Es dauerte fünf Minuten, bis es vorfuhr. Als Ziel gab ich ›Harrods‹ an, das größte und exklusivste Kaufhaus in London. Bei dem regen Verkehr ließ sich nicht feststellen, ob ich von den Irakern verfolgt wurde, doch ich konnte diese Möglichkeit nicht ausschließen und mußte sichergehen.

Wir fuhren jetzt auf einer durch einen bepflanzten Mittelstreifen geteilten Straße. Ich forderte den Taxifahrer unvermittelt auf, sofort zu halten, da mir gerade etwas eingefallen sei. Ich zahlte schnell und rannte dann über den breiten Mittelstreifen zur anderen Straßenseite zum Gegenverkehr. Ein Verfolger hätte auf keinen Fall so schnell reagieren können, und die getrennten Fahrbahnen machten es unmöglich, daß er die Verfolgung in der Gegenrichtung hätte fortsetzen können.

Ich nahm ein anderes Taxi zum Hotel, holte meinen Koffer, bezahlte und fuhr zum Flughafen. Bis jetzt war alles programmgemäß verlaufen – und es war mir noch nichts passiert! Am Nachmittag war ich wieder zu Hause in Aberdeen. Von einer Telefonzelle aus rief ich Mansur an und gab ihm einen ausführlichen Bericht in unserer Geheimsprache. Er war sehr zufrieden.

Nach all diesen Aufregungen war ich um so glücklicher, wieder bei meiner Familie zu sein. Besonders bei Lida hatte ich immer das Empfinden, zu Hause zu sein, fühlte mich geborgen und genoß die Wärme. Ich hätte das behagliche Gefühl sehr viel mehr auskosten können, wenn nicht die Gedanken an diesen nervenaufreibenden Geheimauftrag gewesen wären.

Nach zwei Tagen rief ich wie verabredet aus einer Telefonzelle den Botschafter an. »Wir müssen uns treffen«, sagte er sofort. »Nein«, antwortete ich bestimmt, »nicht eher, als bis Sie die Hälfte des Geldes gezahlt haben.«

»Das können wir nicht. Über eine Anzahlung ließe sich reden, um Ihnen unser Interesse zu zeigen; mehr ist im Augenblick aber nicht möglich. Doch danach müssen wir unbedingt noch einmal zusammenkommen.«

»Ich werde zurückrufen«, sagte ich und beendete das Gespräch. Dann telefonierte ich mit Mansur und fragte, was ich tun sollte. »Die Sache ist soweit in Ordnung«, meinte er. »Du wirst jetzt bei irgendeiner Bank ein anonymes Konto eröffnen, so daß du als Kontoinhaberin nicht festzustellen bist.«

Ich suchte also eine Bank auf, sprach mit dem Leiter und erklärte ihm, ich erwarte eine größere Geldsumme, könne sie jedoch wegen der politischen Lage in meinem Land nicht auf meinen richtigen Namen überweisen lassen. Er suchte nach einer anderen Möglichkeit, fand aber keine. Um in die Schweiz zu fliegen, wo ich ein Nummernkonto hätte einrichten können, stand mir nicht genügend Zeit zur Verfügung. Ich nahm deshalb das Risiko auf mich und eröffnete ein Konto auf meinen Namen, rief nachmittags den Botschafter wieder an und nannte ihm die Kontonummer und den Namen Aiyleen. Er wollte wissen, wessen Konto das sei. Ich sagte, es sei das einer Freundin; sobald das Geld eingetroffen wäre, würde ich mich wieder melden.

Am selben Abend überraschte Mansur mich mit einem sehr merkwürdigen Anruf. »Bitte, schick mir sofort ein Telegramm, worin du schreibst, du seist sehr krank und müßtest operiert werden. Es ist wichtig, daß du wirklich ins Krankenhaus gehst – und zwar wegen einer Krebsoperation. Du wirst schon wissen, wie du das anstellen mußt. Es ist aber unbedingt nötig, denn dadurch kann es mir möglich sein, den Iran zu verlassen.«

Ich rief den Arzt an, den ich aus der Zeit kannte, als ich das College besucht hatte, und ließ mir einen Termin geben. Ich erklärte ihm: »Mein Mann ist in Gefahr und muß versuchen, aus dem Iran herauszukommen. Die einzige Möglichkeit für die Ausreise besteht darin, daß ich glaubhaft machen kann, ich sei schwer krank und deshalb im Krankenhaus. Wir müssen davon ausgehen, daß die Sache vom Iran aus nachgeprüft wird, und darum darf auch im Krankenhaus niemand Verdacht schöpfen, die Geschichte könnte erfunden sein.«

»Was Sie da von mir verlangen, ist fast unmöglich«, sagte der Arzt abwehrend.

»Bitte, tun Sie es«, flehte ich ihn an. »Sie können damit ein Leben retten.«

Er griff zum Telefon und sprach mit dem Krankenhaus, in dem er selbst zeitweise arbeitete, und ließ für mich ein Bett auf der Privatstation reservieren. Er würde jedoch vorher noch mit der Oberschwester sprechen müssen und sie als einzige einweihen. Sie sollte, falls jemand anriefe, die Auskunft geben, ich schwebe in Lebensgefahr.

Meiner Familie allerdings mußte ich reinen Wein einschenken und überzeugte sie davon, daß ich dieses Theater spielen mußte, weil Mansur sich offenbar in großer

Gefahr befand und hierher kommen wollte. Ich gab meinem Mann telegrafisch die Telefonnummer des Krankenhauses und auch den Namen des Arztes durch und packte einen kleinen Koffer, weil ich mich am nächsten Morgen im Krankenhaus einfinden sollte.

Mansur hatte mich getröstet, wenn alles wie geplant abliefe, würde er mich anrufen, sobald er in London sei, und danach könnte ich das Krankenhaus sofort verlassen.

Ich nahm mir ein Buch mit und versuchte, im Bett zu lesen, konnte mich aber nicht konzentrieren und hoffte nur immer, es möge Mansur gelingen, zu kommen, damit für uns alle diese schreckliche Zeit endlich ein Ende fände. Die Stunden wurden mir unbeschreiblich lang.

Da außer der Oberschwester niemand die Wahrheit kannte, begannen die anderen Schwestern mit den üblichen Untersuchungen, um mich für eine Unterleibsoperation vorzubereiten. Am Nachmittag besuchte mich Lida, wofür ich ihr sehr dankbar war. Sie war immer zur Stelle, wenn ich ihre Hilfe brauchte, und sie versorgte Asal, als sei es ihr eigenes Kind. Mit vorsichtigen Fragen versuchte sie herauszufinden, ob ich wirklich mit Mansur glücklich war, und gab mir zu verstehen, sie und Mutter hegten den Verdacht, er nutze mich nur schamlos aus. Ich wollte aber nicht mit meiner Schwester darüber reden.

Da ich ohnehin in der letzten Zeit unter Schlafstörungen litt, bat ich die Schwestern um ein Schlafmittel; ich wollte nicht auch noch in der Nacht wachliegen und grübeln.

Noch immer gingen die Schwestern davon aus, daß ich am nächsten Tag operiert werden sollte. Mein Arzt sprach nochmals mit der Oberschwester. Sie sollte angeben, die Untersuchungen seien noch nicht vollständig abgeschlossen, die Operation müsse deshalb verschoben werden. Am nächsten Tag kam der erlösende Anruf von Lida, Mansur habe sich aus London gemeldet. Er würde die nächste Maschine nach Aberdeen nehmen.

Ich war überglücklich, nein, selbst das war noch zu schwach ausgedrückt. Ich hätte die ganze Welt umarmen können. Ich packte meine Sachen zusammen, rief nach der Oberschwester und bedankte mich herzlich. Sie nahm mich gerührt in die Arme und sagte: »Ich habe es gern getan und bin stolz, daß ich in dieser so gut ausgegangenen Geschichte auch eine kleine Rolle spielen durfte.«

Warum Mansur mir all diese Umstände zumuten mußte, war mir noch nicht klar. Aber sicher wird er es mir noch heute erklären, dachte ich.

Zu Hause drückte ich Asal an mich und erzählte ihr, daß in ein paar Stunden ihr Vater kommen würde. Ich ging unter die Dusche, machte mich besonders hübsch und wartete aufgeregt. Jetzt waren wir alle drei aus dem Iran heraus und in Sicherheit.

Spät am Abend traf Mansur ein, sehr müde und abgemagert. Vor zehn Tagen hatte ich ihn das letzte Mal gesehen, aber in dieser kurzen Zeit schien er mir älter geworden zu sein. Meine Familie verhielt sich ihm gegenüber sehr reserviert, und auch er fühlte sich offensichtlich nicht wohl in seiner Haut. Es blieb im Augenblick aber keine andere Wahl, als hierzubleiben, vor allem wegen Asal.

Als wir allein waren, wollte ich endlich Antwort haben auf einige Fragen. Welchen Zweck hatte die Episode im Krankenhaus? Wieso konnte Mansur jetzt hier sein? Wie sollte unsere Zukunft nun aussehen?

»Aziz«, begann er zu erklären, »du wirst mit Asal hierbleiben. Du kannst nicht mehr nach Teheran zurück, aber ich muß es noch einmal. Deine Einlieferung ins Krankenhaus war notwendig, damit Dr. Chamran mir die Genehmigung zur Reise gab. Ich mußte schließlich einkalkulieren, daß er unsere Geschichte durch die iranische Botschaft in London überprüfen ließ. Ich habe ihm gesagt, du lägst im Sterben, und ich wolle dich noch einmal sehen. Ich muß jetzt aber noch einmal zurück; ich will damit sein Vertrauen stärken, was für meine weiteren Pläne sehr wichtig ist.«

Ich war zutiefst enttäuscht. »Ich dachte, du hättest endlich einmal nur an uns gedacht, an dein Kind – aber nein! Du benutzt mich nur dazu, deine Pläne zu verwirklichen. Wir sind dir im Grunde vollkommen gleichgültig; du siehst in mir nur ein Werkzeug, um deine anderen Interessen durchzusetzen.«

Ich war noch nie so zornig auf ihn gewesen wie in dieser Stunde. Mansur versuchte, mich zu beruhigen und versicherte mir erneut, wie wichtig es wäre, die Sache zu Ende zu führen. Er würde so lange hierbleiben, bis sich die Iraker gemeldet hätten.

Zwei Tage später erhielt ich einen Bankauszug zugeschickt, der einen Zahlungseingang von fünftausend Pfund auswies. Ich rief den Filialleiter an und wollte wissen, von wem das Geld überwiesen worden war. Er sagte, einen Namen könne er mir nicht nennen; die Überweisung sei von einer Bank in der Schweiz erfolgt.

Mansur verlangte, ich solle sofort den irakischen Botschafter anrufen. Wir gingen zusammen zu einer Telefonzelle. Der Botschafter war hocherfreut, daß ich mich meldete; er habe schon auf meinen Anruf gewartet, und wir müßten uns schnellstens treffen. Ich machte mit ihm einen Termin aus, der mir noch achtundvierzig Stunden Zeit gab, um den Flug zu buchen.

Mansur wollte mich begleiten. Ein Hotelzimmer ließen wir nicht reservieren, weil wir beabsichtigten, noch am selben Tag wieder zurückzufliegen. Mansur wollte natürlich nicht an dem Gespräch teilnehmen, sondern uns nur aus sicherer Entfernung beobachten. Wir durften nicht zusammen gesehen werden.

Meine Mutter machte ihrem Unmut Luft, als sie von dem bevorstehenden Flug nach London erfuhr. »Mansur, es sind deine Angelegenheiten! Also erledige sie auch selbst und belästige damit nicht meine Tochter. Wie kommst du dazu, deine Frau und dein Kind immer wieder in Gefahr zu bringen!«

»Er zwingt mich doch nicht dazu«, besänftigte ich sie. »Ich tue es, weil es auch mein Leben betrifft.« Mansur war ärgerlich wegen Mutters Vorhaltungen, doch ich bat ihn, auch sie zu verstehen, wenn sie sich Sorgen um uns machte und zu verhindern suchte, daß wir in Schwierigkeiten gerieten.

Mittags um ein Uhr kamen wir auf dem Flughafen Heathrow in London an, und es blieben mir noch drei Stunden bis zu meiner Verabredung. Wir fuhren mit einem Taxi in die Stadt, und die Zeit reichte noch aus, um essen zu gehen. Wir suchten ein libanesisches Restaurant auf. Die libanesische Küche ist eine der feinsten; ich liebe sie. Nach dem Essen machten wir uns auf den Weg zur Botschaft. Mansur versprach mir, er werde sich in möglichst geringer Entfernung versteckt halten, aber so, daß er mich im Auge behalten konnte. Wenn ich irgendeine Gefahr im Verlauf des Gesprächs witterte, sollte ich eine bestimmte Handbewegung machen.

Der Botschafter hatte mir als Treffpunkt ein Café in einem sehr vornehmen Hotel genannt. Absichtlich verspätete ich mich um fünf Minuten. Beim Betreten des Cafés entdeckte ich den Botschafter sofort, der mit zwei Herren einen Tisch in einer ruhigen Nische gewählt hatte. Einer von ihnen war der schlanke Mann, den ich schon in der Botschaft getroffen hatte. Der andere war etwa Mitte Vierzig, glatzköpfig und mit einem Bauch. Neben dem Tisch standen zwei Leibwächter. Die Herren begrüßten mich äußerst zuvorkommend und forderten mich freundlich auf, zwischen ihnen Platz zu nehmen. Der Botschafter fragte mich, was ich trinken möchte, und ich bat um einen Orangensaft.

»Wir haben über Ihr Angebot mit den zuständigen Leuten in Baghdad gesprochen«, begann er. »Doch bevor wir irgendeine Zusage machen können, müssen wir mehr über Ihre Widerstandsgruppe im Iran wissen. Was sind ihre konkreten Ziele, und welche Möglichkeiten haben Sie überhaupt, sie zu erreichen? Wieviele Leute gehören ihr an? Auch Namen interessieren uns.«

»Moment, mein Herr«, unterbrach ich ihn. »Sie glauben doch nicht etwa, daß wir die Gruppe durch solche Angaben in unnötige Gefahr bringen! Es ist ohnehin für Sie ohne Bedeutung, diese Fragen beantwortet zu bekommen. Es geht doch lediglich darum, daß Ihnen für Ihr Geld Namen genannt werden, die Sie, wenn Sie sie selbst herausfinden wollten, bestimmt Jahre harter Arbeit kosten würden. Und wer sagt Ihnen, daß es dann nicht schon zu spät ist? Entweder entschließen Sie sich jetzt zu einem Ja, oder Sie lehnen ab. Es liegt ganz allein an Ihnen. Eines brauche ich Ihnen jedoch nicht zu verheimlichen, nämlich, daß einige Mitglieder unserer Gruppe sogar in der Regierung zu finden sind. Mehr kann ich Ihnen nicht sagen, und wenn Sie sonst keine Fragen haben, sehe ich damit unsere Unterredung als beendet an.«

Aber sie wollten mich noch nicht gehen lassen, sondern versuchten, im Gespräch mehr von mir zu erfahren. Doch Mansur hatte mir eingeschärft, immer daran zu denken, daß im Umgang mit Agenten jedes Wort schon zuviel sein und schaden konnte.

»Wir können Sie gern in unserem Wagen mitnehmen«, sagte der Botschafter schließlich höflich.

»Vielen Dank«, lehnte ich ab, »das ist nicht notwendig. Ich genieße die Taxifahrten in London sehr. In zwei Tagen werde ich Sie wieder anrufen. Wenn Sie unser Angebot zu den besprochenen Bedingungen annehmen wollen, bekommen Sie die Namensliste, falls nicht, dann vergessen wir die ganze Sache.«

Ich fuhr mit einem Taxi zu dem Hotel, in dem ich mich mit Mansur verabredet hatte. Er erwartete mich dort bereits. Ich wußte nicht, ob man mich vielleicht verfolgt hatte, aber das hätte jetzt auch nicht viel geändert. Wir hielten uns nicht länger auf und ließen uns gleich zum Flughafen fahren.

Mir gefielen diese Unternehmungen immer weniger, und ich war unzufrieden. Eine Aufregung folgte der anderen, und ich merkte, daß mir dieser Streß ziemlich zusetzte. Im Flugzeug bemühte ich mich wieder, Mansur davon zu überzeugen, daß es für uns alle besser sei, in England zu bleiben.

»Für den Anfang haben wir doch genug Geld, um uns eine neue Existenz aufzubauen. Ich spreche Englisch und hätte bestimmt keine Schwierigkeiten, eine Anstellung zu finden. Wir müßten auch nicht in Schottland in der Nähe meiner Familie leben«, lockte ich ihn, denn ich wußte, sein Stolz würde es nicht erlauben, daß man ihn vielleicht in einer schwächeren Position sah. »Wir könnten nach London ziehen, wo viele Iraner leben, und du könntest dort vielleicht deinem Land auf andere Weise dienen.«

Doch Mansur ließ sich nicht umstimmen; alle meine Bemühungen blieben ohne Erfolg. Er hatte es sich in den Kopf gesetzt, nach meinem nächsten Anruf bei den Irakern nach Teheran zurückzufliegen.

Nach zwei Tagen rief ich den Botschafter wieder an.

Mansur stand neben mir in der Telefonzelle. Sobald der Botschafter am Apparat war, schrie er mich an: »Sie sind eine Verräterin!«

»Ich verstehe kein Wort«, sagte ich. »Bitte, drücken Sie sich deutlicher aus!«

»Tun Sie nicht so unschuldig!« brüllte er. »Nach unserem Treffen in dem Hotelcafé wollten Sie uns umbringen lassen. Es war eine Falle. Kurz darauf haben meine Begleiter einen bewaffneten Mann gefaßt, der zugegeben hat, daß er uns töten wollte. Nur Sie und Ihre Leute konnten das geplant haben. Niemand sonst hat von unserem Treffen gewußt.«

»Sie müssen mir glauben«, versicherte ich, »daß weder ich selbst noch meine Freunde damit etwas zu tun haben. Überlegen Sie doch: Was hätten wir davon, Sie umbringen zu lassen!«

Er lehnte es ab, weiter mit mir zu sprechen, und legte auf. Ich zitterte vor Angst und Wut und schämte mich gleichzeitig. Was sollte ich davon halten? Hatte der Botschafter vielleicht doch recht mit seiner Vermutung? Hatte Mansur etwas damit zu tun? Was ging hier in Wirklichkeit vor? Ich bekam keine Antwort; auch Mansur schien betroffen und sagte, er verstünde die Welt nicht mehr. Er wollte, daß ich noch einmal anrief, aber zum erstenmal wagte ich es, entschieden nein zu sagen.

Bis heute weiß ich nicht, was damals wirklich geschah. Nachdem die Sache mit den Irakern geplatzt war, sagte ich zu Mansur: »Da es hier nichts mehr zu tun gibt, werde ich jetzt packen, und wir werden nach Teheran zurückfliegen.«

»Schlag dir das aus dem Kopf; du wirst mit Asal hierbleiben!« fuhr er auf.

»Aber ich habe gerade unsere neue Wohnung eingerichtet«, wandte ich ein. »Wir haben noch nicht einmal zwei Monate darin gelebt. Was soll daraus werden? Und was wird aus mir ohne dich?«

»Sieh es doch ein, Aiyleen«, sagte er weicher. »Sobald du in Teheran bist, wirst du in Gefahr sein. Und ich will, falls es für mich gefährlich werden sollte, auch sofort das Land verlassen. Das wäre problematischer, wenn wir zu dritt sind. Für mich allein gibt es schon eher eine Möglichkeit. Du und Asal, um es ganz klar auszudrücken, ihr wärt in diesem Fall ein Hemmschuh. Das mußt du verstehen!«

»Mansur, meine Familie ist sehr liebevoll mit mir, und deine Tochter behandeln sie wie ihr eigenes Kind, aber ich möchte trotz allem nicht bei ihnen leben. Ich will ihnen nicht zur Last fallen.«

»Finanziell fällst du ihnen ohnehin nicht zur Last. Du hast genug Geld. Ich werde in Teheran versuchen, meine Pläne irgendwie abzuschließen. Dann komme ich zu dir, und wir können hier für immer zusammen sein. Hab noch etwas Geduld!«

Ich hatte keine andere Wahl. Am nächsten Tag flog Mansur nach Teheran. Vor Enttäuschung und auch Wut hätte ich laut schreien mögen. Wann würde dieses unstete Leben endlich aufhören? Ja, ich war verbittert, aber ich wollte keine Tränen zeigen. Wieder ein Abschied, ein neuer Schmerz, Warten und Ungewißheit ...

Wie sehr sehnte ich mich nach einem friedlichen Zuhause mit Mansur und Asal, nach einem sicheren Ort, wie ihn alle anderen hatten. Asal hatte in ihrem jetzt achtzehn Monate langen Leben auch noch keine Ruhe gefunden. Wir waren immer nur unterwegs. Und ich war dessen so müde geworden.

Ich fühlte mich einsam, und die Tage wurden mir lang. Ich half Lida im Haushalt und verbrachte viel Zeit mit Lesen. Doch es war alles nur Ablenkung; ich war zutiefst unglücklich.

Dazu kam, daß ich krank war. Seit einigen Wochen litt ich unter Blutungen, die mein Arzt sich nicht erklären konnte und mich deshalb gründlich untersuchen wollte. Ich willigte aber nicht ein und schob die Sache immer weiter vor mir her. Der Grund war nicht nur die Furcht, es könnte sich etwas Ernstes herausstellen; ich hatte mich in einen fatalistischen Zustand hineingesteigert: Warum sollte ich etwas für meinen Körper tun, während meine Seele verdorrte?

Vier lange Monate lebte ich nun schon bei Lida. Zweimal hatte ich bei Saudi Airlines schon telefonisch um Verlängerung meines Urlaubs gebeten, weil ich erkrankt sei. Mansur konnte ich telefonisch nicht erreichen, sondern mußte warten, bis er sich meldete. Manchmal verging eine ganze Woche ohne seinen Anruf, und ich wußte nicht, ob er überhaupt noch am Leben war. Ich konnte nicht richtig schlafen, aß kaum etwas, und die Sorgen um meinen Mann machten mich fast rasend.

Im Norden des Iran gab es Krieg. Khomeini ließ die Kurden massenweise ermorden. Ich wußte, daß Mansur sich mit Dr. Chamran in Kurdistan befand, und hoffte inständig, er möge nicht in irgendeiner Weise in diesen Massenmord verwickelt sein.

Zwei Wochen lang hatte ich nichts mehr von meinem Mann gehört, da erfuhr ich aus den Nachrichten, daß Dr. Chamran tot war. Sein Hubschrauber war in Kurdistan abgestürzt. Ich war zuerst vor Entsetzen wie gelähmt. Dann verlor ich die Beherrschung und schrie und weinte. Ganz sicher war auch Mansur dabei ums Leben gekommen. Ich wußte, daß er immer mit Dr. Chamran zusammen diese Exkursionen unternommen hatte. Das war also der Grund für Mansurs wochenlanges Schweigen: Er war tot!

Meine Mutter versuchte vergeblich, mich zu beruhigen. Verzweifelt wählte ich die Nummer unserer Teheraner Wohnung. Niemand meldete sich. Ich rief die Tante an. Nein, sie wußte auch nichts über Mansurs Schicksal; sie hatte ihn schon lange nicht mehr gesehen und auch nichts von ihm gehört.

Mein Gesundheitszustand verschlechterte sich rapide. Eines Tages bekam ich wieder einen Schwächeanfall und brach zusammen. Lida rief sofort den Arzt, der mich umgehend ins Krankenhaus bringen ließ. Durch die dauernden Blutungen war ich ohnehin geschwächt, und bei der Untersuchung stellte sich heraus, daß ich in der Gebärmutter eine Zyste hatte, die dringend entfernt werden mußte. Ich wurde operiert und blieb vier Tage im Krankenhaus. Ich fühlte mich so elend, daß ich mir wünschte zu sterben. Ohne Mansur wollte ich nicht mehr leben. Aber da war mein kleines Töchterchen, das mich brauchte!

Der Arzt hatte mir absolute Bettruhe verordnet und gab mir Beruhigungstabletten und für die Nacht ein Schlafmittel.

Einen Tag nach meiner Entlassung aus dem Krankenhaus kam ein Anruf aus dem Iran: Es war Bahman. Jetzt, schoß es mir durch den Kopf, wird er mir sagen, daß Mansur tot ist. Aber Bahman erklärte, ich solle mir keine Sorgen machen, Mansur sei untergetaucht, doch die ganze Gruppe sei in höchster Gefahr. Mansur würde jetzt nach einer Möglichkeit suchen, aus dem Iran zu flüchten. Für den Augenblick war ich nur glücklich und dankbar, daß er noch lebte, auch wenn das Weitere nach wie vor im dunkeln lag. Aber nun hatte ich wenigstens wieder Hoffnung und betete zu Gott, er möge Mansur und mich bald zusammenführen.

Ein halbes Jahr war ich nun schon in Großbritannien. Alle versuchten mich aufzumuntern, denn sie sahen, wie deprimiert ich war. Ich konnte nichts anderes tun als warten. Worauf? Auf ein Wunder? Jedesmal, wenn das Telefon läutete, hoffte ich, es wäre eine Nachricht von Mansur. So auch an jenem Vormittag, als ich das Klingeln im Nebenraum hörte. Lida nahm den Hörer ab, und Sekunden später stürzte sie zu mir ins Zimmer: »Aiyleen, komm schnell; es ist Mansur. Er klingt sehr glücklich.«

Zuerst drückte ich den Hörer an mein Herz, dann wartete ich auf seine Stimme, die Stimme, die ich so liebte.

»Aziz, rate, wo ich bin!« Wenn er so fragte, konnte er nicht mehr im Iran sein. Ich konnte es einfach nicht glauben und rief aufgeregt: »Wie soll ich das wissen! Sag mir, von wo rufst du an?«

Seine Antwort schrie er fast ins Telefon: »Ich bin in der Türkei, und morgen abend werde ich in Frankfurt ankommen.« Es war nicht zu fassen: Mansur war auf dem Weg zu mir! Tränen liefen mir vor Freude übers Gesicht.

»Sagst du wirklich die Wahrheit?« brachte ich mühsam hervor.

»Ja, ja, ja«, rief er, »es ist wahr! Aber ich kann leider nicht nach England kommen, weil ich nur ein Visum für Deutschland habe. Warte morgen abend auf meinen Anruf. Falls ich nicht zu dir kommen kann, komm du nach Frankfurt. Ich vermisse dich und Asal so sehr. Ich kann es kaum noch erwarten, euch zu sehen.«

»Mein Liebling«, sagte ich, »ich werde dir überallhin folgen, wohin du willst. Wenn ich nur bei dir sein kann.«

Meine Mutter hatte unser Gespräch mitgehört. Als ich es beendet hatte, blickte sie mich beschwörend an. »Du wirst nirgendwo hingehen. Du bist krank und brauchst Ruhe. Solange du nicht vollständig gesund bist, wirst du hierbleiben!«

Nach langen Diskussionen stand mir jetzt nicht der Sinn, dafür war ich zu glücklich. Innerlich hatte ich bereits den Entschluß gefaßt, sofort zu Mansur zu fliegen, sobald er sich meldete. Für Deutschland mußte ich mir allerdings erst in Edinburgh ein Visum besorgen.

Als Mutter das erfuhr, verlor sie die Beherrschung. »Ich verstehe deinen Leichtsinn nicht! Gerade bist du nach der Operation aus dem Krankenhaus entlassen worden. Ich lasse es nicht zu, daß du deinem Körper so etwas antust. Wenn du nicht Vernunft annimmst, werde ich deinen Arzt anrufen.«

»Laß es gut sein, Mutter«, bat ich sanft. »Finde dich damit ab, daß du nichts an meinem Entschluß ändern kannst. Ich brauche das Visum, weil ich zu meinem Mann muß.«

Sie war sehr unglücklich. »Keines meiner Kinder hat mir soviel Sorgen gemacht wie du. Das geht nun schon seit Jahren so, und immer, wenn ich denke, du würdest Ruhe finden, passiert etwas Neues. Wird das denn niemals aufhören?«

Ich strich ihr über die Wange. »Mutti, jetzt wird es aufhören. Die schreckliche Zeit ist zu Ende. Morgen schon wird Mansur in Deutschland sein, und wir werden auch eine Möglichkeit finden, daß er dort fort kann. Dann werden wir vielleicht in London leben, und du kannst uns besuchen, wann immer du willst. Und auch ich kann zu dir kommen, sooft ich es möchte. Du mußt aber verstehen, daß mein Mann mich jetzt braucht. Er hat eine schlimme Zeit hinter sich. Denk bitte auch daran.« Ich redete mit Engelszungen, aber sie hatte kein Verständnis für meine Torheit, wie sie es nannte. Mansur hatte endgültig bei ihr verspielt, und ihr mütterlicher Instinkt sagte ihr, daß er mich weiterhin unglücklich machen würde.

Am nächsten Morgen suchte ich meine Papiere zusammen und fuhr mit der Bahn nach Edinburgh. Nach meinen letzten Erfahrungen beim britischen Konsulat in Frankfurt hatte ich mich wieder auf einen überfüllten Warteraum gefaßt gemacht. Aber im deutschen Konsulat war ich fast der einzige Besucher. Ich bat um ein Gespräch mit dem Konsul und war erstaunt, daß er sofort Zeit für mich hatte. Ich wollte ihm auch keine phantastische Geschichte auftischen, sondern erzählte ihm alles wahrheitsgetreu: daß ich meinen Mann sehr vermißte und daß ich morgen zu ihm möchte, um ihn nach langer, sorgenvoller Zeit endlich wieder in die Arme schließen zu können.

Der Konsul war ein wirklich netter Mensch und zeigte viel Verständnis für meine Situation. »Wissen Sie«, sagte er, nachdem ich geendet hatte, »es widerspricht vollkommen dem normalen Ablauf, am selben Tag noch ein Visum auszustellen. Aber es gibt, wie bei fast allem, Ausnahmen. Ich bin bereit, eine zu machen.«

Ich bedankte mich herzlich. »Ich muß Ihnen sagen, es ist ein großer Trost für mich, in dieser verzweifelten Situation einen fremden Menschen, wie Sie es sind, zu finden, der soviel Hilfsbereitschaft aufbringt.« Ich bekam das Visum sofort ausgestellt.

Ich nahm den nächsten Zug nach Aberdeen zurück. Als ich im Abteil saß, spürte ich, daß mit mir irgend etwas nicht stimmte. Mir wurde schwindlig, Funken sprühten vor meinen Augen, und Übelkeit stieg in mir auf. Ich fühlte mich plötzlich sehr kraftlos, kauerte zusammengefallen auf meinem Sitz und versuchte zu schlafen. Vergeblich; es war noch eine Stunde bis Aberdeen, und ich mußte mich zwingen, so lange auszuhalten.

In Aberdeen schleppte ich mich irgendwie aus dem Zug und wankte zu einem Taxi. Der Fahrer sah mich entsetzt an und fragte besorgt, ob er mich ins nächste Krankenhaus fahren sollte.

»Danke, nein«, sagte ich, »nur bitte ganz schnell nach Hause.« Er klingelte an unserer Tür und bat Lida herauszukommen, um ihm zu helfen, mich ins Haus zu bringen. Sie führten mich ins Zimmer, und ich glitt zu Boden.

Erst jetzt stellte ich fest, daß meine Kleidung bis in die Schuhe voller Blut war. Ich hatte, von der Operation herrührend, eine starke Blutung bekommen, ohne es zu bemerken. Lida alarmierte sofort meinen Arzt, der innerhalb einer Stunde eintraf. Er war sehr ungehalten und schimpfte: »Mir ist bisher noch keine Frau begegnet, die derart leichtsinnig mit ihrer Gesundheit umgeht wie Sie. Ich sehe keine andere Möglichkeit, als Sie wieder ins Krankenhaus einzuweisen, wo wir Sie zwingen müssen, sich auszuruhen.«

Ich ließ mich nicht einschüchtern, sondern gab ihm zu verstehen, daß eine neue Einweisung für mich auf keinen Fall in Frage käme, und versprach, vernünftig zu sein. Er schüttelte nur verständnislos den Kopf und sagte zu Lida: »Sorgen Sie dafür, daß sie ins Bett kommt. Ich werde ihr eine Spritze geben, und wenn sie sich etwas erholt hat, werde ich sie nochmals untersuchen.«

An diesem Abend meldete sich Mansur. Ich bat Lida inständig, ihm nichts von meinem Zustand zu sagen. Dann sprach ich mit ihm, erzählte, ich würde morgen einen Flug nach Frankfurt buchen und übermorgen um diese Zeit bei ihm sein. Ich packte einen Koffer, jedoch nur mit dem Notwendigsten, denn ich wußte nicht, was mich in Frankfurt erwartete und wo wir bleiben konnten. Ich machte mir aber keine Gedanken über diese unwichtigen Dinge, die Hauptsache war, ich würde mit Mansur zusammensein.

Am folgenden Tag besorgte ich mir das Flugticket und

gab mir Mühe, mich zu schonen. Mansur sollte mir nicht anmerken, daß ich krank war. Abends gab ich ihm meine Ankunftszeit in Frankfurt durch. In der Nacht fand ich keinen Schlaf; ich fieberte voller Ungeduld unserem Wiedersehen entgegen.

Der Abschied am nächsten Tag von meiner Familie war anders als die vielen vorangegangenen; daran änderte auch nichts, daß Mutter noch immer sehr wütend auf mich war. Tränen der Traurigkeit sollten diesmal nicht fließen, denn die Freude auf Mansur überwog bei weitem. Ich hatte allerdings Verständnis für die Sorge meiner Mutter wegen meiner Reise, denn ich fühlte mich wirklich sehr elend, was man mir auch ansehen konnte. Da half auch das sorgfältigste Make-up nichts. Ich hoffte nur, daß mein Körper durchhielt, so daß ich die Freude des Wiedersehens voll genießen konnte.

Das Flugzeug landete pünktlich in Frankfurt. Ich zitterte vor Aufregung; jetzt nur noch durch die Paßkontrolle, dann das Gepäck in Empfang nehmen – warum konnte mein Koffer nicht der erste auf dem Band sein! Endlich trat ich in die Halle hinaus – und da wartete er: Mansur! Ich ließ das Gepäck zu Boden fallen und stürzte in seine Arme. Wir weinten beide. Die Leute blieben stehen und starrten teils gerührt, teils amüsiert auf diese außergewöhnliche Begrüßungsszene. Es kümmerte uns nicht, was sie denken mochten.

»Wie bist du überhaupt aus dem Iran herausgekommen, Aziz«, fragte ich endlich. Mansur hielt mich fest in seinen Armen. »Das war nicht ungefährlich. Du erinnerst dich, daß ich beim Ausräumen des alten SAVAK-Gebäudes einige Blanko-Reisepässe beiseite geschafft hatte. Ich habe einen davon gefälscht und mich als Ägypter eingetragen. Bahman hat mir die notwendigen Stempel besorgt. Der deutsche Konsul in Teheran wußte, daß dieser

Paß gefälscht war. Da ich ihm aber durch eine dritte Person bekannt war, stellte er mir ein Visum aus. Er machte mich jedoch darauf aufmerksam, daß ich damit nur bis Deutschland reisen durfte. Das ist der Grund, warum ich nicht nach Großbritannien weitergeflogen bin. Mit diesem Paß mußte ich nun zuerst über die iranisch-türkische Grenze.«

»Aber du sprichst doch nicht Arabisch«, wandte ich ein. »Das mußte doch auffallen.«

»Ja, natürlich, das war ein Risiko, an das ich selbstverständlich gedacht habe. Ich ließ mir vorher von einem befreundeten Zahnarzt eine Spritze geben, von der meine Backe eine äußerst eindrucksvolle Schwellung bekam. An der Grenze habe ich vor Schmerzen laut gestöhnt und mir die Hand an die Backe gehalten. Man nahm mir ab, daß ich nur unverständliche Laute lallen konnte, und hat mich zudem auch noch bedauert.«

Wir hatten uns nach dieser langen Zeit der Trennung so viel zu erzählen! Ich ließ Mansur erst einmal über die Lage im Iran berichten und wie er selbst diese Zeit überstanden hatte. Es waren deprimierende Nachrichten, die mich sehr traurig machten.

Khomeini wütete unter den Kurden und ließ sie zu Tausenden ermorden. Die Stellung der Frauen hatte sich inzwischen grundlegend geändert. Ich mußte mich glücklich schätzen, noch rechtzeitig ins Ausland gekommen zu sein. Keine Frau durfte jetzt mehr ohne Schleier in der Öffentlichkeit erscheinen. Selbst wenn nur wenig von ihren Haaren zu sehen war, wurde sie gnadenlos ausgepeitscht. Bis auf wenige Ausnahmen wurden Frauen aus allen Ministerien und Verwaltungen entfernt. Durch eines der neuen Gesetze stellte man sie sogar mit entmündigten Menschen auf eine Stufe.

Ich konnte es kaum fassen, daß dies alles in einem

Land geschah, in dem die Frau von alters her hoch geachtet und Mittelpunkt der Familie gewesen war. Auch im Geschäftsleben konnte sie den Mann in vielen Bereichen vertreten. Das gehörte nun alles der Vergangenheit an. Die iranische Frau war zu einer Sache geworden, ihres Menschseins beraubt. Mit Schaudern dachte ich an diese Zustände und fühlte tiefe Trauer mit allen, die sich dem entwürdigenden Joch unterzuordnen hatten. Wie mußte sich ein Mensch fühlen, dem man von heute auf morgen alle elementaren Rechte und Freiheiten genommen hatte!

Mansur erzählte auch von Dr. Chamran. Bei dem Hubschrauberabsturz, der ihn das Leben kostete, handelte es sich nicht um einen Unfall, sondern um ein Attentat. Der Minister hatte sich gegen das Massenmorden in Kurdisten gestellt und war deshalb umgebracht worden.

Was Mansur berichtete, erschien mir so irreal, als sei es aus einem jener Science-fiction-Romane, die den Leser noch nachts mit Alpträumen verfolgen. Ich erinnerte mich an die bedrückenden Szenen, die George Orwell in seinem Buch »1984« geschildert hatte. Aber das, was ich hier hörte, war grauenhafte Wirklichkeit. Alle Universitäten und Hochschulen im Iran waren noch immer geschlossen. Der Jugend war das Recht zu studieren und die Freiheit der Berufswahl verwehrt. Seit die Mullahs die Macht ergriffen hatten, fanden öffentliche Bücherverbrennungen statt, wie es in Deutschland unter Hitler geschehen war. Die wertvollen Bibliotheken der Universitäten wurden geplündert, und das neue Regime bot die Bücher solchen Käufern an, die sich dazu verpflichteten, sie zu Pappkartons zu verarbeiten.

Der Terror setzte sich bis in die Familien fort, indem man arglose Kinder in den Schulen dazu brachte, ungewollt ihre eigenen Eltern zu denunzieren. Von den Lehrern wurden sie beispielsweise wie beiläufig ausgefragt, welche Farbe die Getränke haben, die von den Eltern getrunken werden. Oder es wurden Whisky-, Brandy- und Wodkaflaschen gezeigt, und man fragte die naiven Erstkläßler, ob sie schon derartige Flaschen zu Hause gesehen hätten. Erinnerten sich die Kinder daran, schickte man sofort Pasdaran in die Wohnungen, um den Alkohol zu vernichten und die Eltern auszupeitschen. Auch Fotos des Schah und des Volks-Mudjahedin-Führers Rajavi legte man den Schülern vor. Wenn sie diese Männer von Bildern aus der elterlichen Wohnung wiedererkannten, war den Eltern das Gefängnis gewiß, und in den meisten Fällen hörte man nie wieder etwas von ihnen. Mir sträubten sich die Haare, als Mansur von Hinrichtungen erst neunjähriger Mädchen erzählte, die von den Mullahs und Pasdaran zuvor vergewaltigt wurden, da die Religion ja die Tötung von unberührten Mädchen verbietet.

Meine Empörung über diese Greueltaten war grenzenlos, doch ich redete mir ein, daß sich ein so menschenverachtendes Regime nicht lange halten konnte. Khomeini war zu wenig mit den persischen Traditionen vertraut und wußte kaum etwas von persischer Kultur. Ich war mir sicher, daß kein mündiger Iraner sich auf die Dauer diese Demütigung seiner Kultur bieten lassen würde. Der Schatten Khomeinis mußte bald vorüberziehen, und dann erstrahlte Persien wieder in seinem früheren Glanz. War das alles nur mein Wunschdenken, oder durfte man wirklich auf eine Wende hoffen?

Mansur hatte für uns ein geräumiges Zimmer in einem kleinen Hotel in der Frankfurter Innenstadt gemietet. Asal schlief in einem Kinderbettchen. Belustigt beobachtete ich ihr Verhalten Mansur gegenüber. Sie konnte sich nur noch schwach an ihn erinnern und schämte sich vor ihm, wenn ich sie zum Schlafengehen auszog. Er war für sie fast ein Fremder geworden.

Es ließ sich nicht vor Mansur verheimlichen, daß ich krank war. »Du siehst sehr blaß und abgemagert aus«, hatte er schon auf dem Flughafen festgestellt.

»Die Sorge um dich hat mich so mitgenommen«, sagte ich, doch ich wußte gleichzeitig, daß ich meinen Zustand nicht verharmlosen konnte, denn die Blutungen hatten immer noch nicht aufgehört. Am nächsten Tag mußte ich unbedingt einen Arzt aufsuchen. Von ihm wurde ich dann noch fast ein Vierteljahr weiterbehandelt, bis ich auskuriert war.

Was mich jedoch ganz besonders quälte, war die Frage, wie unsere Zukunft aussehen sollte. Hatte Mansur schon irgendwelche Vorstellungen?

»Eines steht für mich fest«, beteuerte er, »ich werde wieder in den Iran zurückgehen, sobald Khomeini von der Bildfläche verschwunden ist, und das wird, davon bin ich überzeugt, schon sehr bald sein. Bis dahin werden wir in Europa abwarten. Finanziell brauchen wir uns keine Sorgen zu machen. Bei Bahman habe ich sehr viel Geld hinterlassen, das er uns, wann immer wir etwas benötigen, nach und nach über gewisse Kanäle zukommen lassen wird.«

»Was ist aus Bahman geworden? Wie geht es ihm?« fragte ich.

»Er steht glücklicherweise nicht unter Verdacht, ein Khomeini-Gegner zu sein. Doch nach mir hat man in der letzten Zeit gesucht und ebenfalls nach einem meiner Kollegen, der aber auch fliehen konnte.«

»Was ist aus unserer Wohnung geworden?« wollte ich als nächstes wissen, und Mansurs Gesicht verschattete sich.

»Du wirst es nicht gerne hören, ich mußte alles Manejeh überlassen, einschließlich deiner und Asals Kleidung. Was hätte ich anderes tun können?«

Der Gedanke daran machte mich wütend. Fünf Häuser oder Wohnungen hatte ich innerhalb von zwei Jahren verlassen müssen. Bei zweien war es mir besonders schwergefallen, sie aufzugeben, da wir damit auch die komplette, mit viel Aufwand und Liebe angeschaffte Einrichtung verloren hatten. Doch dann dachte ich an all das Schreckliche, das Mansur mir berichtete, und an die vielen, die ihr Leben geopfert hatten oder sogar heute noch starben, und schämte mich, um ein Haus zu trauern.

Mansur nahm den Kontakt wieder auf, den ich damals in Paris zur schahtreuen Opposition geknüpft hatte. Man empfahl uns, nach Köln zu fahren, da die Gruppe dorthin bessere Verbindungen hatte und somit mehr Möglichkeiten, uns Hilfe zu gewähren. Wir nahmen den Zug nach Köln, wo uns auf dem Hauptbahnhof ein Iraner, ein kleiner sympathisch aussehender Mann Mitte Vierzig, in Empfang nahm. Er stellte sich mit dem Namen Rahbar vor. Auch er, so erfuhren wir, war ein ehemaliger SAVAK-Mitarbeiter, lebte aber bereits seit zwei Jahren in Deutschland.

Er brachte uns in ein kleines Hotel. Nach einer kurzen Besichtigung wußte ich, daß wir uns hier nicht wohlfühlen konnten. Toilette und Bad hätten wir mit anderen Gästen teilen müssen, und das allein war für mich Grund genug, diese Unterkunft abzulehnen.

Mansur wußte, wieviel Wert ich auf Sauberkeit und Hygiene legte, und gab Herrn Rahbar zu verstehen, daß dieser Platz uns nicht zusagte. Sein Landsmann entschuldigte sich und erklärte: »Die meisten unserer Flüchtlinge sind nach meinen bisherigen Erfahrungen fast mittellos; ich hatte es nur gut gemeint, indem ich Ihnen eine möglichst billige Bleibe ausgesucht habe.«

»Wir erkennen Ihre freundliche Absicht auch dankbar an«, sagte Mansur, »aber für die kurze Zeit, die wir hier verbringen werden, besitzen wir ausreichende Geldmittel.«

Wir baten ihn, uns ins Interconti Hotel zu fahren. Ich besaß noch meine Karte von Saudi Airlines, die mich als Mitarbeiterin auswies und mit der ich in bestimmten internationalen Hotels einen Rabatt beanspruchen konnte. Auf diese Weise war es uns möglich, ein großes Zimmer mit einem erheblichen Preisnachlaß zu bekommen.

Ich spürte, daß unser Umzug ins Interconti nicht ganz in Herrn Rahbars Sinn war, doch das störte mich nicht. Er fragte Mansur: »Was haben Sie vorhin damit gemeint, Sie würden nur kurze Zeit hierbleiben? Beabsichtigen Sie, woanders hinzugehen?«

Mansur sagte: »Ich glaube nicht, daß sich Khomeini lange halten wird. Sobald der Spuk vorüber ist, werden wir in den Iran zurückkehren.«

Herr Rahbar lachte. »Ich bin nicht Ihrer Meinung. Ich bewundere Ihren Optimismus, aber leider ist er nicht angebracht. Ich befürchte, daß wir auf dieses Wunder sehr lange warten müssen. Jedenfalls empfehle ich Ihnen dringend, mit mir gleich morgen die Ausländerbehörde aufzusuchen, um einen Antrag auf Asyl zu stellen.«

Mansur wehrte ab: »Nein, ich werde ganz sicher nicht um Asyl bitten! Ich bin Iraner und werde in meine Heimat zurückgehen.«

Natürlich bietet ein großes, luxuriöses Hotel viele Annehmlichkeiten, und für eine kurze Zeitspanne ist das Hotelleben auch ganz interessant. Aber nun wohnten wir hier inzwischen bereits zwei Monate, und langsam bekam ich das Gefühl, in einem komfortablen Gefängnis zu leben.

Auf die Dauer wurde uns auch die Restaurantküche zu eintönig. Besonders Asal hatte Schwierigkeiten damit. Sie weigerte sich immer öfter, richtig zu essen, und wurde zusehends magerer. Ich war es gewöhnt, stets frische Lebensmittel für unser Essen zu verwenden und für abwechslungsreiche Kost zu sorgen. Jetzt ernährten wir uns fast ausschließlich von Steaks, gegrillten Hähnchen und Pommes frites.

Langsam verließ mich die Geduld; ich wollte wieder ein eigenes Zuhause haben. Auch Asal, die nun zwei Jahre alt geworden war, sollte endlich in geordneten Verhältnissen leben.

Frau Rahbar mochte Asal sehr und arrangierte für sie in ihrer Wohnung eine kleine Geburtstagsfeier. Sie erinnerte sich noch an ihre eigene Anfangszeit in diesem fremden Land und ahnte, wie uns zumute war. Sie bemühte sich, uns das Einleben leichter zu machen, so gut sie konnte. Aber ich fühlte mich entmutigt, denn ich sah keinen Lichtblick am Horizont. Es lag alles so sehr im ungewissen. Zwar waren wir vorerst in Sicherheit, aber ich konnte das nicht recht auskosten. Den ganzen Tag im Hotelzimmer zu sitzen und nichts zu tun, war unbefriedigend und nutzlos! Es hieß nur immer, wir müßten abwarten. Worauf warten? Daß ein Wunder geschah, das unser Land rettete?

Zu allem Unglück wurde Asal auch noch krank; sie litt unter dauernden Bauchschmerzen. Sie konnten nur von der unausgewogenen Ernährung herrühren, dessen war ich sicher.

»Das geht nicht mehr so weiter«, sagte ich zu Mansur. »Wir müssen uns nach einer eigenen Wohnung umsehen, wo ich für Asal kochen und ihr ein geregeltes Leben bieten kann.« Er merkte, daß ich es ernst meinte.

»Dann müssen wir Asyl beantragen, denn sonst können wir nicht hierbleiben.« Mir sollte es recht sein; ich wollte endlich ein Zuhause haben.

Mansur rief also Herrn Rahbar an und bat ihn um seine Hilfe bei den Behördengängen. Schon am nächsten Morgen begleitete er uns zum Ausländeramt in Köln.

Ich hatte mir nie Gedanken darüber gemacht, was Asyl bedeutete. Wir waren nicht wegen wirtschaftlicher Probleme in dieses Land gekommen, sondern weil im Iran Terror herrschte und unser Leben bedroht war. Wo immer ich bisher im Ausland gewesen war, hatte man mich höflich und als Gast behandelt. Jetzt aber bekam ich zum erstenmal den Unterschied zu spüren, den bitteren Beigeschmack, Asylsuchender zu sein. Es tat mir weh, wie hochnäsig sich die noch jungen Leute im Ausländeramt uns gegenüber benahmen. Ich mußte daran denken, daß wir früher im Iran jeden Ausländer als lieben Gast betrachtet hatten, während ich mich hier gedemütigt fühlte. Mansur mußte das noch stärker empfinden.

Wir verbrachten den ganzen Vormittag im Amt, bis wir ein Papier erhielten, das die Bearbeitung unseres Antrags bestätigte. Man gab uns einen Schein mit, den wir wegen der Wohnungsbeschaffung bei einer anderen Behörde vorzulegen hatten.

Herr Rahbar führte uns dorthin, in ein Büro, in dem drei junge Mädchen und ein älterer Herr saßen. Wir wandten uns an ihn und übergaben ihm unsere Unterlagen. Herr Rahbar wartete draußen auf dem Gang, so daß ich selbst mit dem Beamten sprechen mußte. Da ich kein einziges Wort Deutsch konnte, sprach ich mit ihm englisch.

Er musterte uns der Reihe nach und meinte: »Sie sind eine nette Familie und sehen sehr gepflegt aus; deshalb sollen Sie auch alles neu bekommen.«

Ich konnte mir keinen Reim darauf machen, was er damit meinte. Er gab uns einige Papiere und eine Adresse und erklärte uns, wir könnten damit zu der uns zugeteilten Wohnung gehen. Ich nahm glücklich die Scheine in Empfang und sagte zu Mansur: »Wir werden uns die Wohnung erst einmal ansehen. Sicher werde ich einige Zeit benötigen, um alles herzurichten. Danach können wir unsere Sachen aus dem Hotel holen.«

Herr Rahbar hatte an diesem Tag bereits viel Zeit für uns geopfert und wollte nach Hause zurück. Mit einem Taxi ließen wir uns in einen rechtsrheinischen Kölner Stadtteil zu der angegebenen Adresse fahren. Wir machten den Hausmeister ausfindig und baten ihn, uns die Wohnung zu zeigen.

Schon im Treppenhaus mußte ich mit Übelkeit kämpfen. Es roch nach Kochdunst, auf den Treppen lag Schmutz und ich zuckte zurück, als ich das klebrige Geländer berührte. Ich nahm Asal auf den Arm, um sie nicht auf dem verdreckten Boden laufen zu lassen.

War schon das Treppenhaus ein Schock, um so ärger war die Wohung selbst, die nur aus einem einzigen Raum bestand. Ein Blick durch die geöffnete Tür genügte, um all meine Illusionen zu zerstören. Auf einer Seite standen ein Herd und ein Schrank, auf der anderen Seite war eine Dusche angebracht. Wortlos und mit Tränen in den Augen wandte ich mich wieder der Treppe zu.

»Es ist dir doch klar«, sagte ich zu Mansur, als wir hinuntergestiegen waren, »daß ich hier unmöglich wohnen kann.«

»Natürlich nicht. Wir werden eine andere Lösung finden«, tröstete er mich. Wir nahmen wieder ein Taxi und fuhren zum Amt zurück. Ich nahm Asal an die Hand und ging mit ihr in das Büro zu dem älteren Herrn, der uns die Zuweisung gegeben hatte. Ohne etwas zu sagen, stellte ich mich vor seinen Schreibtisch, nahm die Papiere aus meiner Tasche, zerriß sie vor seinen Augen in viele kleine Stücke und ließ sie auf den Tisch flattern. Er starrte mich an, und es dauerte eine Weile, bis er seine Sprache wiederfand. »Was soll das?« brachte er schließlich hervor.

»Ich nehme an, es handelt sich um ein Mißverständnis«, sagte ich ruhig. »Wir sind hier in Deutschland, weil in unserer Heimat eine blutige Diktatur herrscht. Wir sind nicht hergekommen, weil wir hungern müßten; wir sind nicht arm. Alles, was wir uns wünschen, ist ein menschenwürdiges Leben. Wir haben genügend Geld, um eine Wohnung bezahlen zu können, die diese Bezeichnung auch verdient.«

Mein Gegenüber blieb trotz allem freundlich, und nachdem er seine Fassung wiedergewonnen hatte, sagte er: »Ich sitze hier schon sehr lange auf diesem Stuhl, aber es ist mir bisher noch kein Asylbewerber begegnet, der mir eine solche Vorstellung geboten hat. Aber es hilft Ihnen nichts; Sie können keine Wohnung auf dem freien Markt anmieten.«

»Und weshalb nicht?«

»Sie können sich nach dem Gesetz erst um eine eigene Wohnung bemühen, wenn Sie Ihre Anerkennung als Asylanten erhalten haben.«

»Wie lange wird das dauern?« fragte ich.

»Mit einem Jahr oder mehr müssen Sie schon rechnen.«

Ich verstand die Welt nicht mehr. Wir besaßen genügend Geld, um uns eine schöne Wohnung leisten zu können, aber irgendein schwachsinniges Gesetz verbot es. Statt dessen war es vollkommen in Ordnung, daß der deutsche Steuerzahler uns eine Unterkunft bezahlte, die wir gar nicht haben wollten.

»Ich kann ein solches Gesetz nicht akzeptieren«, protestierte ich, »und erst recht nicht, ein Jahr oder länger in einem schmutzigen Loch zu hausen.«

Mansur wurde das Warten auf dem Korridor zu lang, und er kam uns in das Büro nach. Da er kein Englisch verstand, übersetzte ich ihm unsere Unterhaltung. Auch ihm fehlte jedes Verständnis dafür, daß wir trotz unseres Geldes keine Wohnung mieten durften. Es war mir bewußt, daß ich mich dem älteren grauhaarigen Herrn gegenüber nicht höflich benommen hatte, und ich mußte ihn wegen seiner unerschütterlichen Ruhe und Freundlichkeit bewundern. Nach meinem Auftritt hätte man es ihm nicht übelnehmen können, wenn er uns hinausgeworfen hätte. Aber er war bereit, uns zu helfen, und schlug vor: »Suchen Sie sich ein Hotel, wo man Ihnen ein Zimmer vermieten würde. Es darf allerdings nicht mehr als fünfundsechzig Mark pro Nacht kosten. Wir werden es erlauben, daß Sie dann dort bis zu Ihrer Anerkennung als Asylanten wohnen. Kommen Sie morgen wieder zu mir. Falls Sie nichts gefunden haben, werde ich Ihnen bei der Suche helfen.«

Abends ließ ich mir vom Portier des Interconti eine Liste mit Beschreibungen und Tarifen aller Kölner Hotels geben und suchte einige heraus, die für uns in Frage kamen. Dann begann ich, sie der Reihe nach anzurufen. Die ersten drei Hotels konnte ich abhaken; entweder waren sie zu klein, oder es gab niemanden, mit dem ich mich auf Englisch verständigen konnte. Der vierte Versuch glückte. Eine Dame meldete sich am anderen Ende der Leitung. Sie verstand mich nicht und sagte nur: »Moment!« Ich wurde mit einem Herrn verbunden, der gut Englisch sprach, und erklärte ihm unsere Lage. »Wären Sie bereit, uns ein Zimmer zu vermieten? Allerdings müßte ich auch die Möglichkeit haben, zu kochen.«

»Kommen Sie doch bitte vorbei, dann können wir in

Ruhe darüber sprechen«, sagte er freundlich. Wir verloren keine Zeit und fuhren sofort los. Es war ein kleines, sehr gepflegtes Haus, das wir vorfanden. Herr und Frau Schiefer, die Besitzer, erwarteten uns. Auf beiden Seiten war es Sympathie auf den ersten Blick. Selbst unsere Tochter wurde sogleich zutraulich und saß während des Gesprächs auf Frau Schiefers Schoß.

Ich hatte nie an hübschen Kleidern, dazu passenden Schuhen und Hüten für Asal gespart. Sie sah wie eine kleine Prinzessin aus. Sehr oft geschah es, daß uns fremde Menschen auf der Straße anhielten, um sie zu bewundern. Jetzt hatte meine Tochter auch sofort Frau Schiefers Herz erobert, was unsere Verhandlungen sehr viel einfacher gestaltete.

Nach kurzer Zeit hatten wir uns geeinigt. Frau Schiefer bot mir an, die Küche benutzen zu dürfen, wann immer ich das wollte. Zweifellos hatten wir mit dieser netten Familie einen Glückstreffer gelandet. Auch ihre beiden Töchter lernten wir kennen; Anna war dreizehn Jahre alt, Claudia fünfzehn. Beide machten keinen Hehl daraus, daß sie sich darauf freuten, demnächst mit der kleinen Puppe Asal spielen zu dürfen.

Herr Schiefer zeigte uns das Zimmer; es war sehr geräumig, sauber und einladend, und die Miete sollte sogar noch etwas unter dem Limit liegen, das man uns gesetzt hatte. Herr Schiefer erbot sich außerdem, uns auch noch einen Fernsehapparat zu besorgen.

Am nächsten Morgen begaben wir uns zum Amt und suchten den von mir sehr strapazierten grauhaarigen Beamten auf. Mit einem Telefongespräch regelte er die Angelegenheit mit Herrn Schiefer und übergab mir einen neuen Schein mit den Worten: »Aber bitte, zerreißen Sie ihn nicht wieder.« Ich versuchte ihm zu erklären, in welcher Verfassung ich mich gestern befunden hatte, und entschuldigte mich. »Ich nehme es Ihnen nicht übel«, versicherte er.

Drei Jahre später, als wir mit Asal den Weihnachtsmarkt in Köln besuchten, trafen wir unseren grauhaarigen Freund mit seiner Frau wieder. Er begrüßte uns freundlich und erkundigte sich nach unserem Ergehen. »Haben Sie uns nicht vergessen?« fragte ich lachend in gebrochenem Deutsch.

»Wie könnte ich das!« sagte er. »Mein Leben lang werde ich Sie nicht vergessen. Sie sind auch noch bis heute die einzige geblieben, die mir die Papiere zerrissen hat.« Wir bedankten uns nochmals für seine Hilfe und sein Verständnis.

Familie Schiefer betrieb unten im Haus ein kleines Restaurant, in dem wir sehr oft aßen. Frau Schiefer servierte uns hausgemachte Mahlzeiten. Unsere Tochter sahen wir kaum noch. Sie hielt sich fast den ganzen Tag bei der Familie auf. Schiefers nahmen sie zum Schwimmen und zum Einkaufen mit, und Asal fing an, von ihnen Deutsch zu lernen. Auf jedes neue Wort war sie stolz.

Mansur war mit seinen politischen Kontakten beschäftigt, aus denen ich mich herauszuhalten versuchte. Sehr oft führte er Telefongespräche mit dem Iran und traf mit Oppositionellen aus der Pariser Szene zusammen. Ich wollte mit alledem möglichst nichts mehr zu tun haben, kümmerte mich um den Haushalt und erledigte die Formalitäten, die mit unserem Asylantrag zusammenhingen. Immer wieder waren neue Formulare auszufüllen und Behörden aufzusuchen. Mansur waren diese Dinge lästig; er überließ sie mir nur zu gerne.

Zwei Monate waren vergangen, seit wir bei den Schiefers eingezogen waren. Unsere anfängliche gegenseitige Sympathie hatte sich als dauerhaft erwiesen; wir verstanden uns ausgezeichnet. Trotzdem behagte mir der Gedanke nicht, ein Jahr lang in einem einzigen Zimmer zu leben. Eines Tages bat ich Herrn Schiefer um ein Gespräch und trug ihm meine Bitte vor. »Sie wissen, daß wir uns bei Ihnen sehr wohlfühlen, aber ich wünschte mir doch, eine Wohnung zu haben, auch wenn sie nur klein ist. Können Sie uns dabei helfen?«

Er verstand meinen Wunsch und war sofort bereit, sich für uns umzusehen. Schon bald hatte er Erfolg. »Es handelt sich um eine kleine Wohnung hier ganz in der Nähe«, berichtete er mir. »Ich werde den Vertrag auf meinen Namen laufen lassen und die Miete, die ich von der Behörde bekomme, weiterleiten. Für alle übrigen Nebenkosten müßten sie allerdings selbst aufkommen.«

Ich war überglücklich und wäre ihm am liebsten um den Hals gefallen. Auch Mansur freute sich über die gute Nachricht. Zwei Wochen später – es war im März 1981 – konnten wir umziehen. Es war eine fünfundvierzig Quadratmeter große Wohnung mit einem Schlafzimmer, einem Wohnzimmer, einer kleinen Küche und einem Bad. Mehr wollte ich auch gar nicht.

Frau Schiefer begleitete mich bei den Einkäufen für die Einrichtung. Wir besorgten eine Couch mit einem kleinen Tisch, ein Bett, ein Kinderbett für Asal, Geschirr und was man sonst an notwendigen Haushaltsgegenständen braucht. Voller Euphorie machte ich mich daran, unser neues Reich wohnlich herzurichten. Die Freude dabei war nicht geringer als damals bei der Einrichtung unseres palastähnlichen Hauses in Kharaj. Es war ein himmlisches Gefühl: Ich hatte wieder ein Zuhause, konnte kochen, waschen, mich frei bewegen.

Unserer Wohnung gegenüber befand sich eine katholische Kirche. Die Möglichkeit, sie ohne Angst besuchen zu können, und viele andere kleine Freiheiten genoß ich jetzt ganz bewußt. Viele Leute wunderten sich, wenn sie mich in der Kirche antrafen. Unsere Nachbarn wußten, daß ich Iranerin war, aber es war ihnen nicht bekannt, daß es auch im Iran Christen gibt. Oft mußte ich Erklärungen darüber abgeben und von unserer assyrischen christlichen Tradition erzählen. Ich bekam dadurch auch einen sehr engen Kontakt zu dem katholischen Priester, der uns häufig zu Hause besuchte.

Mansur hatte seine politischen Aktivitäten weiter intensiviert. Wir besaßen inzwischen ein Telefon, und die Gebührenrechnungen lagen kaum jemals unter tausend Mark im Monat. Mein Mann führte lange Telefonate in einer Geheimsprache mit Zahlen-Codes mit Bahman und anderen Personen. Aus Paris trafen hin und wieder Besucher ein, die ich zu bewirten hatte. Nach dem Essen ging ich meistens mit Asal spazieren, um Mansur die Möglichkeit zu geben, mit den Herren ungestört sprechen zu können.

Wir erlebten nun wieder eine Zeit, in der Mansur und ich Tag und Nacht zusammen waren; und wir genossen sie. Dennoch hatte ich Heimweh nach meinem Land, und wenn ich iranische Lieder hörte oder im Fersehen Bilder unserer zerstörten Heimat sah, kamen mir die Tränen. Seit einigen Monaten tobte der Krieg zwischen dem Iran und Irak. Ist schon jeder Krieg an sich eine absurde Sache, so war dieser tausendfach absurd. Die Menschheit hat in dieser Beziehung seit Jahrtausenden keine Lernfähigkeit bewiesen. Wir haben uns die Erde untertan gemacht; wir verfügen über technische Möglichkeiten, von denen man vor hundert Jahren nicht einmal zu träumen gewagt hätte, aber noch immer schlagen sich die Menschen gegenseitig die Köpfe ein wie im finsteren Mittelalter oder in der Steinzeit – lediglich die Methoden sind subtiler geworden.

Es ist deprimierend, mit anzusehen, wie Menschen

sich immer noch für die Interessen einzelner Machtbesessener einspannen und wie Schafe zur Schlachtbank führen lassen. Auch die Auseinandersetzung zwischen dem Iran und Irak – zudem noch fast ein Bruderkrieg – bildete da keine Ausnahme. Für die Interessen von zwei Männern, Saddam Hussain und Khomeini, wurde tausendfach Leben geopfert.

Saddam Hussain hatte es seit jeher geschmerzt, vom Schah an den Rand gedrängt worden zu sein. Als Reza Pahlavi entmachtet worden war, sah Hussain seine Stunde gekommen. In einem Blitzkrieg beabsichtigte er, den Iran niederzuwerfen. Er träumte davon, die arabische Bevölkerung Khusistans, im Süden des Iran an der Grenze zum Irak gelegen, würde sich gegen die Mullahs erheben und die Iraker als Befreier begrüßen. Diese Rechnung ging nicht auf; er verkalkulierte sich gewaltig.

Für Khomeini war der Krieg nur zu willkommen. Kaum hatte er in Teheran die Macht übernommen, bot sich ihm damit die Gelegenheit, die islamische Revolution in ein Nachbarland zu tragen. Außerdem hatte er noch eine persönliche Rechnung mit Hussain zu begleichen, der ihm seinerzeit das Exil im Irak versagt hatte. Diese Demütigung konnte Khomeini nicht vergessen, und der Krieg bot sich für die Befriedigung seiner Rachegelüste geradezu an. Unmittelbar nach seiner Amtsübernahme revanchierte sich Khomeini für seine damalige Zurückweisung von Hussain indem er die schiitische Bevölkerung zum Widerstand gegen das angeblich gottlose irakische Baath-Regime aufhetzte. Doch ebensowenig wie diesseits der Grenzen die Perser Hussain zujubelten, schickten sich die Schiiten des Irak an, ihn auf Khomeinis Befehl hin zu stürzen.

Der Ayatollah konnte zudem durch diesen Krieg die iranischen Unruhen über den wirtschaftlichen Niedergang beseitigen. Wer wagte es schon, nach höheren Löhnen zu verlangen, wenn ein Krieg alle Reserven erschöpfte? Darüber hinaus hatte man in Saddam Hussain einen Sündenbock, dem man den Stillstand der Fabriken ebenso anlasten konnte wie die Massenarbeitslosigkeit und den Mangel an Versorgungsgütern. Und der Krieg war eine willkommene Möglichkeit, sich aller Unruhestifter zu entledigen, indem man sie an die Front schickte.

So zogen Hunderttausende Jugendlicher und sogar Kinder für den Wahnsinn ihres religiösen Führers in den Krieg, ließen sich töten oder wurden zu Krüppeln. Unzählige Mütter verloren ihr Liebstes und klagten zu Gott. Es gibt wohl keine iranische Familie - vom Norden bis zum Süden, vom Westen bis zum Osten - die nicht von den Spuren dieses unsinnigen Krieges gezeichnet wurde. Khomeini verschleuderte das gesamte Geld, die Devisenvorräte und die Öleinnahmen für diesen seinen »Heiligen Krieg«, für seine irrsinnige Idee, über Baghdad und die heilige Stadt Kerbela nach Jerusalem marschieren zu wollen.

Sowohl der Westen als auch der Osten haben von diesem Krieg am meisten profitiert. Hier wie dort konnten die Waffenfabriken wieder auf vollen Touren laufen. Manche Staaten versorgten sogar gleichzeitig Iran und Irak mit Waffen. Ohne diesen Nachschub hätte der Krieg bald ein Ende gefunden, denn die gelagerte Munition wäre schnell verbraucht gewesen. So aber zogen immer mehr Männer und Kinder mit neuer Munition von den Waffenlieferanten aus Ost und West an die Front. So ist es eben: für Geschäft und Profit verdrängen die Wirtschaftsbosse alle Gedanken an die Menschenrechte und das Leid von Millionen. Viele Politiker verdammen zwar die Verächter von Menschenrechten, verurteilen die Apartheid und sichern sich so den Beifall ihrer Wähler, doch andererseits lassen sie jeden Skrupel vermissen, wenn es ums Geld geht. Beispiele politischer Doppelmoral lassen sich viele aufzählen, und um nur eines zu nennen, weil es noch in frischer Erinnerung ist: Die USA zögerten nicht, ihre Armeen Tausende von Meilen zu transportieren, um Saddam Hussain aus Kuwait zu vertreiben, und das nur wegen einiger Hundert reicher Kuwaitis. Auf der anderen Seite sieht man ungerührt zu, wie Israel Hunderte Araber ins Niemandsland verbannt und sie in Frost und Schnee unter freiem Himmel dahinvegetieren läßt oder wie immer noch ein blutiger Völkermord an den Kurden begangen wird, und niemand schreit nach Menschenrechten. Die Erklärung dafür: Hier geht es nicht um Öl, nicht um Geschäfte, kein Saudi-Dollar ist im Spiel; es geht »nur« um Menschenleben – und was bedeuten die schon? Die Menschenrechte werden nicht für den unbedeutenden kleinen Bürger bemüht.

Die Zeit verging nur langsam. Ich brauchte irgendeine Beschäftigung, und nichts lag näher, als Deutsch zu lernen. Mansur zeigte dafür kein Interesse. Er hielt es nicht für notwendig, weil er immer noch daran glaubte, bald in den Iran zurückkehren zu können. Asal war uns sprachlich bereits weit voraus. Sie konnte inzwischen schon recht gut Deutsch sprechen, und da sie es von Erwachsenen gelernt hatte, war es keine Kindersprache.

Im Dezember 1981 feierten wir Asals dritten Geburtstag. Die einzigen Gäste waren die beiden Mädchen der Familie Schiefer. Meine Mutter wäre auch gern dabeigewesen, doch mir war es lieber, sie sah nicht, unter welchen Umständen wir hier lebten. Sie machte mir ohnehin immer noch Vorhaltungen, weil ich Mansur geheiratet hatte, so daß sie ihn gewiß auch für unsere primitiven Verhältnisse verantwortlich gemacht hätte. Ich telefonierte einmal in der Woche mit ihr, klammerte dabei aber wohlweislich alles aus, was mein Leben mit Mansur betraf, um ihren Vorwürfen nicht neue Nahrung zu geben.

In diesem Jahr konnte ich zum erstenmal in unserem gemeinsamen Leben ohne Angst Weihnachten feiern, und es stellte sich ein wenig das weihnachtliche Gefühl ein, das ich aus meinen Kindertagen kannte. Ich besorgte einen Tannenbaum und für Asal einige kleine Geschenke, die sie überaus begeisterten. Für sie war es das erste Weihnachtsfest, das sie bewußt erlebte.

Obwohl ich mit Mansur und Asal zusammen war, fühlte ich mich doch sehr oft einsam. Freunde hatten wir nicht, und als Gäste kamen nur in Abständen die Herren aus Paris, aber sie konnte ich nicht als Freunde betrachten. Zu der Familie Rahbar hatten wir nur losen Kontakt. Mansur verstand sich mit Herrn Rahbar nicht allzu gut. Ich hatte außer meiner Hausarbeit keine Beschäftigung und brauchte einen Ausgleich. So begann ich, Gedichte zu schreiben, hauptsächlich politischen Inhalts, die sich gegen Khomeinis Regime richteten.

Im Februar 1982 erhielt Mansur die Anerkennung als politischer Flüchtling. Jetzt bekam er auch einen Reisepaß, der ihm zukünftige Reisen nach Paris oder London ermöglichte. Mein Asylantrag hingegen wurde abgelehnt. Sofort schaltete ich einen Anwalt ein, um Widerspruch einzulegen. Von Bahman traf Geld ein; er verkaufte im Iran Rial, und wir konnten hier dafür deutsches Geld in Empfang nehmen. Außerdem erhielten wir Unterstützung aus Paris. Finanziell hatten wir also keine Sorgen; es ging uns gut.

Jetzt, da Mansur die Anerkennung als Asylant besaß, konnten wir auch ganz offiziell eine Wohnung mieten. Durch einen glücklichen Zufall wurde in unserem Haus eine größere frei, mit achtzig Quadratmetern, in die wir sofort umzogen. Asal konnte nun ihr eigenes Zimmer haben. Die Diele richtete ich – wie früher im Iran – als gemütliches Wohnzimmer ein und einen anderen Raum als Gästezimmer mit einer Eßecke. Für die geräumige Küche kauften wir eine hübsche moderne Einrichtung.

Diese Wohnung unterschied sich zwar sehr von unseren früheren, aber sie gefiel mir trotzdem. Zur Einweihungsfeier luden wir die Familie Schiefer ein. Ich bereitete ein großes Essen vor, mit dem wir uns für ihre Hilfe und Freundlichkeit bedanken wollten. Es wurde ein schöner Abend, und unsere Freunde waren glücklich zu sehen, daß sich unsere Lebensumstände so zum Positiven verändert hatten. Wir besaßen nun sogar ein Auto, zwar ein gebrauchtes, aber es genügte uns vollkommen.

Seit einigen Wochen hatte ich aufgehört, die Pille zu nehmen, da ich unter häufigen Migräneanfällen litt. Ich war trotzdem bemüht, eine Schwangerschaft zu vermeiden; ich wollte nicht in diesem fremden Land und angesichts einer ungewissen Zukunft ein weiteres Kind haben. Doch es kam anders: Ich wurde schwanger, und trotz allem freuten wir uns darüber. Mansur hoffte diesmal auf einen Sohn.

Es wurde Frühling; ich war in der neunten Schwangerschaftswoche, als Herr Schiefer uns zu seinem vierzigsten Geburtstag einlud. Das Fest sollte am Vorabend in seinem Restaurant stattfinden, und man wollte in seinen Geburtstag hinüberfeiern.

Die Stimmung war fröhlich und unbeschwert, und natürlich wurde auch ausgiebig auf den »runden« Geburtstag angestoßen. Ich hatte meinen Platz neben Herrn Schiefer, der inzwischen – wer hätte es ihm bei diesem Anlaß verwehren wollen – einen kleinen Schwips hatte. Es schlug Mitternacht, und alle gratulierten ihm.

Plötzlich nahm er mich in die Arme und drückte mir einen Kuß auf die Wange. Mansur war dieser harmlos-freundschaftliche Überfall nicht entgangen, und ich sah, wie er blaß wurde. Kurz darauf gab er mir ein Zeichen, daß wir gehen müßten. Man versuchte uns zu überreden, noch zu bleiben. Für Asal war es ein besonderes Ereignis, daß sie einmal so lange aufbleiben durfte, und sie wollte diese Gelegenheit richtig auskosten. Ich beschwichtigte ihren Protest, indem ich ihr versprach, ihr auf dem Heimweg ein wunderschönes Märchen zu erzählen.

Mansur war bereits nach draußen gegangen, und auch wir verabschiedeten uns nun endgültig und folgten ihm. Wir waren erst einige Schritte gegangen, als er sich zu mir umdrehte und mir unvermittelt mit voller Kraft ins Gesicht schlug. Der Schlag war so heftig, daß er mich auf die Straße schleuderte. Benommen stand ich auf und klopfte mir den Schmutz von der Kleidung. Ich stand wie unter einem Schock. Was hatte ich getan? Was war in meinen Mann gefahren? Mein Gesicht brannte wie Feuer, und ich hatte Schmerzen von dem Sturz. Eine gefährliche Kälte durchzog mich, und ich fühlte mich sterbenselend. Asal begann zu weinen, und ich versuchte, sie zu beruhigen.

Mansur war ohne ein Wort allein weitergegangen. Wir holten ihn ein. Ich machte meinem Zorn Luft und fuhr ihn an: »Was fällt dir ein, mich zu schlagen?«

»Du bist nicht so einfältig, daß du es nicht selbst weißt«, gab er zurück. »Du hast Herrn Schiefer dazu gebracht, dich zu küssen.«

Ich konnte es nicht fassen. »Der Mann hat Geburtstag, und es ist normal, sich bei der Gratulation zu küssen. Er hat sich doch nichts dabei gedacht. Wir sind hier in Deutschland, und für mich ist solch ein Kuß sowieso ohne jede Bedeutung. Wir Assyrer küssen uns auch bei jeder Gelegenheit, ob Mann oder Frau, Verwandte oder Freunde.« Ich bebte vor Zorn und schrie Mansur an: »Warum hast du nicht Herrn Schiefer geschlagen? Er war es doch, der geküßt hat. Reicht deine Kraft nur für mich?«

In dieser Nacht schlief Mansur im Wohnzimmer. Bevor ich am nächsten Morgen aufstand, war er schon aus dem Haus gegangen und kam mit einem riesigen Strauß roter Rosen zurück. »Verzeih mir«, sagte er zerknirscht. »Ich weiß, daß ich dir unrecht getan habe.« Er drängte mich, ich solle mich umziehen, um mit ihm in die Stadt zu fahren. Er wollte mir ein paar Umstandskleider kaufen.

Früher oder später, das wußte ich, würde ich ohnehin nachgeben. Warum also nicht jetzt, denn dieser Vorfall, so bitter er war, sollte kein Grund für mich sein, Mansur zu verlassen.

Am Nachmittag fuhren wir also zum Einkaufen in die Stadt und gingen in eine Boutique. Im Erdgeschoß war die Kinderabteilung, wo wir für Asal ein Kleidchen kauften. Dann suchten wir in der oberen Etage drei Umstandskleider für mich aus. Als wir die Treppe hinuntergingen, spürte ich plötzlich, daß ich Blut verlor. Ich sagte nichts, weil ich Mansur nicht beunruhigen wollte. Doch dann, als wir auf der Straße waren, bekam ich starke Schmerzen im Unterleib. Ich verlangsamte meinen Schritt, blieb stehen und mußte mich für einen Augenblick an eine Hauswand lehnen.

Mansur sah mich überrascht an. Ich versuchte zu lächeln. »Irgend etwas ist mit mir nicht in Ordnung«, sagte ich. Wir fuhren schnell nach Hause, und Mansur rief den Arzt an. Ich hatte einen persischen Frauenarzt, mit dem wir auch freundschaftlichen Kontakt pflegten.

Innerhalb einer Stunde war er bei mir. Nach der Untersuchung erklärte er, ich müsse unbedingt ins Krankenhaus. Er stellte mir eine Einweisung für ein evangelisches Hospital aus.

Man brachte mich in ein Zimmer, das bereits mit drei Frauen belegt war. Ein Arzt erschien, um mich zu untersuchen. »Wir müssen bis morgen abwarten«, meinte er, »ob die Blutungen nachlassen.« Er gab mir etwas gegen die Schmerzen. Ich schickte Mansur und Asal nach Hause.

Ein wehes Gefühl beschlich mich, und obwohl ich mit diesen drei anderen Frauen das Zimmer teilte, fühlte ich mich mehr denn je allein. Für eine Unterhaltung mit ihnen reichten meine dürftigen deutschen Sprachkenntnisse kaum aus.

Bisher war ich in diesem Land immer mit Mansur und Asal zusammengewesen. Nun war ich das erste Mal ohne sie, und es wurde mir bitter bewußt, daß ich in der Fremde war. Alle Menschen in meiner Umgebung waren Fremde, und auch ich mußte ihnen fremd sein.

Heimweh überkam mich, Sehnsucht danach, wieder zu Hause im Iran zu sein mit Mansur, Asal und meiner Familie – aber ohne Khomeini. Ich wollte kein Asyl erhalten. Dieses Wort bedeutete für mich demütigende Unterordnung, Abhängigkeit von Menschen, die gnädig Asyl gewährten – oder auch nicht.

Das Wort Asyl ist aus dem Griechischen übernommen und bezeichnet eine Freistätte, einen Zufluchtsort, der Unverletzlichkeit garantiert und von Verfolgung und Mißhandlung bedrohten Menschen Sicherheit gewährt.

Genau das, was die alten Griechen darunter verstanden, hatten sicherlich auch die Männer und Frauen des Parlamentarischen Rates gemeint, als sie im Jahre 1949 das Recht auf Asyl im deutschen Grundgesetz verankerten. Es war noch in allzu frischer Erinnerung, daß mehr als sechshunderttausend Deutsche durch den Hitler-

Faschismus in die Emigration getrieben wurden und Millionen ihre Heimat verloren.

Warum aber fühlte ich mich hier nicht in Sicherheit? Es dauerte lange, bis mir klar wurde, daß nicht die mit dem Asyl verbundenen Umstände daran schuld waren, sondern Mansur. Solange ich mit ihm zusammenlebte, waren Unsicherheit und Angst meine ständigen Begleiter.

Die Schmerzen hatten nicht nachgelassen und verschlimmerten sich während der Nacht. Ich fand keinen Schlaf, wollte aber die Nachtschwester nicht belästigen und hoffte, ich würde es bis zum Morgen aushalten. Am Vormittag untersuchte mich der Arzt nochmals und meinte: »Es sieht nicht sehr gut mit Ihnen aus, aber wir wollen alles versuchen, das Baby zu retten. Wir werden mehr wissen, wenn wir noch einige weitere Untersuchungen gemacht haben. Allerdings müssen Sie auch mit der Möglichkeit rechnen, das Baby zu verlieren.« Er ließ mich mit meinen Gedanken allein. Trotz der durch das Fenster scheinenden Frühlingssonne war es dunkel in mir.

Eine Schwester brachte eine neue Patientin herein, ein junges Mädchen. In diesem Augenblick empfand ich ein seltsames Gefühl; es war, als wenn eine entspannende Ruhe in mir einkehrte. Es gab keinen logischen Grund dafür; die neue Patientin und ich hatten noch kein Wort miteinander gewechselt, nicht einmal einen Blick getauscht. Vielleicht war es eines der unerklärlichen Phänomene, mit denen sich die Parapsychologie beschäftigt. Ich jedenfalls konnte in diesem Augenblick noch nicht ahnen, welche Rolle diese junge Frau in meinem Leben spielen und welche Bedeutung sie für mich haben sollte. Trotzdem fühlte ich mich zu ihr hingezogen.

Man hätte sie als sehr hübsch bezeichnen können, doch das wäre eine zu oberflächliche Beurteilung gewesen. Sie war groß und schlank, blond mit einem feinen rötlichen

Schimmer. Doch Hübschheit ist nur die kleinere Schwester der Schönheit. Schönheit kommt von innen heraus, gibt der Hübschheit Wärme und Glanz und erhält sie über Jahrzehnte. Menschen mit dieser Eigenschaft sind auch noch im Alter schön.

Die Schwester entschuldigte sich: »Dieses Zimmer ist eigentlich nur für vier Patientinnen vorgesehen, aber da wir sonst keinen Platz haben, müssen wir diese junge Dame hier noch unterbringen. Könnte sich jemand von Ihnen mit ihr einen Schrank teilen?«

Die drei anderen Frauen reagierten gar nicht auf die Frage. Ich deutete auf meinen Schrank. »Sie können für Ihre Sachen meinen Schrank gern mitbenutzen; ich habe noch Platz.« Die junge Frau bedankte sich mit einem bezaubernden Lächeln. Nachdem sie ihre Sachen ausgepackt hatte, kam ich mit ihr ins Gespräch und erfuhr, daß sie wegen eines kleinen Eingriffs eingeliefert worden war. Sie fragte nach meiner Krankheit. Ich wußte, es würde mir guttun, mit dieser sympathischen Frau zu reden, aber nach einigen Sätzen merkte ich, daß meine deutschen Sprachkenntnisse für ein solches Gespräch nicht ausreichten. Ich fragte, ob sie Englisch könne. Ja, sie sprach es sogar sehr gut, und ich erzählte ihr meine Geschichte. Sie wurde sehr traurig und wünschte mir, daß mein Baby gerettet werden könnte.

Am Nachmittag besuchte mich Mansur mit Asal. Sie war quicklebendig, sprang auf mein Bett und erzählte, ohne aufzuhören. Ich machte die beiden mit meiner neuen Bettnachbarin bekannt. Wie ich inzwischen erfahren hatte, hieß sie Margitta. Sie nahm Asal an die Hand und ging mit ihr aus dem Zimmer. Nach einigen Minuten kamen sie zurück, Asal mit einem Eis. Sie hatte bereits mit Margitta Freundschaft geschlossen und wollte nicht mehr von ihrer Seite weichen.

Ich berichtete Mansur, was der Arzt nach der Untersuchung gesagt hatte. Er war sehr still geworden und sah besorgt aus. Ich wußte, wie sehr er sich auf ein zweites Kind freute. Nach einer Stunde bat ich Mansur, nun besser wieder zu gehen, weil die Krankenhausatmosphäre nicht das Richtige für Asal sei.

Gleich danach trat der Arzt ins Zimmer. »Es tut mir leid, Ihnen sagen zu müssen, daß es für Ihr Kind keine Chance gibt; es wird nicht überleben können. Wir werden morgen früh eine Ausschabung vornehmen müssen.« Ich fühlte mich kraftlos und leer und begann zu weinen. Auch ich hatte mich auf unser Kind gefreut und mir in meinen Träumen unser Leben zu viert ausgemalt. Diese Träume waren nun vernichtet, und ich spürte den großen Verlust. Wieder kamen die Erinnerungen an den Schwangerschaftsabbruch damals in London in mir hoch. War dies hier meine Strafe?

Margitta sah meine Tränen, kam an mein Bett und versuchte mich zu trösten, doch mein Schmerz saß zu tief, und alle Wunden der Vergangenheit brachen von neuem auf. Am Abend erzählte ich Mansur am Telefon die traurige Nachricht und bat ihn, am nächsten Tag Asal nicht mitzubringen, sondern sie bei Familie Schiefer zu lassen, damit sie mich nicht in dieser schlechten Verfassung erlebt.

Der Eingriff am folgenden Morgen dauerte nicht lange. Als ich aus der Narkose erwachte, saß Mansur an meinem Bett. Ich fühlte mich hoffnungslos und ausgebrannt und hatte nur den Wunsch, möglichst bald nach Hause zu kommen. Aber der Arzt bestand darauf, mich noch zwei Tage unter Kontrolle zu halten. Körperlich ging es mir gut; ich hatte keine Schmerzen mehr. Doch ich wußte, daß meine Seele eine neue Wunde bekommen hatte.

Mit einiger Verwunderung stellte ich fest, daß ich zu den Mahlzeiten immer etwas anderes bekam als meine Zimmergenossinnen. Zum Frühstück und Abendessen fand ich immer nur Käse auf meinem Tablett. Ich fragte schließlich die Schwester nach dem Grund meiner Käsediät. Sie sah mich erstaunt an und sagte: »Aber Sie dürfen doch als Mohammedanerin kein Schweinefleisch essen, und deshalb können wir Ihnen keine Wurst geben.«

Jetzt mußte ich doch lachen. »Es wäre wohl besser gewesen, mich zu fragen, dann hätte ich Ihnen gleich sagen können, daß ich Christin bin.« Von da ab erhielt ich das gleiche Essen wie die anderen.

Meiner neuen Bekannten, Margitta, ging es nicht gut. Sie war ein zerbrechliches, zartes Geschöpf, und man hatte Bedenken, ob sie die Operation verkraften könne. Jeden Tag bekam sie Besuch von ihren Eltern, ebenfalls sehr sympathischen Menschen. Sie saßen stundenlang neben ihrem Bett, und man sah ihnen an, welche Sorgen sie sich um ihre Tochter machten.

Meine Gedanken glitten zu meinen Eltern, die so weit entfernt waren. Ich sehnte mich nach ihnen und hatte das Bedürfnis, sie in meiner Nähe zu haben. Ich kam mir wie ein Kind vor, das man an einem fremden Ort vergessen hatte. Es wäre natürlich gewesen, bei Mansur diese Geborgenheit zu suchen, doch er konnte sie mir nicht geben. Meine Enttäuschung über sein Benehmen war noch zu stark, und innerlich gab ich ihm auch die Schuld, daß wir unser Kind verloren hatten. Er hatte mich geschlagen, ich war gestürzt und vermutete darin den Auslöser für meine Fehlgeburt. Mansur hatte mir nicht nur körperlich sehr weh getan.

Margitta erhielt auch Besuch von ihrem Verlobten,

einem Amerikaner, der jedoch in Deutschland aufgewachsen war. Ich konnte mich kaum erinnern, jemals einem so attraktiven Mann begegnet zu sein. Er und Margitta waren ein bezauberndes Paar, und es war nicht zu übersehen, wie verliebt sie ineinander waren.

Endlich wurde ich entlassen; Mansur holte mich ab. Ich hatte mit Margitta – ich nannte sie inzwischen Gitta – unsere Adressen getauscht, denn es war unser beider Wunsch, uns wiederzusehen. Es stellte sich heraus, daß ihre Eltern nur drei Straßen entfernt, also ganz in unserer Nähe wohnten.

Mansur hatte wie immer die Wohnung mit unzähligen Blumen geschmückt und überall in den Zimmern Zettel mit Liebeserklärungen verteilt. Er hatte eine wunderbare Art zu schreiben und sich auszudrücken, und er wußte, daß er mich damit immer wieder schwach machen konnte, auch diesmal. Zu Hause fühlte ich mich sogleich besser. Hier hatte ich meine vertraute Umgebung, meinen Zufluchtsort. Innerhalb meiner vier Wände konnte ich vergessen, daß ich im Exil lebte.

Nach wenigen Tagen erhielt ich bereits einen Brief von Gitta. Meine Freude war groß, und ich beeilte mich, ihr sofort zu antworten. Wir wollten uns sobald wie möglich treffen. Ich war glücklich, daß sie so gut Englisch konnte, so daß es weder schriftliche noch mündliche Verständigungsprobleme gab.

Asal meldeten wir in einem privaten Kindergarten an. Es lag mir viel daran, daß sie mit anderen Kindern zusammen war und auf ganz normale Weise in Deutschland aufwuchs. Ich klammerte mich nicht an die Erwartung, wir könnten irgendwann wieder in den Iran zurückkehren. Mit der Möglichkeit, im Ausland bleiben zu müssen, mußte ich mindestens ebenso rechnen. Deshalb hielt ich es für notwendig, mich intensiver mit dem

Erlernen der deutschen Sprache zu befassen. Mansur sah das als unwichtig an, denn er rechnete jeden Tag mit dem Ende des Khomeini-Regimes. Ich selbst hatte diese Hoffnung auch noch nicht aufgegeben, wollte es auch gar nicht. Aber ich dachte trotzdem realistischer.

Mansur war weder bereit, die deutsche Sprache zu erlernen, noch irgend etwas zu arbeiten. Irgendeinen Job anzunehmen, war unter seiner Würde, wofür ich Verständnis hatte. Außerdem waren wir nicht darauf angewiesen, daß er Geld verdiente, zumindest für die nächste Zeit nicht.

Trotzdem: Konnte man wissen, wie lange wir noch hierbleiben mußten? Manchmal machte ich mir doch Gedanken darüber, denn, gleichgültig wieviel Geld Mansur jetzt zur Verfügung hatte, irgendwann würde es aufgebraucht sein und was kam dann? Wir waren an ein anspruchsvolles Leben gewöhnt, sogar an einen gewissen Luxus. Sollten wir das einmal aufgeben müssen, wäre das eine recht einschneidende Veränderung, die uns sicherlich Probleme verursachte.

Nach einem Monat blieb meine Periode aus, obwohl ich nach dem Krankenhausaufenthalt wieder angefangen hatte, die Pille zu nehmen. Ich war sehr beunruhigt und suchte unverzüglich einen Arzt auf. Das Resultat der Untersuchung versetzte mir einen Schock. »Sie sind schwanger«, sagte der Arzt.

»Das ist unmöglich«, antwortete ich verwirrt. »Ich habe die Pille regelmäßig genommen, und es ist erst acht Wochen her, daß ich mein Baby verloren habe.«

»Ich kann es zwar auch kaum verstehen«, meinte der Arzt, »aber es besteht kein Zweifel. Es ist jedoch notwendig, noch weitere Untersuchungen anzustellen. Da Sie die Pille genommen haben, könnte sogar die Gefahr bestehen, daß das Kind behindert ist. Erst wenn wir ganz sicher sind, daß es gesund ist, kann ich eine Fortsetzung der Schwangerschaft verantworten.«

Was war nur los mit mir? Ich schien wie ein Magnet ein Unglück nach dem anderen anzuziehen. Für zwei Tage wurde ich in die Universitätsklinik eingewiesen. Ich ging mit unguten Gefühlen dorthin – und leider täuschten sie mich nicht. Die Untersuchungen erbrachten keine endgültige Klarheit. Aber es bestand die Gefahr von mindestens zehn Prozent, daß mein Kind behindert auf die Welt kam. Da eine Schwangerschaft trotz Einnahme der Pille keinesfalls normal ist und unwägbare Risiken in sich birgt, riet man mir zur Abtreibung.

Niedergeschlagen fuhr ich nach Hause. Ich fühlte mich nicht stark genug, schon wieder einen Krankenhausaufenthalt zu verkraften, und sagte das auch meinem iranischen Frauenarzt. Er war sehr mitfühlend. »Sie müssen nicht unbedingt ins Krankenhaus«, meinte er. »Ich kann Sie auch in meiner Praxis behandeln. Dann könnten Sie nach einer Stunde wieder nach Hause, vorausgesetzt, Sie versprechen mir, daß Sie Bettruhe einhalten.«

Natürlich versprach ich es, wenn ich nur nicht wieder ins Krankenhaus mußte! Körperlich überstand ich den erneuten Schwangerschaftsabbruch gut. Seelisch verkraftete ich ihn weitaus schwerer.

Ich begann allmählich, den Sex zu hassen; all diese Eingriffe machten mich für die körperliche Liebe kalt. Seit Asals Geburt hatte ich schon Probleme damit gehabt, die sich durch meine späteren Erlebnisse noch verstärkt hatten. Ich brachte zu viele schmerzliche und demütigende Erinnerungen damit in Verbindung. Ich wünschte mir, in Ruhe gelassen zu werden, doch das war nicht möglich. Ich liebte Mansur ja immer noch so sehr, und es wäre mir nie in den Sinn gekommen, ihn unglücklich zu machen, indem ich mich ihm verweigerte. Trotzdem fragte ich mich manchmal, ob es richtig war, diese Opfer für meine Liebe zu bringen? Ich wußte keine Antwort darauf.

Schon lange hatte ich vor, Gitta und ihren Verlobten Karl zu einem iranischen Essen zu uns einzuladen. Endlich war es soweit. Es wurde ein wunderschöner Abend. Ich genoß es, mit diesen sympathischen, liebenswerten Menschen zusammenzusein. Wir waren uns von Anfang an so vertraut, als ob wir schon auf eine Freundschaft von vielen Jahren zurückblicken konnten.

Mansur hatte zwar sprachliche Verständigungsschwierigkeiten, doch mit meiner Unterstützung und unter Zuhilfenahme seiner Hände konnte er sich mit Karl recht gut unterhalten.

Gitta war zwei Jahre älter als ich. Ich schätzte mich glücklich, daß ich sie kennengelernt hatte; sie war ein Mensch voller Liebe und Güte. Gesprächsstoff gab es mit ihr und Karl genügend. Sie waren beide sehr gebildet und auch über vieles, was den Iran betraf, gut informiert. Wir hatten zwei wirkliche Freunde gefunden, die uns helfen wollten, uns in der Fremde wohlzufühlen. Beide hatten auch Asal sehr ins Herz geschlossen, und Asal erwiderte diese Liebe. Sie nannte sie »Tante Gitta« und »Onkel Karl«.

Die Freundschaft mit Gitta veränderte mein Leben. Ist es schon unter normalen Umständen ein Glücksfall, einen wahren Freund oder eine Freundin zu finden, so bedeutete mir diese Freundschaft in meiner jetzigen Situation um so mehr. Sie war wie ein ruhiger Hafen, in den ich einlaufen konnte, wenn ich Sorgen hatte. Ich war nicht mehr allein. Gitta und ich schrieben uns auch oft, und aus jedem Brief von ihr, den ich immer mit Ungeduld erwartete, tankte ich neuen Lebensmut.

Nach einiger Zeit spürte ich, daß Mansur auf diese

Freundschaft eifersüchtig wurde, obwohl er Gitta und auch Karl sehr mochte. Aber es störte ihn, daß ich neben ihm eine enge innerliche Beziehung zu anderen Menschen hatte.

Im Sommer 1982 gab es zwei erfreuliche Begebenheiten. Endlich bekam auch ich die Anerkennung als Asylantin. Der Anwalt, ein sehr gütiger, freundlicher Mensch, der mir auch später noch eine große Hilfe war, hatte es schließlich erreicht. Nun hatte auch ich einen gültigen Paß.

Das andere Ereignis war die Hochzeit von Gitta und Karl, die sie in einem romantischen Schloß außerhalb von Köln feierten. Es war ein märchenhaftes Fest. Zusammen mit anderen Kindern streute Asal für das Brautpaar Blumen.

Im Sommer darauf bot man mir vom Arbeitsamt an, einen deutschen Sprachkurs zu besuchen. Natürlich nutzte ich diese Gelegenheit. Trotz aller Schwierigkeiten gefiel es mir, wieder eine Schülerin zu sein und mich mit Jeans und Turnschuhen auch so zu fühlen. Im Iran hätte Mansur mir niemals erlaubt, Jeans zu tragen; er hielt das für nicht damenhaft.

Um halb sieben morgens mußte ich aus dem Haus; der Unterricht ging bis zum Mittag, und ich beeilte mich, daß ich gegen ein Uhr wieder bei Mansur und Asal sein konnte. Bei manchen meiner Bekannten stieß ich auf Unverständnis, daß ich Tag für Tag jede verfügbare Stunde mit Mansur verbringen wollte. Seit fast drei Jahren war er ohne Arbeit und immer zu Hause. Trotzdem vermißten wir uns, wenn einer von uns beiden nur für wenige Stunden wegen irgendwelcher Erledigungen außer Haus war. Wir hatten uns immer noch so viel zu sagen, daß uns unser Zusammensein nie langweilig wurde.

Eine unserer Lieblingsbeschäftigungen war das Schreiben von Gedichten und politischen Artikeln, von denen viele in Exil-Zeitungen erschienen. Es war das einzige Band, das uns noch mit der Heimat verband. Nicht selten geschah es, daß wir zusammensaßen und vor Heimweh weinten, obwohl die Nachrichten, die wir aus dem Iran hörten, keinen Anlaß für den Wunsch nach einer Rückkehr boten.

Statt sich zu beruhigen, schienen die Verhältnisse immer noch schlimmer zu werden. Die Mullahs hatten keine Hemmungen, öffentlich im Rundfunk und Fernsehen bekanntzugeben, die Pasdaran würden jeden Abweichler erschießen, und wenn es jeden Tag Hunderte wären – so lange, bis Allahs Gesetze ohne Einschränkung von allen befolgt würden. Der deutsche Kulturphilosoph Spengler verglich die Kultur mit dem Lebensablauf des Menschen. »Kultur ist wie ein Mensch, der geboren wird, die Phase vom Kind zum Jugendlichen durchläuft, die Entwicklung zum vollständigen Erwachsenen abschließt, alt wird und stirbt.« Die iranische Kultur lag nun schon seit Jahren im Sterben.

Die Mullahs erlaubten keine Musik, keine Filme, kein Theater, keine Gedichte. Künstler, egal welcher Richtung, wurden als »Kinder des Satans« angeprangert. Den Kindern wurde in den Schulen nur der Koran und alles, was den Islam betraf, gelehrt – und sie wurden mit Gewalttätigkeit infiziert – Gewalt als gottgewolltes Mittel gegen alle Ungläubigen.

Noch immer waren viele Universitäten und Hochschulen geschlossen. Nur anerkannt Gläubigen wurde ein Studium gewährt. Man sprach davon, daß die Zahl der Drogenabhängigen sich verdreifacht habe. Das war nicht verwunderlich, denn den Jugendlichen stand keine Möglichkeit einer Freizeitgestaltung mehr offen. Selbst Gesellschaftsspiele waren verboten. Erst später wurde beispielsweise erlaubt, Schach zu spielen.

Korruption auf allen Gebieten war an der Tagesordnung. Während der Regierungszeit des Schah gab es keine Beschränkung, in den Geschäften Alkohol kaufen. Jetzt, da jede Art geistiger Getränke streng verboten war, wurden viele Privathäuser zu geheimen Alkoholfabriken, die ihre oft gesundheitsschädlichen Produkte zu horrenden Preisen auf dem Schwarzen Markt absetzten. Von einem befreundeten Arzt hörten wir, daß auch die Zahl der Aidskranken drastisch angestiegen war, doch diese Tatsache wurde totgeschwiegen, und Forschungen in dieser Richtung waren untersagt. Aidsinfizierte tauchten in der Statistik bestenfalls als Krebskranke auf.

Warum, so frage ich mich, hörte man keinen Aufschrei jener prominenten Journalisten, die ehedem mit solcher Vehemenz versucht hatten, der Welt die angeblichen Greueltaten des Schah glaubhaft zu machen. Ihre Stimmen waren unbegreiflicherweise verstummt.

Das folgende Jahr verlief vorerst ruhig ohne besondere Ereignisse. Nali besuchte uns im Sommer 1984 und blieb für zwei Wochen. Zu Manejeh und Mansurs Tante und Onkel hielten wir losen telefonischen Kontakt. Wir führten ein fast normales Leben, doch manchmal kam mir diese Ruhe trügerisch vor, wenn ich an die Zukunft dachte. Weder Mansur noch ich hatten eine Arbeit; wir lebten von dem Geld, das uns Bahman aus Mansurs Rial-Guthaben im Iran nach und nach zukommen ließ. Ich hatte allerdings inzwischen den deutschen Sprachkurs mit einem Zeugnis abgeschlossen.

Es war im August 1984. Schon morgens früh klingelte das Telefon: Es war Shirazi. Seit wir in Deutschland lebten, hatten wir nichts mehr von ihm gehört. Oft hatten wir an unseren treuen Freund aus Teheran voller Sorgen gedacht und uns gefragt, wie es ihm ergangen sein mochte. Er hatte unsere Telefonnummer von Manejeh erfahren.

Wie schön war es, seine vertraute Stimme zu hören! Wir weinten vor Freude, daß er noch am Leben war. Aber Shirazis Anruf hatte einen besonderen Grund, der uns sehr erschreckte. Man hatte Bahman verhaftet. Daß man immer noch nach Mansur fahndete, war uns bekannt, aber wie Shirazi berichtete, suchte man jetzt auch nach mir. Seine Nachricht versetzte uns in große Angst.

Mansur bat Shirazi, herauszufinden, mit welcher Begründung man Bahman festgenommen hatte und wo er sich befand.

Wir waren äußerst besorgt um ihn. Zudem war Mansur sich nicht sicher, ob Bahman innerlich stabil genug war, um auf die Dauer zu schweigen. Würde er noch unter Folter standhalten? Er konnte sehr viele in Gefahr bringen, wenn er redete.

Bahmans Verhaftung brachte für uns noch ein weiteres Problem, und Mansur sprach es aus. »Aiyleen, weißt du, was das auch für uns heißt? Wir haben jetzt keine Chance mehr, an unser Geld heranzukommen.« Was nun? Dieser Gedanke war mir bei aller Aufregung noch gar nicht gekommen, obwohl ich schon längst im stillen gefürchtet hatte, der Geldfluß könne durch irgendein unvorhersehbares Ereignis gestoppt werden.

Jetzt war es soweit. Wir mußten überlegen, wie wir weiter unsere Miete und unseren Lebensunterhalt bezahlen konnten. Noch besaßen wir Geld, aber es lag vollkommen im dunkeln, wie lange Bahman in Haft blieb oder ob er überhaupt jemals wieder frei sein würde.

Als ich Asal abends zu Bett gebracht hatte, setzten Mansur und ich uns zusammen und berieten, was zu tun war. Es lag auf der Hand, daß wir uns unverzüglich nach einer Arbeitsstelle umsehen mußten. Mansur aber erklärte sofort, er würde nicht arbeiten gehen. Er sprach weder Deutsch noch Englisch, und irgendeine unqualifizierte Arbeit wollte er keinesfalls annehmen. So blieb nur eine Lösung. »Aziz, dann wirst du arbeiten müssen«, sagte Mansur. Ich war gern dazu bereit und begann sofort, an große Hotels und verschiedene Fluggesellschaften Bewerbungsbriefe zu schreiben. Angesichts meiner noch sehr lückenhaften Deutschkenntnisse sah ich nur dort eine Chance für mich. Ich wußte noch nicht, daß in Deutschland das Schreiben von Bewerbungen an sich schon eine Kunst darstellt. Da ich bei Hotels und Fluggesellschaften ohnehin meine Sprachkenntnisse einbringen wollte, schrieb ich auch meine Briefe in Englisch. Es kamen nur Absagen.

In unserer Nachbarschaft lebte eine philippinische Familie, und ich wußte, daß der Mann als Kassierer im Hotel Interconti beschäftigt war. Ich fragte ihn, ob im Hotel irgendeine Stelle frei sei. Ja, doch, im Augenblick suchte man nach einer Telefonistin für die Nachtschicht. Ich ließ mir von ihm den Namen des Personalleiters geben.

Auch an dieses Hotel hatte ich eine Bewerbung geschickt, aber eine Absage erhalten. Am nächsten Tag fuhr ich hin und fragte mich zur Personalabteilung durch.

»Ich möchte Ihren Abteilungsleiter sprechen«, wandte ich mich an eine Sekretärin.

»Haben Sie einen Termin vereinbart?« erkundigte sie sich prompt.

»Nein«, gab ich zu, »aber es geht um eine sehr wichtige private Angelegenheit, und ich kann nicht auf einen besonderen Termin warten.«

»Liebe Frau, so geht das aber wirklich nicht«, setzte sie an.

Ich sah ihr fest in die Augen und erwiderte mit Nachdruck: »An Ihrer Stelle würde ich es nicht versuchen, mich daran zu hindern, einige Minuten mit Ihrem Chef zu sprechen. Sie könnten sich handfesten Ärger einhandeln.« Es war mir gleichgültig, wie sie diese Drohung auslegen mochte; ich wollte die Stelle haben! Die Sekretärin wirkte etwas eingeschüchtert, als sie im Chefbüro verschwand, und kam nach einigen Minuten zurück. Ich solle ihr folgen.

Ich stellte mich dem Personalleiter vor und platzte sofort mit meinem Anliegen heraus. »Ich möchte die Stelle als Telefonistin haben. Nein, ich möchte nicht nur: Ich muß sie haben.«

»Wie bitte?« fragte er überrascht. Ich erklärte ihm meine Situation und fügte hinzu: »Verstehen Sie, ich möchte nicht dem deutschen Steuerzahler zur Last fallen. Das verbietet mir mein Stolz. Ich bin bereit, hart zu arbeiten. Bitte, bitte, geben Sie mir eine Chance! Wenn Sie nicht mit mir zufrieden sein sollten, können Sie mich immer noch entlassen.«

Sicherlich hatte er diese Art von Bewerbung noch nicht erlebt, und ich muß in der Erinnerung an meinen Auftritt heute über mich selbst lachen. Da ich meinte, mit meinem mangelhaften Deutsch nicht genügend Überzeugungskraft zu besitzen, wechselte ich ins Englische über. Meine Entschlossenheit machte offensichtlich Eindruck auf ihn. »Ich muß mir das noch in Ruhe überlegen«, antwortete er. »Geben Sie mir etwas Zeit; außerdem haben sich auch einige andere Bewerberinnen vorgestellt.«

»Das glaube ich Ihnen, aber keine von ihnen braucht den Posten dringender als ich«, beharrte ich. Er lächelte und versprach, sich bald zu melden.

Mansur hatte mit Asal draußen gewartet. Wir gingen noch einen Kaffee trinken und fuhren nach Hause zurück. Sehr große Hoffnung auf eine Einstellung hatte ich nicht.

In dem Augenblick, als Mansur die Wohnungstür aufschloß, läutete das Telefon. Ich rannte ins Zimmer und nahm den Hörer ab. Es war der Personalleiter. »Anfang nächsten Monats können Sie anfangen. Den Anstellungsvertrag schicke ich Ihnen mit der Post zu.«

Ich bedankte mich glücklich und versprach: »Ich werde Sie nicht enttäuschen; Sie sollen Ihre Entscheidung nicht bereuen.«

Ich freute mich nicht nur; ich war auch ein wenig stolz auf mich, weil ich trotz meiner nicht besonders guten Karten diese Zusage bekommen hatte. Ich wußte weder, was ich verdienen würde, noch hatte ich nach der Arbeitszeit gefragt. Es war mir alles unwichtig. Die Hauptsache war: Ich hatte eine Arbeitsstelle.

Zwei Tage später traf der Vertrag ein, von dessen in kompliziertem Deutsch formulierten Klauseln ich kaum etwas verstand. Aber ich fand heraus, was ich verdiente und daß meine Arbeitszeit von zehn Uhr abends bis sieben Uhr früh festgesetzt war, und zwar für fünf Tage in der Woche, was jedoch nicht hieß, daß die Wochenenden frei waren.

Diese Zeiteinteilung schien mir geradezu ideal. So konnte ich meine Hausarbeit verrichten, und Asal würde ihre Mutter nicht einmal sonderlich vermissen, wenn ich während der Nacht fort war. Vormittags war sie im Kindergarten, während ich ein wenig schlafen konnte.

Mansur hatte seine Kontakte mit der iranischen Opposition in Paris weiter ausgebaut. In letzter Zeit besuchte uns ziemlich häufig ein sehr netter Iraner, der jetzt in den Arabischen Emiraten lebte. Er hatte in der Schah-Regierung eine hohe Position innegehabt und war ein enger Freund der Familie des Schah gewesen. Immer, wenn

Mansur mit Kambiz – so war sein Name – über ihre gemeinsamen politischen Aktivitäten zu reden hatte, gingen die beiden Männer zu einem Spaziergang hinaus. Mansur war mißtrauisch; er hielt es für möglich, daß in unserer Wohnung vielleicht Abhörwanzen angebracht worden waren.

Wir lernten Kambiz als einen liebenswerten und zuverlässigen Menschen kennen. Bei seinen Besuchen brachte er mir Kassetten mit iranischer Musik mit, und wiederholt drängte er uns, ihn in den Emiraten zu besuchen. Seine Frau hatte ihn verlassen und war mit dem Sohn in die USA ausgewandert. Kambiz betonte immer wieder, wie sehr er die Zeit in unserer Mitte genoß, das Gefühl, in einer Familie zu sein. Die sogenannte Revolution im Iran hatte Ehen und Familien aus den verschiedensten Gründen auseinandergerissen.

Im September begann ich meine Tätigkeit im Hotel Interconti. Die Arbeit war nicht einfach; ich hatte sie mir leichter vorgestellt. Vor allem hatte ich Schwierigkeiten, die Anrufer am Telefon zu verstehen, besonders, wenn sie zudem noch einen Dialekt sprachen. Dann wieder gab es lange Zeitspannen, in denen kaum Anrufe hereinkamen. Ich saß nur da, wartete auf den nächsten Summton des Telefons und kämpfte mit meiner Müdigkeit.

Morgens um acht Uhr war ich dann wieder zu Hause, brachte zuerst Ordnung in die Wohnung und bereitete das Mittagessen vor. Danach schlief ich ein paar Stunden. Mehr als vier Stunden Schlaf am Tag fand ich nie. Wenn ich meine freien Tage hatte, fiel es mir sehr schwer, mich wieder auf den normalen Rhythmus des Tagesablaufs umzustellen. Zweimal passierte es mir, daß ich in der Straßenbahn fest einschlief und erst an der Endhaltestelle wach wurde.

Ich wollte nicht mein ganzes Leben als Telefonistin

verbringen und nahm mir vor, mich auf anderem Gebiet weiterzubilden. In einer Privatschule meldete ich mich zu einem Kursus für Fremdsprachen-Korrespondentinnen an. Der Vorteil war, daß ich zu Hause lernen konnte. Hatte ich irgendwelche Schwierigkeiten, so konnte ich telefonisch die Hilfe eines Lehrers in Anspruch nehmen. Lediglich zum Schreibmaschinen- und EDV-Unterricht mußte ich die Schule aufsuchen. Mein Tag war also bis zur letzten Sekunde ausgefüllt und verplant. Manchmal wunderte ich mich selbst, wie ich diese Beanspruchung – Haushalt, Beruf und Weiterbildung – meisterte. Aber ich zwang mich mit eisernem Willen dazu und hütete mich davor, in Selbstmitleid zu verfallen.

Von Bahman hatten wir inzwischen eine Nachricht bekommen, die uns sehr erleichterte. Man hatte ihn nach einigen Wochen freigelassen. Der Grund seiner Verhaftung war nicht politischer Natur gewesen; sein sorgloses Liebesleben hatte dazu den Anlaß gegeben. Bahman hatte sich in eine Frau verliebt, auf die bereits ein einflußreicher Mullah sein Auge geworfen hatte. Vermutlich wollte er Bahman mit der Inhaftierung einschüchtern und ihn als Nebenbuhler für eine Weile aus dem Weg räumen. Wir waren jedenfalls sehr glücklich, daß ihm außer einigen Peitschenhieben nichts geschehen war. Er bestätigte, was uns schon Shirazi gesagt hatte, daß auch ich im Iran auf der Fahndungsliste stand, und Mansur fürchtete, man habe von meinem Besuch in der irakischen Botschaft in London Wind bekommen.

Rückblickend auf diese schweren Jahre muß ich trotz allem sagen, daß mir in den kritischsten Zeiten immer noch das Glück im richtigen Augenblick zur Seite stand – oder besser gesagt: Ich hatte einen aufmerksamen und fürsorglichen Schutzengel, der mir viele Wege ebnete. Vier Monate hatte ich schon im Interconti gearbeitet und die Probezeit überstanden. Nachdem wir nach Bahmans Freilassung wieder Zugang zu unseren Geldern im Iran hatten, meinte Mansur, ich solle meine Arbeit aufgeben. Einerseits wäre ich gern seinem Wunsch nachgekommen, denn durch den wenigen Schlaf fühlte ich mich mittlerweile vollkommen erschöpft. Die nächtliche Arbeit strengte mich doch sehr an. Andererseits wollte ich jedoch durchhalten, um das recht teure Honorar für meinen Kursus selbst bezahlen zu können, was mir jetzt auch möglich war, weil mein Gehalt nicht mehr für Miete und andere Lebenshaltungskosten verwendet werden mußte. Bahman versorgte uns ja wieder finanziell.

Es lag mir aber viel daran, mich ein wenig unabhängiger von Mansur zu machen. Unterschwellig fühlte ich mich oft ängstlich und unsicher, und ich wollte herausfinden, ob ich diese Gefühle mir selbst zuzuschreiben hatte. Deshalb wollte ich mir beweisen, daß ich in der Lage war, mich finanziell selbst über Wasser halten zu können, falls es einmal notwendig würde. Irgendwann wollte ich bestimmt meine Arbeit aufgeben, aber jetzt war es noch zu früh.

Als ich eines Abends allein in der Hotelzentrale saß und in einem Buch las, sprach mich eine Männerstimme an. »Darf ich fragen, aus welchem Land Sie kommen?« Der Fragesteller war ein im Hotel bekannter Gast aus Saudi-Arabien, ein offenbar sehr wohlhabender Mann, der, sooft er im Interconti abstieg, eine ganze Suite bewohnte. Ich kannte ihn vom Sehen, hatte aber bisher noch nie mit ihm gesprochen.

Ich antwortete in seiner Sprache, auf Arabisch, und sagte, ich sei aus dem Iran. Er war höchst erstaunt, aus dem Munde einer Iranerin ein akzentfreies Arabisch zu hören, doch das war für mich ja fast eine Muttersprache. Die Frau des Hotelgeschäftsführers hatte ihm von mir erzählt, die ein Faible für alles Arabische hatte.

Der Gast war sehr interessiert, mehr über mich zu erfahren, aber ich hatte gelernt zu schweigen. Mansur hämmerte mir immer wieder ein, alle Menschen, mit denen wir zusammenkamen, als Agenten zu betrachten, solange nicht das Gegenteil bewiesen war. Zwar teilte ich sein Mißtrauen nicht, doch ich hatte Angst, trotzdem vielleicht einmal einen Fehler zu machen. Deshalb gab ich dem Gast höflich zu verstehen, daß ich nicht gern über mein Privatleben sprechen möchte.

»Entschuldigen Sie bitte meine Neugier«, meinte er, »aber mir kam gerade ein Gedanke. Sehen Sie, ich habe hier in Köln mit einem deutschen Partner eine kleine Handelsfirma gegründet und könnte eine Sekretärin gebrauchen, die arabische und englische Sprachkenntnisse besitzt. Da Sie außerdem auch noch Persisch und zudem noch genügend Deutsch sprechen, wären Sie eine ideale Besetzung dieses Postens. Augenblicklich arbeitet für uns eine deutsche junge Frau, aber ihr ist selbstverständlich die arabische Mentalität fremd, so daß zuweilen bei Telefonaten oder auch bei der Betreuung von Besuchern Schwierigkeiten auftauchen.« Das war eine unerwartete Chance, und sie schien verlockend.

»Finanziell werden wir uns ganz sicher einig«, fügte er hinzu, »da brauchen Sie sich keine Sorgen zu machen. Und die Arbeit wird auch angenehmer sein, als nur wie hier das Telefon zu bedienen.«

»Vielen Dank für Ihr Angebot«, sagte ich zögernd, »aber selbst wenn ich es annehmen wollte: Da gibt es noch eine Schwierigkeit. Ich besuche einen Kursus, den ich gern abschließen möchte. Tagsüber habe ich zu Hause zu lernen und muß auch zwischendurch zur Schule.«

»Aber das ist doch kein Problem«, erwiderte er lachend. »Unsere Firma wurde gerade erst gegründet, und es gibt vorerst bestimmt nicht viel zu tun, so daß Sie ohne weiteres im Büro für den Kursus lernen können. Und wenn Sie hin und wieder zur Schule gehen müssen, läßt sich das auch einrichten.«

Was konnte ich mir mehr wünschen, als so etwas! Keine Nachtschicht mehr, geregelte Arbeitszeiten, interessante Aufgaben, ein höheres Gehalt und die Möglichkeit, während der Bürostunden zu lernen. Ich war jetzt aufgeregt und hellwach. Am liebsten hätte ich sofort zugesagt, aber ich wußte, daß ich Mansur die Entscheidung überlassen mußte. »Ich möchte darüber noch mit meinem Mann sprechen und gebe Ihnen dann Bescheid«, erklärte ich dem Gast.

Als ich am Morgen nach Hause kam, berichtete ich Mansur über das nächtliche Gespräch. »Nein!« war seine Antwort. »Ich kann mir denken, was in Wirklichkeit dahintersteckt. Du interessierst ihn doch nur als Frau.«

»Was soll dieses dumme Gerede!« sagte ich aufgebracht. »Willst du mich beleidigen? Bist du etwa der Meinung, ich sei sonst nichts wert?«

»Nein, Aziz, aber ich kenne die Männer. Du bist eine attraktive Frau, und für die meisten Männer ist das ausschlaggebend, weil sie bestimmte Hintergedanken haben.«

»Dieser Mann ist sehr reich. Mit seinem Geld kann er sich die hübschesten Mädchen leisten und muß nicht hinter einer verheirateten Frau herlaufen. Wie willst du außerdem einen Menschen beurteilen, den du überhaupt nicht kennst?«

Mansur blieb hart; alle offensichtlichen Vorteile, die mir diese Veränderung bringen könnte, zählten nicht für ihn. Ich war verbittert, mußte aber seine Entscheidung akzeptieren.

Der Araber, Dr. Salim, rief mich noch am gleichen Tag an. »Haben Sie sich für mein Angebot entschieden?«

»Es tut mir sehr leid, aber mein Mann ist nicht damit einverstanden.« Die Antwort fiel mir unsagbar schwer.

»Aus welchem Grund?« fragte er betroffen.

»Bitte, verstehen Sie, daß ich darüber nicht sprechen möchte. Ich danke Ihnen aber nochmals für Ihre freundliche Absicht.«

»Nein, nein, so schnell finde ich mich nicht damit ab«, meinte er. »Wissen Sie was? Ich werde selbst mit ihm sprechen. Wenn Sie nichts dagegen haben, komme ich mit meinem Partner zu Ihnen, und wir unterhalten uns über die Angelegenheit in aller Ruhe.« Ich bat Dr. Salim einen Moment zu warten und fragte Mansur, ob er mit dem Besuch einverstanden wäre.

»Wenn es sich nicht vermeiden läßt, meinetwegen. Aber ändern wird sich an meinem Standpunkt trotzdem nichts«, brummte er. Ich lud Dr. Salim für den nächsten Tag zum Nachmittagskaffee ein.

Meine Mutter wußte nichts davon, daß ich nachts arbeitete; sie wäre sehr unglücklich gewesen, wenn ich es ihr gesagt hätte. Aber von Dr. Salims Angebot erzählte ich ihr. »Kind, nimm es an!« drängte sie. »Es ist eine einmalige Chance, die du nutzen mußt.«

»Ich kann nicht«, sagte ich. »Mansur läßt es nicht zu.«

»Ich kenne seine Gründe«, meinte Mutter böse. »Er fürchtet nur, du könntest dadurch dein Selbstvertrauen stärken und damit seinen Machtanspruch schwächen.«

»Nein, das ist es nicht. Er sieht hinter allem ein abgekartetes Agentenspiel, um an ihn herankommen zu können.«

»Das ist doch Unsinn«, gab sie zurück. »Abgesehen

davon frage ich mich, warum du überhaupt arbeiten sollst. Er ist der Mann, also hat er für die Familie zu sorgen!« Damit waren wir bei dem immer wiederkehrenden Thema angelangt: Mutter und auch meine Schwestern gaben es nie auf, mir wegen meiner Heirat Vorwürfe zu machen. In ihren Augen hatte ich den falschen Mann geheiratet.

Dr. Salim kam am nächsten Nachmittag mit seinem deutschen Partner, Herrn Pesch. Dr. Salim war von großer, kräftiger Statur, ein Mann mit einer starken Persönlichkeit. In früheren Jahren hatte er einen Ministerposten in Saudi-Arabien bekleidet, sich später aber geschäftlich selbständig gemacht. Er besaß Wohnungen in London, Paris und in den USA. An jedem Domizil stand ihm ein fest angestellter Chauffeur zur Verfügung, der das ganze Jahr über sein Gehalt bekam, seinen Chef aber nur einige Male zu fahren hatte. Herr Pesch, Dr. Salims Partner, war groß und schlank, mit vorstehenden Zähnen; er machte einen sehr nüchternen Eindruck.

Bei Kaffee und selbstgebackenem Kuchen kamen wir auf unser Thema zu sprechen. Dr. Salim wandte sich an Mansur. »Ihre Frau ist für mich wegen ihrer Sprachkenntnisse von großem Nutzen. Darüber hinaus versteht sie die arabische Mentalität und kann somit in der richtigen Weise auf unsere Kunden eingehen. Als Iraner wissen Sie, daß man in unseren Ländern auf andere Art Geschäfte macht als in Deutschland. Hier braucht man eine Ware, fragt nach Preis und Lieferzeit. Man entscheidet sich sehr schnell. Bei uns führen persönliche, menschliche Beziehungen zu einem Geschäftsabschluß. Eine deutsche Sekretärin kommt mit dieser Mentalität kaum zurecht. Was mir außerdem sehr wichtig ist: Ich werde im Jahr nur etwa einen Monat hier im Kölner Büro sein und brauche darum jemanden, dem ich voll vertrauen kann.

Ich bin bereit, ein gutes Gehalt zu zahlen und zudem auch die Schulkosten für Ihre Frau zu übernehmen. Letztendlich kommt ihre Ausbildung ja auch meiner Firma zugute.« Ich war begeistert und betete im stillen, Mansur würde sich umstimmen lassen. Warum konnte ich nicht selbst entscheiden? Es ärgerte mich, daß nur immer er über mich und mein Leben zu bestimmen hatte. Auch jetzt konnte Mansur sich noch nicht zu einer Zusage durchringen, sondern verabschiedete die Herren mit der vagen Bemerkung, er werde sich die Sache noch überlegen.

Als wir allein waren, bot ich all meine Überredungskünste auf, um ihm seine Bedenken zu nehmen. Endlich gab er nach mit der Bedingung: »Versprich mir aber, daß sich dadurch nichts in unserem Leben verändern wird.«

»Ich habe dadurch doch sogar mehr Zeit als bisher. Ich verspreche dir, daß ich weder dich noch Asal noch unseren Haushalt vernachlässigen werde.«

Ich war sehr glücklich, und meinem Selbstbewußtsein taten die Anerkennung und das Vertrauen gut, das man mir entgegenbrachte. Da Dr. Salim mich schnellstens brauchte, wollte ich versuchen, ohne die übliche Kündigungsfrist meine Stelle aufzugeben. Der Personalleiter winkte ab, als ich mit meinen Erklärungen ansetzte. »Dr. Salim hat bereits mit mir gesprochen. Ich lasse Sie nur ungern gehen, aber ich sehe ein, daß dieser Wechsel für Sie sehr viel bedeutet. Es freut mich für Sie.«

Nun begann ein neues Leben für mich. Dr. Salims Firma befand sich in einem kleinen Gebäude in der Innenstadt. In einem großen Büroraum arbeiteten die beiden Herren; daneben gab es einen kleineren Raum, der mein Büro wurde; dazu gehörten eine Küche und eine separate Toilette.

Oftmals dachte ich, daß Innenarchitektin für mich ein passender Beruf gewesen wäre. Ausreichende Erfahrungen im Einrichten von Wohnungen und auch Büros hatte ich ja mittlerweile gesammelt, und diese Tätigkeit, die meiner Phantasie und meinem Schönheitssinn entgegenkam, bereitete mir viel Freude. Auch jetzt machte ich mich erst einmal daran, eine freundlichere Umgebung zu schaffen, indem ich das Mobiliar umstellte und Pflanzen besorgte.

Meistens war ich mit Herrn Pesch allein in der Firma. Er kam nur in mein Büro, wenn ich etwas für ihn zu schreiben hatte. Dr. Salim war fast immer auf Reisen; ich sah ihn nur selten.

Die wenige Arbeit war leicht zu schaffen. Die Firma handelte mit Produkten für die Landwirtschaft, und Dr. Salim beabsichtigte, von diesem Kölner Büro aus Saudi-Arabien und andere arabische Länder mit Geräten und allem anderen zu beliefern, was für die Agrikultur benötigt wurde. Ich hatte Anfragen zu beantworten, die meistens per Telex hereinkamen, und arbeitete entsprechende Angebote aus. Eine meiner Hauptaufgaben war das Übersetzen von deutschen und englischen Texten ins Arabische. Die restliche Arbeitszeit nutzte ich zum Lernen.

Unter diesen Umständen konnte ich wahrscheinlich meinen Kursus sogar früher als geplant beenden. Meine Arbeitszeit ging von morgens acht Uhr bis nachmittags um fünf. Eine Stunde hatte ich Mittagspause, und da die Büros in der City lagen, unternahm ich in dieser Zeit meistens einen kleinen Schaufensterbummel oder ging in einem benachbarten kleinen Restaurant zum Essen. Asal verbrachte den ganzen Vormittag im Kindergarten, von dem Mansur sie um zwei Uhr abholte.

Nach Feierabend kochte ich das Abendessen und bereitete für den nächsten Tag das Mittagessen vor. Auch die gesamte übrige Hausarbeit erledigte ich allein; Mansur sollte durch meine Berufstätigkeit keine zusätzlichen Aufgaben übernehmen müssen. Er brauchte sich lediglich um das Einkaufen zu kümmern und Asal drei Stunden am Nachmittag Gesellschaft leisten. Alle übrige Zeit blieb ihm zum Lesen von Zeitungen und zur Pflege seiner Kontakte zu Anhängern des Schah.

Die Verbindung zu Bahman hatte sich gelockert; um so enger wurde sie mit Kambiz, der uns sehr oft besuchte. Er verheimlichte nicht, daß er mich sehr mochte, und freute sich mit mir über meine gute Arbeitsstelle. Er kannte viele Exil-Iraner, denen es wirtschaftlich schlecht ging, und wußte, wieviel mir eine berufliche Existenz in diesem fremden Land wert sein mußte.

Mit der Zeit hatte ich auch einige neue Freunde gefunden. Wenn es sich nur eben einrichten ließ, trafen wir uns mit Gitta und Karl wenigstens einmal im Monat bei ihnen oder bei uns zum Essen. Gitta war eine ausgezeichnete Köchin, mit viel Geschmack und Geschick. Wir tauschten Rezepte aus, experimentierten mit neuen Gerichten und wetteiferten darin, uns mit den Ergebnissen zu überraschen.

Mit einem sehr netten Ehepaar, das ich vom Hotel her kannte, hatte ich mich ebenfalls angefreundet. Sie war Deutsche, er Italiener. Sie hatten einen Sohn in Asals Alter. Immer, wenn die beiden zusammen waren, gab es Tränen und Geschrei, was aber wohl bei Kindern – besonders in dieser Altersstufe, in der sie ihre eigene Persönlichkeit entwickeln und Machtkämpfe ausfechten – nichts Ungewöhnliches ist. Und Asal besaß zudem einen sehr ausgeprägten Dickkopf. Ich erinnere mich an eine dieser Szenen, die wir Erwachsenen mit viel Belustigung verfolgten.

Ich hatte für Asal einen Pullover mit einem aufgedruckten Nilpferd gekauft. Alex, der Sohn unserer Freunde, übte sich bereits als kleiner Gentleman in Komplimenten und bemerkte: »Oh, was für ein schönes Nilpferd!«

»Das ist ein Elefant«, konterte Asal unwirsch, »und kein Nilpferd.«

Alex, beleidigt: »Doch!«

Asal: »Nein!«

Mit erstaunlicher Ausdauer und Bestimmtheit wurden die ›Dochs‹ und ›Neins‹ hin und her geworfen. Dann gingen die beiden Kinder zu Handgreiflichkeiten über und zogen sich gegenseitig an den Haaren, während Alex schrie: »Nilpferd!« und Asal: »Elefant!« Schließlich gelangte Alex in seinem kindlichen Alter schon zu der Erkenntnis, daß gegen ein verbohrtes weibliches Wesen kein Kraut gewachsen ist, und beendete den Zwist mit der salomonischen Feststellung: »Es mag sein, daß es ein Elefant ist – aber es sieht aus wie ein Nilpferd.«

Nie hatte ich mich, seit ich mit Mansur zusammenlebte, so ausgeglichen und ohne Ängste gefühlt wie jetzt. Ich hatte meinen Mann in meiner Nähe, und die Erkenntnis, daß meine Liebe sich trotz aller Widrigkeiten und sogar Enttäuschungen nicht um einen Deut verbraucht hatte, gab mir die Bestätigung, richtig gehandelt zu haben, als ich mich für ein Zusammenleben mit Mansur entschied. Noch immer vermißte ich ihn, sobald wir auch nur stundenweise getrennt waren. Tagsüber rief er mich mehrere Male in der Firma an, nur um mir zu sagen, daß ich ihm fehle, und schickte mir Blumen ins Büro. Ich wußte, auch er liebte mich. Die häßlichen Vorfälle der Vergangenheit wollte ich vergessen; sie zählten nicht wirklich. Ich legte mir diese Einstellung auch keineswegs als Schwäche aus.

Liebe, wenn sie echt ist, kann nicht gleich an derartigen Klippen zerbrechen, und es kam mir das »Hohelied der Liebe« aus dem Brief des Apostels Paulus an die Korinther in den Sinn, worin es unter anderem heißt: »... die Liebe rechnet das Böse nicht zu; sie verträgt alles, sie glaubet alles, sie hoffet alles, sie duldet alles.«

Ich hatte viele Gründe, zufrieden zu sein: Meine Tochter war gesund und wuchs in Sicherheit auf. Mit meiner Familie lebte ich in herzlicher Verbundenheit, ich hatte Freunde, einen angenehmen, sicheren Arbeitsplatz und daneben noch die Möglichkeit, mich weiterzubilden. Es waren alles Dinge, die mir nicht nur durch Glück zugefallen waren; ich hatte dafür gekämpft.

Es war nicht mehr als logisch, daß sich dadurch auch mein Selbstbewußtsein gestärkt hatte, besonders Mansur gegenüber. Ich ließ mir nicht mehr widerspruchslos seine Meinung aufoktroyieren, sondern diskutierte mit ihm und verteidigte meine eigenen Ideen.

Ihm gefiel diese Entwicklung wenig, doch er konnte den Prozeß nicht aufhalten. Er änderte auch an meiner Liebe zu Mansur nichts. Es war noch immer so, daß die Luft, die er atmete, durch meine Lungen ging. Ich war so nah mit ihm zusammen, wollte es auch sein, aber ich mußte mich aus dieser ungesunden Abhängigkeit von ihm lösen. Ich tat es mehr unbewußt als planmäßig. Die Zeit war einfach dafür reif geworden. Liebe braucht Freiheit, um leben zu können – sowohl in der Verfolgung eigener Interessen als auch in der Akzeptierung und dem Respekt den Interessen des Partners gegenüber. Eine gewisse Rolle spielte auch unser Altersunterschied; ich war fünfundzwanzig, Mansur schon siebenunddreißig. In meinem Alter konnte ich mich noch für Dinge begeistern, die ihm vor zwölf Jahren ebensoviel bedeutet hatten; aber für ihn war diese Zeit vorbei. Umgekehrt hatte er Interessen, für die ich noch nicht soweit war. Meine frühere Abhängigkeit hätte für unsere Liebe tödlich werden können. Meine Abnabelung von Mansurs Dominanz hieß jedoch nicht, daß wir nebeneinander herleben müßten. Wir hatten uns nach wie vor sehr viel zu sagen, und unsere Beziehung war weit davon entfernt, etwa zu verflachen oder zu versanden. An den Wochenenden saßen wir oftmals vier oder fünf Stunden am Frühstückstisch, ohne daß uns der Gesprächsstoff ausging.

Ich glaube, das Leben im Exil erfordert eine ganz besondere Einstellung, die es dem Exilierten ermöglicht, nicht nur seine Situation durchzustehen und die Erinnerung an den Tod, Folter und Leid zu verkraften. Es ist darüber hinaus wichtig, hoffnungsvolle und gleichzeitig realistische Perspektiven zu entwickeln. Ich bemühte mich, danach zu leben.

Nicht so Mansur: Er lebte in Erinnerungen und Träumen, wollte die Realität über die Situation in unserem Land einfach nicht wahrhaben. Er sah deshalb keine Veranlassung, sein Leben zu ändern. Ich redete ihm zu, die deutsche Sprache zu erlernen, um eine Basis zu schaffen, daß er sich nach einem anderen Beruf umsehen konnte. Aber Mansur war nicht zu überzeugen.

Die ruhigen Phasen in meinem Leben währten meistens nicht lange. Irgendwann kamen wieder neue Schläge, die mich aus dem dünnhäutigen Frieden aufschreckten.

Im März 1985 bekam ich einen Anruf von Nali: Mein Vater war gestorben. Ich schloß mich ins Wohnzimmer ein und weinte, nicht nur aus Trauer, sondern auch, weil ich mir Vorwürfe machte. In all den Jahren, die wir schon in Deutschland lebten, hatte ich keine Verbindung zu meinem Vater aufgenommen. Ich wollte meinen Bruder und seine Familie nicht in Gefahr bringen. Aber ich hatte nie daran gedacht, daß mein Vater einmal sterben müßte, während ich Tausende von Meilen entfernt war. Auch meine Schwestern hatte er seit acht Jahren nicht mehr gesehen. Und niemand von uns konnte an seiner Beerdigung teilnehmen.

Die unabänderliche Tatsache, ihn nie mehr wiederzusehen, schmerzte mich unbeschreiblich. Wie sollte ich mit meinen Gewissensbissen fertigwerden? Ich stellte ihn mir vor: seine weißen Haare, sein liebes Gesicht. Er hatte viel Ähnlichkeit mit dem französischen Schauspieler Jean Gabin. Ich dachte an unser letztes Wiedersehen in Shiraz, und unzählige Bilder aus meiner Kindheit tauchten auf. Hätte ich doch noch einmal nur die Möglichkeit, meinen Vater zu sehen! Wieviel wollte ich ihm noch sagen! Viel zu selten hatte ich ihm gezeigt, daß ich ihn liebte, ihn, den über lange Zeiträume von der Familie Ausgeschlossenen. Mein Vater wurde in der Heimaterde begraben, die ihm trotzdem fremd geblieben war. Heute liegt er ganz allein dort; keiner aus unserer Familie lebt noch im Iran, und niemand wird sein Grab besuchen können, solange dieses schändliche Regime an der Macht ist. Trauer braucht ihre Zeit, um verarbeitet zu werden. Ich hatte diese Zeit nicht. Mansur äußerte, ich solle die Stimmung in unserem Zuhause nicht verderben; ihn störte meine Trauer. Ich weinte, wenn ich allein war, oder nachts im Bett, wenn Mansur fest schlief. Noch heute träume ich sehr oft von meinem Vater; in meinen Träumen lebt er und wartet auf ein Wiedersehen.

In meiner neuen Arbeitsstelle hatte ich mich inzwischen eingelebt und kam mit Herrn Pesch sehr gut aus. Er war ein höflicher Mann, gleichbleibend freundlich, und die Zusammenarbeit mit ihm war sehr angenehm. Doch nach einiger Zeit bemerkte ich eine Veränderung in seinem Verhalten. Ohne besonderen Anlaß überraschte er mich mit Blumen, und immer öfter machte er mir Komplimente, welch wunderbare Frau ich doch sei.

Er war verheiratet, und ich kannte seine Frau. Ich wußte, daß ihre Ehe nicht ganz glücklich war.

Eines Tages brachte mir Herr Pesch wiederum Blumen mit und stand ein wenig verlegen an meinem Schreibtisch, während ich den Strauß in eine Vase stellte. Ich spürte, daß er etwas sagen wollte, und sah ihn fragend an. Da gestand er mir, daß er sich in mich verliebt hatte. »Ich habe das Gefühl, daß Ihr Mann Sie gar nicht verdient; er sitzt die ganze Zeit untätig zu Hause herum und läßt Sie statt dessen arbeiten. Wenn er Sie wirklich liebte, könnte er sich nicht so verhalten. Mir ist noch niemals eine Frau wie Sie begegnet.«

Diese Liebeserklärung machte mir zum erstenmal bewußt, daß ich mich immer nur als Teil meines Mannes gesehen hatte; meine ganze Persönlichkeit war fest an ihn gebunden. Mansur hatte mir stets das Gefühl gegeben, daß er weit über mir stand. Achtete man mich, so nur deshalb, weil ich mit ihm zusammen war und zu ihm gehörte. Ich selbst hatte das all die Jahre so und nicht anders sehen wollen.

»Es ehrt mich«, sagte ich zu Herrn Pesch, »daß Sie mich sympathisch finden. Aber mehr kann es nicht sein. Ich liebe meinen Mann sehr und würde ihn nie, wirklich nie, verlassen. Allein der Gedanke daran ist absurd. Weder Sie noch irgendein anderer Mann könnte mich dazu bringen; dafür ist meine Liebe zu groß, und ich weiß, was ich an meinem Mann habe.«

Ich will nicht abstreiten, daß mir diese unerwartete Liebeserklärung schmeichelte. Auch früher waren mir Männer begegnet, die versucht hatten, mir näherzukommen. Ich hatte es registriert, aber es beschäftigte mich in keiner Weise. Diese Annäherungsversuche glitten an mir ab; sie bedeuteten mir nichts. Doch diesmal hatte Herrn Peschs Eröffnung etwas in mir bewirkt. Nicht, daß ich auch nur einen Augenblick daran gedacht hätte, seiner Werbung nachzugeben, aber sie verlieh mir doch wieder etwas mehr Selbstbewußtsein. Und das hatte ich sehr nötig.

Vermutlich gibt es nur wenige Frauen, die so naiv sind, wie ich es war. Ich kam nach Hause und erzählte Mansur von diesem Vorfall. Nie hatte ich ihm etwas verschwiegen, sondern ihm gleich zu Anfang unserer Beziehung klargemacht, daß ich Ehrlichkeit und Aufrichtigkeit erwartete, kein Treueversprechen. Treue, davon war ich immer überzeugt, mußte man nicht versprechen; sie war die logische Konsequenz der Liebe.

Ich hatte auch in dieser Sache nichts zu verbergen. Doch Mansur reagierte in unerwarteter Weise. Er wurde wütend und schrie mich an. Ich sagte ruhig: »Ich glaube, du hast mich nicht verstanden. Der Mann hat lediglich gesagt, er sei verliebt in mich, und ich sehe keinen Grund, das zu verheimlichen. Warum also schreist du mich an?«
»Er will dich nur ins Bett haben. Ab morgen wirst du zu Hause bleiben!« rief Mansur zornig.

»Nein, ich werde weiterarbeiten!« sagte ich entschlossen. Er sah mich fast verwundert an, dann hob er die Hand, um zum Schlag auszuholen. Mein fester Blick ließ ihn innehalten, und er ließ den Arm wieder sinken.

»Ich verstehe dich nicht. Wie kannst du mit einem Mann zusammenarbeiten, der in dich verliebt ist?«

»Warum sollte ich das nicht können? Er ist ein anständiger Mensch. Du kannst ihm keinen Vorwurf daraus machen, daß er sich verliebt hat. Ich habe ihm eine klare, unmißverständliche Antwort gegeben, die er respektieren wird. Du kennst mich seit zehn Jahren und müßtest wissen, daß du mir uneingeschränkt vertrauen kannst. Wenn du mich jetzt zwingst zu kündigen, beleidigst du mich.«

Ich war fest entschlossen, diesmal nicht nachzugeben. »Ich werde weiterarbeiten. Und wenn dein Vertrauen nicht ausreicht, werde ich dich verlassen.«

Mansur nahm meine Drohung nicht ernst und sagte: »Tu, was du willst, aber arbeiten wirst du nicht mehr!«

Noch am gleichen Abend packte ich für Asal und mich die Koffer, rief British Airways am Flughafen an und buchte für den nächsten Tag einen Flug. Ein Visum benötigte ich nicht mehr, seit mein Asylantrag bewilligt worden war. Noch immer nahm Mansur offenbar meine Drohung nicht ernst. Wenn ich jetzt nach Schottland flöge, glaubte er, so hieß das, daß ich nicht mehr arbeiten ginge. Er wußte, ich liebte ihn und würde zurückkommen. Er brachte uns sogar selbst zum Flughafen.

Ich hatte meinen Besuch bei Mutter und Lida nicht angekündigt. Die Überraschung war vollkommen, als ich mit Asal bei ihnen auftauchte. Ich klärte sie über den Grund meiner Reise auf und hatte – wie erwartet – alle auf meiner Seite. Auf keinen Fall dürfe ich zu Mansur zurückgehen, ich sollte ihn endgültig verlassen, bestürmten mich die beiden. Ich rief zunächst einmal Herrn Pesch an und bat ihn wegen einer dringenden Familienangelegenheit um Urlaub.

Kaum war ich ein paar Stunden in Aberdeen, als der erste Anruf von Mansur kam. Er beteuerte, wie sehr er mich vermißte. Ich antwortete sehr kühl und bat ihn, nicht mehr anzurufen. Um ihm meine Entschlossenheit zu verdeutlichen, fügte ich hinzu: »Ich werde mich sofort um eine Aufenthaltsgenehmigung für Großbritannien bemühen und dann hierbleiben.« Er wollte es immer noch nicht glauben. Ich instruierte Lida, ihm beim nächsten Anruf auszurichten, daß ich nicht mehr mit ihm reden wollte.

Mansur wurde fast verrückt. Mehrmals am Tag rief er

an. Ich sprach nicht mit ihm. Er schickte Telegramme und Blumen. Ich reagierte nicht darauf. Dieses Mal wollte ich mich durchsetzen, ohne Rücksicht auf mögliche Konsequenzen. Oft genug hatte ich mich gegen meine Überzeugung Mansurs Willen gefügt. Auch jetzt wußte ich, daß ich im Recht war, und mein Selbstbewußtsein hatte sich inzwischen so weit gefestigt, daß ich diesen Kampf durchstehen konnte.

Nach zwei Wochen gab Mansur auf. Kleinlaut bat er Lida, mir zu sagen, er akzeptiere meine Bedingung; sie möge mich bitte ans Telefon holen. Als ich an den Apparat kam, versprach er mir, ich könne wieder arbeiten gehen, sollte aber sofort nach Hause kommen, er könne nicht länger ohne mich leben.

Ich hatte den Kampf gewonnen und war zufrieden. Meine Mutter versuchte trotzdem, mich zurückzuhalten. »Flieg nicht nach Deutschland. Du hast den ersten Schritt getan, um von diesem Mann loszukommen. Du wirst es auch ganz schaffen. Du darfst seinen Versprechungen keinen Glauben schenken. Du wirst es erleben: Wenn er dich erst wieder bei sich hat, wird er dir nichts mehr erlauben.«

Ich aber hatte nie ernsthaft daran gedacht, Mansur zu verlassen. Mein Ziel hatte ich nun erreicht und nahm die nächste Maschine über London nach Köln.

Zu Hause erwartete mich ein ganz neuer Mann. Mansur bestand nur noch aus Liebe. Er verwöhnte mich mit Blumen und Geschenken. Jeden Tag brachte er mir irgendeinen Schmuck. Tag für Tag schrieb er mir einen Liebesbrief. Einerseits genoß ich seine neu angefachte Liebe, andererseits begann er, mir während meiner Arbeitszeit lästig zu werden. Jede halbe Stunde rief er mich an und fragte, was ich gerade tue. Er schickte mir auch Blumen ins Büro. Zur Mittagspause stand er vor dem Eingang, um mich zum Essen einzuladen. Nach Feierabend wartete er bereits wieder unten, um mich abzuholen. Und zu Hause mußte ich ihm über jede Kleinigkeit meines Tagesablaufs berichten. Es wurde anstrengend, aber ich wollte auch das durchstehen.

Die Verbindung zu Kambiz bestand noch immer, und seine Besuche bei uns waren schon zu einer festen Einrichtung geworden. Als er das nächste Mal kam, war er nicht allein; in seiner Begleitung befand sich ein Iraner, ein Herr Pirouzi, den Mansur noch vom SAVAK her kannte. Wir hörten von ihm, daß er seit der Revolution mit dem amerikanischen Geheimdienst CIA zusammenarbeitete und auch dadurch in gewisser Weise unserem Land dienen könne. Mansur begab sich mit Pirouzi auf einen Spaziergang, um unter vier Augen ein Gespräch zu führen. Kambiz blieb währenddessen bei mir in der Wohnung.

Nach etwa einer halben Stunde kehrten die Männer zurück. Es war nicht zu übersehen, daß Mansur in einer sehr nachdenklichen Stimmung war. Als ich einen Augenblick mit ihm allein war, fragte ich, was ihn derart beschäftigte. Er winkte ab und sagte, er werde später mit mir darüber sprechen. Pirouzi fuhr noch am selben Abend nach Frankfurt zurück; Kambiz blieb über Nacht bei uns. Nachdem auch er uns am nächsten Morgen verlassen hatte, berichtete Mansur mir von seinem Gespräch mit Pirouzi. »Der CIA ist an meiner Mitarbeit interessiert.«

»An welcher Art von Mitarbeit?« fragte ich. »Was sollst du für sie tun?«

»Sie sehen sich im Augenblick nach einigen guten ehemaligen SAVAK-Leuten um, die den CIA aufgrund ihrer Erfahrungen in Bezug auf den Iran unterstützen können, zum Beispiel im Hinblick auf den Kommunismus.« Es war nur eine sehr vage Erklärung, doch Mansur war nicht bereit, mehr darüber zu sagen. »In der nächsten Woche werden sie zu uns kommen, um uns kennenzulernen.«

»Dann hast du also schon zugesagt?« fragte ich überrascht.

»Nein, natürlich habe ich mich noch nicht entschieden; zuerst möchte ich mit den Leuten persönlich reden. Dann sehen wir weiter.«

Kurz darauf, an einem Samstag, erschien Pirouzi in Begleitung von zwei sehr netten Amerikanern. Sie stellten sich als Larry und Jim vor. Larry war Anfang Zwanzig, jungenhaft und schüchtern. Jim mochte in der Mitte der Vierziger sein und sprach ausgezeichnet Farsi. Beide waren sehr sympathisch, wie die meisten Amerikaner, die ich bisher kennengelernt hatte. Sie brachten mir eine große Flasche Parfüm mit und für Asal einen Teddybären.

Mit dem Mittagessen wollte ich mich auf ihren Geschmack einrichten. Ich dachte, sie vermißten hier im Ausland vielleicht die amerikanische Küche. Deshalb tischte ich als Vorspeise Chili con Carne auf und danach Steaks mit Maiskolben. Wir verstanden uns vom ersten Augenblick sehr gut mit den Amerikanern und verbrachten einen angenehmen Tag mit ihnen. Sie vereinbarten mit Mansur für den kommenden Montag einen Termin. Er sollte nach Frankfurt kommen, um sich einem Lügentest zu unterziehen und noch einige Formulare auszufüllen. Sollten auch diese Formalitäten positiv verlaufen, könne er mit einer Anstellung beim CIA in Frankfurt rechnen, sagte man ihm. Erfreut stellte ich fest, daß Mansur in einer sehr aufgeräumten Stimmung war. Für mich war es das Wichtigste, ihn endlich einmal glücklich und zufrieden zu erleben.

Am Montag machte er sich auf den Weg nach Frankfurt. Es war spät abends, als er nach Hause kam. Ich hätte ihn nicht fragen müssen, wie das Treffen verlaufen war; ich konnte es an seinem Gesicht ablesen. »Die Untersuchungen und Tests sind zur vollen Zufriedenheit und ohne Beanstandungen ausgefallen«, sagte er glücklich. »Die Amerikaner werden uns am Samstag noch einmal besuchen. Dann hoffe ich – nein, ich bin davon überzeugt, daß dann alles geregelt ist.«

Larry und Jim kamen am Samstagmorgen, und nach einer kurzen Begrüßung sagte Jim feierlich: »Im Namen des Präsidenten der Vereinigten Staaten von Amerika heiße ich Sie herzlich bei uns willkommen. Ab sofort sind Sie Mitarbeiter des CIA. Ihr Gehalt wird monatlich sechstausend US-Dollar betragen. Außerdem würden wir auch auf Aiyleens sporadische Mitarbeit großen Wert legen. Wir werden uns überlegen, wo wir ihre Sprachkenntnisse einsetzen können.«

An diesem Tag hatte ich iranisch gekocht: iranischen Kräuterreis mit Lammkeule und dazu Salat. Jim schwärmte für die iranische Küche, und nach seinem Appetit zu urteilen, glaubte ich ihm das auch gern. Nachmittags gegen drei Uhr verabschiedeten die beiden sich und sagten, sie würden sich Anfang der nächsten Woche wieder melden, um mitzuteilen, wann Mansur mit seiner Arbeit beginnen könne.

Mansur begleitete die beiden nach unten bis zur Haustür. Und dann geschah etwas, das mich vollkommen verwirrte. Was ich jetzt erlebte, war nicht weniger rätselhaft, als bei Sonnenschein und wolkenlosem Himmel von einem Regenguß überrascht zu werden.

Mansur betrat die Wohnung und sah furchterregend aus. Sein Gesicht war verzerrt, kreideweiß, und er zitterte. Bevor ich noch etwas sagen konnte, rannte er auf die Toilette und übergab sich. Ich bekam schreckliche Angst und fürchtete, er bekäme einen Herzanfall. Danach setzte er sich apathisch auf einen Stuhl. Ich bombardierte ihn mit Fragen. »Was ist passiert? Hast du Schmerzen?« Für eine Weile gab er keine Antwort und starrte mich nur an. Es war, als habe ihm etwas im wahrsten Sinne des Wortes die Sprache verschlagen.

Noch vor ein paar Minuten schien er glücklich gewesen zu sein – und nun diese unerklärliche Veränderung! Ich geriet in Panik und wollte einen Arzt anrufen. Da erwachte Mansur aus seiner Erstarrung. »Nein, Aziz, keinen Arzt!«

»Aber dann sag mir doch, was ist geschehen?«

»Ich werde nicht mit dem CIA zusammenarbeiten«, sagte er mit unerwartet fester Stimme. »Warum nicht? Bis vor zehn Minuten war doch noch alles in Ordnung. Haben sie dir auf dem Weg nach unten noch etwas gesagt?«

»Nein, das ist es nicht. Sie haben nichts weiter gesagt. Aber ich weiß jetzt, daß es sich um eine Verschwörung handelt. Die beiden Männer können nicht vom CIA sein. Es stinkt etwas an der ganzen Sache. Die einzige Erklärung ist: Jemand will mich vernichten.«

Ich verstand kein Wort. War das wirklich Mansur, der da sprach? »Was redest du da? Wie kannst du plötzlich auf solch eine wahnwitzige Idee kommen? Du bist in Frankfurt gewesen; du hast ihre Ausweise gesehen; Pirouzi kennt sie und arbeitet mit ihnen zusammen. Erkläre mir, was dich auf solche abwegigen Gedanken bringt!«

Er sah mich mitleidig an. »Aiyleen, nach all den Jahren hast du offenbar noch immer nichts gelernt, sonst könntest du diese Fragen nicht stellen. Du solltest doch inzwischen wissen, daß es für einen Geheimdienst kein Problem ist, falsche Ausweise zu beschaffen oder jemanden mit angemieteten Büros zu täuschen. Wo lebst du denn?«

»Natürlich weiß ich das alles«, sagte ich. »Aber ich weiß auch, daß in diesem Falle dein Verdacht vollkommen unlogisch ist. Bitte, erkläre mir, wer dich deiner Meinung nach vernichten sollte. Leute des Khomeini-Regimes? Und wenn es so wäre: Würden sie einen derartigen Aufwand treiben? Was hätte sie daran gehindert, dich zu töten? Tausende von Gelegenheiten hätte es schon gegeben, ohne Mühe und Risiko. Wenn man es wirklich darauf angelegt hätte, wärst du schon lange tot.«

Er schrie mich unbeherrscht an: »Du willst es einfach nicht begreifen! Es handelt sich um etwas ganz anderes, und ich bin mir sicher, daß Kambiz mich verraten hat. Er weiß, worum es geht.«

»Das kann ich nicht glauben. Nicht Kambiz! Er würde dich niemals verraten. Und bitte – bei wem?« Ich wußte nicht mehr, was ich denken sollte. Was war bloß mit Mansur geschehen? Er kam mir so seltsam vor, fast als habe eine andere Person von ihm Besitz ergriffen.

Mansur ging zum Telefon und wählte die Nummer von Kambiz. Sobald er sich meldete, begann Mansur ihn anzuschreien und nannte ihn einen Verräter. Unser Telefon hatte einen Lautsprecher, so daß ich Kambiz' verzweifelte Antworten mithören konnte. Er wiederholte nur immer wieder fassungslos, er verstehe kein Wort und begreife nicht, worum es überhaupt ginge. Mansur beschuldigte ihn, er habe ihn verraten, deutete jedoch mit keiner Silbe an, bei wem und weshalb. Kambiz resignierte offenbar und antwortete nicht mehr.

Diese Nacht verbrachte Mansur nur zwischen Wohnzimmer und Toilette und schlief keine Minute. Auch ich fand keinen Schlaf und unternahm immer wieder neue Versuche, ihn zu beruhigen und ihm seine fixe Idee auszureden. Vergeblich! Es war ein schwarzer Tag, und er sollte nur der Anfang eines haarsträubenden Nervenkrieges sein, der sich über die nächsten Monate hinzog. Von diesem Tag an benahm Mansur sich nicht mehr normal. Es fing damit an, daß er akribisch das ganze Haus nach ›Wanzen‹, also Abhörgeräten, durchsuchte. Er stellte die gesamte Wohnung auf den Kopf, kontrollierte Schränke, Bilder, Telefon, einfach jedes einzelne Stück unseres Mobiliars. Natürlich fand er nichts.

Am nächsten Tag zwang er mich, den Schlüsselnotdienst anzurufen. Das Türschloß mußte ausgewechselt werden. Mansur untersagte mir, ans Telefon zu gehen, und ich sollte das Haus nicht verlassen.

Jetzt wurde es mir zuviel. Ich wollte nicht auch noch meine Arbeit verlieren. Als er meinen Widerstand spürte, wurde Mansur regelrecht hysterisch. Ich nahm Asal mit und schloß mich im Schlafzimmer ein. Als Mansur feststellte, daß er auf diese Weise keinen Druck auf mich ausüben konnte, wurde er plötzlich sanft und bat mich in freundlichem Ton, wieder herauszukommen. So gut es ging, beherrschte ich mich und versuchte, mit ihm ganz ruhig zu sprechen und ihn mit sachlichen Argumenten zu überzeugen, daß er sich grundlos in etwas verrannt hatte.

»Wenn du ein schlechtes Gefühl hast, mit dem CIA zu arbeiten, dann laß es. Niemand kann und wird dich dazu zwingen.« Doch ich konnte nichts ausrichten; es war, als spräche ich gegen eine Wand.

Dieses Wochenende hatte mich nervlich sehr mitgenommen. Am Montag morgen im Büro merkte ich erst, wie erschöpft ich war. Herr Pesch sah mir an, daß es mir schlecht ging, und schlug mir mitfühlend vor, wieder nach Hause zu fahren. Bis mittags hielt ich es aus, dann trieb es mich doch heim. Der Grund war Mansur, denn ich machte mir Sorgen um ihn.

Jim hatte angerufen, und Mansur hatte ihm sachlich und kühl erklärt, er werde auf keinen Fall mit dem CIA zusammenarbeiten. Jim war höchst überrascht gewesen, wie Mansur mir berichtete, und hatte nach dem Grund gefragt. Mansur hatte geantwortet: »Machen Sie sich doch nicht lächerlich, Sie wissen genau, was ich meine.«

»Dann verrate mir bitte diesen Grund auch«, bat ich ihn jetzt. »Ich möchte wirklich erfahren, wer dich umbringen will.«

Er sah mich zerstreut an und sagte: »Ach, das ist eine lange komplizierte Geschichte. Ich bin dabei, all die kleinen Steinchen zu einem Mosaik zusammenzufügen. Wenn ich damit fertig bin, werde ich dir mehr sagen können.«

Sollte ich ihn ernst nehmen? Hatte er tatsächlich irgendwelche Fakten, die er zu einem fertigen Bild zusammensetzen konnte? Ich glaubte es nicht. Aber Mansur machte mir Angst. Das war nicht mehr mein Mann. Er erweckte den Eindruck eines Verrückten, schlief kaum noch und redete fortwährend von Verrat und einem »Plan«.

Die nächsten Tage waren die Hölle. Im Büro rief Mansur mich täglich mindestens zehnmal an und forderte mich auf, nach Hause zu kommen. Ich gab ihm nicht nach. Er drückte Asal den Hörer in die Hand, brachte sie irgendwie zum Weinen und ließ sie immer wieder sagen: »Mama, komm nach Hause. Ich brauche dich.« Das wiederholte sich den ganzen Tag über. Ich versuchte, Asal zu erklären, sie solle nicht auf ihren Vater hören und in ihrem Zimmer spielen gehen. Es nützte nichts; Mansur schleppte sie weiterhin ans Telefon und ließ sie nach mir jammern. Ich konnte mich nicht mehr auf meine Arbeit konzentrieren. Jedesmal, wenn das Telefon läutete, zuckte ich zusammen.

Der Grund für Mansurs Anrufe war vor allem seine übersteigerte Eifersucht. Für ihn war es ein unerträglicher

Gedanke, daß ich tagsüber mit einem Mann zusammenarbeitete, der sich in mich verliebt hatte. Mansurs Einstellung machte mich traurig, weil ich darin einen Mangel an Vertrauen sah. Ich hatte ihm niemals Anlaß gegeben, eifersüchtig zu sein. Ich übte mich aber in Geduld und hoffte, daß wir bald wieder zu einem normalen Leben zurückfinden konnten.

Aber dann kam etwas anderes hinzu, das mich zur Verzweiflung treiben sollte.

Eines Tages lud Mansur mich bei einem seiner Anrufe zu einem abendlichen Restaurantbesuch ein. Er wollte mit mir allein sein und hatte vor, Asal zu Schiefers zu bringen. Er erwartete mich wie üblich um fünf Uhr, als ich das Bürogebäude verließ. Als ich ihn sah, wußte ich nicht, ob ich weinen oder lachen sollte. Er hatte seine schönen schwarzen Haare, die ich so liebte, hellbraun gefärbt. »Was ist dir denn eingefallen?« fragte ich entgeistert. »Was hast du für eine Dummheit gemacht?«

»Ich wollte mich für dich attraktiver machen«, antwortete er.

Wir gingen ein paar Straßen weiter in ein Restaurant. Es wurde ein schrecklicher Abend, der Beginn eines Alptraums. Wir suchten uns einen Tisch in einer ruhigen Ecke. Mansur war nervös, und kaum hatten wir Platz genommen, begann er, im Flüsterton auf mich einzureden.

»Aziz, es ist Zeit, daß ich dir reinen Wein einschenke. Deshalb wollte ich mit dir heute abend allein sein. Du bist so gutgläubig und arglos, daß du gar nicht bemerkst, was in Wirklichkeit um uns herum vor sich geht. Man benutzt dich als Werkzeug gegen mich. Du glaubst, es sei ein glücklicher Zufall gewesen, daß dir Dr. Salim diese Stelle angeboten hat. Es war kein Zufall; es ist ein raffiniert ausgeklügelter Plan. Sowohl Dr. Salim als auch Herr Pesch sind Agenten. Sie brauchten dich, um über mich Informationen zu sammeln. Aber sie haben nicht einkalkuliert, wie groß deine Liebe zu mir ist. Darum werden sie zu anderen Mitteln greifen müssen. Ich muß dir das sagen, weil du selbst nicht erkennst, in welcher Gefahr wir sind.«

Ich unterbrach ihn. »Willst du mich auf den Arm nehmen? Es gibt weder einen Plan noch irgendwelche Agenten um uns herum; erst recht sind es nicht Dr. Salim oder Herr Pesch. Bitte, Mansur, vergiß diesen Schwachsinn und laß uns endlich ein normales Leben führen. Gib alles auf, was mit Politik und Geheimdiensten zusammenhängt. Ich habe es wirklich satt, immer nur in Angst und Zweifel gestürzt zu werden. Wir sind ins Ausland gegangen, haben Asyl bekommen, und trotzdem werden wir die Angst nicht los, sondern müssen bei allem, was wir tun, vorsichtig sein. Warum? Das ist doch widersinnig.«

»Du verstehst das nicht, Aiyleen; sie werden nie zulassen, daß wir ein normales Leben führen.«

»Wer wird es nicht zulassen?«

»Na, die! Es sind viele, nicht nur Dr. Salim und Herr Pesch. Du mußt hinter die Kulissen sehen. Ja, oberflächlich betrachtet sieht alles ganz harmlos aus. Aber denk auch an Gitta und Karl. Glaubst du, daß du mit Gitta auch nur durch Zufall zusammengetroffen bist? Ja, du glaubst es! Denk doch mal nach! Als man wußte, daß du ins Krankenhaus kamst, hat man Gitta zu dir aufs Zimmer gelegt. Das gehörte zu ihrem Plan. Auch Gitta und Karl sind Agenten. Hast du dir nie Gedanken darüber gemacht, warum Gittas Eltern ausgerechnet so in unserer Nähe wohnen? Ganz einfach: So können sie uns jederzeit ohne Mühe beobachten.«

»Hör auf damit, Mansur!« flehte ich. »Was du da sagst, ist doch einfach absurd. Du phantasierst. Gittas Eltern wohnen dort seit zwanzig Jahren; zu dieser Zeit war ich fast noch ein Baby. Und nicht sie sind in unsere Nähe gezogen, sondern wir in ihre. Ebenfalls konnte niemand wissen, daß ich gerade an jenem Tag mein Baby verlor und ins Krankenhaus mußte, als auch Gitta eingeliefert wurde. Und dann mußte sie sich wohl auch noch extra unseretwegen operieren lassen?«

Er lachte mich aus. »Oh, wie naiv du doch bist! Ich könnte dir viele unglaubliche Geschichten erzählen, um dir zu beweisen, wozu Geheimdienste fähig sind.«

Ich bat ihn, still zu sein und diesen Wahnwitz zu vergessen. Ich hatte das Gefühl, keine Luft mehr zu bekommen. Ich wollte, mußte Mansurs Phantastereien vergessen. Aber wie sollte ich das? Dieser Abend war erst der Anfang. In der Nacht konnte ich kaum schlafen. Ich machte mir Sorgen um meinen Mann. War er ernstlich krank? Ich mußte einen Weg finden, um ihm die Absurdität seiner Anschuldigungen zu beweisen, um ihn wieder auf den Boden der Tatsachen zurückzubringen.

In meiner Verzweiflung nahm ich mir etwas Dummes und Unüberlegtes vor. Ich suchte am nächsten Tag einen Privatdetektiv auf, um herauszubekommen, ob es sich tatsächlich um ein Büro des CIA handelte, in dem Mansur in Frankfurt hatte vorsprechen müssen. Ich konnte ihn nicht nach der Adresse fragen; alles, was ich hatte, war die Telefonnummer, die wir von Larry und Jim bekommen hatten.

Ich beschwor den Detektiv, äußerst vorsichtig vorzugehen, damit niemand Verdacht schöpfen konnte. Er sollte nur feststellen, ob es sich um ein offizielles Büro des CIA oder einer ähnlichen US-Behörde handelte. Schon zwei Tage später bekam ich die Adresse mitgeteilt. Dort befand sich – wie nicht anders erwartet – tatsächlich eine offizielle amerikanische Dienststelle. Natürlich gab es an oder in dem Gebäude kein Namensschild vom CIA, aber ganz sicher war er dort untergebracht. In diesem Punkt war ich nun vollkommen beruhigt.

Mansur setzte seine dauernden Anrufe im Büro fort, und jedesmal ließ er auch die weinende Asal ans Telefon. Er wollte mich seelisch so lange unter Druck setzen, bis ich kündigte.

Als ich an diesem Tag, an dem ich von dem Detektiv die gewünschte Information erhalten hatte, vom Dienst nach Hause fuhr, hatte ich nicht vor, Mansur darüber zu berichten. Wir saßen beim Abendessen, und er begann wieder mit den gleichen grotesken Geschichten. Er hörte nicht auf zu reden. Ja, er hatte inzwischen sogar weitere Anhaltspunkte gesammelt.

»Aziz, ob du es hören willst oder nicht: Auch deine Mutter arbeitet mit den Verschwörern zusammen, und zwar schon seit langer Zeit.«

Asal sah erschrocken auf, als mir das Besteck aus den Händen fiel. Mir wurde schwindlig; der Magen schien sich mir umzudrehen. Mein armer Mansur, dachte ich, was ist mit dir geschehen! Nun ist auch noch meine Mutter eine Agentin! Sie, die nur Assyrisch lesen und schreiben konnte und nicht einmal wußte, was CIA oder KGB bedeuteten. Als ich mich ein wenig gefangen hatte, begann ich zu lachen. »Mansur, bist du noch normal?«

Er nickte fahrig. »Ja, das bin ich. Und hör mir gut zu: Wenn du in Zukunft mit deiner Mutter sprichst, möchte ich nicht, daß du ihr irgend etwas erzählst, was du nicht vorher mit mir abgesprochen hast. Und alles, was sie sagt, wirst du notieren und mir berichten.«

»Mansur, komm zu dir! Ich rede mit meiner Mutter über ganz alltägliche Dinge wie Kinder, Essen, Gesundheit und gelegentlich über Verwandte. Das kann dich doch nicht interessieren.«

»O doch«, sagte er, »im Moment ist für mich alles wichtig. Leider kann ich euch nicht verstehen, wenn ihr telefoniert, weil ihr nur assyrisch miteinander redet. Aber ich muß wissen, wer meine Gegner sind, und ich bin dabei, es herauszufinden. Auch in den Gesprächen mit deiner Mutter könnte ich vielleicht Hinweise entdecken.«

In meiner Aufregung machte ich jetzt einen Fehler. »Hör auf!« sagte ich. »Damit du es ganz genau weißt: Ich habe festgestellt, daß es sich bei der Frankfurter Adresse tatsächlich um den CIA handelt. Die Leute dort könnten es sich nie leisten, mit Asylanten solch ein übles Spiel zu spielen. Bist du nun beruhigt?«

Mit einem Ruck stand er auf und sah mich scharf an. »Was sagst du da? Was hast du herausgefunden? Und wie, bitte?«

»Ich habe einen Privatdetektiv damit beauftragt, und der ...« Ich hatte den Satz noch nicht beendet, als ich einen brennenden Schlag ins Gesicht bekam. Ich taumelte und brach in Tränen aus. Meine Nerven waren überstrapaziert, meine Reserven aufgebraucht. Asal sah uns ängstlich an und weinte laut auf. Mansur schrie mich an: »Weißt du überhaupt, was du da gemacht hast? Du hast uns in noch größere Gefahr gebracht. Warum hast du mich nicht gefragt? Jetzt hast du mich erst recht vernichtet.«

Ich konnte keinen klaren Gedanken mehr fassen und bestand nur noch aus Angst. »Beruhige dich«, flehte ich Mansur an. »Bitte, glaub mir, ich habe es nur gut gemeint und wollte, daß wir wieder in Ruhe leben können. Ich hoffte, wenn ich dir eine Gewißheit geben könnte, daß es sich wirklich um den CIA handelt, dann wären auch deine Befürchtungen zerstreut.«

Aber Mansur ließ sich nicht beruhigen und meine Angst vor ihm und um ihn wuchs.

Wir schliefen die ganze Nacht nicht. Im Bett redete Mansur weiter, bezeichnete Gitta und Karl und alle, mit denen wir auf irgendeine Weise Kontakt hatten, als

Agenten – sogar den katholischen Priester, dessen Messen ich besuchte. Nach dieser schlaflosen Nacht fühlte ich mich am Morgen so elend, daß ich nicht in der Lage war, zur Arbeit zu fahren.

Was sollte ich tun? Wer konnte mir helfen? An wen konnte ich mich wenden?

Als ich wieder im Büro war, ging Mansurs Terror mit den Anrufen weiter. Asal und auch er weinten am Telefon und beschworen mich, die Arbeit aufzugeben und nach Hause zu kommen. Ich fühlte, wie meine Kräfte erlahmten, dagegen immer weiter anzukämpfen.

Einige Tage später an einem Vormittag – Asal hatte gerade mit mir telefoniert und geweint – war ich am Ende. Wie in Trance legte ich den Hörer auf und ging zu Herrn Pesch in das andere Büro. Ich fühlte mich wie ein ferngesteuerter Roboter; was ich dachte, sagte oder tat, kam nicht aus mir selbst, es geschah irgendwie automatisch, und ich fügte mich.

Ich konnte mich kaum auf den Beinen halten, als ich auf Herrn Pesch zuging und mit tonloser Stimme herausbrachte: »Es tut mir leid, Sie enttäuschen zu müssen. Richten Sie bitte Dr. Salim aus, ich kann nicht mehr. Ich kündige ab sofort und muß jetzt gehen.«

Er starrte mich wie eine Geistererscheinung an und sprang erschrocken von seinem Sessel auf. »Was haben Sie, Aiyleen? Bitte, sprechen Sie; vielleicht kann ich Ihnen helfen. Auch Dr. Salim mag Sie sehr und wäre ganz sicher bereit, alles zu tun, um Ihnen beizustehen. Sie dürfen jetzt nicht gehen!« Ich fand keine Worte mehr, alles in mir war leer; ich konnte nur immer wieder stammeln: »Es tut mir leid. Es tut mir so leid.« Dann nahm ich meine Tasche und ging.

Als ich auf dem Heimweg in der Straßenbahn saß, machte ich mir Vorwürfe. Ich hatte rücksichtslos und unfair gehandelt. In zwei Tagen wollte Dr. Salim kommen. In Köln begann eine Messe, zu der sich einige wichtige Geschäftsfreunde aus Saudi-Arabien angesagt hatten. Es war geplant, daß ich sie betreuen sollte. Jetz mußte Dr. Salim feststellen, daß ich nicht mehr da war.

Auch Herr Pesch tat mir leid. Er war ein sehr lieber Mensch, und nachdem ich ihm nach seiner Liebeserklärung klargemacht hatte, wie sehr ich meinen Mann liebte, hatte er mich mit großem Respekt behandelt. Er hatte dieses Thema nie wieder berührt, obwohl ich spürte, daß sich an seinen Gefühlen nichts geändert hatte. Sicherlich machte er sich jetzt Sorgen um mich.

Wie würde unser Leben nun weitergehen? Meinen Kursus hatte ich gerade beendet und mußte nur noch einige Abschlußarbeiten schreiben. Waren auch diese Anstrengungen umsonst gewesen? Wofür hatte ich gelernt, wenn ich doch keine Gelegenheit bekam, das Erlernte anzuwenden? Ich fühlte Erbitterung und Zorn auf Mansur: Wieder einmal war es ihm gelungen, mich gegen meinen Willen zu etwas zu zwingen.

Mansur war erstaunt, daß ich um diese Zeit nach Hause kam. Ich bemerkte nur kurz, daß ich gekündigt hätte. Er war sehr glücklich darüber und meinte, dies sei ein Anlaß zu feiern. Mir war nicht im geringsten danach zumute. Wichtiger war für mich, endlich Klarheit in unser Verhältnis zu bringen. »Mansur«, begann ich ruhig, »du hast erreicht, was du wolltest. Ich habe meine Arbeit aufgegeben. Das ist aber keine Lösung. Jetzt muß ich dich bitten, statt dessen arbeiten zu gehen und für uns zu sorgen. Ich kann nicht ewig mit der Furcht leben, daß Bahman eines Tages vielleicht nicht mehr da ist, um uns mit Geld zu versorgen. Das, was wir jetzt noch haben, wird irgendwann aufgebraucht sein.« Davon wollte Mansur allerdings nichts hören.

Eines Tages eröffnete er mir, daß er sich wünschte, wir ließen uns kirchlich trauen. Verwundert wollte ich den Grund dafür wissen. »Ach, eigentlich ist es schon immer mein Wunsch gewesen«, meinte er, »aber du weißt, daß es im Iran nicht möglich war, und während der letzten Jahre haben wir so viele Dinge am Hals gehabt, daß für solche Gedanken kein Platz war. Doch jetzt sollten wir diesen Schritt nicht mehr aufschieben.«

Ich war einverstanden und machte mir auch keine Gedanken darüber, ob Mansur möglicherweise andere Motive zu seinem Entschluß veranlaßt haben könnten. Wir luden den Priester zum Essen zu uns ein und berichteten ihm von unserer Absicht. Er freute sich aufrichtig und versprach, alle notwendigen Formalitäten für uns zu erledigen. Zwei Wochen später war es soweit. Außer uns und dem Priester waren nur eine Nachbarin und eine Mitarbeiterin der Kirchengemeinde als Trauzeugen zugegen. Abends feierten Mansur, Asal und ich unsere Trauung in einem Restaurant.

Im stillen hatte ich gehofft, daß Mansur nun aufhörte, alle Menschen um uns herum als Agenten zu verdächtigen. Es war leider nicht der Fall. Seit ich den ganzen Tag zu Hause unter seiner Kontrolle war, ließ er sich völlig gehen. Er lief im Pyjama herum, duschte und rasierte sich nicht und half mir auch nicht bei der Hausarbeit. Er saß nur in einer Ecke und brütete vor sich hin. Dabei fand er immer neue Gründe, Freunde, Bekannte und Nachbarn als Agenten zu entlarven.

»Denk doch einmal nach«, sagte ich, »welche Kosten notwendig wären, um dieses Heer von Agenten zu bezahlen! Weshalb sollte sich diese unheimliche Macht, die dich angeblich bedroht, das soviel kosten lassen? Welchen Grund gäbe es, dich zu vernichten? Wenn diese Leute – wer auch immer das sein könnte – es darauf angelegt hätten, wäre es doch schon längst geschehen. Es wäre nichts einfacher als das.« Ich versuchte immer wieder, meinen Mann mit solchen Argumenten von seinem Wahn zu befreien, aber jedesmal, wenn ich damit anfing, wurde er wütend und warf mir vor, ich verstünde ihn nicht.

Gitta und Karl erzählten uns eine traurige Neuigkeit. Karls Firma zog nach München um. Er hatte eine leitende Stellung, und es blieb keine andere Möglichkeit, als ebenfalls mit umzuziehen. Gitta war sehr traurig, doch mir fiel diese Trennung ungleich schwerer. Die beiden waren für mich das einzige Licht in diesen schwarzen Tagen gewesen. Ich wußte, ich würde Gitta unbeschreiblich vermissen, versuchte aber, meine Gefühle nicht zu zeigen.

In zwei Wochen schon sollte der Umzug stattfinden; sie wollten in ihrem Auto hinter dem Möbelwagen herfahren, aber ihren Weg aus Köln heraus so wählen, daß sie sich noch von ihren Eltern und uns verabschieden konnten. Als die beiden gegangen waren, sagte Mansur: »Ich glaube, es ist soweit! Sie haben jetzt ihre Anweisungen bekommen, mich zu töten. Wenn sie mit dem Möbelwagen hier vorbeikommen, werden sie uns alle oder auch nur mich als Leiche mitnehmen.«

Ich sagte ärgerlich: »Bitte, unterlaß diese lächerlichen Bemerkungen. Es ist wirklich nicht mehr komisch.« Doch Mansur beharrte darauf, der ›Plan‹ ginge nun seinem Ende zu. Seine Einbildungskraft ließ immer neue giftige Blüten sprießen. Ich finde auch heute keine Worte dafür, um meine Stimmung in diesen Tagen annähernd beschreiben zu können. Ich fühlte mich wie in einer Wolke von schwärzestem Schwarz, die mir die Luft zum Atmen nahm, und ich bekam machmal Angst, ich könnte den Verstand verlieren.

Seine Kontakte zu politischen Gruppen hatte Mansur ausnahmslos abgebrochen. Er wollte mit ihnen nichts mehr zu tun haben, weil sie alle seiner Ansicht nach unter einer Decke steckten. Auch Kambiz rief uns nicht mehr an. Später sagte er mir einmal, Mansur habe ihn mit seinen Anschuldigungen zutiefst gekränkt.

Der Tag des Umzugs kam heran. Mansur stand an diesem Morgen schon sehr früh auf und weckte uns mit den Worten: »Macht euch fertig; wir müssen fort.«

»Wohin?« fragte ich noch schlaftrunken.

»Ich weiß es selbst noch nicht; auf jeden Fall können wir nicht hierbleiben. Wenn sie kommen, will ich nicht zu Hause sein. Ich kann doch nicht zulassen, daß sie uns einfach umbringen. Nein, so leicht will ich es ihnen nicht machen.«

Ich kann mir kaum vorstellen, daß irgend jemand meine Gefühle nachvollziehen kann, die mich in diesem Augenblick erfüllten. Ich liebte meinen Mann. Und ich liebte meine Freunde, die für ihn in seiner krankhaften Phantasie zu tödlichen Gegnern geworden waren. Ich hatte resigniert und tat alles, was Mansur wollte. Aber ich mußte erkennen, daß es keine Möglichkeit gab, ihn aus seinen wirren Einbildungen herauszuholen.

Am frühen Nachmittag verließen wir die Wohnung. Mansur fuhr sehr merkwürdig. Mitten auf einer Straße wendete er plötzlich und raste mit quietschenden Reifen in eine Nebenstraße, drehte dort und fuhr zurück. Wir kamen in eine Einbahnstraße; auch hier wendete er unvermittelt und fuhr in der Gegenrichtung zurück, wobei wir um Haaresbreite mit einem anderen Wagen kollidiert wären. Ich schrie entsetzt auf: »Mansur, was machst du!«

»Da sind Leute, die uns verfolgen. Ich muß sie abschütteln«, erwiderte er. Aber es war niemand hinter uns.

Wir landeten schließlich in einem Kino. Ich kann mich

nicht erinnern, wo es war und welcher Film gespielt wurde. Als der Film zu Ende war, fuhren wir ziellos weiter. Irgendwann hielten wir kurz an, und Mansur besorgte uns an einer Imbißbude etwas zu essen. Danach setzten wir unsere Irrfahrt fort. Es war bereits dunkel geworden. Asal wurde ungeduldig und fing an zu quengeln; sie wollte nach Hause.

»Wir können jetzt nicht nach Hause«, sagte Mansur barsch. »Wir werden heute im Auto übernachten. Unser Leben ist in Gefahr, und wir müssen etwas dagegen tun.«

Ich war machtlos; welche Argumente und Überredungskünste ich auch anwendete, sie prallten an ihm ab. Es wurde zwei Uhr morgens; Asal war endlich eingeschlafen. Auch ich war müde, nicht nur müde zum Schlafen; ich fühlte mich, als wäre ich hundert Jahre alt. Ich raffte mich zu einer letzten matten Bitte auf: »Aziz, laß uns nach Hause fahren. Ich bin bereit, lieber zu Hause zu sterben, als noch länger im Auto zu bleiben.«

Endlich ließ Mansur sich erweichen, und wir fuhren heim. Er befahl uns, draußen zu warten. Zuerst wollte er allein in die Wohnung gehen, um zu sehen, ob keine Gefahr bestand. Er hatte irgendein Papierstückchen an der Tür angebracht und wollte prüfen, ob sich in der Zwischenzeit jemand Eintritt verschafft hatte. Es war natürlich alles unberührt geblieben.

Es trat auch in den nächsten Tagen keine Entspannung ein, im Gegenteil: Die Quälerei steigerte sich noch. Mansur ließ mich nicht mehr aus dem Haus. Ich durfte nicht einmal die Haustür öffnen.

Gitta kehrte nach ein paar Tagen zurück, weil sie in Köln noch etwas zu erledigen hatte. Sie stand vor unserer Tür und klingelte. Mansur legte den Finger auf die Lippen; wir sollten uns nicht rühren.

Mehr als fünf Minuten lang wiederholte Gitta ihr Klingeln. Wie gerne hätte ich geöffnet und sie in die Arme geschlossen, meine liebste Freundin! Aber ich durfte es nicht. Ich befand mich im Asyl, wo ich mich eigentlich sicher fühlen sollte. In Wirklichkeit war ich in einem Gefängnis. Ich hatte meine Heimat in der Hoffnung verlassen, in der Fremde die Freiheit zu finden, die man uns genommen hatte. Eine trügerische Hoffnung, wie sich herausstellte. Zwar wurde ich nicht körperlich gefoltert, aber jeder Tag fügte meiner Seele eine neue Wunde zu. Wie verzweifelt ich auch nach einem Ausweg aus diesem Alptraum suchte, ich sah keine Möglichkeit. Ich kannte auch niemanden, an den ich mich wenden konnte. Außerdem durfte ich ja die Wohnung nicht verlassen. Wenn meine Schwestern oder meine Mutter anriefen, saß Mansur neben mir, und ich mußte ihm unsere Gespräche aus dem Assyrischen übersetzen.

Eines Tages überraschte mich Mansur mit der Mitteilung, er habe sich nach reiflicher Überlegung entschlossen, mit der Gruppe Mudjahedin Kontakt aufzunehmen. Es handelte sich um eine islamische Gruppe, die während der Revolution gegen den Schah gekämpft und darauf spekuliert hatte, ebenfalls von dem großen »Kuchen« etwas abzubekommen. Doch nach Khomeinis Sieg wurden die zumeist jungen Leute verfolgt und Tausende von ihnen getötet. Diese Bewegung setzte sich aus strenggläubigen Moslems zusammen; ihr Führer lebte jetzt mit einigen seiner Anhänger in Paris.

Ich war über Mansurs Eröffnung schockiert, denn sie entsprach einer völligen Kehrtwendung seiner bisherigen Überzeugung. Darum bat ich ihn um eine Erklärung: »Ich bin jetzt zu der Einsicht gekommen, daß die Leute dieser Gruppe die einzigen sind, die ihr Land lieben«, sagte er. »Bei ihnen könnte ich unserer Heimat von Nutzen sein. Es sind alles junge Menschen ohne Erfahrung;

ich könnte sie ausbilden und ihnen Informationen vermitteln.«

Ich schüttelte verzweifelt den Kopf. »Mansur, du sollst mit keiner Gruppe mehr Kontakt aufnehmen. Vergiß diese Geschichten und versuch endlich, zu einem normalen Leben zu finden. Ich habe diese Ideen mehr als satt und möchte davon nichts mehr hören.«

»Wenn wir mit ihnen zusammenarbeiten, werden wir ein ruhigeres Leben haben«, versprach er.

»Wieso sagst du *wir*? Was mich angeht, so glaube ich an diese Leute nicht. Ich halte sie sogar für mitschuldig am Untergang unseres Landes und daß wir und Millionen anderer Iraner im Exil leben müssen. Keine andere Gruppe hat Khomeini so wie die Mudjahedin unterstützt. Wären sie an die Macht gekommen, sähe es im Iran kaum anders aus als jetzt. Ihre Ideologie ist eine Mischung aus Islam und Kommunismus. Laß mich und deine Tochter da heraus. Auf mich kannst du in diesen Dingen nicht mehr zählen.«

Mansur gab aber nicht auf, und in den nächsten Tagen war die Mudjahedin-Gruppe das einzige Gesprächsthema zwischen uns. Diese Leute könnten ihn vor der Macht retten, die uns nach dem Leben trachtete, meinte er. Und vor allem sei er überzeugt, sie könnten auch den Iran retten. Er redete und redete, bis ich schließlich meine Widerstandskraft verlor und nachgab.

Nun begann die altbekannte Prozedur von neuem, die ich so haßte. Mansur gab mir eine Telefonnummer, die ich anwählen sollte, um wichtige Informationen anzubieten und ein Treffen mit dem Führer der Gruppe einzuleiten. Dieser hatte sich aus Furcht vor Khomeini irgendwo in Paris verschanzt und völlig abgeschirmt.

Der Mann am anderen Ende der Leitung verlangte zuerst einmal einige Informationen über mich selbst. Mansur hatte vorher mit mir besprochen, was ich sagen sollte. Nach wenigen Tagen war der Kontakt angebahnt, und wir mußten nach Paris fahren. Ich weigerte mich, aber Mansur bestand darauf, daß ich mitkam.

Wir blieben drei Tage in Paris. Während Mansur sich mit diesen Leuten traf, ging ich mit Asal spazieren. Er berichtete mir begeistert über die Gespräche und versuchte mich zu überreden, mich ebenfalls zu beteiligen. »Sie haben mir zu verstehen gegeben«, sagte er, »sie könnten uns nur zusammen aufnehmen, sonst seist du eine Gefahr.«

»Ist es denn wirklich das, was du möchtest?« fragte ich. »Könntest du mit dieser Gruppe glücklich sein, so daß du auch nicht mehr alle Welt verdächtigen müßtest? Könnten wir dann in Ruhe leben?«

Er nickte heftig. »Wenn du mir dabei hilfst, Aziz, und dich mit aufnehmen läßt, werde ich alles daransetzen, unser Leben wieder zu normalisieren.« In der Hoffnung auf eine ruhigere Zukunft gab ich schließlich meine Einwilligung.

Zwei Mitglieder der Mudjahedin wollten uns in der kommenden Woche in Köln besuchen. Ich verbrachte einen ganzen Tag in der Küche, um, wie Mansur es gewünscht hatte, ein festliches Essen vorzubereiten. Unsere Besucher waren zwei nette junge Männer, einer Anfang Zwanzig, der andere Anfang Dreißig, beides sehr gläubige Moslems. Mansur hatte verlangt, daß ich ein Kopftuch trage. Ich lehnte jedoch entschieden ab. »Wenn ich das tun muß, heißt das nichts anderes, als daß die Gruppe nicht besser ist als jede andere Diktatur. Ich lasse mir nicht vorschreiben, wie ich mich zu Hause zu verhalten habe. Nie und niemals wird mich jemand dazu bringen, wegen dieser Leute ein Kopftuch zu tragen.« Verstimmt gab Mansur auf.

Bei einem nächsten Besuch brachten die Männer Videokassetten über irgendeine Veranstaltung ihres Anführers in Paris mit. Die Vorführung dauerte über sechs Stunden, und während der ganzen Zeit mußte ich Asal auf Mansurs Anweisung in ihr Zimmer einsperren, damit sie nicht störte. Es hatte sich gegen früher nichts geändert: Ich und meine Tochter waren für Mansur zweitrangig.

In der Folgezeit beschäftigte ich mich mit der Mudjahedin-Bewegung, las alles Erreichbare über sie und versuchte, diese Leute zu verstehen. Inzwischen hatten wir einige von ihnen kennengelernt, ausnahmslos nette, angenehme Menschen.

Ich nahm mir vor, Mansur eine Lektion zu erteilen, indem ich so tat, als sei ich bis ins letzte von ihnen überzeugt. Ich kannte meinen Mann: Sobald er feststellte, daß ich ihn in irgendeiner Sache zu übertreffen drohte, wurde ihm unbehaglich zumute. Ich sprach also nur noch über die Gruppe, und wenn wir Besucher aus ihren Reihen hatten, benahm ich mich besonders zuvorkommend, kochte die ausgefallensten Gerichte und bediente sie.

Mit vier von ihnen hatten wir festen Kontakt. Sie zeigten mir, daß sie mich respektierten und baten mich, ebenfalls für sie zu arbeiten. Ich sollte alle Artikel, die über den Iran in arabischen, deutschen und englischen Zeitungen erschienen, in Farsi übersetzen. Dafür boten sie mir sogar ein kleines Gehalt an. Ich zeigte mich sehr willig. Als Menschen mochte ich sie, aber ihre Ideologie konnte mich niemals überzeugen. Alles, was auch nur im entferntesten nach Fanatismus riecht, ist mir höchst zuwider. Aber ich fing sogar an, Gedichte für die Gruppe zu schreiben, von denen sie sehr beeindruckt waren.

Ich hatte mich in Mansur nicht getäuscht: Meine Aktivitäten gefielen ihm nicht; sie machten ihm sogar Angst.

Nach nur zwei Monaten fielen von seiner Seite immer öfter negative Bemerkungen über die Mudjahedin in unseren Gesprächen. Und zu guter Letzt sah er auch in ihnen Verräter, die sich gegen ihn verschworen hatten. Mansur hatte nie aufgehört, über den gegen ihn laufenden Vernichtungsplan zu reden. Nun hatte sich seiner Ansicht nach auch die Gruppe kaufen lassen. Weniger, um die Mudjahedin zu verteidigen, sondern in der Absicht, Mansur endlich aus seinem Wahn zu lösen, versicherte ich ihm, er tue ihnen unrecht.

Gitta war aus lauter Überarbeitung krank geworden und wurde in eine Kurklinik geschickt, die nur wenige Kilometer von uns entfernt war. Ich brannte darauf, sie zu besuchen, aber Mansur erlaubte es nicht. Ich war zutiefst unglücklich. Wie gerne hätte ich mich mit meiner Freundin einmal ausgesprochen! Ich war schon wieder viel zu weit in die Abhängigkeit von Mansur abgerutscht und mußte mich gegen seine Bevormundung wehren, wenn ich meine eigene Persönlichkeit nicht vollends aufgeben wollte.

Ich rief mir in Erinnerung, was ich alles für diesen Mann getan hatte. Vieles hatte sich inzwischen geändert. Ich liebte ihn zwar immer noch sehr, aber er war nicht mehr jenes unerreichbare, kluge, perfekte Idol der ersten Jahre. Ich hatte erkennen müssen, daß er ein Mensch wie jeder andere war, mit Schwächen, Stärken und Fehlern.

Es war im Oktober 1985; wir saßen am Frühstückstisch, als ich mit Mansur darüber sprechen wollte. »Mansur, ich muß es dir einmal sagen: Dein Bild hat sich für mich verändert. Du bist nicht mehr der ›Gott‹, der weit über mir thront, sondern ein ganz normaler Mensch, allerdings ein Mensch, den ich sehr liebe.«

Er wurde blaß, sagte kein Wort, nahm seine Jacke und ging aus der Wohnung. Nach über fünf Stunden kam er zurück; er sah nachdenklich und besorgt aus. »Aziz«, sagte er leise, »ich glaube, unsere Beziehung geht zu Ende.«

Ich fragte ängstlich: »Warum?«

»Ich muß feststellen, daß diese fremde Macht es nun geschafft hat, auch dich auf ihre Seite zu ziehen. Ich habe lange darüber nachgedacht und bin mir sicher, daß du schon einige Zeit ihre Agentin bist und sie dabei unterstützt, mich zu vernichten.«

Ich glaubte meinen Ohren nicht zu trauen. »Du mußt verrückt sein, Mansur! Das kannst du nicht ernst meinen! Ich, die dich mehr als alles andere auf der Welt liebt, soll gegen dich sein?«

Weinend nahm er mich in die Arme und schluchzte: »Warum? Warum? Warum hast du es ihnen erlaubt, dich zu kaufen! Mein Armes, womit konnten sie dich überzeugen? Was haben sie mit dir gemacht?«

Ich hörte mich nur immer wieder stammeln: »Es ist nicht wahr! Nichts daran ist wahr! Mansur, du brauchst Hilfe. Wenn du sogar mich verdächtigst, dann bist du krank. Bitte, laß mich dir helfen.«

Er schrie plötzlich: »Aha, so ist das! Der ganze Plan lief darauf hinaus, daß ich als krank hingestellt werden sollte, damit ihr behaupten könnt, ich sei unzurechnungsfähig. Warum, Aziz, hast du mir das angetan?«

Ich weinte haltlos und versuchte ihn zu überzeugen, daß alles, was er sagte, Unsinn sei. Aber er glaubte mir nicht. Seine Seele war in einem eisernen Panzer eingeschlossen, durch den keines meiner Worte dringen konnte.

Mir war plötzlich zumute, als habe sich in mir ein Ventil geöffnet, durch das mit einem Mal all meine Kraft entwich. Ich fühlte mich so unendlich elend, so schwach und ausgebrannt, ohne Hoffnung und Mut. Ich konnte nicht mehr weiterkämpfen. All die Jahre hatte der Schmerz an mir gezehrt; ich verkraftete nichts mehr. Mansur war so wechselhaft in seinen Gefühlen: Einerseits beschimpfte oder schlug er mich sogar – dann wieder nahm er mich in die Arme, hatte Mitleid mit mir und verwöhnte mich. Es war ein immerwährendes Wechselbad von Kalt und Heiß, durch das ich gegangen war. Jetzt war ich am Ende; ich konnte einfach nicht mehr.

Es war elf Uhr nachts. Ich war wie betrunken vor Kummer. Ich nahm Asal aus dem Bett, die wegen unserer Auseinandersetzung noch nicht eingeschlafen war, zog sie an und ging mit ihr aus dem Haus. Mansur hielt mich nicht auf, als ich die Wohnung verließ. Ich war entschlossen, mir und meiner Tochter das Leben zu nehmen. So konnte ich nicht mehr leben, wollte aber Asal nicht allein zurücklassen.

Ich nahm sie an die Hand und ging mit ihr die dunkle Straße entlang. Meine Tränen vermischten sich mit dem Regen. Auch der Schmerz um Asal zerriß mir das Herz. Sie war erst sechs Jahre alt; ihr Leben hatte gerade begonnen, aber was sollte aus ihr ohne mich werden? Es war eine kalte Welt, in der man ohne die wärmende Liebe eines Menschen erfrieren mußte. Ich beugte mich nieder und drückte mein Kind an mich.

»Asali, mein Liebstes, verzeih mir, was ich jetzt tun muß, aber ich habe keine andere Wahl.« Ich wußte noch nicht, wie ich es tun wollte, und ging nur immer weiter. Plötzlich stand ich vor dem Haus, in dem Gittas Eltern wohnten. Ich zögerte, dann, wie unter einem Zwang, drückte ich auf den Klingelknopf.

Sie schliefen bereits. Nach einigen Augenblicken wurde eines der Fenster hell, und Gittas Mutter sah heraus. Als sie uns erkannte, öffnete sie die Haustür. Sie hatten sich wegen unseres merkwürdigen Verhaltens in der letzten Zeit schon oft Sorgen gemacht. Als sie mein verweintes und verstörtes Gesicht sah, nahm sie mich in die Arme. Ich bekam einen Weinkrampf, und sie bemühte sich liebevoll, mich zu beruhigen. Der Vater brachte ein Glas Brandy und fragte ängstlich, was geschehen sei. In meiner Verfassung war ich nicht in der Lage, alles zu erklären. Aber sie spürten, daß ich an einer gefährlichen Grenze stand. Mit viel Liebe und Geduld opferten sie ihren Schlaf, und es war schon sehr spät, als ich das Haus verließ.

Ich war ruhiger geworden und dachte nicht mehr an den Tod. Gittas Eltern hatten mir in einem entscheidenden Augenblick sehr geholfen. Um mein seelisches Gleichgewicht wiederzugewinnen, hätte ich allerdings für die ganze nächste Zeit Wärme und Verständnis gebraucht. Ich sehnte mich nach meiner Mutter, aber sie war weit fort. Ich hätte auch nicht gewollt, daß sie mich in meiner augenblicklichen Verfassung sah.

Als wir nach Hause kamen, zeigte Mansur sich besorgt, dennoch behandelte er mich wie einen Übeltäter, dem er ein schlechtes Gewissen einreden wollte. Er war jetzt ruhig und freundlich, doch seine Augen waren voller Vorwürfe. Es tat mir sehr weh zu wissen, welche Gedanken er gegen mich hegte. Ich war unschuldig. Meine Familie hatte ich Mansurs wegen aufgegeben, mein Leben für ihn aufs Spiel gesetzt, hatte alles getan, was er wollte – und jetzt hielt er mich für eine Verräterin.

Auch heute, nach Jahren, kann ich die Tränen nicht zurückhalten, wenn ich mich daran erinnere. Es ist Selbstmitleid, ich weiß, aber ich bin der Auffassung, daß dies nichts Negatives ist. Wir haben mit anderen Menschen, die wir lieben oder die uns nahestehen, ja auch Mitleid, wenn sie Kummer haben. Warum sollten wir uns nicht manchmal selbst bemitleiden dürfen. Früher hatte ich mich stets dagegen gewehrt, aber heute denke ich anders darüber.

Ich durchlebte eine schreckliche Zeit, fühlte mich wie in einer tiefen, dunklen Erdfalle begraben, aus der es kein Entrinnen gab. Für die Zukunft war kein Licht zu erkennen, auf das ich hätte hoffen können. Niemand wußte etwas davon, in welcher Situation ich lebte.

Asal wurde nicht mehr in den Kindergarten geschickt. Für meinen Kursus hatte ich inzwischen schon einige Abschlußarbeiten geschrieben; eine stand noch aus, aber ich durfte nicht mehr zur Schule gehen.

Eines Nachts, als ich im Halbschlaf im Bett lag, hatte ich das Gefühl, beobachtet zu werden. Ich öffnete die Augen und fand Mansur über mich gebeugt an meinem Bett stehen. Er starrte mich an. »Was machst du?« fragte ich.

Er lächelte und sagte: »Weißt du, ich habe gerade daran gedacht, wie einfach es wäre, dich umzubringen. Ich brauchte nur meine Hände auf deinen schönen Hals zu drücken.«

Ich ließ ihn nicht merken, daß ich am ganzen Körper zitterte. »Sei nicht albern«, sagte ich nur und lächelte zurück. Es war mir nicht nach Lachen zumute, und für den Rest der Nacht lag ich wach und grübelte darüber nach, wie weit Mansur in seinem Zustand wohl gehen könnte. Die Situation wurde gefährlich, und ich konnte nicht einfach darüber hinweggehen, als sei nichts geschehen.

Während Mansur am nächsten Tag zum Einkaufen fort war, nutzte ich die Zeit, um Lida anzurufen. Ich bat sie, mir schnellstens ein Flugticket Köln-Aberdeen am Schalter von British Airways im Kölner Flughafen hinterlegen zu lassen und mir jetzt keine weiteren Fragen zu stellen. Als Mansur vom Einkaufen zurückkam, sagte ich ihm, ich müsse mit ihm reden. Wir setzten uns, und offenbar erwartete er, ich würde jetzt alles zugeben und ihm gestehen, mit welcher Macht ich gegen ihn arbeitete. »Mansur, du wirst selten eine Frau finden, die ihren Mann so grenzenlos liebt, wie ich dich liebe«, begann ich. »Ich will diese Liebe auch nicht aufgeben. Aber so wie jetzt kann ich nicht weiterleben. Unsere Tochter ist nervös und gestört. Sie ist unglücklich, ich bin unglücklich, und du selbst bist es auch. Laß uns unser Leben grundlegend ändern! Wenn du meinst, hier bedrohe dich irgendeine Macht, dann laß uns woanders hingehen. Ich bin bereit, mit dir zu gehen. Wir können ein neues Leben beginnen, ohne Politik und ohne Geheimdienst. Bitte, Mansur, glaube mir, ich kann das jetzige Leben nicht länger ertragen.«

»Dann laß uns in die Sowjetunion gehen«, erwiderte er.

Ich war schockiert. »Überallhin, aber nicht in ein kommunistisches Land! Wir würden dort wieder in Angst leben. Und was wird aus meinen Träumen und Hoffnungen? In solchen Ländern gibt es keinen Platz für Träume.«

»Siehst du, du liebst mich doch nicht genug«, sagte er.

»Doch, ich liebe dich. Aber wenn wir jetzt wieder einen falschen Weg einschlagen, kann das bedeuten, daß wir uns früher oder später verlieren. Mansur, meine Seele ist verletzt, und wenn wir so weitermachen, wird sie sterben. Bitte, Liebster, sei vernünftig und denk auch einmal an uns, an Asal und mich! Ich mache dir einen Vorschlag: Ich werde mit Asal nach Schottland fliegen und bemühe mich, für uns eine Aufenthaltsgenehmigung zu bekommen. Du kannst es gleichzeitig woanders versuchen. Vielleicht kommst du ja auch nach einer Weile zu der Überzeugung, wir könnten sogar hier in Deutschland glücklich leben, und du siehst dich nach einer Arbeit um.

Sobald du mir sagst, daß du soweit bist, komme ich zu dir. Aber jetzt müssen wir uns trennen, sonst stirbt unsere Liebe.«

»Gut«, willigte er ein, »ich akzeptiere deinen Vorschlag. Du kannst zu deiner Mutter fliegen, und ich werde in der Zwischenzeit hier irgendeine Lösung finden.«

Ein weiterer Anlaß für meine Reise war das kürzliche nächtliche Erlebnis. Seitdem hatte ich Angst mit Mansur unter einem Dach zu leben. Ich packte unsere Sachen. Da ich mit einem langen Aufenthalt in Aberdeen rechnete, wollte ich möglichst viel mitnehmen. Am nächsten Tag wollten wir nach Aberdeen fliegen.

Mansur benahm sich plötzlich sehr freundlich und verständnisvoll. Er brachte uns zum Flughafen. Nur wenige Minuten vor dem Abschied sagte er: »Aziz, ehe du fortgehst, muß ich dir etwas sehr Schlimmes gestehen. Ich habe dich immer glauben lassen, du seist die erste Frau in meinem Leben gewesen. Das ist nicht wahr. Als ich dich kennenlernte, lebte ich mit einer anderen Frau zusammen. Erst später trennte ich mich von ihr.«

»Warst du mit ihr verheiratet?« fragte ich fassungslos.

»Nein, aber ich hatte einen Ehevertrag mit ihr. Sie war noch jung und mußte für ihre kranke Mutter sorgen. Als ich sie kennenlernte, hatte ein Junge ihre Jungfräulichkeit geraubt und sie im Stich gelassen. Ich wollte ihr helfen.«

Das Geständnis überraschte mich nicht allzusehr; auf Grund von Manejehs seltsamem Verhalten hatte ich schon immer geahnt, daß sie mir etwas verheimlichte. Doch jetzt, da ich die Bestätigung dafür erhielt, verspürte ich einen Schmerz ohnegleichen.

»Bis wann warst du mit ihr zusammen?« fragte ich tonlos.

»Bis zu der Zeit, als wir nach Kharaj zogen. Versteh

das bitte, ich konnte sie nicht von heute auf morgen verlassen.«

Ich fragte: »Das heißt, in der Zeit, als du mich so oft alleingelassen hast unter dem Vorwand, du seist auf Dienstreisen, warst du in Wirklichkeit bei ihr?« Mansur gab keine Antwort.

Unser Flug wurde zum letzten Mal aufgerufen. In meiner Brust fühlte ich einen wahnsinnigen Schmerz. Ich wandte mich ab, um zu gehen, blieb aber noch einmal stehen und fragte Mansur: »Warum gerade jetzt? Warum erzählst du es mir jetzt?«

»Weil ich Angst habe, die Mudjahedin oder die Geheimdienste, die mich verfolgen, könnten es dir sagen. Ich wollte lieber, daß du es von mir selbst erfährst.«

Ich hatte keine Tränen, aber meine Enttäuschung war unbeschreiblich. Während des Fluges stiegen in mir die Erinnerungen an jene Tage auf, als ich – ein junges Mädchen, das seine Familie aufgegeben hatte – krank allein zu Hause blieb und meinen Mann auf Dienstreisen glaubte. Ich hatte mich sogar in Sorge um ihn verzehrt, um seine Gesundheit und sein Leben gebangt. Und da war er bei ihr gewesen! Als ich hochschwanger war und Mansur mich während der beginnenden Revolution in größter Angst wegen einer unaufschiebbaren Dienstreise allein ließ – war er da auch bei ihr gewesen? Als wir noch nicht zusammenlebten und uns zu unseren heimlichen Autofahrten trafen – kam er von ihr?

Wieviele Erlebnisse, Worte, Zärtlichkeiten, Gefühle verloren plötzlich ihren Glanz! Meine glücklichsten Erinnerungen stürzten unter einer brutalen Ernüchterung in sich zusammen. War es möglich, daß von alledem nur noch ein Haufen Schutt und Asche übrigblieb? Mein Mann – war er überhaupt ›mein‹ Mann gewesen? – hatte mit dieser anderen Frau zusammengewohnt, mit ihr geschlafen – und mich hatte er geschlagen, weil mich ein anderer Mann einmal in einer harmlosen Geburtstagslaune geküßt hatte!

Ich dachte an die Tante und ihre Töchter: Auch sie wußten von diesem Geheimnis; deshalb der immer mitleidige Blick der Tante, sooft sie bei mir gewesen war. Und Manejeh – sie mußte diesen Betrug genossen haben und hatte gleichzeitig damit etwas in der Hand gehabt, womit sie ihren Bruder unter Druck setzen konnte. Hatte er mich deshalb geschlagen? Hatte Manejeh gedroht, ihn sonst zu verraten?

Jetzt wurde mir auch klar, warum Mansur plötzlich auf unserer kirchlichen Trauung bestanden hatte. Er wußte, daß ich gläubig bin, und rechnete sich aus, daß er dadurch eine Scheidung verhindern konnte.

Ich hatte, nicht ganz ohne Stolz, alle Gefühle der Eifersucht immer weit von mir gewiesen. Aber jetzt verbrannte sie mich geradezu.

Bei der Ankunft in London fühlte ich mich total erschöpft. Die quälenden Gedanken fraßen an mir, und ich war wie betäubt. An der Paßkontrolle wurde ich gefragt, wie lange ich im Lande bliebe. »Sehr lange«, sagte ich, »mindestens sechs Monate.«

Ich hatte einen großen Fehler gemacht! Mehr als drei Monate hätte ich nicht angeben dürfen, weil ich für einen längeren Aufenthalt ein Visum hätte vorweisen müssen. Als mir mein Fehler bewußt wurde und ich ihn korrigieren wollte, war es zu spät. Ich war an eine mürrische Beamtin geraten, eine Frau, die offensichtlich mit sich und der Welt unzufrieden war und jede Gelegenheit nutzte, andere an ihrem Mißmut teilhaben zu lassen.

Ich versuchte ihr zu erklären, ich sei im Streit von meinem Mann fortgegangen und habe in meinem Zorn diese lange Aufenthaltsdauer angegeben. Tatsächlich wolle ich lediglich einen Monat bei meiner Mutter bleiben. Die Frau blieb hart und schickte mich und Asal mit dem nächsten Flug nach Köln zurück, zurück in einen Alptraum, den ich gerade vergessen wollte. Diese siebzig Minuten, die ich auf dem Rückflug im Flugzeug verbrachte, waren wohl mit die schrecklichsten in meinem Leben. Wie sollte es nun weitergehen? Zudem prangte jetzt in meinem Paß ein Stempel *»UK rejected«* (Einreise nach Großbritannien verweigert). Das bedeutete, ich würde bei einem zukünftigen Einreiseversuch noch mehr Schwierigkeiten zu erwarten haben. Wo sollte ich jetzt meinen Kummer abladen? Wohin mit meiner Tochter? Welche Chance blieb mir noch, meine Träume auf eine bessere Zukunft zu verwirklichen? Ich war erfüllt von tiefer Traurigkeit und Resignation. Vom Kölner Flughafen rief ich Mansur an. Seine Stimme verriet Siegesfreude. Er war glücklich – ich war innerlich zerbrochen, enttäuscht und voller Schmerz.

Mit Mansur zusammenzubleiben, war mir unter diesen Umständen unmöglich. Ich hatte einen Berg von schier unentwirrbaren Gedanken und Gefühlen zu verarbeiten. Das konnte ich nicht in seiner Gegenwart. Und ich hatte mehr denn je Grund, mißtrauisch zu sein. Ich rief Gitta an. Es bedurfte keiner langen Erklärungen, sie hörte an meiner Stimme, daß ich am Ende war.

»Komm sofort mit Asal zu mir«, sagte sie, »wir müssen einmal ausführlich miteinander reden.«

Nur zu gerne nahm ich ihre Einladung an. Mansur erklärte ich: »Du wirst verstehen, daß ich Schwierigkeiten habe, mich mit dem Gedanken auseinanderzusetzen, daß du mich jahrelang mit einer anderen Frau betrogen hast. Wie kann ich noch Vertrauen zu dir haben? Ich werde für eine Weile mit Asal zu Gitta fahren.«

Er mußte seine schwache Position erkannt haben,

denn er hatte gegen meine Reisepläne nichts einzuwenden. Wir nahmen den Zug nach München, und Gitta holte uns ab. Es war ein herzliches Wiedersehen. Von ihr habe ich gelernt, was Freundschaft wirklich bedeutet. Aus ihrem Mund hörte ich keinen Vorwurf, kein »Hättest du doch ...« oder »Warum hast du nicht ...« Sie war einfach für mich da. Ich erzählte ihr vieles, aber nicht alles. Es war auch nicht notwendig. In einem Aphorismus heißt es: »Freunde verständigen sich nicht, sie verstehen einander.«

Ich sagte Gitta, ich müsse unbedingt eine Weile fort von Mansur, aber wegen des Stempels in meinem Paß hätte ich Schwierigkeiten, zu meiner Mutter zu kommen. Gitta hatte eine verblüffende Idee, dieses Problem zu lösen, und innerhalb von drei Wochen konnte ich einen neuen Paß ohne diesen verwünschten Stempeleintrag in Empfang nehmen.

Sofort machte ich mich wieder mit Asal auf den Weg nach Aberdeen. Diesmal sagte ich bei der Einreise in London nicht die Wahrheit, sondern gab an, ich wolle nur einige Wochen bleiben.

In Aberdeen kostete ich im Kreis meiner Familie die Sicherheit, Wärme und Geborgenheit aus, nach der ich mich so lange gesehnt hatte. Auch meine Schwester Nali war mit ihrer Familie inzwischen aus Malta zurückgekehrt. Ich wurde schon früher immer als das ›Baby‹ der Familie behandelt, auch jetzt, und ich genoß es bewußt. Ich wollte vor meinen Schwestern und meiner Mutter nicht alle Erlebnisse und Häßlichkeiten ausbreiten, sondern erklärte meine Reise damit, daß Mansur sich mit politischen Problemen herumschlüge, die ich im Augenblick einfach satt hätte. Ich wollte ihm mit dieser vorläufigen Trennung die Möglichkeit geben, die Verhältnisse zu ändern, andernfalls würde ich ihn verlassen.

»Verlaß ihn auf jeden Fall«, drängte meine Mutter. »Warum noch abwarten? Du bist noch so jung, daß du ohne weiteres etwas Neues beginnen kannst.«

Ich schüttelte den Kopf. »Gib mir noch Zeit, Mutter! Ich muß erst selbst Ordnung in meine Gedanken bringen, um herauszufinden, was ich wirklich will.«

Nach einigen Tagen der Erholung sah ich mich nach einer Arbeit um, weil ich niemandem zur Last fallen wollte. Ich brauchte mein eigenes Geld, auch wenn Lida für das Wohnen bei ihr nichts erwartete und auch nicht angenommen hätte.

Viele Möglichkeiten gab es für mich nicht, da ich keine Arbeitserlaubnis vorweisen konnte. Ich fand eine Stelle als Verkäuferin in einer Boutique. Der Besitzer war ein Inder, und er hatte keine Skrupel, jemanden ohne Arbeitsgenehmigung zu beschäftigen. Es war keine angenehme Arbeit, und ich verdiente sehr wenig. Doch von dem Geld konnte ich es mir leisten, für Asal und mich Kleidung zu kaufen. Auch den Kindern meiner Schwester konnte ich dadurch ab und zu eine kleine Freude bereiten. Da ich mich auf einen längeren Besuch eingerichtet hatte, meldete ich Asal in einer Schule an. Es konnte ihr nur nützlich sein, bei dieser Gelegenheit englisch zu lernen, ganz gleich, was wir für später vorhatten.

Mansur rief häufig an und schickte Liebesbriefe. Er schrieb, er vermisse mich sehr; er sei bemüht, wirklich sein Leben zu ändern, um uns eine sichere Zukunft bieten zu können. Ich beantwortete seine Briefe und versicherte ihm darin, daß ich ihn nach wie vor liebte und mir nichts sehnlicher wünschte als ein friedvolles Leben mit ihm, ohne Politik und Geheimdienste und ohne die dauernde Angst, jeder Mensch, den wir kennenlernten, könne ein

Agent sein, ein Leben ohne Furcht vor versteckten Abhörwanzen, die jedes Gespräch belauschten. Ich war bereit, mich mit Sorgen und Problemen auseinanderzusetzen, aber es sollten normale Sorgen sein, alltägliche Probleme, wie sie andere Menschen auch hatten.

Es war das erstemal seit neun Jahren, daß ich Weihnachten mit meiner Familie zusammen feiern konnte. Mutter badete förmlich im Glück, daß sie drei ihrer Töchter bei sich hatte. Nie mehr in den vergangenen Jahren war es ihr vergönnt gewesen, alle ihre Kinder um sich zu sehen. Auch jetzt nicht. Ashor, mein Bruder, lebte noch im Iran, und Julia war inzwischen in den USA verheiratet.

Wir verlebten ein schönes Weihnachtsfest, obwohl ich traurig war, weil Mansur nicht bei mir war. Ich wollte aber den anderen das Fest nicht verderben und zwang mich, besonders lustig zu sein. Während wir den Christbaum schmückten, erzählte ich Mutter so viele Witze, daß sie vor Lachen kaum noch Luft bekam und zwischendurch rief: »Aiyleen, hör auf, ich kann nicht mehr!«

Für den ersten Weihnachtstag hatte ich mir gewünscht, für das Essen sorgen zu dürfen, und bereitete nach deutscher Art eine Gans zu mit einer Füllung aus Kastanien, Brot, Zwiebeln, Eiern und Äpfeln. Dazu gab es Kartoffeln und Rotkohl. Mein Werk gelang mir gut.

Am Vormittag gingen wir alle zum Weihnachtsgottesdienst in die Kirche, was für die Kinder eine Geduldprobe bedeutete, denn anschließend fand die Bescherung statt. Mansur hatte ein Päckchen geschickt, das ein paar kleine Geschenke für Asal enthielt – und mein Diplom von der Schule.

Ich hatte in Köln ja noch alle Abschlußarbeiten bis auf eine geschrieben. Wegen der noch fehlenden Arbeit hatte ich telefonisch die Schule benachrichtigt, daß ich mich in

Großbritannien befand. Man hatte sie mir erlassen, und jetzt hielt ich mein Zeugnis in der Hand. Es war für mich ein schönes Weihnachtsgeschenk, auf das ich stolz sein konnte. Und noch etwas fand ich in dem Päckchen, was mich sehr erstaunte und neugierig machte. Es war ein großes Foto, das eine Familie zeigte: Einen Mann, eine Frau und ein Kind.

Ich öffnete den Brief, den Mansur dazugelegt hatte, und war zuerst einmal sprachlos. Diese iranische Familie, so schrieb er, wohnte jetzt bei uns. Da sie keine Bleibe gefunden hatten, hatte Mansur die Leute aufgenommen, bis sie ihr Visum für die USA bekommen würden, was allerdings Monate dauern konnte.

Meine Weihnachtsstimmung war dahin. Ich bekam einen Wutanfall und fing an zu schreien. Mutter fuhr erschrocken herum.

»Hör dir das an!« tobte ich. »Da beherbergt mein Mann eine Familie in unserer Wohnung, ohne mir ein Wort davon zu sagen. Irgendwelche Leute, die ich überhaupt nicht kenne; und ich möchte wissen, woher er sie plötzlich kennt!«

Solange wir in Deutschland lebten, hatten wir fast nie Kontakt mit anderen Iranern gehabt, schon allein wegen Mansurs Verfolgungsängsten nicht.

Kurz entschlossen rief ich ihn an. »Was soll das?« schrie ich. »Wie kommst du dazu, fremde Leute in unsere Wohnung zu nehmen?«

Meine Wut ließ ihn völlig kalt. Er sagte: »Es ist mein Zuhause, in das ich aufnehmen kann, wen ich will.« Das war ein ganz neuer ungewohnter Ton! Irgend etwas mußte geschehen sein! Ich forderte eine Erklärung, bekam aber keine Antwort. Mansur legte einfach auf. Die Sache ließ mir keine Ruhe, und ich rief die Tante im Iran an. »Tante, bitte, sag mir die Wahrheit: Hatte Mansur eine andere Frau? Ich möchte von dir nur die endgültige Bestätigung.«

»Ja«, sagte sie, »er war verheiratet.«

»In welcher Form? Nur mit einem Ehevertrag?«

»Nein, mein Kind, er war richtig verheiratet, und soweit ich weiß, ist er auch noch nicht geschieden.«

Es vergingen weitere drei Monate. Fast jedesmal, wenn ich daheim anrief, meldete sich zuerst eine Frau – angeblich jene Frau auf dem Foto. Ich kochte vor Wut. Bei jedem Anruf fragte ich Mansur, ob er endlich – wie versprochen – etwas unternommen hätte, damit wir wieder zusammenkommen könnten. Er reagierte eher gelangweilt: »Ach ja, ich bin dabei, mich umzusehen.«

Ich war entschlossen, nicht eher nach Deutschland zurückzukehren, bis er mir eine akzeptable Lösung präsentierte. Aus seinem Ton und seinen Bemerkungen hörte ich allerdings heraus, daß er seine krankhaften Phantastereien noch immer nicht abgelegt hatte und mich nach wie vor als Agentin verdächtigte. Das schmerzte mich, denn ich liebte ihn trotz allem und hatte große Sehnsucht nach ihm, aber ich war auch zu stolz, auf halbem Wege nachzugeben. Ich hoffte und wartete, daß Mansur sich um mich bemühte, daß er versuchte, eine Arbeit zu finden, um uns dreien ein geordnetes Leben zu ermöglichen, aber davon war von seiner Seite keine Rede. Er drängte mich auch nicht mehr, ich solle zurückkommen. Ich erklärte mir das damit, daß er gekränkt und zu stolz war.

Nach einem halben Jahr hielt ich es nicht mehr aus. Während der langen Trennung war ich zu der Überzeugung gelangt, daß ich ohne Mansur tatsächlich gar nicht leben wollte. Außerdem machte ich mir Vorwürfe, daß ich ihn so einfach verlassen hatte. Ich beschloß, zu ihm zurückzukehren.

Mutter und meine Schwestern waren strikt dagegen

und schlugen statt dessen vor, Mansur solle nach England kommen und sich hier um Arbeit bemühen. Aber gegen meine Dickköpfigkeit konnten sie nichts ausrichten. Ich packte die Koffer und rief Mansur an, um ihm unsere Ankunftszeit und die Flugnummer durchzugeben. Ich hörte keine freudige Resonanz von ihm, nahm das aber nicht ernst.

Auf dem Kölner Flughafen suchten wir vergeblich nach ihm. Wir konnten uns nicht verpaßt haben. Mansur war einfach nicht gekommen. Wir nahmen ein Taxi und fuhren nach Hause. Meine Gefühle waren gemischt: Einerseits freute ich mich auf das Wiedersehen, andererseits empfand ich Beklemmung. Was würde mich erwarten? Die iranische Familie, das hatte mir Mansur vor einiger Zeit schon gesagt, war inzwischen ausgezogen.

Ich klingelte an unserer Haustür, da ich die Schlüssel in den Koffer gepackt hatte. Es dauerte einige Minuten, bis Mansur öffnete. Er hatte geschlafen. Wortlos nahm er Asal auf den Arm, ohne mich anzusehen. Er wird verletzt sein, dachte ich, weil ich ihn damals verlassen habe. Ich muß Geduld mit ihm haben. Sicher wird alles wieder gut.

Als ich die Wohnung betrat, mußte ich mir die Nase zuhalten. Ein fürchterlicher Gestank schlug mir entgegen. Ich war entsetzt: Es herrschte eine heillose Unordnung, alles starrte vor Dreck, und schmutzige Wäsche lag herum. Unsere schöne Wohnung, die sonst vor Sauberkeit glänzte, glich einem Müllplatz, doch ich beherrschte mich und sagte keinen Ton.

Ich sah in den Kühlschrank: gähnende Leere. Es war halb fünf Uhr nachmittags; wir hatten Hunger, und ich beschloß, erst noch etwas einzukaufen. Auch eine große Sprühdose Sagrotan wollte ich mitbringen, um die Wohnung zu desinfizieren und sauberzumachen.

Ich ließ Asal bei Mansur und wollte gerade mit dem

Aufzug hinunterfahren, als mir meine Nachbarin über den Weg lief, die sich uns damals als Trauzeugin zur Verfügung gestellt hatte. Sie stieß einen Freudenschrei aus, als sie mich erblickte. »Wie schön, Sie zu sehen, Frau Dardan! Ich dachte schon, Sie würden gar nicht mehr zurückkommen, weil ihr Mann doch nun eine neue Frau hat.«

»Wie bitte?« fragte ich entgeistert und wurde blaß. »Was meinen Sie mit einer neuen Frau?«

Erst jetzt begriff sie, daß ich völlig ahnungslos war. »Oh, das tut mir leid!« sagte sie betreten. »Aber seit Monaten wohnt bei ihm eine Frau, die er als seine neue Ehefrau vorgestellt hat. Ach, Frau Dardan, ich konnte doch nicht wissen . . .«

Ich mußte mich an die Wand lehnen, um nicht umzukippen. Nach Einkaufen war mir nicht mehr zumute, und ich kehrte wie in Trance in die Wohnung zurück. Ich sah Mansur an und fragte: »Ist es wahr? Du hast eine andere Frau, die hier in meiner, in unserer Wohnung mit dir zusammengelebt hat?« Er antwortete nicht, hob nicht einmal den Kopf. Ich wurde hysterisch und schrie: »Sag, daß es nicht wahr ist! Sag, daß du nicht so gemein sein kannst! Sag etwas, Mansur!« Er blieb stumm. Ich konnte ihn nicht mehr ansehen und lief hinaus.

Wie von Furien gehetzt rannte ich zur Kirche, zu meinem Priester. Er war sehr erschrocken, als ich in diesem aufgelösten Zustand in sein Arbeitszimmer kam, und gab mir zur Beruhigung ein Glas Wasser.

»Sagen Sie mir nur, ob es wahr ist, daß mein Mann mit einer anderen Frau in meiner Wohnung gelebt hat!« brachte ich ohne Einleitung hervor.

Der Priester sah mich voller Mitleid an. »Leider ist es so. Ihr Mann hat es nicht einmal zu verheimlichen versucht. Er hat erzählt, Sie seien fort, und er habe nun eine neue Frau.«

Ich konnte nicht aufhören zu weinen. Der Priester wollte mich nicht in dieser Verfassung gehen lassen und machte Anstalten, einen Arzt zu rufen, damit ich ein Beruhigungsmittel bekam. »Ich danke Ihnen«, sagte ich, nun wieder etwas gefaßter. »Machen Sie sich keine Sorgen; ich habe mich wieder in der Gewalt.«

Es war schon spät geworden, als ich nach Hause zurückkam. Asal war hungrig, aber außer ein paar Keksen, die ich aus Aberdeen mitgebracht hatte, war nichts im Haus, das ich ihr geben konnte. Ich brachte sie zu Bett. Ich stand unter einer unnatürlichen Spannung, ging in die Küche und zerschmetterte zwei Teller auf dem Boden. Irgendwie mußte ich mich abreagieren.

Mansur sagte noch immer kein Wort. Ich hatte mich allmählich gefangen und fing an, wieder klar zu denken. Mich fröstelte; ein Eisblock schien meinen Körper auszufüllen. Ich stellte mich vor Mansur hin. »Sieh mich an, Mansur. Wenn du nicht reden willst, werde ich dir jetzt etwas sagen. Du hast mich immer wieder angelogen, und ich habe dir verziehen, weil ich dich liebte. Du hast mich in Gefahren geschickt – ich habe mich nicht geweigert, weil ich dich liebte. Du hast mich gegen meine Überzeugung gezwungen, Dinge zu tun, die nur deinen Interessen dienten – ich tat es, weil ich dich so sehr liebte. Du ließest mich ahnungslos Kleider für deine Frau einkaufen – auch das habe ich dir verziehen, weil meine Liebe größer war als meine Enttäuschung. Habe ich nicht mehr als genug getan, um dir meine Liebe zu beweisen? Und was hast du mir dafür gegeben? Nur Schmerzen und immer wieder Schmerzen! Und nun hast du auch noch eine andere Frau, mit der du in unserem Bett geschlafen hast, mit der du unsere Wohnung, die ich mit Liebe eingerichtet habe, mißbraucht hast. Dieser Schmerz ist so groß, Mansur, so übergroß! Du wirst deine Sachen packen. Nimm alles mit, was du willst, aber auch alles! Und geh fort – für immer! Morgen werde ich die Scheidung einreichen.«

Er sagte immer noch kein Wort.

Es war ein Uhr nachts. Wutentbrannt ging ich ins Schlafzimmer, nahm das Bettzeug, Decken, meine Kleider aus dem Schrank, warf alles in den Aufzug und brachte es hinunter in die Müllcontainer. Ich machte in der Nacht kein Auge zu, und als ich am Morgen in den Spiegel schaute, schien ich um Jahre gealtert.

Mansur nahm seine inzwischen gepackte Tasche und sagte: »Aiyleen, ich habe niemanden in meinem Leben so geliebt wie dich – aber auch niemandem so weh getan.« Dann ging er.

Die Ereignisse hatten sich innerhalb von wenigen Stunden überstürzt, sie waren wie ein Unwetter über mich hereingebrochen. Ich konnte die Folgen dieser Katastrophe gar nicht übersehen und stand noch unter Schock. Ich nahm Asal mit und ging zum Anwalt, jenem Anwalt, der mir schon einmal wegen meiner Anerkennung als Asylantin so hilfreich zur Seite gestanden hatte. Sein Mitgefühl war aufrichtig, als ich ihm meine Geschichte erzählt hatte. Er war ein herzensguter Mensch und versprach mir auch jetzt, alles zu tun, um mir durch diese qualvolle Situation hindurchzuhelfen. Es waren keine leeren Worte; er wollte sogar vorerst auf sein Honorar verzichten und meinte, ich solle erst einmal sehen, wie ich finanziell zurechtkäme. Der Fall könne einige Probleme mit sich bringen, da ich weder eine Heiratsurkunde noch andere Papiere besaß.

Als ich in die Wohnung zurückkam, hatte ich das Gefühl, keine Luft mehr zu bekommen. Unmöglich konnte ich hier wohnen bleiben, wo ich in allen Räumen den

Schatten dieser Frau spürte. Ich wußte nicht einmal, wer sie war. Handelte es sich etwa um Mansurs erste Frau? Diese Frage beschäftigte mich sehr lange geradezu zwanghaft, doch sie blieb unbeantwortet. Ich kannte weder ihren Namen, noch hatte ich jemals ein Bild von ihr gesehen. Nichts hatte ich in der Hand, was diesem peinigenden Schatten ein Gesicht geben konnte. Auch Mansur war mir die Antwort darauf schuldig geblieben.

Erst in jüngster Zeit erfuhr ich anläßlich einer zufälligen Begegnung von jemandem, daß Mansurs damalige Geliebte die Tochter eines Iraners war, der in einer Stadt im Frankfurter Raum ein Teppichgeschäft betrieb. Wie man mir berichtete, soll sie sogar ein wenig Ähnlichkeit mit mir gehabt haben ...

Wegen der Wohnung sprach ich mit der Chefin der Hausverwaltung, einer sehr verständnisvollen Dame, und erklärte ihr meine Lage. »Mit jedem Tag, den ich länger in dieser Wohnung leben muß, wird ein Stück von mir zerbrechen«, sagte ich. »Auf keinen Fall kann ich die üblichen drei Monate Kündigungsfrist einhalten. Deshalb wäre ich Ihnen von Herzen dankbar, wenn Sie möglichst rasch einen Nachmieter für mich fänden.«

»Ich kann Sie gut verstehen«, meinte sie. »Machen Sie sich deshalb keine Sorgen. Ich denke, daß ich schnell jemanden finde.«

Ich ging daran, die Wohnung aufzuräumen und sauberzumachen. Es gab keinen Winkel, den ich nicht mit Sagrotan behandelte.

Zu meinem ohnehin schon großen Kummer stellten sich auch noch finanzielle Sorgen ein. Die Waschmaschine war defekt, und ich hatte für die Reparatur mehrere hundert Mark zu zahlen. Ich stellte fest, daß viele Dinge aus der Wohnung verschwunden waren: Unsere Seidenteppiche waren fort, Asals Spielzeug und sogar ihre Kleider. Hatte Mansur diese Sachen an die Frau oder ihre Verwandten verschenkt?

Ich befand mich in einer sehr prekären Lage, denn ich besaß kein Geld mehr. Während der sechs Monate in Schottland hatte Mansur mir keinen Pfennig geschickt, und mein Gehalt dort war so knapp bemessen gewesen, daß für Ersparnisse nichts übrigbleiben konnte. Der Mietvertrag für unsere Wohnung, Telefon, Strom, Wasser, sogar die Autoversicherung – alles lief auf meinen Namen. Mansur hatte es so gewollt, und ich hatte nie daran gedacht, daß sich das einmal nachteilig für mich auswirken könnte.

In den nächsten Tagen flatterten immer neue Rechnungen ins Haus. Die Rechnung für die Autoversicherung – wieder ein paar hundert Mark – war bereits überfällig. Mansur hatte auf alle Mahnungen nicht reagiert, und die Versicherungsgesellschaft drohte mit einer Klage. Schließlich ließ sie sich auf eine Ratenzahlung ein. Von der Wohnungsgesellschaft kam die Abrechnung über die Nebenkosten für die Heizung. Es waren Kosten, die während der Zeit entstanden waren, als Mansur mit seiner Geliebten in unserer Wohnung gelebt hatte. Ich wußte nicht mehr, wo mir der Kopf stand.

Zuerst einmal mußte ich eine neue Wohnung finden. Meine Mutter wußte noch nichts von meinem Unglück. Ich wollte sie auch jetzt noch nicht einweihen. Ganz sicher mußte ich mit harten Vorwürfen rechnen, und Mutter würde alles daransetzen, mich nach Schottland kommen zu lassen. Das aber wollte ich auf keinen Fall. Ich wollte hierbleiben und mir beweisen, daß ich es auch allein schaffte.

Ich rief Gitta an, berichtete ihr alles, was geschehen war, und konnte vor Weinen kaum sprechen. Sie war sehr bekümmert und machte sich große Sorgen um mich.

Ohne Ankündigung stand sie zwei Tage später vor meiner Tür. Ich war völlig aus dem Gleichgewicht geraten, und meine Reaktion war nicht mehr normal. Ich fragte sie barsch: »Was tust du hier?«

»Ich bin gekommen, um dir zu helfen«, sagte sie sanft.

»Ich brauche deine Hilfe nicht!« antwortete ich aggressiv. »Bitte, fahr wieder nach Hause!«

Sie sah mich unendlich traurig an und hatte Tränen in den Augen. »Nein, Aiyleen, ich werde erst einmal bei dir bleiben, dir helfen, eine Wohnung und Arbeit zu finden. Und du brauchst auch seelische Unterstützung; sei nicht zu stolz, sie anzunehmen. Wenn du über das Schlimmste hinweg bist und meine Freundschaft nicht mehr brauchst, gehe ich. Ich verspreche es dir.«

Mit diesen wenigen Sätzen gab Gitta unserer Freundschaft für alle Zeiten einen ganz neuen Wert. Sie ließ mich nicht allein, als ich selbst mich aufgegeben hatte. Sie glaubte an mich, als ich selbst nicht mehr an mich glauben konnte. Sie lehrte mich eine Lektion, die ich mein Leben lang nicht vergessen werde. Sie gab mir alles, was sie nur konnte, unterstützte mich in jeder Weise und verlieh mir Halt. Sie nahm mich in die Arme und ließ mich weinen wie ein Kind, hörte mir mit unendlicher Geduld zu, wenn ich mir meinen Kummer von der Seele redete. Sie kümmerte sich wie eine Mutter um Asal, ging auf Wohnungssuche und schrieb für mich Bewerbungen. Ich mag nicht daran denken, was aus mir ohne Gitta geworden wäre. Ich sah in ihr einen Engel, den Gott mir als Wiedergutmachung gesandt hatte, um die Wunden meiner Seele zu heilen.

Ich litt sehr unter Schlaflosigkeit und bekam vom Arzt starke Schlaftabletten verschrieben. Aber selbst die halfen nicht. Drei Tage und drei Nächte verbrachte ich hintereinander ohne Schlaf und sah mehr tot als lebendig aus. Auf der Wohnungssuche gemeinsam mit Gitta mußte sie mich festhalten, damit ich nicht umfiel.

Glücklicherweise fanden wir bald eine schöne Wohnung, weit von der jetzigen entfernt, so daß mich auch die Umgebung nicht an Mansur erinnern konnte. Es waren zwei Zimmer mit Diele, Bad und einer kleinen Küche: Die Wohnung lag im Parterre eines sechsgeschossigen Wohnblocks. Vom Wohnzimmer aus ging es auf eine Terrasse mit einem kleinen Vorgarten. Hier konnte Asal im Freien spielen. Es stellte sich allerdings ein Problem ein: Um die Wohnung mieten zu können, hatte ich ein geregeltes Einkommen nachzuweisen. Aber ich war ohne Arbeit.

Ohne ein Wort darüber zu verlieren, gab Gitta als Bürgen ihren Mann an; das hieß, meine beiden Freunde würden einspringen, wenn ich die Miete nicht bezahlen könnte. Diese Geste bedeutete für mich mehr als nur materielle Hilfe. Sie gab mir das Gefühl, anderen etwas wert zu sein, und zwar zu einem Zeitpunkt, da ich mein Selbstwertgefühl völlig verloren hatte.

Gitta fuhr nach München zurück, versprach jedoch, wiederzukommen, um mir beim Umzug behilflich zu sein. Auch während ihrer Abwesenheit ließ sie mich nicht im Stich und regelte viele Dinge von München aus. Sie mobilisierte Freunde, die meine alte Wohnung renovieren sollten, und bestellte eine neue Küche, da die alte Einrichtung für die neue Wohnung zu groß war. Nach dem Mietvertrag sollte der Umzug Mitte September stattfinden. Es war schon Ende Juli geworden, und noch immer war kein Nachmieter für meine alte Wohnung in Sicht. Inzwischen hatte ich mich dazu durchgerungen, nun doch meine Familie zu informieren. Natürlich drängte meine Mutter, ich solle nach Schottland kommen, doch ich wollte es nicht. Wenn ich mit ihr telefonierte, weinte sie während des ganzen Gesprächs. Meine Schwestern versuchten mich zu trösten und redeten mir ebenfalls zu, nach Aberdeen überzusiedeln.

Endlich stellten sich auch die ersten Interessenten für die alte Wohnung ein. Überraschenderweise entschieden sie sich sofort, sie zu übernehmen, und kauften mir sogar die Kücheneinrichtung und die Schlafzimmermöbel ab. Es war ein sympathisches junges Paar, das gerade heiraten wollte. Nach einem kurzen Gespräch erklärten sie sich bereit, mir zu helfen, damit ich so schnell wie möglich ausziehen konnte.

Ein Problem war nun gelöst. Jetzt mußte ich noch eine Arbeit finden. Gitta ging mit mir zur Industrie- und Handelskammer, wo wir uns eine Liste von größeren Firmen geben ließen, die Geschäftsverbindungen mit arabischen Ländern und auch dem Iran unterhielten, denn nur auf diesem Gebiet konnte ich mir Chancen ausrechnen. Was ich zu bieten hatte, waren hauptsächlich meine Sprachkenntnisse.

Gitta schrieb für mich mehr als fünfzig Bewerbungen. Drei Firmen reagierten insofern positiv, indem sie mich zu einem persönlichen Vorstellungsgespräch einluden, zwei in Düsseldorf und eine in einem linksrheinischen Kölner Vorort. Ich stellte mich in der Kölner Firma vor und bekam eine Stelle als Sekretärin des Verkaufsleiters für den Bereich des Nahen Ostens. So konnte ich mit dem zufrieden sein, was sich dank Gittas Hilfe in so kurzer Zeit hatte ordnen lassen: Ein Nachmieter war gefunden worden, ich hatte eine neue Wohnung und nun auch noch eine interessante Arbeit in Aussicht. Mitte September sollte ich umziehen aber schon am 1. September meine neue Stelle antreten. Ich rief den Personalchef an und bat, den Eintrittstermin um einen Monat zu verschieben. Nachdem ich ihm meine Situation erklärt hatte, war er einverstanden.

Asal meldete ich in der Grundschule in der Nähe unserer Wohnung an. Demnächst würde ich, wenn ich arbeiten ging, den ganzen Tag über fort sein. Ich mußte deshalb eine Lösung finden, wo ich Asal nach der Schule am Nachmittag unterbringen konnte. Ich machte einen Kinderhort ausfindig, aber dort konnte man mir keine Hoffnung auf einen freien Platz in der nächsten Zeit machen.

Wieder einmal suchte ich Hilfe bei meinem Priester und schilderte ihm meine Notlage. Er war mir in der vergangenen Zeit zu einem wahren Freund geworden, der wirkliches Christentum praktizierte. Er fand einen Platz für Asal, sogar ganz in der Nähe der Schule. Der Hort schloß allerdings schon um vier Uhr nachmittags, wenn ich noch nicht von der Arbeit zurück war. Auf keinen Fall wollte ich Asal allein nach Hause gehen lassen, denn ich fürchtete, Mansur könnte sie auf dem Weg abpassen und entführen; dann würde ich meine Tochter vermutlich nie wiedersehen.

Eine solche Befürchtung war keinesfalls aus der Luft gegriffen. Mansur hätte Asal zur iranischen Botschaft bringen und dort angeben können, daß ich Christin bin, er aber seine Tochter im islamischen Glauben erziehen lassen möchte. Unter diesen Umständen hätte man ihm sicher geholfen, sie in den Iran zu bringen.

Ich mußte feststellen, daß ich die vergangenen Wochen in einer Art Schock verbracht hatte. Es ging mir wie einem Unfallopfer, das erst nach einiger Zeit die erlittenen Verletzungen spürt. Langsam wurde mir bewußt, was geschehen war, und je klarer ich sah, um so elender ging es mir. Ich hatte Mansur verloren, für immer verloren. Er war nicht mehr da. Er lebte, aber er gehörte nicht mehr zu mir. Wie sollte ich mich mit diesem Gefühl abfinden?

Ich lief in der Wohnung herum, von einem Zimmer ins andere, während ich laut weinte und mit Mansur sprach.

Ich war völlig verwirrt und hatte Angst, durchzudrehen. Eine unsagbare Trauer legte sich über mich. Ich fühlte mich wie ausgehöhlt. Nicht nur meinen Mann und meine Liebe hatte ich verloren, sondern auch mein Land mit seiner Kultur, seiner Musik und Poesie, meine Vergangenheit und meine Zukunft. Mein Leben war in eine Sackgasse geraten; sollte nun alles vorbei sein? Ein Ende voller Traurigkeit? Wie sollte ich weiterleben ohne Mansur? Nie hatte ich aufgehört, diesen Mann zu lieben. Ein Zurück gab es nicht mehr, das war mir klar, und meine Gedanken drehten sich nur um einen Punkt: Wie kann ich ihn vergessen?

Es hatte eine Zeit gegeben – sie schien mir jetzt schon so weit zurückzuliegen – in der ich die Schmerzen der Liebe und Zärtlichkeit genoß. Jetzt waren es Schmerzen der Enttäuschung und des Verlustes. Von Anfang an hatte ich mir keine Illusionen darüber gemacht, daß der Weg meiner Liebe leicht sein könnte. Ich hatte es in Kauf genommen, weil ich geglaubt hatte, meine Liebe sei so groß, daß alles dahinter zurücktreten müßte. Sie hatte so viele Klippen überwunden, doch jetzt verlief der Weg ins Leere. Es war nichts geblieben.

Ich hielt Mansurs Foto in den Händen, weinte und wollte nicht wahrhaben, daß alles zu Ende war. Wie konnte es auch zu Ende sein? Mansur war für mich so notwendig wie die Luft, die ich atmete. Manchmal zweifelte ich an meinem Verstand. Ich hatte mich von Mansur getrennt, weil es keine andere Möglichkeit mehr gab – und trotzdem trauerte ich ihm jetzt nach? Es gab Augenblicke, in denen ich mir selbst wütend versprach, nicht mehr an ihn zu denken. Im nächsten Moment jedoch war mein Versprechen wieder vergessen, und ich befand mich in Gedanken in seinen Armen. Ich beschwor mich, nicht mehr in seine Augen zu sehen – und dann küßte ich tausendmal seine Augen auf dem Foto. Ich versprach mir, ihn zu töten – und im Traum stach ich mir selbst ins Herz. Ich war wirklich auf dem besten Wege, verrückt zu werden.

Während meiner Suche nach Arbeit hatte ich auch Herrn Pesch angerufen, ob er mir helfen könnte. Er wußte von mir, daß ich die Scheidung eingereicht hatte. Eines Nachmittags meldete er sich telefonisch und fragte, ob er mich kurz besuchen könne. Ich hatte, wie immer in der letzten Zeit, geweint, als er kam, und beherrschte mich, um es ihn nicht merken zu lassen. Zudem fühlte ich mich an diesem Tag besonders schlecht und hatte Schwierigkeiten beim Atmen. Ich hatte mich ein wenig zurechtgemacht, denn ich wollte meinen Kummer nicht allzu offen zeigen. Dazu war ich immer zu stolz. Herr Pesch erkundigte sich sehr mitfühlend nach meinem Ergehen und bot mir Hilfe an.

Plötzlich hatte ich mich nicht mehr in der Gewalt und begann zu weinen. Es war kein normales Weinen; ein Weinkrampf schüttelte mich, ich hatte Atemnot und zitterte am ganzen Körper. Alles in mir schmerzte. Ein Druck wuchs in meinem Kopf an, als müßte er jeden Augenblick platzen. Asal bekam Angst um mich und brach in Tränen aus. Herr Pesch sagte immer wieder: »Ich werde einen Krankenwagen kommen lassen; Sie brauchen ärztliche Hilfe.«

»Nicht ins Krankenhaus«, wehrte ich ab. »Was soll dann mit Asal geschehen?«

Ich erreichte einen Punkt, an dem ich kaum noch etwas von meiner Umgebung wahrnahm, so daß Herr Pesch schließlich doch einen Notarzt anrief, der kurz darauf eintraf. Er ließ sich auf keine Diskussionen ein. Es war ein Nervenzusammenbruch, und ich sollte unbedingt zur stationären Behandlung ins Krankenhaus. Immer noch wehrte ich mich dagegen, aber ich hatte keine Kraft mehr, mich durchzusetzen.

Herrn Pesch bat ich, eine Bekannte anzurufen und sie zu bitten, sie möge Asal abholen. Er versicherte mir, alles zu erledigen; ich solle mir keine Sorgen machen. Dann traf auch schon der Krankenwagen ein, der mich in eine Nervenklinik brachte.

Zwei Ärzte kümmerten sich um mich und verabreichten mir eine Beruhigungsspritze. Später konnte ich mich an nichts mehr erinnern, aber man sagte mir, ich hätte die ganze Nacht über bis zum nächsten Tag ununterbrochen geweint. Man gab mir Tabletten, um mich ruhigzustellen. Ich hörte nicht auf zu jammern, ich wolle nach Hause, meine Tochter brauche mich, aber man nahm keine Notiz davon. Am Nachmittag besuchte mich meine Bekannte und brachte Asal mit. Die Kleine weinte, und sie tat mir sehr leid. Ihren Vater hatte sie verloren, und nun war auch ich nicht mehr bei ihr. Ich nahm sie in die Arme und tröstete sie: »Morgen komme ich nach Hause. Es wird alles wieder gut.«

»Nein, du wirst noch nicht nach Hause können«, sagte meine Bekannte; »aber mach dir keine Gedanken. Ich habe deine Freundin Gitta angerufen. Sie ist schon unterwegs und wird Asal zu sich nehmen.« Wie erleichterte mich diese Nachricht, die mir die größte Sorge nahm! Asal liebte Gitta sehr, und ich konnte gewiß sein, daß sie sich bei ihr wohlfühlen würde.

Die Abgeschiedenheit meines Krankenzimmers verführte zum Grübeln. Meine Gedanken gingen zurück in die Vergangenheit. Mit Tränen in den Augen dachte ich an Mansur. Dreizehn Jahre hatte ich mit ihm verbracht. Ich erinnerte mich an die vielen schönen Stunden mit ihm, anfangs gestohlene Stunden, in denen wir uns verstecken mußten, an die Ungeduld, mit der wir unserem nächsten Treffen entgegengefiebert hatten. Ich ließ die einzelnen Begebenheiten wie einen Film abrollen und mir fiel ein, wie Mansur einmal sechs Stunden in großer Hitze auf mich gewartet hatte, nur um mich seiner Liebe zu versichern.

Damals fanden in Teheran die Asiatischen Spiele, eine Art kleiner Olympiade, statt. Für den Eröffnungstag hatte man sich etwas sehr Hübsches ausgedacht: Alle Völker des Iran sollten durch Tanzgruppen von je fünfzehn Mädchen und Jungen in ihren Trachten vertreten sein. Die verschiedenen Farben boten ein wunderschönes Bild. Jede Abteilung hatte ihre eigenen Musiker mitgebracht. Ich gehörte zu der assyrischen Gruppe, und wir sollten einen Nationaltanz aufführen, der dem griechischen sehr ähnlich ist. Mädchen und Jungen halten sich an den Händen und vollführen dabei synchrone Schritte. Wir trugen eine sehr farbenfrohe Tracht in Weiß, Gold, Orange und Braun. Ich hatte sie von einer älteren assyrischen Frau ausgeliehen bekommen, die mit viel Liebe zu ihrem Volk bemüht war, assyrisches Brauchtum lebendig zu halten. Mary, so war ihr Name, war eine sehr gebildete Frau – sie mochte damals Mitte Sechzig gewesen sein, war jedoch voller Leben und Enthusiasmus –, und sie war stolz darauf, daß wir Assyrer ebenfalls an diesem großen Ereignis der Asiatischen Spiele beteiligt waren.

An jenem Tag fand die Generalprobe für die Eröffnungsfeier statt. Mansur wollte mich mit dem Wagen zum Stadion fahren und später auch wieder zurückbringen. Als er mich von unserem Treffpunkt abholte und mich in dieser Tracht mit dem sehr kurzen Röckchen erblickte, wurde er blaß und sagte ärgerlich: »Ich will nicht, daß andere Männer deine Beine sehen. So etwas kannst du nur für mich anziehen.« Er war eifersüchtig, aber ich dachte nicht daran, nachzugeben.

Wir fuhren ein Stück und begannen, uns zu streiten. Ich forderte ihn schließlich auf, anzuhalten, und stieg kurzerhand aus. Bevor ich die Tür kräftig zuschlug, rief ich ihm wütend zu: »Du bist der unausstehlichste Mann der Welt; ich will dich nicht mehr sehen!« Ich war damals fünfzehneinhalb Jahre alt. Mit einem Taxi fuhr ich weiter zum Stadion.

Es war ein sehr heißer Tag. Im Sommer steigen die Temperaturen in Teheran bis auf fünfzig Grad. Unsere Generalprobe dauerte über sechs Stunden, bis der Trainer endlich zufrieden war. Ich verabschiedete mich von meiner Gruppe; in zwei Tagen sollten wir uns zur Eröffnungsfeier wiedertreffen. Draußen wollte ich mir ein Taxi rufen, doch da sah ich Mansur. Er hatte mehr als sechs Stunden in der großen Hitze oben im Stadion ausgeharrt und mich beobachtet. »Du machst eine große Dummheit«, sagte er, »meine Liebe gegen einen kurzen Rock einzutauschen.«

Seit diesem Tag trug ich nur noch lange Röcke. Nicht nur Mansur war glücklich darüber, auch meine Eltern, die sich wunderten, daß ich mich plötzlich so brav kleidete. – Nein, Mansur mußte mich doch geliebt haben! Wie hätte ich sein Verhalten, seine Geduld und die Zärtlichkeiten anders deuten sollen?

Dann erinnerte ich mich an Sargon, einen assyrischen Sänger, der aus dem Irak in den Iran geflohen war. Er war ein sehr netter und gutaussehender junger Mann. Während eines seiner Konzerte, in dem ich vorn in den ersten Reihen saß, war ich ihm aufgefallen, und er hatte sich in mich verliebt. Meiner Familie wäre es recht gewesen, wenn ich mich mit ihm enger befreundet hätte. Vermutlich wären sie sogar stolz gewesen, ihn, einen nationalen Helden, der wegen seiner Lieder verfolgt worden war, als Schwiegersohn zu bekommen. Sargon besuchte uns häufig zu Hause, und die ganze Familie mochte ihn. Ich erzählte Mansur, daß er meinem Bruder Ashor zu verstehen gegeben hatte, er wolle mich heiraten. Mit mir selbst hatte er darüber nicht gesprochen, weil es ihm offenbar gar nicht in den Sinn gekommen war, ein Mädchen könne ihm einen Korb geben, ihm, dem alle Assyrer zu Füßen lagen.

Mansur war zweimal bei uns mit Sargon zusammengetroffen. Über dessen Heiratsabsichten wurde er tief unglücklich und fragte mich ängstlich nach meiner Meinung. Ich lachte nur und sagte: »Was für eine dumme Frage! Du weißt doch, daß ich dich liebe.«

»Ja«, antwortete Mansur bedrückt, »aber was wird sein, wenn dich deine Familie unter Druck setzt?«

»Das kann man nicht mit mir machen«, beruhigte ich ihn.

Zehn Tage danach erschien Sargon mit einem sehr traurigen Gesicht bei uns. »Ich muß mich verabschieden«, sagte er. »Ich muß in die USA emigrieren. Für immer.« Wir alle waren sehr betroffen. Er fragte mich: »Wirst du mit mir kommen oder mir bald folgen?« Ich verneinte. Er weinte, und am Tag seines Abschieds weinten viele Assyrer, die ihn ins Herz geschlossen hatten. Nach Jahren, als wir bereits in Deutschland lebten, gestand Mansur mir, er habe über den SAVAK veranlaßt, Sargon in die Emigration zu schicken.

Ich war erschüttert und warf ihm vor: »Wie konntest du seine Zukunft so zerstören!«

Mansur sagte leichthin: »Er kann sich nicht beklagen; in den USA hat er ein weit besseres Leben. SAVAK hat ihm bei seiner Ausreise sogar eine finanzielle Abfindung gewährt.«

»Warum hast du es getan?« wollte ich wissen.

»Ich hatte Angst, dich an ihn zu verlieren.«

Damals, als Mansur mir das sagte, war ich sehr zornig, doch jetzt dachte ich: Konnte ich sein Handeln nicht auch als Ausdruck seiner Liebe sehen? Es war einer meiner quälendsten Gedanken, ob Mansur mich wirklich geliebt hatte.

Die Ärztin im Krankenhaus, eine Frau etwa in meinem Alter, wollte mir durch eine Gesprächstherapie helfen. Als ich das erste Mal zu einem Gespräch zu ihr mußte, weigerte ich mich und wollte kein einziges Wort reden. Ich fühlte mich schwach und wünschte nur, daß man mich mit meiner Traurigkeit allein ließ. Die Ärztin gab jedoch nicht auf; sie wußte, daß mir nur geholfen werden konnte, wenn ich mich nicht abkapselte. Mit erstaunlicher Langmut und Hartnäckigkeit brachte sie mich schließlich zum Reden. Wo aber sollte ich anfangen? Ereignisse, Erinnerungen und Gefühle vermischten sich in meinem Kopf zu einem chaotischen Wirrwarr. Ich sagte ihr, daß ich meinen Mann noch immer liebte, sogar sehr liebte und mit ihm zusammensein wollte. Ich glaube, wenn Mansur sich damals noch einmal gemeldet hätte, wäre ich in seine Arme gefallen und hätte ihn angefleht, wieder zurückzukommen. Ich sagte der Ärztin, mein Gewissen quäle mich, weil ich ihn verlassen hatte, obwohl er krank war. Ich weinte laut, und sie konnte mich kaum verstehen. Sie wollte alles wissen und fragte so geschickt und einfühlsam, daß ich endlich Vertrauen zu ihr faßte und alles aus mir herausließ, was in mir vorging. Dinge, die ich bisher noch niemandem erzählt hatte. Jeden Tag saßen wir eine Stunde zusammen; ich redete und weinte, und sie hörte einfach nur geduldig zu.

Nach einigen Tagen meinte sie: »Ich muß Ihnen sagen, Sie sind ein paar Jahre zu spät zusammengebrochen. Ich kann mir nicht erklären, woher Sie die Kraft genommen haben, das alles durchzustehen.« Ich selbst konnte es mir sehr wohl erklären: Es war immer die Kraft gewesen, die ich durch meine Liebe zu Mansur erhielt.

Gitta war inzwischen eingetroffen und kümmerte sich um Asal und den Umzug. Sie hatte auch meine Mutter und meine Schwestern informiert, die jeden Tag anriefen, um sich nach mir zu erkundigen. Meine Mutter wollte sich sofort auf den Weg zu mir machen, aber Gitta hatte ihr erklärt, daß sie im Augenblick doch nichts für mich tun könnte, und Asal sei bei ihr gut aufgehoben. Ihren Besuch sollte sie besser auf später verschieben, wenn ich aus dem Krankenhaus entlassen würde; sicher könnte ich dann ihre Hilfe gebrauchen.

Eines Tages, als Asal mich besuchte, fiel ich unvermittelt in Ohnmacht und rutschte vom Stuhl auf den Boden. Als ich erwachte, lag ich im Bett und war an einen Infusionstropf angeschlossen. Meine Ärztin saß an meiner Seite. Sie sagte ernst: »Wir haben alle große Sorgen um Sie gehabt. Sie waren lange Zeit ohne Bewußtsein, und wir fürchteten schon, Sie seien in ein Koma gefallen.« Nach diesem Zwischenfall war auf eine baldige Entlassung nicht mehr zu hoffen.

Drei Wochen lag ich nun bereits im Krankenhaus, und in zwei Tagen war mein Geburtstag. Gitta sprach mit meiner Ärztin und überredete sie, mich für ein paar Stunden nach Hause zu lassen. »Aber entlassen können wir Sie noch nicht«, sagte sie.

Ich beschwor sie: »Frau Doktor, am 1. Oktober muß ich meine neue Arbeitsstelle antreten. Ich werde sie verlieren, wenn ich den Termin nicht einhalte. Das kann ich mir einfach nicht leisten. Ohne diese Arbeit habe ich kein Geld zum Leben; ich bin darauf angewiesen. Bitte, lassen Sie mich gehen! Die Therapie kann ja weitergeführt werden, indem Sie mich ambulant behandeln.« Sie aber wollte zuerst einen Kollegen konsultieren, bevor sie eine Entscheidung traf.

Gitta hatte für mich eine wirklich große Überraschung arrangiert. Sie holte mich vom Krankenhaus ab und fuhr mich nach Hause. Den gesamten Umzug hatte sie in der Zwischenzeit allein abgewickelt. Ein wenig beklommen betrat ich die neue Wohnung, die nun mein Zuhause werden sollte. Liebevoll hatte Gitta den Geburtstagstisch gedeckt, aber die größte Überraschung war: Meine Mutter erwartete mich.

Die Eindrücke in der neuen Umgebung waren nach den langen Wochen in der Klinik zu gewaltig, und ich kann nicht sagen, daß ich mich ausgesprochen glücklich fühlte; es war mir in diesem Augenblick noch alles sehr fremd, so, als wenn ich bei jemandem zu Besuch wäre. Aber Gittas Anstrengungen und ihre liebevolle Fürsorglichkeit empfand ich als überwältigend. Wenn ich mir vor Augen hielt, was sie alles für mich getan hatte, kam mir manchmal der Gedanke, sie sei vielleicht doch ein Engel, den mir der Himmel zu einer Sondermission gesandt hatte.

Asal saß die ganze Zeit über auf meinem Schoß und wollte nicht zulassen, daß ich ins Krankenhaus zurückkehrte. Ich versuchte ihr zu erklären, daß ich keine andere Wahl hatte. Meine Ärztin hatte mir angedroht: »Falls Sie nicht zurückkommen, werde ich Ihren Arbeitgeber anrufen und ihm sagen, Sie könnten wegen einer sehr schweren Erkrankung Ihre Stelle nicht in den nächsten sechs Monaten antreten.«

So lieferte Gitta mich nach einigen Stunden wieder in der Klinik ab. Ich sah meine weinende Mutter noch vor mir, die es kaum ertragen konnte, mich so schwach, hilflos und krank zu sehen.

Am nächsten Tag sprach ich nochmals mit meiner Ärztin, und sie war schließlich einverstanden, mich am 29. September zu entlassen. Zwar konnte die Behandlung noch nicht abgeschlossen werden, und ich bekam verschiedene Medikamente mit, die mich beruhigen und mir zu ausreichendem Schlaf verhelfen sollten.

Gitta und Karl kamen eigens aus München, um mich am 1. Oktober zu meiner neuen Arbeitsstelle zu fahren. Sie wollten mir damit an diesem ersten Tag Mut machen und mir das Gefühl geben, nicht allein zu sein. Hätte ich noch mehr Wärme und Liebe erwarten können?

Es lag kein leichtes Leben vor mir. Von meinem zukünftigen Tagesablauf hatte ich mir noch keine konkreten Vorstellungen gemacht. Um fünf Uhr morgens war die Nacht vorbei. Nach dem Frühstück brachte ich Asal um halb sieben mit der Straßenbahn zur Schule. Der Unterricht begann jedoch erst um acht, und so lange mußte das bedauernswerte Kind bei jedem Wetter draußen warten, bis die Schule geöffnet wurde. Es tat mir so weh!

Nach einem längeren Fußweg erreichte ich dann die Haltestelle der Straßenbahn, die mich ins Kölner Zentrum brachte, wo ich umzusteigen hatte, um in den Süden der Stadt zu meiner Firma zu kommen. Fast drei Stunden war ich täglich unterwegs. Das Mädchen, das Asal nachmittags vom Kinderhort abholen sollte, verlor schon nach kurzer Zeit die Lust, und ich mußte nach einer anderen Lösung suchen. Der Hort schloß um vier Uhr, doch meine Arbeitszeit endete frühestens ein Viertel nach vier, wenn es mir gelang, pünktlich Feierabend zu machen. Dann konnte ich nach eineinhalb Stunden Fahrt bei Asal sein.

In der Nähe des Kinderhorts wußte ich ein Teppichgeschäft, das einem freundlichen Iraner gehörte. Ich trug ihm meine etwas ungewöhnliche Bitte vor, Asal bei ihm bis zu meinem Eintreffen warten lassen zu dürfen. Natürlich war es nur eine Notlösung, aber im Augenblick sah ich keine andere Möglichkeit. Es war jedesmal ein langer, beschwerlicher Tag für meine kleine Tochter, und es machte mich sehr traurig, ihr all das zumuten zu müssen. Es bedrückte mich besonders, weil ich keine Hoffnung sah, diesen Zustand in absehbarer Zeit ändern zu können.

Dazu machte ich mir Sorgen um meinen Arbeitsplatz. Die Medikamente, die ich regelmäßig nehmen mußte, schwächten mich und hielten mich dauernd in einer Art leichtem Dämmerzustand, so daß mir oftmals Fehler unterliefen. Ich fürchtete, möglicherweise die Probezeit nicht zu bestehen. Mein Gehalt war sehr niedrig, und nach Abzug aller festen Kosten blieben mir im Monat etwa hundert Mark zum Leben übrig, wovon auch noch Asals Kleidung zu bestreiten war.

Meine Mutter reiste nach drei Wochen ab. Es mußte ihr ohnehin schwergefallen sein, jeden Tag von früh bis spät in der engen Wohnung zu verbringen, ohne mit jemandem sprechen zu können. Da sie kein Deutsch konnte, fühlte sie sich selbst für Einkäufe zu unsicher. Einerseits bedauerte ich ihre Abreise, andererseits war es nicht leicht gewesen, auf die Dauer ihr Mitleid zu ertragen. Heute frage ich mich oft, wie ich diese Zeit ohne weitere seelische und körperliche Schäden verkraftet habe, ohne verbittert zu werden. Vielleicht, weil ich nie aufhörte, an Liebe, Treue und Freundschaft zu glauben, und ich traf immer wieder Menschen, die mich durch ihre Zuwendung in dieser Haltung bestätigten.

Es verging keine Nacht, in der ich nicht an Mansur dachte und weinte, wenn meine kleine Asal schlief. Ich machte mir immer noch Vorwürfe, weil ich das Gefühl hatte, meinen Mann im Stich gelassen zu haben – trotz aller Schmerzen und aller Probleme, die er mir gebracht hatte. Ja, ich fühlte mich schuldig, auch wenn es sich sonderbar anhören mag; aber es war die Wahrheit. Ich sprach mit meiner Ärztin über meine Empfindungen. Sie sagte mir: »Ich bewundere Ihren Mut und Ihre große Liebe; nur wenige Frauen hätten solche extremen Situationen so lange Zeit durchstehen können. Aber wenn Sie sich nach alldem jetzt Vorwürfe machen, dann sind Sie sich selbst gegenüber nicht gerecht.«

Ich kam trotzdem von meinen Schuldgefühlen nicht los. »Schreiben Sie es sich von der Seele!« riet mir meine Ärztin schließlich. »Schreiben Sie Ihrem Mann einen Brief und sagen Sie ihm, daß Sie ein schlechtes Gewissen haben, daß Sie ihn noch lieben.«

Der Gedanke ließ mich nicht mehr los. Jeden Abend nahm ich mir vor, diesen Brief zu schreiben, Mansur zu sagen, daß ich ihn immer noch wollte, daß ich ohne ihn nicht leben konnte. Ich war immer davon überzeugt – und bin es heute noch–, daß es für Haß keinen Platz mehr gibt, wenn man einmal grenzenlos geliebt hat. Der Gegensatz zur Liebe bedeutet für mich nicht Haß. Mit jeder Faser meiner Seele und meines Körpers liebte ich diesen Mann. Nie und nimmer könnte ich ihn hassen!

Ich habe diesen Brief schließlich geschrieben – aber niemals abgeschickt. Erst kürzlich entdeckte ich ihn in meinem Tagebuch aus jener Zeit . . .

Aziz,
Du hast mir sehr oft Gedichte vorgelesen und Geschichten erzählt, die mich an die Märchen aus ›Tausendundeiner Nacht‹ erinnerten. Jetzt möchte ich Dir etwas erzählen von Liebe und ›Tausendundeinem Schmerz‹:

Es lebte einmal ein Mädchen, leuchtend wie eine

Kerze. Sie war voller Liebe und Sehnsucht und träumte wie viele andere von einem Prinzen, dem sie all ihre Liebe schenken wollte.

Du kamst, aber Du warst kein Prinz, sondern ein König. Sie verliebte sich in Dich. Obwohl in den Adern keines ihrer Vorfahren königliches Blut geflossen war, fühlte sie sich wie eine Königin.

Rote Rosen blühten auf ihren Lippen, Tausende von Schmetterlingen lebten in ihrer Brust. In ihrer Hand funkelten die Sterne, und sie versteckte den Mond in ihrer Tasche. Sie dachte, alle Menschen seien Engel, die Welt sei voller Güte. Sie glaubte, sie lebe mit ihrem König in einem Königreich der vollkommenen Liebe.

Sie hatte die Liebe von jeher als eine Gabe Gottes verstanden, die unerwartet kommt und nur solche erfaßt, die willig sind – doch für Dich war es nicht so!

Ich wußte immer, daß eine solche Liebe keine Sicherheit darstellt. Wenn eine Frau wie ich sich in einen Mann wie Dich verliebt, wird ihre ganze Welt wie eine Schachtel Zündhölzer in den Händen eines Kindes: Immer zu einer Explosion bereit!

Diese Liebe widersetzte sich allen Vorschriften. Ich aber wollte die Vorschriften ändern. Ich wollte die Türen aufbrechen und die Frauen von ihrer Haremserziehung befreien. Ich wollte die Liebesdiktatur zerstören, die uns die Männerherrschaft vorschreibt, unseren Landsleuten vor Augen führen, daß Liebe keine Sünde ist, die man täglich verfluchen muß. Ich wollte mit Dir zusammen die Republik der Liebe ausrufen und wäre sicher gewesen, alle Hungrigen unseres Landes wären uns gefolgt. Ich wollte beweisen, daß Liebe stärker ist als der SAVAK, stärker als die Religionen. Ich wollte allen unseren Müttern die Augen öffnen, daß Liebe nicht die Seide ist, auf die nur die Mächtigen einen Anspruch haben. Liebe ist die

Sonne, die auf alle scheint, wollte ich ihnen sagen. Und ich hatte gehofft, Du würdest mir helfen, dies alles zu erfüllen!

Meine Vorstellungen ließen sich nicht verwirklichen. Du warst nicht rein für diese Liebe, daher kamen die Schmerzen: Einmal nahmen sie mir ein Stück von meinem Herzen, einmal ein Stück von meinem Kopf, oder sie brachen ein Stück aus meiner Seele. Ich war naiv und versuchte, die Schmerzen mit Kamillentee zu beruhigen. Ich bildete mir ein, es würde alles wieder gut, wenn ich Salbe auf meine Wunden tat. Aber es war nicht so! Die Schmerzen lagen tief und sammelten sich, wuchsen an. Das Traurigste dabei war: Diese Schmerzen wurden nicht durch Fremde verursacht – sie kamen von Dir!

Ich schreibe Dir nicht, um Dich zu beschimpfen, nicht, um Dich mit meinem Zorn zu töten. Nein, ich schreibe Dir, um mich zu bedanken: für die Trauerblumen, die Du in mein Herz pflanztest. Ich schreibe Dir nicht, um Dir Vorwürfe zu machen, Dir Deine Lügen aufzuzählen, Deine Männlichkeit in Frage zu stellen. Ich möchte mich nur bedanken für alle Tränen, für diese langen, kalten, traurigen Nächte. Ich möchte Dir danken für alle Schmerzen, die Du mir – bewußt oder unbewußt – zugefügt hast. Was wäre Liebe ohne Schmerzen! Besonders danke ich Dir für diesen letzten Schmerz, den Du mir wie ein Schwert ins Herz gebohrt hast!

Dieses ist mein letzter Brief an Dich, ein letztes Zeichen von Kindheit.

Es gab Zeiten, da ich dachte, daß alle Worte, die ich kenne, nicht gut genug für Dich wären, und ich versuchte, eine neue Sprache zu schaffen. Doch jetzt sind meine wenigen Worte noch zu schade für Dich! Was hast Du aus Dir gemacht? Du warst der herrschende König, den ich am Morgen anbetete und dessen Füße ich am Abend mit Wein wusch. Was ist jetzt aus Dir geworden!

Ich weiß, ich muß noch einen langen, beschwerlichen Weg gehen, bis dieser Krieg in mir ein Ende findet, bis das Schöne und die Wüste in mir zu einer Einigung kommen, bis die Folternarben, die mir Deine Geheimdienste beigebracht haben, Heilung finden, bis ich die unmenschlichen Gesetze vergessen habe, die mich als Frau demütigen und verachten, die gleichen Gesetze, die es Dir erlaubten, mir Schmerzen zuzufügen! Aber ich werde diesen Weg bewältigen! Ich werde lernen, mich mit meinem richtigen Namen vorzustellen, ohne dabei Angst verspüren zu müssen. Ich werde dem Mann, der neben mir in der Straßenbahn sitzt, freundlich zulächeln und seine Fragen ohne Zittern beantworten. Ich werde meine politischen Ansichten laut und offen aussprechen, ohne ein schlechtes Gewissen haben zu müssen, weil ich Dir damit vielleicht geschadet hätte. Ich werde meine neuen Nachbarn zum Kaffee einladen, ohne mich tagelang vorher auf unsere Gespräche vorzubereiten und Lügen einzuüben!

Ich werde die gesamte iranische Musik in eine Kiste packen und im hintersten Winkel des Kellers verstecken, alle Bücher, die wir zusammen gelesen haben, alles, was mich an Dich erinnern könnte, werde ich unauffindbar forträumen; Deine Fotos werde ich in einer Schublade verschließen, die sich nicht mehr öffnen läßt.

Ich werde mir jede verfügbare Hilfe zunutze machen, die mich Dich vergessen lassen kann. Ich weiß, es wird wieder schmerzen. Jeden Abend, wenn ich Asal schlafen gelegt habe, werde ich weinen – aber ich werde es schaffen! Jeden Morgen werde ich die Sehnsucht in meinem Kleiderschrank einschließen. Ich werde versuchen, die Liebe, die ich Dir gewidmet habe, mir selbst zu geben. Sie wird mich stark machen! Ich werde mein Herz dazu bringen, nur mir zu gehorchen – denn Du bist nicht mehr sein Beherrscher!

Die kleinen Stücke, die übrigblieben, habe ich zusammengefügt – und sie gehören mir!

Ich bin der Herr!

P. S.: Als ich den Brief begonnen habe, wollte ich Dir schreiben, wie weh mir die Trennung tut. Ich wollte Dich bitten, zu mir zurückzukommen. Ich wollte Dir sagen, daß ich mich schuldig fühle, weil ich Dich verlassen habe . . . Aber, wie Du siehst, schreibt mein Stift, wie er will. Weißt Du, Schreiben ist manchmal so überraschend wie das Kommen von Santa Claus!

Aiyleen Dardan lebt heute mit ihrer jetzt vierzehnjährigen Tochter Asal allein in der Nähe von Köln. Alles Leid, das ihr angetan wurde, hat sie inzwischen bewältigt und sich aus eigener Kraft ein neues Leben geschaffen. Sie ist als Exportsachbearbeiterin bei einer amerikanischen Firma tätig und hat in Deutschland ihre zweite Heimat gefunden.

Ich bedanke mich herzlich bei Mehraban Farhomand für seine freundliche Genehmigung, mich in einigen Passagen auf sein Buch »Die betrogene Revolution im Iran« beziehen zu dürfen.

Band 61259

Carol Schaefer

Ich werde dich finden, mein Sohn

Als die Collegestudentin Carol im ersten Semester schwanger wird, gerät ihr Leben und das ihrer ganzen Familie aus den Fugen. Um der drohenden Schande zu entgehen, schicken Carols Eltern das Mädchen eilig in ein von katholischen Ordensschwestern geleitetes Heim für ledige Mütter. Und Carol, beschämt und verzweifelt, unterschreibt die Freigabe zur Adoption. Das Kind wird ihr gleich nach der Geburt weggenommen.

Doch Carol kann ihren Sohn, den sie nur kurz in den Armen hielt, nicht vergessen. Sie liebt ihn, vermißt ihn, betet jeden Tag für sein Wohl. Nach 18 Jahren schließlich macht sie sich auf eine lange Suche …

BASTEI LÜBBE